Montada · Kals

Mediation

Leo Montada · Elisabeth Kals

Mediation

Ein Lehrbuch auf psychologischer Grundlage

BELTZ PVU

Anschrift der Autoren
Professor Dr. Leo Montada
Universität Trier
Fachbereich I Psychologie
54286 Trier

PD Dr. Elisabeth Kals
Universität Trier
Fachbereich I Psychologie
54286 Trier

Jokers Sonderausgabe

1. Auflage 2001, Psychologie Verlags Union

http://www.beltz.de

Lektorat: Christian Unkelbach
Herstellung: Jutta Benedum
Umschlaggestaltung: Federico Luci, Köln
Umschlagbild: Bavaria Bildagentur, München
Gesamtherstellung: Druckhaus „Thomas Müntzer“ GmbH Bad Langensalza
Printed in Germany

ISBN 978-3-86800-500-4

Inhalt

Vorwort

Konfliktmediation ist in vielen Kulturen seit langem bekannt, fand aber in Europa und Nordamerika erst in den 80er und 90er Jahren als eine Form der Streitbeilegung größere Verbreitung. Mittlerweile wird sie in vielen gesellschaftlichen Feldern praktiziert: bei Scheidungskonflikten, bei Wirtschaftskonflikten oder Konflikten zwischen Schülern, bei Umweltkonflikten bis hin zu internationalen Konflikten.

Ein Lehrbuch „Mediation" zu schreiben, dazu haben uns das große Interesse der Studentinnen und Studenten an dieser Thematik und an diesem Berufsfeld angeregt, aber auch konzeptuelle Schwächen der Mediationspraxis und die Überzeugung, dass die wissenschaftliche Psychologie sehr wichtige Beiträge zur Theorie und Praxis der Mediation leisten kann, die bislang in der deutschsprachigen und in der internationalen Mediationsliteratur nicht oder nicht in differenzierter Weise zu finden sind.

Das Ergebnis ist ein Buch, das unter der Fragestellung geschrieben wurde, was die Psychologie zur Bereicherung und zur Differenzierung der Mediationspraxis beitragen sowie zur theoretischen Begründung bewährter Praxiselemente leisten kann. Unter dieser Anwendungsperspektive haben wir auch Teilgebiete aufgearbeitet, die uns in der bisherigen Literatur unterrepräsentiert, aber für ein Programm der Mediation unentbehrlich erschienen. Unter anderem sind dies etwa die Emotionspsychologie, die Gerechtigkeitspsychologie und die Kreativitätspsychologie. Eher als Heuristiken für die Praxis gedacht sind die Abschnitte über Problem- und Konfliktanalyse sowie über die produktive Konfliktbearbeitung.

Besonderen Wert haben wir auch auf die kritische Diskussion einiger Mythen gelegt, die sich in der Mediationsliteratur zu verfestigen scheinen, aber problematisch sind, weil sie den Mediationserfolg gefährden können. Wir stellen die Unterschiede zwischen der juristischen Methode der Konfliktbearbeitung und der Konfliktmediation im Allgemeinen, der psychologischen Vorgehensweise und ihrer Ziele im Besonderen, ausführlich dar.

Obwohl in einem umfangreichen Kapitel die Phasen oder Schritte des Mediationsprozesses dargestellt und kommentiert sind, ist das Buch nicht als eine konkrete Praxisanleitung gedacht. Das würde unserem Verständnis der Praxis auch nicht entsprechen: Die Vielfalt der Problemkonstellationen ist nicht mit einem handwerklichen Schema zu bearbeiten. Professionelle Mediatorinnen und Mediatoren benötigen stattdessen generative Heuristiken, um immer wieder neue konkrete Probleme und Konflikte intelligent analysieren und kreativ lösen zu können. Wir hoffen, dass dieses Buch das Repertoire an Heuristiken für die notwendigen Analysen und für die Erarbeitung produktiver Lösungen bereichern und auch den Blick dafür öffnen wird, welche Entwicklungschancen durch eine facettenreiche gelingende Konfliktbearbeitung eröffnet werden.

Das Buch wurde von Psychologen geschrieben, nicht von Juristen. Juristische Leser des Buches mögen dies berücksichtigen, sollte ihnen an der einen oder anderen Stelle die Diktion zu „unjuristisch" erscheinen. In einem Glossar im Anhang werden einige der zentralen juristischen und psychologischen Begriffe, auf die im Buch Bezug genommen wird, erläutert.

Dieses Lehrbuch richtet sich natürlich nicht nur an Psychologen und Juristen. Es richtet sich an alle, die sich mit Mediation befassen oder befassen wollen, was auch ihr akademischer Hintergrund sei. Wir wünschen allen Erfolg in der praktischen Arbeit und sind fest überzeugt, dass diese Arbeit sowohl dem inneren Frieden der beteiligten Parteien als auch dem sozialen Frieden dienen wird.

Die Leserinnen und Leser werden bemerken, daß die Dichte der Literaturzitate über Abschnitte und ganze Kapitel unterschiedlich ist. Das hat folgende Gründe: In Themenfeldern, die in der vorliegenden Mediationsliteratur unterrepräsentiert sind, ist die Zahl der Literaturverweise höher als bei Themen, die in der Literatur bereits häufiger behandelt wurden, oder in Passagen, in denen eigene Positionen in programmatischer Intention dargelegt, erläutert oder durch Beispiele illustriert sind.

Da eine ständige Aneinanderreihung weiblicher und männlicher Berufsbezeichnungen – oder auch dessen systematisch wechselnder Gebrauch – die Lesbarkeit des Buches beeinträchtigen würde, haben wir entschieden, die traditionellen männlichen Bezeichnungen zu verwenden. Selbstverständlich sind die Berufsinhaberinnen mitgedacht und eingeschlossen.

Wir danken Frau Anette Weidler-Neu für die große Hilfe bei der Erstellung des Manuskripts, die sie unter erschwerten Bedingungen geleistet hat, und wir danken Frau Sabine Obergfell für ihre Sorgfalt und ihr Mitdenken beim Redigieren.

Wir danken auch ausdrücklich Frau Dr. Berger (PVU) und Herrn cand. psych. Christian Unkelbach für ihre ungewöhnlich intensive und produktive editorische Arbeit.

Herrn Rechtsanwalt Dr. Lothar Gündling, Heidelberg, danken wir sehr für die Erstellung des juristischen Glossars, das für die Nicht-Juristen unter den Lesern von großem Nutzen sein wird.

Trier, im Januar 2001 *Leo Montada und Elisabeth Kals*

1 Einleitung

Mediation ist ein außergerichtliches Verfahren der Streitbeilegung mit einer langen Tradition, das neuerdings immer größere Aufmerksamkeit findet. Es wurde in Amerika bereits vor etwa drei Jahrzehnten und in Deutschland mit einiger Zeitverzögerung als Konfliktlöseverfahren wiederentdeckt (Kap. 1.1). Mehr oder minder professionalisierte Mediationsverfahren haben inzwischen jedoch auch in Europa rasch Verbreitung gefunden und werden mittlerweile in der Rechtspflege, in der Politik, in Wirtschaft und Arbeitswelt, bei Umweltkonflikten, in Ehe- und Familienkonflikten oder auch in Konflikten zwischen Schülern praktiziert (Kap. 1.2).
Bezüglich Theorie und Praxis der Mediation ist ein Bedarf an Psychologie zu konstatieren. Aus vielen Teilgebieten der Psychologie sind Anregungen für die theoretische Fundierung und für die Gestaltung der Mediationspraxis zu gewinnen, auch für eine Erweiterung der Ziele von Mediationsverfahren. Es geht nicht nur um die rasche Beilegung eines konkreten Problems, sondern um die Aufdeckung der Tiefenstruktur eines Konflikts, damit eine nachhaltige Bereinigung möglich wird. Es geht auch darum, den konkreten krisenhaften Konflikt als Entwicklungschance zu nutzen, neue, generalisierbare Kompetenzen zu erwerben, neue Einsichten über sich selbst und eine weisere Betrachtung von Problemen zu gewinnen. Auch manche der in der Mediationspraxis inzwischen verbreiteten Regeln halten einer psychologischen Kritik nicht stand (Kap. 1.3).
Durch eine Stärkung der Psychologie lassen sich in interdisziplinärer Zusammenarbeit – je nach Mediationsfeld mit Juristen, Pädagogen, Soziologen, Politikern etc. – noch ungenutzte Potenziale des Mediationsansatzes als zukunftsträchtiges kreatives Verfahren ausschöpfen (Kap. 1.4).

1.1 Ein kurzer Blick in die Geschichte der Mediation

Mediation (lat. „Vermittlung“) in Konflikten ist eine junge und wichtige Form der psychologischen Praxis. Es handelt sich um eine Form der Streitbeilegung, die meist „außerhalb des Zentrums des Rechtssystems, das die Gerichte einnehmen“, praktiziert wird (Strempel, 1998a, S. 9f.). Die Vermittlungsverfahren werden durch vom Konflikt nicht betroffene Mediatoren geleitet. Es gibt weitere außergerichtliche Verfahren der Streitbeilegung unter Leitung Dritter, z. B. das → Schieds- und das Schlichtungsverfahren. Zu diesen bestehen jedoch zwei wesentliche Unterschiede (vgl. Fuchs & Hehn, 1999): Der Leitgedanke der Mediation ist die Konsensfindung und die autonome Übereinkunft der Konfliktparteien. Der Leitgedanke von Schieds- und Schlichtungsverfahren ist hingegen ein Interessenausgleich, der von Schiedspersonen bzw.

-gerichten oder Schlichtern vorgegeben wird, wobei die Verbindlichkeit der Vorgabe variiert. Am Ende eines Schiedsverfahrens steht meist ein verbindlicher Schiedsspruch. Schlichtungsverfahren werden formal durch einen Schlichtungsvorschlag abgeschlossen, den die Parteien auch ablehnen können. Jedoch besteht in der Regel erheblicher sozialer Druck zur Annahme des Vorschlags. Mediationsverfahren basieren in weitaus stärkerem Maße auf *Autonomie* und *Selbstverantwortung* der Parteien (vgl. Breidenbach & Gläßer, 1999), was allerdings nicht bedeutet, dass die Mediatoren eine geringere Bedeutung im Verfahren haben als Schiedsleute, Schlichter oder auch Richter im Gerichtsverfahren. Ganz im Gegenteil: Wir werden in diesem Buch aufzeigen, welche wichtigen und schwierigen Funktionen Mediatoren im komplexen Prozess der Vermittlung haben.

Mediation als Verfahren der Bearbeitung und Beilegung von Konflikten hat eine lange zurückreichende Tradition. Und dies gilt nicht nur in der chinesischen Kultur, die von den Einwanderern in die USA weiter gepflegt wurde und dort die Entwicklung außergerichtlicher Verfahren der Streitbeilegung befruchtet hat, sondern auch in Europa. Es ist das Verdienst von Josef Duss-von Werdt (1999), wichtige Fragmente dieser Tradition aus der griechischen, römischen, der mittelalterlichen und neuzeitlichen Geschichte gesammelt zu haben. Ein Beleg für diese Tradition ist die Existenz entsprechender Begriffe in den europäischen Kultursprachen. Duss-von Werdt hat aufgewiesen, dass Mediationsverfahren in unterschiedlichen Lebensbereichen nicht nur praktiziert wurden, sondern institutionalisiert waren (vgl. auch Besemer, 1993).

Strafrechtliche Mediation. Dieses Verfahren hat Vorläufer, die weit in die Geschichte zurückreichen: Ein ritualisierter Verhandlungsprozess der Parteien mit dem Ziel des Schadensausgleichs durch Wiedergutmachung war im Mittelalter verbreitet. Die Parteien einigten sich auf eine Schlichtung, häufig durch eine örtliche Autoritätsperson, die dann auch die Durchsetzung der verhandelten Ergebnisse in der Hand hatte.

Wirtschaft und Handel. Hier haben die Makler seit langem Vermittlerfunktionen. Im Codice Civile, dem italienischen Zivilgesetzbuch von 1754, wurde die Funktion des Mediators definiert: „Mediator ist, wer zwei oder mehrere Parteien zum Herstellen eines Abschlusses in Verbindung bringt, ohne mit einer von ihnen verbunden zu sein durch Zusammenarbeit, Abhängigkeit oder Vertretung" (Duss-von Werdt, 1999, S. 22).

Familiengericht. Das „Tribunal de Famille“ wurde 1790 in Frankreich geschaffen, um ureigenste Familienangelegenheiten wie eheliche Güter, Erbschaft, Vormundschaftsfragen und Scheidung außergerichtlich durch Mediation regeln zu können. Allerdings wurde diese Institution bereits wenige Jahre später wieder abgeschafft und den Gerichten die Aufgabe übertragen.

Politik. Bei politischen Streitigkeiten sind immer wieder Mediatoren eingeschaltet worden: bei Streitfällen zwischen Herrschern und Volk, zwischen Patriziern und dem einfachen Volk oder zwischen Staaten. Im antiken Griechenland wurden mehrfach bei Konflikten zwischen Stadtstaaten neutrale Städte um Vermittlung gebeten (Fuchs & Hehn, 1999). Im Westfälischen Frieden, der 1648 den Dreißigjährigen Krieg beendete, wird Alvise Contarini als Vermittler erwähnt, nachdem Kardinal Richelieu seinen König zuvor als Vermittler (médiateur), nicht als Schiedsrichter (arbitre), ins Spiel bringen wollte, der aber wegen Parteilichkeit abgelehnt wurde.

Internationale Konflikte. In der Entwicklung des → Völkerrechts spielt die Idee der Mediation und der Schlichtung eine wechselnde Rolle in der vorbeugenden Sicherung des Friedens und der friedlichen Beilegung internationaler Konflikte. Der französische Politikwissenschaftler Nicolas Politis hat 1910 einen Aufsatz über Mediation geschrieben, in dem er auch heute gültige Begriffselemente, Voraussetzungen und Verfahrensregeln beschreibt (Politis, 1910). Aber erst zwischen 1975 und 1985 ist Mediation als Verfahren der Streitbeilegung in vielen europäischen Ländern wieder mehr ins öffentliche Bewusstsein gerückt, wohl auch befördert durch die Entwicklungen in den USA (vgl. z. B. Feuille & Kolb, 1994). Dort sind seit den 70er Jahren Verfahren und Strategien der Mediation auch Gegenstand wissenschaftlicher Forschung. Ein Meilenstein der sozialpsychologischen Forschung wurde Thibault und Walkers 1975 veröffentlichtes Buch „Procedural Justice“ (Thibault & Walker, 1975). In diesem Buch werden individuelle Präferenzen für verschiedene Grundformen der Streitbeilegung untersucht: autokratisch inquisitorisches Verfahren (nach Art der kontinentaleuropäischen Gerichtstradition), Schiedsverfahren, Schlichtung, Verhandlung zwischen den Konfliktparteien und Mediation. Es wird empirisch nachgewiesen, dass jene Formen bevorzugt werden, in denen die Konfliktparteien mehr Kontrolle haben über das Verfahren (wie in der Verhandlung und dem Schiedsverfahren) oder über das Ergebnis (wie in der Verhandlung und der Mediation). Nachfolgende Forschungen haben jedoch auch aufgezeigt, dass es Fälle gibt, in denen die Entscheidung durch einen Richter oder eine andere Autorität präferiert wird (Vidmar, 1993).

1.2 Anwendungsfelder

Seit den 80er Jahren werden Mediationsverfahren auch in Deutschland entwickelt und erprobt (Fuchs & Hehn, 1999). Vor allem in der letzten Dekade hat die Mediationsforschung und -praxis in vielen Ländern einen enormen Aufschwung erfahren. Es wurden Mediationsausbildungen und ganze Curricula entwickelt (vgl. z. B. Bastine, Link & Lörch, 1992; Claus & Wiedemann, 1994; Wampler & Hess, 1990). Mittlerweile deckt die Mediationspraxis ein breites Spektrum inhaltlicher Themenfelder ab (vgl. Strempel, 1998b). Dieser „bunte Blumenstrauß vielfältiger Praxis" (Proksch, 1998, S. 10) umfasst:

- Mediation in der *Rechtspflege* mit dem bekannten Feld des → Täter-Opfer-Ausgleichs, aber auch anderen Feldern, wie Mediation bei Miet- oder Baukonflikten, bei Erbschaftskonflikten oder bei Nachbarschaftskonflikten (vgl. z. B. Messmer, 2000; Rössner, 1998),
- Mediation in der *Politik*, die zumeist Vermittlungsbemühungen auf hoher politischer Ebene meint, etwa zwischen verfeindeten Staaten oder Völkergruppen (vgl. z. B. Van der Merwe, Meyer & Honikman, 1989),
- Mediation in *Wirtschaft und Arbeitswelt*, die sowohl die Mediation unternehmensinterner Konflikte (vgl. z. B. Kaiser, 2000), wie Streitigkeiten zwischen Arbeitgebern und -nehmern bzw. Gewerkschaften, als auch die Vermittlung bei unternehmensexternen Konflikten meint, etwa zwischen Unternehmen und Zulieferern oder Verbrauchern (vgl. z. B. Budde, 1998; Haynes, 1998),
- Mediation bei *Umweltfragen*, die zwischen wirtschaftlicher und politischer Mediation angesiedelt ist und ein immer wichtigeres Feld für Mediationsbemühungen darstellt (vgl. z. B. Claus & Wiedemann, 1994; Fietkau, 1993, 2000; Fietkau & Weidner, 1998; Holznagel, 1991; Niese & Ruff, 1994; Wissenschaftszentrum Berlin für Sozialforschung, 1991–1997; Zilleßen, 1998; s. auch → Umweltrecht),
- Mediation im → *Familienrecht*, in erster Linie die Mediation bei Trennungen, Scheidungen und Sorgerechtsverhandlungen nach dem neuen Kindschaftsrecht (vgl. z. B. Bastine, Link & Lörch, 1992; Bastine & Weinmann-Lutz, 1998; Glenewinkel, 1999; Haynes, 1994; Krabbe, 1993; Link & Bastine, 1991; Mügge, 1999) sowie
- Mediation in der *Schule* als Vermittlung bei Schüler-Schüler- oder Schüler-Lehrer-Konflikten, wobei die Schüler-Schüler-Mediation mit der → Peer-Mediation verwandt ist, bzw. wenn die Peer-Mediation in der Schule stattfindet, sogar identisch ist (vgl. z. B. Hauk, 2000; Mickley, 1998; 2000; Rönchen, 1999).

Die Mediationsverfahren, die in diesen verschiedenen Inhaltsfeldern durchgeführt werden, unterscheiden sich nicht nur nach ihren inhaltlichen Konfliktgegenständen, sondern darüber hinaus in einer ganzen Reihe von Merkmalen, etwa in den Kriterien

- der Strukturiertheit, Abgegrenztheit oder Komplexität der Konflikte,
- der Justiziabilität der Konflikte, der Eindeutigkeit der Rechtsgrundlage und der Konsistenz der Rechtssprechung,
- der Anzahl der am Konflikt beteiligten Parteien,
- der Anzahl der sinnvollerweise zu beteiligenden Mediatoren,
- der disziplinären Ausrichtung der Mediatoren (Psychologen, Juristen etc.),
- der Dauer des Mediationsverfahrens,
- der Öffentlichkeit des Konflikts sowie der Öffentlichkeit des Mediationsprozesses,
- der Initiatoren, Auftraggeber oder Finanziers des Mediationsverfahrens, die selbst Konfliktparteien sein können, aber nicht sein müssen.

In der juristischen Mediationsliteratur wird die grundsätzliche „Nicht-Öffentlichkeit" von Mediationsverfahren im Unterschied zum Gerichtsverfahren als ein konstituierendes Element genannt (Sauerland, 1999). Dafür gibt es auch gute und empirisch gut belegte psychologische Argumente (vgl. Pruitt & Carnevale, 1993). In vielen Mediationsfällen, in denen es um öffentliche Belange geht (z. B. bei Standortfragen über Großbauprojekte), ist es jedoch sinnvoll und auch gängige Praxis, verschiedene Verfahrensabschnitte öffentlich durchzuführen. Dadurch wird die interessierte Bürgerschaft über ihre Interessenvertreter hinaus in das Verfahren eingebunden und zur Mitarbeit motiviert.

Es stellt sich die Frage, wie das vorliegende Buch dieser Heterogenität an Aufgabenstellungen und kontextspezifischen Anforderungen in unterschiedlichen Mediationsfeldern gerecht werden kann. Dies wird versucht, indem wir die *Psychologie der Mediation* bereichsübergreifend abhandeln.

1.3 Was die Psychologie für die Professionalisierung der Mediation leisten kann und soll

Mit diesem Buch wollen wir einen Beitrag zur Professionalisierung der Mediation leisten. Spezifisch wollen wir die unseres Erachtens für die Gestaltung der Mediation wichtigsten Konzepte, Theorien, Erkenntnisse und Verfahren der wissenschaftlichen Psychologie darstellen und exemplarisch illustrieren.

Dabei handelt es sich um Beiträge aus unterschiedlichen Feldern der Psychologie:

- Konfliktforschung,
- Emotions- und Motivationsforschung,

- Kommunikationsforschung,
- Gerechtigkeitsforschung,
- Soziale Kognitionsforschung,
- Persuasionsforschung,
- Problemlöseforschung,
- Kreativitätsforschung.

Wir sind überzeugt, dass die Psychologie heute wie in Zukunft eine sehr wichtige wissenschaftliche Grundlagendisziplin ist für die Analyse der intrapsychischen wie der interaktiven Prozesse, die Konflikten zugrunde liegen und die in Mediationen bei den Beteiligten ausgelöst und angeregt werden. Sie ist auch die wichtigste Grundlagendisziplin für die Optimierung der Gestaltung der Mediationsverfahren.

Was heute unter der Kategorie Mediation firmiert, umfasst ein weites Spektrum von Verfahren mit sehr unterschiedlicher Differenziertheit, was das Verstehen der → Konflikte und ihrer personalen, interpersonalen und kontextuellen Bedingungen betrifft, aber auch was die Motivierung zur Erarbeitung nachhaltiger Konfliktbereinigungen und die tatsächliche Erarbeitung und Bewertung von Lösungsoptionen anbelangt. Unterscheiden lassen sich diese Verfahren in folgender Hinsicht: Wie wird versucht, den Konflikt und seine personalen, interpersonalen und kontextuellen Bedingungen zu verstehen? Wie werden die Konfliktparteien motiviert, Lösungsoptionen zu erarbeiten, diese Optionen zu bewerten, den Konflikt nachhaltig zu bereinigen? Die verschiedenen Verfahren sind diesbezüglich sehr unterschiedlich ausdifferenziert. Eine psychologisch fundierte Mediation hat in dieser Hinsicht beispielsweise anspruchsvollere Ziele als die ganz gewiss nützliche → Peer-Mediation in Schulen oder der außergerichtliche kompromissartige → Vergleich in einem Konflikt über wirtschaftliche Transaktionen.

Psychologisch fundierte Mediation sieht immer auch über die Lösung des behandelten Einzelfalls hinaus und bietet durch eine systematische Bearbeitung des konkreten Einzelfalls eine *Entwicklungsgelegenheit* für die Beteiligten und für deren Beziehung zueinander. Diese erfahren vieles über sich selbst und über die Gegenseite, z. B. über die wichtigen eigenen Anliegen, normativen Überzeugungen, Bindungen, Stereotype, Strategien, Selbstkonzepte, Weltsichten usw. Die Beteiligten lernen, besser und erfolgreich zu kommunizieren. Sie lernen Probleme zu analysieren und lösbar zu formulieren. Sie lernen, nach Lösungsoptionen zu suchen, die → Gewinner-Gewinner-Lösungen darstellen. Sie sollten an Weisheit gewinnen im Sinne der Fähigkeit zur Relativierung von Wertpositionen, Normen und Interessen. Sie erwerben mit all dem Kompetenzen zur besseren Gestaltung ihrer eigenen Entwicklung in sozialen Kontexten, auch zur Gestaltung der Beziehung zu den anderen Parteien, mit denen es Konflikte gibt.

Dieses anspruchsvolle Ziel im Blick, teilen wir manche – auch von Psychologen vorgebrachte – Empfehlungen für die Gestaltung der Mediation nicht.

> **!** Wir werden darlegen, dass es in Konflikten nicht nur um die Eigeninteressen der Parteien geht, sondern um das ganze Spektrum persönlich wichtiger Anliegen, auch um die Wahrung der eigenen Identität und damit auch um zentrale Wert-, Moral- und Gerechtigkeitsüberzeugungen. Wir werden begründen, weshalb diese nicht ausgeblendet werden sollten in der Mediation.
> Wir werden darlegen, weshalb in der Mediation im Unterschied zum juristischen Rechtsstreit *Emotionen* der Parteien nicht unterdrückt, sondern als Königsweg zu den verborgenen Tiefenstrukturen der Konflikte produktiv genutzt werden sollten.
> Wir werden begründen, weshalb Mediatoren nicht generell zurückhaltend in der Steuerung des Verfahrens sein sollten. Mediatoren dürfen und sollen eingreifen, indem sie Punkte aktiv gestalten und aktiv Optionen anbieten, ohne die Autonomie der Konfliktparteien in Frage zu stellen.
> Wir werden dafür plädieren, die Vergangenheit in der Konfliktbearbeitung nicht generell auszublenden, da ohne Auseinandersetzung mit der Vergangenheit die Zukunft nicht auf sicheren Boden gestellt werden kann.

Wir wollen nicht nur die Psychologie als Grundlagenwissenschaft für die Mediation herausstellen, wir wollen Mediation auch als Berufsfeld für Psychologen empfehlen. Diese Spezialisierung könnte viel häufiger von Psychologen gewählt werden. Damit würde das relevante Fachwissen im Berufsfeld eingebracht werden. Dabei soll nicht übersehen werden, dass den Rechtswissenschaften und auch der Soziologie die Anerkennung für die Entwicklung der Mediationsfragestellungen und -praxis gebührt. So sind die ersten Erfolge der Mediationspraxis in Deutschland vor allem den langjährigen Bemühungen einer Gruppe von Juristen und Soziologen zuzuschreiben, „die seit Ende der 70er Jahre ‚Alternativen in der Ziviljustiz' diskutiert haben" (Proksch, 1998, S. 9). Das hohe Gewicht der Juristen in der Mediationskultur hat sich bis heute erhalten. Wie noch zu zeigen sein wird, unterscheiden sich das juristische und das psychologische Mediationsmodell jedoch in ihren Grundanliegen voneinander (vgl. Kap. 2). Die Mediationspraxis wird deutlich gewinnen, wenn die Modellvorstellungen der Psychologie integriert werden.

1.4 Disziplinenübergreifende Zusammenarbeit ist hilfreich

Es ist auch wichtig zu betonen, dass Mediation als Verfahren der Konfliktbearbeitung und -beilegung als interdisziplinäres Arbeitsfeld anzusehen ist. Je nach Konfliktinhalten, beteiligten Parteien und Kontexten wird Expertise aus unterschiedlichen Disziplinen benötigt. Selbstverständlich müssen die Parteien bei grundsätzlich → justiziablen Konflikten eine Aufklärung und Beratung über die Chancen und Risiken einer juristischen Konfliktaustragung, evtl. vor Gericht, erfahren. Dies dürfen nur Rechtsanwälte leisten. In innerbetrieblichen Konflikten wird je nach Gegenstand etwa betriebswirtschaftliche, soziologische, psychologische oder technologische Expertise benötigt (Kolb & Rubin, 1991), in Umweltkonflikten politologische, soziologische, ökonomische und technisch-naturwissenschaftliche Expertise (Fietkau, 2000), in betrieblichen und überbetrieblichen Arbeitskonflikten soziologisches und ökonomisches wie juristisches Wissen. In Eltern-Kind- und Partnerschaftskonflikten sind Psychologen die Experten, in schulischen Konflikten Pädagogen und Psychologen. In Konflikten zwischen Jugendgruppen wird die Erfahrung von Sozialarbeitern hilfreich sein, ebenso in familiären Konflikten in sozial problematischem Milieu. In Konflikten über medizinische Fragen wird man Mediziner involvieren. In ethnischen Konflikten vielleicht Anthropologen, jedenfalls Experten, die beide Seiten verstehen und damit die Konflikte nachvollziehen können. In internationalen Konflikten braucht man außenpolitische und völkerrechtliche Kompetenzen und darüber hinaus Mediatoren von internationaler Visibilität und Autorität (Touval & Zartman, 1989).

Diese Vielfalt an Expertise wird benötigt, um

- die Konfliktparteien und die Gegenstände des Konfliktes besser und schneller zu verstehen,
- Beiträge zur Bewertung und Entwicklung von Lösungsoptionen leisten zu können,
- als Mediator Autorität zu gewinnen, die für die effiziente Steuerung des Verfahrens erforderlich ist.

Mediatoren werden immer wieder an Grenzen ihrer diesbezüglichen fachlichen Expertise stoßen. Weniger als Richter können sie sich fehlendes Sachwissen durch Sachverständige besorgen, nicht nur aus Kostengründen: Die Autorität der Richter ist durch ihre gesetzlich verankerte Position ungefährdet. Die Bestellung von Sachverständigen durch Richter wird von den Parteien als Maßnahme akzeptiert, unvoreingenommen und fair urteilen zu können. Wie wir später noch darlegen werden, müssen Richter die Parteien auch nicht genuin verstehen. Verstehen müssen sie nur die nach der juristischen Methode aufbereiteten Stellungnahmen der Anwälte, die die Lebenswirklichkeit eines Konfliktes juristisch handhabbar „objektivieren“. Das wird in Kapitel 2 konkret erläutert werden.

Auch Mediatoren können in Abstimmung mit den Konfliktparteien in Sonderfällen – etwa in der Mediation von Umweltkonflikten – Sachverständige hinzuziehen, wenn es um die Gewinnung valider „objektiver“ Informationen zu zentralen Konfliktthemen geht. Das enthebt sie aber nicht der Notwendigkeit, die Konflikte in der psychischen Wirklichkeit und der Lebenswirklichkeit der Parteien zu verstehen, und es enthebt sie nicht der Notwendigkeit, die Expertise zu erwerben, um auch inhaltlich zur Entwicklung von Lösungsoptionen beitragen zu können. Diesbezüglich ist die Aufgabe der Mediatoren schwieriger und vielfältiger als etwa die Aufgabe von Richtern.

Neben relevanter Expertise in Bezug auf die Konfliktgegenstände, die Konfliktparteien und den Sozialkontext ist Expertise bezüglich des Verfahrens erforderlich, z. B:

- Wie bringt man Parteien dazu, die Tiefenstruktur eines Konfliktes offen zu legen?
- Wie bringt man Parteien dazu, das Anliegen der Gegenseite zu verstehen?
- Wie erweitert man den Blick der Parteien über die Konfliktpositionen hinaus, um → Gewinner-Gewinner-Lösungen zu erarbeiten?

Bezüglich dieser Verfahrensexpertise halten wir die Psychologie für die wichtigste Grundlagendisziplin. Aus dieser Verfahrensexpertise kann selbstverständlich viel Autorität gewonnen werden.

Aus all dem begründet sich die Forderung nach Interdisziplinarität in vielen Fällen der Mediationspraxis. In spezifischen Fällen ist wegen des Umfangs bzw. der Komplexität des Konfliktes die Arbeit eines mehrköpfigen Mediatorenteams angebracht oder gar notwendig, etwa wenn es um Mediation bei komplexen Großprojekten geht (zum Überblick vgl. Zilleßen, Dienel & Strubelt, 1993), wie z. B. bei Standortfragen über den Bau bzw. Ausbau eines Flughafens wie vor wenigen Jahren in Berlin-Brandenburg (vgl. Kessen, 1996; Mediator – Zentrum für Umweltkonfliktforschung und -management, 1994). Bei solchen Problemen, bei denen es um einen hohen Streitwert geht und viele Interessengruppen zu berücksichtigen sind, sollte das Team idealerweise interdisziplinär besetzt werden. Dadurch lassen sich die Expertise und die unterschiedlichen Herangehensweisen der verschiedenen Fächer, wie Jura, Soziologie, Psychologie etc. in synergetischer Wirkung nutzen.

Mit dem Ziel der interdisziplinären Zusammenarbeit ist es derzeit wissenschaftspolitisch sinnvoll, die Position der bislang noch unterrepräsentierten Psychologie zu stärken, da sich die Vorteile von Mediationsverfahren im Vergleich zu gerichtlichen Auseinandersetzungen durch Einbezug der psychologischen Expertise besser ausschöpfen lassen.

2 Alternative Möglichkeiten, soziale Konflikte zu lösen

Zunächst werden acht Handlungsalternativen für die Beilegung sozialer Konflikte mit ihren Vorteilen, Nachteilen und Risiken diskutiert: von einseitigem Nachgeben und einseitiger Durchsetzung über eine gemeinsame Lösungssuche durch Verhandlung oder Mediation bis zur Einschaltung Dritter, die eine Entscheidung treffen: Richter, Schiedsleute, Schlichter oder Vorgesetzte (Kap. 2.1). Die gemeinsame Lösungssuche wird im Kapitel 2.2 kontrastiert zu einer Entscheidung durch Dritte.
Hieran schließt sich eine ausführliche Gegenüberstellung der juristischen Methode der Streitbeilegung und der Mediation an. Die Grundzüge der juristischen Methode und ihre Risiken werden herausgestellt: die Verfremdung der Lebenswirklichkeit durch die Suche nach rechtlichen Anspruchsgrundlagen und durch die sogenannte Objektivierung des Konfliktfalls auf diese Anspruchsgrundlage hin, die eine sehr selektive Konstruktion ist, in der viele Facetten der Lebenswirklichkeit und viele Anliegen der Beteiligten unberücksichtigt bleiben.
Das Lösungsmodell in der juristischen Methode ist ein Gewinner-Verlierer-Modell oder Nullsummenspiel, während insbesondere das psychologische Mediationsmodell auf Gewinner-Gewinner-Lösungen zielt (Kap. 2.3).

2.1 Acht Handlungsalternativen

In sozialen Konflikten gibt es verschiedene Handlungsmöglichkeiten. Die Konfliktparteien können den Konflikt verdrängen, sie können auf eine spontane Positionsänderung der Gegenseite warten, oder sie können zuwarten und auf eine den Konflikt aufhebende oder entschärfende Veränderung der Umstände hoffen. Sie können je nach Fall zwischen einigen der folgenden acht Basisoptionen aktiven Handelns (vgl. auch Balloff & Walter, 1991; Pruitt & Carnevale, 1993, Kap. 3 und 12; Spangenberg & Spangenberg, 1997) wählen:

1. Sie können einseitig nachgeben.
2. Sie können versuchen, ihre Position einseitig durchzusetzen, z. B. durch Einschüchterung, Bestrafung, Behinderung, Behauptung von Rechtsansprüchen, Überredung, Nötigung, Erpressung u. a. m.

Sie können versuchen, zu einer gemeinsamen Entscheidung zu kommen, und zwar durch

3. eine Verhandlung oder
4. eine Mediation.

Sie können einzeln oder gemeinsam dritte Personen oder Instanzen für eine Entscheidung einschalten, nämlich indem sie

5. eine Entscheidung vor Gericht suchen,
6. eine Entscheidung durch Schiedsleute oder Schiedsstellen herbeiführen,
7. eine Schlichtung anstreben oder
8. in Sonderfällen eine autokratische Entscheidung durch einen Vorgesetzten herbeiführen.

Die Einschaltung von Gerichten, → Schiedsgerichten oder Schiedsleuten, Schlichtern und Vorgesetzten ist nicht auf die Konfliktparteien beschränkt. Wenn in einem Konflikt eine Straftat begangen wurde, kann dies von Dritten angezeigt und von der Staatsanwaltschaft vor Gericht gebracht werden. Das Aufsuchen einer Schiedsstelle kann behördlich angeordnet werden. In spezifischen Konfliktfällen zwischen Tarifvertragsparteien sind Schlichtungsversuche gesetzlich vorgeschrieben. Und Vorgesetzte können sich selbst einschalten oder von Dritten eingeschaltet werden, wenn ein Streit die Belange der Organisation bzw. des Unternehmens betrifft.

Alle genannten Optionen haben spezifische Vor- und Nachteile, die im Folgenden kurz skizziert werden.

2.1.1 Einseitiges Nachgeben

Einseitiges Nachgeben vermeidet oder beendet den aktuellen Streit. Es kann unterschiedlich motiviert sein. Die nachgebende Partei kann sich unterlegen fühlen und keine Chance sehen, die eigenen Ziele zu verwirklichen oder die eigenen Ansprüche durchzusetzen, auch wenn sie gerechtfertigt sind. Das Nachgeben kann rational sein, wenn die Durchsetzungschancen objektiv gering sind oder der Durchsetzungsaufwand zu hoch wäre. Oder der Streit und die Folgen werden als so unangenehm und kostenreich erwartet, dass die Streitvermeidung klug ist.

Nachgeben kann auch durch Ängste motiviert sein, z. B. Angst vor einer Niederlage, Angst vor Zurückweisung durch die Gegenpartei, Angst vor Verlust der Zuneigung der Gegenpartei, Angst vor Schuldgefühlen bei energischer Vertretung der eigenen Position u. a. m. Ängste sind nicht immer berechtigt, und angstmotivierte Entscheidungen sind oft irrational.

Wenn die eigene Position als weniger legitim angesehen wird als die Position der Gegenpartei, ist Nachgeben konsistent mit den eigenen Wertüberzeugungen. Wenn die eigene Position rechtlich anfechtbar ist, kann Nachgeben eine kluge Entscheidung sein. Nachgeben kann auch motiviert sein durch die Hoffnung auf reziprokes Einlenken der anderen Seite. Tatsächlich ist gegenseitiges Einlenken gelegentlich auch ohne Absprachen zu beobachten. Pruitt und Carnevale (1993) reden von „stillschweigender (tacit) Koordination".

Problematisch kann es werden, wenn die nachgebende Partei vergeblich auf reziproke Konzessionen oder kompensierende Handlungen der Gegenseite hofft, aber auch wenn sich die nachgebende Partei als moralisch höherwertig erlebt oder durch ihr Nachgeben einen moralischen Anspruch an die Gegenseite begründet (hierzu Müller-Fohrbrodt, 1999).

Nachgeben kann auch durch Zuneigung zur Gegenseite motiviert sein. Das kann aus einer Position der Schwäche geschehen, wenn der Verlust der Zuneigung befürchtet wird, aber auch aus einer Position der Stärke, wenn die eigenen Anliegen zurückgenommen und den Anliegen einer geliebten Person Priorität gegeben werden. Für eine genauere Betrachtung dieser Motive sei auf Pruitt und Carnevale (1993, Kap. 3) verwiesen.

Nachgeben einer Person kann in einem sozialen Kontext habituell sein, es kann durch Persönlichkeitsmerkmale bedingt, durch Emotionen motiviert oder eine überlegte Wahl sein. Wer nachgibt, muss sich überlegen, wie dieses Nachgeben von der Gegenseite, gegebenenfalls auch von der Öffentlichkeit, bewertet und interpretiert wird. Wird der Nachgebende als friedlich oder ängstlich, als schuldbewusst oder klug, als schwach oder stark angesehen? Wird das Nachgeben als Ausdruck von Friedensliebe, von Rücksicht, als innere Stärke oder als Einsicht in die Unangemessenheit der eigenen Position, als moralische Überheblichkeit, als Angebot zur Gegenseitigkeit, als verpflichtende Vorleistung in der Erwartung von Gegenleistungen interpretiert? Wird es als Zeichen der Abwertung des Streitgegenstandes oder der Abqualifizierung der gegnerischen Partei gedeutet, die nicht einmal als „satisfaktionsfähig", als akzeptabler Verhandlungspartner oder Gegner angesehen wird?

> **!** **Einseitiges Nachgeben**
> Die gegnerische Partei kann sich als Sieger in der Sache oder als moralischer Sieger erleben, als aufgefordert zu reziprokem Einlenken, als nicht ernstgenommen, als großmütig beschenkt, als in der Schuld der Gegenseite stehend. Wie auch immer – es hat Folgen für die künftige Entwicklung der Beziehung zwischen den Parteien.

Nachgeben kann auf viele verschiedene Weisen interpretiert werden und hat viele verschiedene Folgen für das Selbstbild, das künftige Handeln der Gegner und die künftige Beziehung zwischen den Kontrahenten. Deshalb ist die Wahl dieser Option nicht unproblematisch und nicht ohne Risiko. Dennoch kann auch einseitiges Nachgeben in spezifischen Situationen die beste Entscheidung sein, um den Prozess positiv zu gestalten.

2.1.2 Einseitiges Sich-Durchsetzen

Sich einseitig durchsetzen bedeutet mehr oder weniger erzwungenes Nachgeben der Gegenseite. Ein einseitiges Sich-Durchsetzen wird wahrscheinlich,

- wenn ein Machtungleichgewicht besteht – objektiv oder in subjektiver Sicht der nachgebenden Partei,
- wenn der Gegenpartei die Einschaltung dritter Personen und Entscheidungsinstanzen nicht möglich, nicht opportun oder angemessen erscheint,
- wenn die Gegenpartei Gründe hat, Streit und andere Formen der Konfliktaustragung zu vermeiden (z. B. aus Zeitmangel, aus Wertüberzeugungen, wegen des Bildes in der Öffentlichkeit, wegen der Kosten einer weiteren Verhandlung oder eines Streites),
- wenn die Gegenseite die Legitimität der Forderung anerkennt und deshalb nachgibt (vgl. Pruitt & Carnevale, 1993, Kap. 3).

Die Quellen der Macht sind unterschiedlich, etwa

- überlegene Kraft,
- überlegene Rhetorik,
- Taktiken der Beeinflussung,
- Verfügbarkeit von Ressourcen,
- finanzielle Überlegenheit,
- soziale Unterstützung,
- höherer Sozialstatus (im Sinne von Position, Ansehen, Beliebtheit),
- Zuneigung, die entzogen werden kann,
- überlegenes Wissen,
- Möglichkeiten der Behinderung und
- Möglichkeiten der Nötigung.

Aus dieser Aufzählung sieht man, dass die Möglichkeiten, sich durchzusetzen, sehr vielfältig sind (vgl. auch Kapitel 4.3.2).

> **!** Einseitige Durchsetzung
> Sie bedeutet Gewinnen im aktuellen Konflikt. Die weiteren *Folgen* der einseitigen Durchsetzung können problematisch und verlustreich sein:
> - Feindseligkeiten der Gegenseite,
> - Abbruch der Beziehungen,
> - Wunsch nach Vergeltung,
> - tatsächliche Vergeltungsaktionen,
> - nachhaltige Schädigung der Gegenpartei.
>
> Weder in Geschäftsbeziehungen noch in politischen Beziehungen und erst recht nicht in privaten Sozialbeziehungen können solche Folgen im Interesse der „Gewinner“ liegen.

Streit. Wenn beide Parteien versuchen, sich durchzusetzen, wird *Streit* wahrscheinlich, der mit unterschiedlicher Intensität und unterschiedlichen Strategien und Taktiken geführt werden kann. Streit wird dann wahrscheinlicher, wenn die Beziehung zwischen den Parteien feindselig ist. Wie später dargelegt werden wird, ist die Entstehung von Feindseligkeit zu erwarten, wenn sich eine oder beide Parteien benachteiligt oder ungerecht behandelt fühlen. Dann entsteht der Wunsch nach Sieg über die andere Partei und nach Vergeltung, der den Wunsch nach Erhaltung einer positiven Beziehung und nach Harmonie überwiegt.

Eskalation des Konflikts. Unter der Annahme rational verfolgter Eigeninteressen wäre Streit nur dann zu erwarten, wenn die Gegner überzeugt sind, mehr Macht zu haben und den Streit kostengünstig für sich zu entscheiden; d. h. wenn sie erwarteten, dass die Kosten des Streites durch das erzielte Ergebnis mehr als aufgewogen werden. Dies ist bei einer Eskalation des Konfliktes häufig nicht mehr der Fall.

Kennzeichen einer Eskalation sind:
- Rationalität ist nicht mehr gegeben,
- viele eigene Anliegen rücken in den Hintergrund,
- der ursprüngliche Gegenstand des Konflikts verliert an Bedeutung.

Stattdessen werden wichtig:
- Vergeltung,
- die Wahrung des eigenen Gesichtes vor der eigenen Bezugsgruppe,
- die Wahrung des sozialen Status.

Der ursprüngliche Konfliktgegenstand ist mehr oder weniger belanglos geworden.

Droht ein solcher Verlust der Rationalität in Streitfällen mit unkontrolliertem Einsatz von Gewaltmitteln, bestehen Möglichkeiten der „friedlichen“ Streitbeilegung durch Einschaltung Dritter: vor Gericht, durch Schiedsverfahren, durch Schlichtung oder durch Mediation. Es ist eine wichtige Frage, wann diese Möglichkeiten ergriffen oder nahegebracht werden. Wichtig ist es, die Eskalation des Streites zu vermeiden, d. h. frühzeitig Dritte einzuschalten. Es ist eine gute Regelung im deutschen Tarifrecht, dass die Tarifparteien gehalten sind, eine Schlichtung des Streites zu versuchen, bevor es zu Streik und Aussperrung kommen darf. Und es ist ein sehr guter Versuch, Konflikte zwischen Jugendlichen durch → Peer-Mediatoren frühzeitig und an Ort und Stelle zu entschärfen.

2.1.3 Verhandlungen

Ideale Verhandlungen sind dadurch gekennzeichnet, dass die Parteien

- über ihre Positionen reden,
- die Begründungen für ihre Positionen darlegen,
- Lösungsmöglichkeiten diskutieren und
- eine Übereinkunft anstreben.

Diese Übereinkunft muss von den Parteien in freier Entscheidung akzeptiert werden können. Dabei haben die Parteien volle Kontrolle über das Verfahren und über das Ergebnis (Thibault & Walker, 1975).

Die Verhandlung muss nicht zu einer Übereinkunft führen, sie kann abgebrochen werden. Und eine getroffene Übereinkunft muss im Nachhinein nicht als gut oder fair bewertet werden, insbesondere, wenn die Parteien ungleiche Macht hatten, ungleich informiert waren oder wenn sich die Motivationen unterschieden (z. B. Eigennutz, Interesse an der Beziehung zwischen den Parteien, Berücksichtigung der Anliegen der anderen Partei). Übereinkünfte sind Verträge. Verträge sind nur dann fair, wenn sie von den Vertrag schließenden Parteien mit gleicher Freiheit und mit Informationsgleichheit über die Gegenstände geschlossen werden. In einer Mediation, die mit einem Vertrag abschließt, kann dies sicher leichter erreicht werden.

Die Risiken und Chancen in Verhandlungen sind in der Literatur detailliert beschrieben, etwa in dem auch für die Entwicklung des Mediationsverfahrens einflussreich gewordenen → Harvard-Modell (Fisher, Ury & Patton, 1998). Folgende Risiken werden in diesem Modell herausgestellt:

- die Provokation von Ärger, der zum Abbruch der Verhandlung durch die Gegenpartei motiviert,
- das Hereinfallen einer Partei auf manipulative Taktiken, die zum großen Teil in der Sozialpsychologie empirisch untersucht wurden, z. B. Einschüchterung; Drohung mit Abbruch; Festlegung auf ein definitiv letztes Angebot; die → Fuß-in-die-Tür-Technik oder die Kontrasttechnik,
- die Existenz zu einfacher Fairnessprinzipien, wie z. B. gleiche Zugeständnisse beider Seiten in einer Kompromisslösung, wobei die Partei mit überhöhter Ausgangsforderung einen ungerechtfertigten Vorteil erzielt,
- Berufung auf Experten, deren Aussagen von der Gegenseite nicht nachgeprüft werden können,
- Machtungleichgewicht zwischen den Parteien (unter dem Format der Verhandlung kann es erfolgreiche Versuche einseitigen Durchsetzens einer Partei geben),
- ungleicher Informationsstand der Parteien,

- die illusionäre Überschätzung der besten Alternative zu einer möglichen Übereinkunft in der Verhandlung, was einen Abbruch der Verhandlungen motivieren kann.

Über diese Risiken können Mediatoren informieren. Sie können sie durch kompetente Verfahrensführung auch minimieren. Fisher, Ury und Patton (1998) geben viele Hinweise auf erfolgversprechende Techniken in der Verhandlung. Kennt nur eine Partei die Techniken, verschafft dies einen einseitigen Vorteil. Pruitt und Carnevale (1993) geben einen detaillierten Überblick über Risiken und Chancen verschiedener Verhandlungsstrategien auf der Basis sozialpsychologischer Forschung.

2.1.4 Mediation

Wie bei der Verhandlung haben die Parteien in der *Mediation* Entscheidungsfreiheit bezüglich einer Übereinkunft und bezüglich des Abbruchs. Kontrolle über den Prozess der Konfliktbearbeitung und der Suche nach Möglichkeiten einer Übereinkunft geben sie aber an Mediatoren ab. Diese sollten – angemessene Professionalisierung vorausgesetzt – Expertise in der Steuerung der Konfliktbearbeitung und der Suche nach Lösungsoptionen haben. Ist eine Spezialisierung auf ein Konfliktfeld gegeben, sollten Mediatoren auch Expertise bezüglich der jeweiligen Streitgegenstände besitzen.

Kompetente Mediatoren sind in der Lage,

- Machtungleichgewichte zu kompensieren,
- manipulative Taktiken zu unterbinden,
- Eskalationen zu vermeiden,
- gegenseitiges Verstehen zu fördern,
- Konflikte aus unterschiedlichen Perspektiven zu beleuchten,
- viele Lösungsoptionen zu erarbeiten und
- die Chancen für eine nachhaltige Übereinkunft zu verbessern.

Allerdings bietet auch die Mediation für eine solche Übereinkunft keine Garantie.

Im Gegensatz zur Verhandlung ist die professionelle Mediation kostenpflichtig. Die Kosten können aber niedriger sein als in einem Gerichtsverfahren, bei dem Anwalts- und Gerichtskosten anfallen, die sich nach dem Streitwert bemessen. Die Kosten einer Mediation sind im Regelfall die Stundenhonorare der Mediatoren. Die Dauer der Mediation variiert von Fall zu Fall und je nach Zielsetzung.

Der Kostenvergleich zwischen Mediation und Gerichtsverfahren hat noch weitere Aspekte: Da die in Rechnung gestellten Gerichtskosten die tatsächlichen Kosten bei weitem nicht abdecken, verursachen gerichtliche Auseinandersetzungen nicht nur für die am Prozess beteiligten Parteien Kosten, sondern auch für die Staatskasse. Der Präsident des Bundesverfassungsgerichtes stellte bereits 1979 fest, dass die Rechtsgewährung ein knappes Gut sei (vgl. Proksch, 1998). Vor allem bei hohen Streitwerten sparen erfolgreiche Mediationsverfahren daher auch Kosten für die Gesellschaft ein. Diese Kosten-Effizienz – die bedeutet, Erfolge möglichst effizient und ohne Fehlschläge zu erreichen – lässt sich vor allem durch Anwendung einer wissenschaftlichen Theorie und eines fundierten Mediationsmodells sichern.

Das Argument der Zeiteffizienz spricht gegen einen Gerichtsprozess, der in der Regel erst nach langer Wartezeit durchgeführt wird, und für ein Mediationsverfahren, das umgehend beginnen kann, sobald ein Mediator gefunden wurde (Ripke, 1999). Dies wird einerseits der objektiven Dringlichkeit vieler Konfliktsituationen gerecht (z. B. wenn Bauvorhaben gestoppt werden müssen) und dient damit auch der Kostenökonomie. Andererseits ist die Schnelligkeit subjektiv bedeutsam; mit den meisten Konflikten ist ein hoher Leidensdruck verbunden, und ein schneller Beginn trägt auch dazu bei, diesen Druck möglichst rasch zu verringern und zugleich zu vermeiden, dass Positionen sich weiter verhärten. Daher ist es sinnvoll, dass als Mediatoren neben Juristen auch Psychologen ihren Dienst anbieten.

Erfolgreiche Mediationsverfahren tragen schließlich auch zur Entwicklung einer neuen Kultur, zu einer neuen Ethik der Austragung von Konflikten und damit zu übergeordneten gesellschaftlichen Entwicklungszielen bei. Mediationsverfahren sind aus ihrem Schattendasein einer fragwürdigen Alternative zum Rechtsweg herausgetreten: Eine eigenständige Mediationskultur trägt zu einer „zivilisierten Streitkultur" (Dulabaum, 1998, S. 8) bei. Es besteht Hoffnung, dass sich diese mittel- bis langfristig auch positiv auf die Streitkultur im Alltag auswirkt.

2.1.5 Gerichtsverfahren

Der → Rechtsweg steht Konkurrenzparteien offen, sofern der Konflikt verletzte Rechtsansprüche enthält und insofern justiziabel ist. Erlebte (subjektive) Ungerechtigkeit ist nicht ausreichend für eine Klage vor Gericht. Der Rechtsanspruch muss aus einem Gesetz, einem Richter- oder Schiedsspruch, einem obergerichtlichen Rechtsentscheid oder einem rechtsverbindlichen Vertrag ableitbar sein. Die Kontrolle über die Entscheidung liegt im Unterschied zur Verhandlung oder zur Mediation nicht mehr bei den Parteien, sondern bei den Richtern.

In der kontinentaleuropäischen Tradition haben Richter nicht nur Kontrolle über die Entscheidung, sondern auch über das Verfahren, in dem die Parteien und ihre Anwälte ebenfalls ihre festgeschriebenen Rollen haben.

Das Risiko der Parteien, dass ihre Klage abgelehnt wird, variiert je nach Fall (z. B. der Eindeutigkeit eines Rechtsanspruchs). Neben diesem Risiko ist das Kostenrisiko zu beachten, das Gerichts- und Anwaltskosten umfasst und sich nach dem Streitwert bemisst.

Es besteht durchaus die Möglichkeit, die Abweisung der Klage durch den Richter als ungerecht zu werten. Vertrauen in die Gerechtigkeit der Richter hilft, ihre Entscheidungen zu akzeptieren. Die wahrgenommene Fairness des Verfahrens, auch die Höflichkeit der Richter in der Verhandlung erhöht das Vertrauen in die Gerechtigkeit der getroffenen Entscheidungen, wie die psychologische Forschung zur Verfahrensgerechtigkeit zeigt (vgl. Lind & Tyler, 1988; Tyler, 1991; vgl. auch Kap. 5.5.5). Aber nicht wenige Kläger und Beklagte erleben die Urteile der Richter als bitteres Unrecht.

Statt einer Entscheidung können Richter auch einen →Vergleich anregen, der dann allerdings von den Parteien angenommen werden muss. Hierbei reduzieren Richter ihre Funktion auf die einer Schiedsinstanz. Wenn Richter einen konkreten Vergleichsvorschlag machen, bleiben sie der juristischen Methode verpflichtet, die weiter unten genauer beschrieben wird (vgl. Kap. 2.3).

Hier sollte auch die Möglichkeit des Anwaltsvergleichs erwähnt werden: Heute werden etwa 70% aller Streitfälle, mit denen in Deutschland Rechtsanwälte befasst sind, außergerichtlich erledigt, meist mit Vergleichen, die von den Anwälten im Einvernehmen mit ihren Mandanten ausgehandelt werden (Bühren, 1988). Dieses Aushandeln ist unter Regie der Anwälte auf die Ansprüche bzw. Wahrung der Eigeninteressen der Parteien ausgerichtet, so wie diese von den Anwälten konzipiert werden. Entsprechend unterbleibt eine tiefergehende Erkundung der Anliegen. „Der Vergleich ist ein Vertrag, durch den der Streit oder die Ungewissheit der Parteien über ein Rechtsverhältnis im Wege gegenseitigen Nachgebens beseitigt wird" (§ 779 BGB).

2.1.6 Schiedsrichterliches Verfahren

Es gibt freiwillige Schiedsverfahren, in denen sich die Parteien darauf einigen, ihren Konflikt einer Schiedsperson vorzutragen und von dieser eine Entscheidung (einen Schiedsspruch) zu erbitten, die dann rechtsverbindlich ist. Aus dem Schiedsspruch kann eine → Zwangsvollstreckung betrieben werden. Die gesetzliche Regelung der Bestellung von Schiedspersonen ist Ländersache. Z. B. werden in Nordrhein-Westfalen Schiedspersonen auf die Dauer von 5 Jahren von den Gemeinden gewählt und durch die Leitung des Amtsgerichts bestätigt. Die Tätigkeit ist ehrenamtlich und nicht an eine fachliche Ausbildung gebunden. Die Kosten sind niedrig, die Gebühr liegt derzeit in der Regel zwischen 25 DM und 75 DM. Die Verhandlung ist mündlich und nicht öffentlich. Die Schiedspersonen haben die Möglichkeit, freiwillig erscheinende Zeugen und Sachverständige zu vernehmen. Freiwillige Schiedsverfahren sind heute eine selten gewählte Option.

Die Durchführung eines Schiedsrichterlichen Verfahrens ist in bestimmten Streitfällen obligatorisch. In sog. Privatklagedelikten – z. B. Hausfriedensbruch, Beleidigung, leichte Körperverletzung, Sachbeschädigung – ist ein Sühneversuch von einer Schiedsperson durchzuführen. Klage vor Gericht kann erst erhoben werden, wenn dieser Versuch erfolglos blieb (§ 380 → Strafprozessordnung, *StPO*). In diesem Fall kann das Schiedsverfahren nur einvernehmlich zwischen den Parteien und nicht durch Schiedsspruch entschieden werden.

Schiedsverfahren können auch vor Schiedsgerichten außerhalb der staatlichen Gerichtsbarkeit betrieben werden, deren Verfahren in der → Zivilprozessordnung *(ZPO)* geregelt sind. Auch hier ist die Verhandlung nicht öffentlich und vertraulich. Die Parteien können ihr eigenes → Schiedsgericht mit schriftlicher Urkunde bestellen. Sie können dabei auch von der Regelzahl von drei Schiedsrichtern abweichen. Auch das Verfahren können die Parteien einvernehmlich regeln. Andernfalls hat das Schiedsgericht Regelungskompetenz unter Beachtung der in §1042 ZPO gesetzlich vorgeschriebenen Verfahrensgrundsätze der Gleichbehandlung der Parteien und des rechtlichen Gehörs der Parteien. Das Verfahren endet mit einem Vergleich der Parteien oder mit einem Schiedsspruch. Der Vergleich im Schiedsverfahren hat die bindende Rechtswirkung eines Vertrages; der Schiedsspruch, den das Schiedsgericht nach freiem Ermessen trifft, ist rechtskräftig. Unter bestimmten Voraussetzungen ist allerdings eine Aufhebungsklage vor einem ordentlichen Gericht möglich (§ 1041 ZPO).

Das Verfahren ist weniger einheitlich gestaltet als das Gerichtsverfahren oder auch inzwischen das der Mediation, wobei schon jetzt auf die große Variationsbreite in der Gestaltung der Mediation hingewiesen sei (vgl. Kap. 2.3 und Kap. 9).

2.1.7 Schlichtung

Eine Schlichtung ist eine weitere Option in Konfliktfällen. Als Schlichter sind Personen (Schiedsleute) oder Instanzen (Schlichtungsstellen) von → Gebietskörperschaften bestellt, an die sich Parteien wenden können. In Konflikten können sich die Parteien auch über Schlichter ihrer Wahl verständigen. Die Schlichter werden um einen Entscheidungsvorschlag im Streitfall gebeten. Für das Verfahren gibt es keine formalen Vorschriften.

Für Arbeitsstreitigkeiten bei Verhandlungen über einen Tarifvertrag oder eine Betriebsvereinbarung ist gesetzlich die Schlichtung vorgesehen, die als Vermittlungsverfahren und als eigentliches Schlichtungsverfahren geregelt ist. Der Vorschlag eines Schlichters zur Einigung ist als solcher nicht rechtsverbindlich, sondern abhängig von der Annahme durch die Parteien.

In einigen gesellschaftlichen Feldern sind auch Schlichtungsstellen eingerichtet, z. B. im Handwerk, von denen Vertragsstreitigkeiten von sachkundigen Schlichtern außergerichtlich bereinigt werden können.

Im übrigen sozialen Leben ist die Schlichtung als informelle Vermittlungstätigkeit von Personen, die ihre „guten Dienste“ anbieten, durchaus verbreitet, ohne dass spezifische Gestaltungsvorschläge oder Regeln vorgegeben wären. Verwandte, Freunde, Kollegen, Nachbarn, Geistliche und andere Autoritäten werden in diesem Sinn tätig.

2.1.8 Entscheidung durch Vorgesetzte

Konflikte in hierarchisch organisierten Organisationen können einseitig von einer Partei oder von allen Konfliktparteien oder auch von Dritten einer vorgesetzten Person zur Entscheidung vorgetragen werden. Im Gegensatz zu den drei anderen Optionen, in denen Dritte beteiligt sind, haben die Parteien formal die geringsten Einflussmöglichkeiten auf Verfahren und Entscheidung. Vorgesetzte entscheiden möglicherweise autoritär auf der Basis ihrer eigenen Sicht der Dinge, ihrer eigenen Voreingenommenheiten und Interessen oder was in ihren Vorstellungen die Interessen der Organisation sind.

2.2 Konfliktlösung durch Richter, Schiedsleute, Schlichter

Gemeinsame Suche der Konfliktparteien nach Lösungen durch Verhandlung und Mediation hat eine Reihe von Vorteilen gegenüber Entscheidungen durch Dritte. Weder Richter noch Schlichter oder Schiedsleute sind an der Entwicklung von → Gewinner-Gewinner-Lösungen orientiert: Im Mittelpunkt stehen nicht die Anliegen der Parteien und der Ausgleich dieser Anliegen und die Förderung der Beziehung. Richter sind am Recht und an Rechtspositionen orientiert. Das typische Schiedsverfahren ist eine rasche Suche nach einem Kompromiss ohne Aufarbeitung des Konfliktes, seiner Tiefenstrukturen und seines gesamten Kontextes, seiner Geschichte usw. Und auch Schlichter suchen typischerweise nach einem einfachen Kompromiss im Rahmen des → Gewinner-Verlierer-Schemas. Vorgesetzte geben den Belangen der Organisation Priorität vor den Anliegen der Konfliktparteien.

Wie bereits erwähnt, haben Thibault und Walker (1975) individuelle Präferenzen für jene Formen der Konfliktbeilegung gefunden, die mehr an individueller Kontrolle und Einflussmöglichkeit bieten. Demnach werden Verhandlung und Mediation den Schieds- und Gerichtsverfahren vorgezogen, insbesondere wenn Richter wie in der kontinentaleuropäischen Tradition Kontrolle über Verfahren und Entscheidung haben.

Jedoch darf der Befund von Thibault und Walker nicht übergeneralisiert werden. Es gibt Konstellationen, in denen das Gerichtsverfahren präferiert wird. Z. B.:

- wenn der eigene Rechtsanspruch als unbestreitbar angesehen wird,
- wenn die Beziehung zur Gegenseite feindselig ist,
- wenn das Vertrauen in eigene Verhandlungsmöglichkeiten geringer ist als das Vertrauen in Richter oder Schlichter,
- wenn der Verhandlungsgegenstand so komplex ist, dass eine Klärung durch professionelle Entscheider als angebracht gesehen wird (vgl. Vidmar, 1993).

Da von den Verfahren der Streitbeilegung unter Beteiligung Dritter der „Rechtsweg“ in unserer Gesellschaft besonders prominent ist, schließen wir dieses Überblickskapitel mit einem kurzen Vergleich zwischen der juristischen Methode und einigen Eckpunkten der psychologischen Mediation.

2.3 Die juristische Methode der Konfliktbearbeitung: Objektivierung und die Suche nach justiziablen Ansprüchen

2.3.1 Grundzüge der juristischen Methode

Die juristische Konfliktbearbeitung beginnt häufig mit der Frage: Wer kann – was – von wem – auf welcher Rechtsgrundlage verlangen? Juristen suchen Rechtsgrundlagen für die → Ansprüche von Parteien. Gibt es Konflikte wegen Ansprüchen, versuchen sie, diese Konflikte zu „verrechtlichen“, denn ohne Rechtsgrundlage gibt es keine durchsetzbaren Ansprüche (z. B. auf eine Leistung, auf eine Duldung, auf ein Unterlassen, auf Herausgabe eines Gutes usw.). Nur auf der Basis eines Rechtsanspruchs könnte ein Anspruch vor Gericht durchgesetzt werden. Ansprüche können aus Gesetzen (oder gesetzesbasierten Rechtsverordnungen und Satzungen) oder aus rechtsverbindlichen Verträgen abgeleitet werden (Verträge sind grundsätzlich einklagbar).

BEISPIEL

Anspruch auf Schadensersatz oder: Verletzung der Aufsichtspflicht?

Ein dreijähriges Mädchen ist mit dem Dreirad neben der Mutter auf dem Gehweg gefahren. Als die Mutter einen Moment in einen schönen Garten schaut, ist die Tochter vom Fußweg etwa 40 cm auf den markierten Radweg abgekommen, wurde dort von einem schnell fahrenden Radfahrer erfasst, auf den Asphalt geschleudert und erheblich verletzt. Sie hat einen Armbruch, eine tiefe Risswunde im Gesicht, die eine bleibende Narbe hinterlassen wird, sowie Schürfwunden davongetragen. Außerdem ist durch das Unfalltrauma eine gesteigerte Ängstlichkeit auf öffentlichen Wegen entstanden. Der Radfahrer, ein 18jähriger Schüler aus der Nachbarschaft der Mutter, schien durch die Verletzungen des Kindes betroffen, aber auch empört über die Mutter, die ihn als verantwortungslosen Raser beschimpfte, und warf dieser vor, ihr Kind nicht angemessen beaufsichtigt und vom Fahrradweg ferngehalten zu haben.

Zwei Wochen später suchte die Mutter eine Rechtsanwältin auf, schilderte dieser ihre Empörung über den „Raser" und stellte ihr die Frage, was sie da tun könne. Die Anwältin rät, für das Kind einen Schadensersatz zu beanspruchen. Die Anwältin sieht in § 823 Abs. 1 BGB eine Anspruchsgrundlage: Wer vorsätzlich oder fahrlässig das Leben, die Gesundheit, die Freiheit, das Eigentum oder ein sonstiges Recht eines anderen widerrechtlich verletzt, ist dem anderen zum Ersatz des daraus entstehenden Schadens verpflichtet.

Der beschuldigte Radfahrer sucht nach Zustellung des Anspruchs auf Schadensersatz ebenfalls einen Rechtsanwalt auf, um diesen Anspruch abzuwehren und schildert diesem, dass er ordnungsgemäß gefahren sei. Der Rechtsanwalt begründet seine Zurückweisung des Schadensersatzanspruches damit, dass der Mutter eine Verletzung ihrer Aufsichtspflicht vorzuwerfen sei.

BEISPIEL

Mietminderung gerechtfertigt?

Ein alleinstehender 65 Jahre alter Rentner lebt seit über 20 Jahren als Mieter in einem Mehrfamilienhaus. Seit einigen Jahren sind drei Wohnungen an studentische Wohngemeinschaften vermietet, was ihm nicht passt. Er hat sich schon mehrfach mit Nörgeleien an den Vermieter gewandt, konnte aber keine triftigen Beschwerden vorbringen. Nun wohnt aber eine Gruppe von Studenten in der Wohnung über ihm, die häufig feiert, wobei es laut hergeht: Musik, laute Gespräche und Lachen bis spät in die Nacht.

Statt die Studenten, über die er sich ärgert, anzusprechen, pocht er gegenüber dem Vermieter, der nicht selbst im Haus wohnt, auf Durchsetzung der Hausordnung. Als sich nach einem Monat nichts geändert hat, behält er mit Verweis auf die häufigen Ruhestörungen die Hälfte der Miete ein. Der Vermieter übergibt die Angelegenheit seinem Anwalt und bagatellisiert das Verhalten der „jungen Leute". Der Anwalt schreibt, ein gelegentliches Feiern junger Leute, über das sich im übrigen keine andere Mietpartei beschwert habe, rechtfertige keine Mietminderung und fordert mit knapper Zahlungsfrist die vollständige Zahlung der Miete.

Der Mieter ist aufgebracht, weil er sich als langfristiger Mieter vom Vermieter nicht angemessen behandelt fühlt. Der Vermieter hat die Wohngemeinschaft offenbar nicht ermahnt, nimmt offenbar Partei für die Studenten und schaltet einen Anwalt ein, statt mit ihm über seine Beschwerde zu reden.

Da er in einer Rechtsschutzversicherung ist, sucht er seinerseits einen Anwalt auf. Auf der Basis der Hausordnung und der Angaben über Häufigkeit, Dauer und Ausmaß des Lärms verlangt dieser vom Vermieter eine Durchsetzung der Hausordnung gegenüber seinen Mietern und rechtfertigt das Einbehalten eines Anteils der Miete mit einer Wertminderung der Mietsache durch Lärm.

Die juristische Methode verlangt zunächst, dass aus der komplexen Lebenswirklichkeit Rechtsansprüche identifiziert werden, d. h. ein Anspruch einer Partei aus einem Gesetz oder einem Vertrag begründet wird.

2.3.2 Risiken der juristischen Methode

Dieser Prozess der Transformation eines Lebenssachverhaltes, so wie die Parteien diesen persönlich erleben, zu einem juristischen Sachverhalt, ist eine Konstruktion. Diese Konstruktion gilt unter Juristen als eine „Objektivierung" der Lebenswirklichkeit. Letztlich handelt es sich jedoch um die Herstellung einer Passung zwischen der Lebenswirklichkeit und einem in einem Gesetz abstrakt formulierten Tatbestand oder zu einer in einem Vertrag festgelegten Vereinbarung. Besonders für Anwälte ist die Herstellung dieser Passung selektiv: Es wird alles weggelassen, was bezogen auf die gewählte Rechtsgrundlage eines Anspruchs nicht passende oder irrelevante Information ist. Sie ist auch akzentuiert, indem stützende Elemente für die Position der eigenen Mandanten betont werden. Und sie ist kreativ in dem Sinne, dass nach Informationen gefragt und gesucht wird, die für die Argumentationsziele günstig wären.

! **Ein Lebenssachverhalt wird in einen juristischen Sachverhalt transformiert**
Das Beispiel „Mietminderung?" entwickelt sich ausgehend von einer Ruhestörung. Diese ist als solche noch kein Konflikt zwischen dem 65jährigen Mieter und den Studenten, weil dieser die Studenten noch nie gebeten oder aufgefordert hat, den Lärm zu vermeiden. Stattdessen macht er gegenüber dem Vermieter einen Anspruch geltend, für eine Unterlassung des Lärms zu sorgen. Den möglichen Konflikt mit der Wohngemeinschaft vermeidet der Vermieter und beginnt einen Rechtsstreit um den einbehaltenen Mietanteil. D. h.

- die Vermittlung einer besseren Beziehung zur Wohngemeinschaft wird gar nicht versucht,
- der Altmieter wird gekränkt und aufgebracht,
- dessen Verhältnis zur Wohngemeinschaft wird nicht gebessert, und
- der eigentliche Anlass der Beschwerde bleibt unbearbeitet.

Aus der komplexen Wirklichkeit wird ein Rechtsstreit um Zahlung der vollen oder Minderung der Miete. Das Risiko einer nachhaltigen Verschlechterung der Beziehung zwi- ▶

schen Mieter und Vermieter, eines offenen Streits mit der Wohngemeinschaft, emotionaler Belastungen und finanzieller Kosten ist hoch.
Für die Anwältin der Mutter im Beispiel „Schadensersatzanspruch?“ spielt es – juristisch gesehen – keine Rolle,

- ob die Mutter sich am Unfall mitschuldig fühlt,
- ob sie sich gegenüber ihrer Tochter schuldig fühlt,
- ob sie die Schadensersatzforderung für gerechtfertigt hält,
- ob sie denkt, dass auch der Radfahrer einen Schock erlitten haben könnte,
- ob sie denkt, dass der Radfahrer sich schuldig fühlt,
- ob sie wegen einer solchen Forderung Probleme mit der Nachbarschaft bekommen könnte,
- ob sie mit dem jungen Mann und seinen Eltern sprechen will,
- ob der junge Mann eine Haftpflichtversicherung hat, sodass die Entschädigung durch die Versicherung getragen werden könnte.

Der Anwalt des jungen Mannes fragt nicht,

- ob sich dieser wegen seiner Unaufmerksamkeit schuldig fühle,
- ob er Probleme mit der Nachbarschaft habe oder erwarte,
- ob er die Familie des Mädchens aufgesucht und sich nach den Verletzungen des Kindes erkundigt habe,
- ob er sein Bedauern ausgedrückt habe,
- ob er zu einem Schadensausgleich bereit und in der Lage sei?

Die Anwälte unterstellen, dass ökonomische Interessen das Anliegen ihrer Mandanten sei und suchen sofort nach rechtlichen Anspruchsgrundlagen bzw. rechtlichen Grundlagen für die Abwehr von Ansprüchen. Die weitergehende psychische und soziale Lage der Mandanten interessiert nicht, weil diese rechtlich irrelevant ist.

Diese Transformation der Lebenswirklichkeit der Mandanten in einen juristisch relevanten Sachverhalt kann von den Mandanten als Verfremdung erlebt werden. Die vom Juristen gewählte rechtliche Anspruchsgrundlage kann mit dem eigentlichen Begehren der Mandanten wenig zu tun haben. Das juristische Denken von Anwälten ist in der Regel auf Streiten hin angelegt. Die Anwälte versuchen, aus den Darlegungen ihrer Mandanten Positionen herauszulesen bzw. ihren Mandanten Positionen nahezulegen, für die sie in einem Rechtsstreit Gewinnchancen sehen. Selbstverständlich versuchen die Gegenanwälte das Gleiche für ihre Mandanten. Auch sie reduzieren und transformieren die dargestellten Sachverhalte im Sinne der von ihnen für erfolgversprechend gehaltenen Rechtsgrundlagen.

Anwälte vertreten die Interessen ihrer Klienten, für deren Durchsetzung sie eine Rechtsgrundlage erkennen. Der juristische Streit folgt dem Schema der Nullsummenspiele: Was eine Partei gewinnt, verliert die andere. Das gilt auch für Vergleiche. Nach den Regeln der juristischen Methode kann nach → Gewinner-Gewinner-Lösungen im hier zu erarbeitenden Sinne (vgl. Kap. 8) gar nicht gesucht werden.

2.3.3 Der Rechtsweg – eine gute Lösung?

Es gibt nicht nur in der juristischen Fachwelt, sondern auch in der Bevölkerung Überzeugungen über Jurisprudenz, die problematische Folgen haben. Die mit der Jurisprudenz nicht vertrauten Parteien mögen sich von ihren Anwälten überzeugen lassen, dass sie „im Recht" sind, dass die von den Anwälten vorgenommene „juristische" Sachverhaltsdarstellung und die Subsumtion unter eine Rechtsnorm der beste Weg ist, „ihnen zu ihrem Recht zu verhelfen".

Diese Überzeugung kann verunsichert werden, wenn den Parteien die Darstellungen der Gegenanwälte zugestellt werden. Dann mögen sich auch die Parteien die bange Frage stellen, was die Richter mit den sich widersprechenden Darstellungen der Anwälte tun werden. Es mag noch beruhigen, darauf zu vertrauen, dass die Richter die normative Wahrheit erkennen und zur richtigen Entscheidung kommen werden, nämlich einer vorteilhaften im Sinne des eigenen Begehrens. Dass auch die Richter eine Konstruktion des Streitfalles zu leisten haben, wird oft nicht bedacht. Diese Konstruktion wird im Regelfall nicht parteiisch für eine Seite sein. Sie wird möglicherweise auch mehr Informationen als die schriftlichen Darlegungen und Gegendarlegungen der Anwälte einbeziehen: unter anderem Zeugenaussagen, Gutachten von Sachverständigen, Informationen aus Lokalterminen, je nach Fall auch aus Urkunden, vor allem auch frühere Gerichtsentscheidungen zu vergleichbaren Fällen, mit besonderem Gewicht Entscheidungen von Revisionsgerichten. Dennoch sind auch die Urteilsbildungen von Richtern subjektive Konstruktionen. Die Unterschiedlichkeit in der Bewertung derselben Fälle durch verschiedene Richter ist empirisch belegt (Schmid, Drosdeck & Koch, 1997). Experten der Jurisprudenz wissen, dass richterliche Entscheidungen nicht vollständig vorauszusagen sind – oder der Volksmund überspitzt: „Auf hoher See und vor Gericht bist du in Gottes Hand."

Wenn Parteien ihre Anwälte gleich zu Beginn fragen würden, mit welcher Sicherheit sie einen Sieg oder zumindest einen günstigen Vergleich vor Gericht erwarten, würden sie bei ehrlicher Antwort und bei Kenntnis alternativer Formen der Streitbeilegung ernsthaft über solche Alternativen wie Mediation nachdenken.

Die Auffassung, dass es eine objektive Wirklichkeit gäbe, dass objektive Rechtsnormen existierten und dass diese objektiven Rechtsnormen in objektiver Weise auf eine Wirklichkeit bezogen werden könnten, ist ein Irrtum, der für die

Parteien Risiken birgt. Die Erwartung, dass die autoritative Entscheidung des Richters die objektiv richtige und gerechte Lösung sei, ist folglich unrealistisch (vgl. Bennet, 1992; Zippelius, 1994).

Diese Meinung wird allerdings gestützt durch das Vertrauen in die gesetzgebenden Institutionen und die Überzeugung, dass Gesetze erlassen werden, damit Ungerechtigkeiten vermieden werden.

Begriffsjurisprudenz. Die Erwartung, dass die Entscheidung des Richters objektiv richtig und gerecht sei, wird durch die Begriffsjurisprudenz gestützt. Dieses Programm ist eine Tradition in der Rechtsprechung, wonach die wesentliche Aufgabe der Richter darin besteht,

- die Begriffe des Rechts dem allgemeinen Sprachgebrauch nach richtig auszulegen,
- den Sachverhalt klar zu erfassen,
- den Sachverhalt auf die Gesetze zu beziehen
- und durch eine logische Ableitung zu einer Entscheidung zu kommen.

Dieses Programm verkennt die Schwierigkeiten, die Richter zu bewältigen haben. Die Begriffe der Gesetzessprache lassen einen Bedeutungsspielraum, der im konkreten Fall auszufüllen ist. Für diese Ausfüllung stehen zur Verfügung:

- die Bezüge zu anderen Rechtsnormen und bisherige Interpretationen (die systematische Auslegung im Kontext des Rechts),
- Erkenntnisse über die geschichtliche Entwicklung der Rechtsnorm und die Entwicklung ihrer Interpretation (die historische Auslegung),
- die Bedeutung, die durch Gesetzgeber gegeben wird (die genetische Auslegung),
- die Berücksichtigung des Sinns und Zwecks der Rechtsnorm (die teleologische Auslegung).

Es ist also weit mehr als eine Auslegung möglich.

Richter sind außerdem nicht nur dem Gesetz verpflichtet, sondern auch ihrem Gewissen und dem sich wandelnden Rechtsgefühl des Volkes, in dessen Namen sie ihre Urteile verkünden. Sie haben Sorge zu tragen, dass ihre Entscheidungen und Entscheidungsbegründungen anerkannt werden. Das bedeutet auch eine Rückbindung an die wahrgenommenen Rechtsgefühle in der Bevölkerung. Wenn sich die Rechtsgefühle der Bevölkerung wandeln, hat dieser Wandel auch Einfluss auf die Entscheidungen von Richtern. Es mag dann auffallen, dass ein Gesetz wesentlich Ungleiches gleich behandelt, und das ist ein Verstoß gegen einen hochstehenden Rechtsgrundsatz. Im früheren Strafrecht gab es beispielsweise ein ausnahmsloses Abtreibungsverbot. Konflikte von Medizinern, die durch eine Abtreibung das Leben der Mutter retten wollten, oder Konflikte der Schwangeren, etwa bei einer Schwangerschaft nach Vergewaltigung, verlangten nach einer Fortentwicklung des Rechtes (Zippelius, 1994, Kap. IX). Da der Gesetzgeber hier wie in vielen anderen Fällen die Rechtsordnung nur verzögert veränderten Rechtsgefühlen und einem veränderten Regelungsbedarf anpasste, haben auch die Richter – mit Einschränkungen – die Aufgabe der Fortentwicklung des Rechts. In einigen Bereichen, etwa im → Arbeitsrecht, sind viele Rechtsnormen nicht durch den Gesetzgeber, sondern als Richterrecht etabliert worden (Rüthers, 1991).

All dies macht eine Voraussage der Entscheidung eines Richters in einem konkreten Fall unsicher. Richter haben immer verschiedene Optionen. Welche Optionen sie auch wählen und argumentativ begründen, die Existenz verschiedener Entscheidungsoptionen belegt, dass es nicht die eine objektiv richtige und wahre oder gerechte Entscheidung gibt, sondern dass in das Urteil subjektive Elemente einfließen. Wer in der Überzeugung vor Gericht geht, einen unbestreitbaren Rechtsanspruch zu haben, wird oft enttäuscht werden.

Man muss den Richtern Vertrauen schenken, wenn man sein Begehren vor Gericht bringt, statt den Versuch zu machen, in einer Verhandlung oder einer Mediation eine gute und als gerecht erlebte Lösung zu suchen; also Verfahren, in denen die Konfliktparteien weitaus größere Gestaltungsmöglichkeiten und Entscheidungsautonomie haben. Wenn allerdings das Vertrauen in die eigenen Fähigkeiten und Möglichkeiten, in direkter Auseinandersetzung mit der Gegenseite zu einer guten Lösung zu kommen, geringer ist als das Vertrauen in die Richter, wird man den Rechtsweg wählen. Auch wenn eine Konfliktlage so kompliziert erscheint, dass man selbst keine klare Übersicht hat, wird man eher geneigt sein, eine Autorität entscheiden zu lassen: Je nach Fall tun dies Richter, Schiedsleute oder Vorgesetzte.

! **Wann ist der Rechtsweg sinnvoll?**
Die juristische „Objektivierung" des Sachverhalts wird in unterschiedlichen Fällen der Konfliktstruktur mehr oder weniger gerecht. Sie wird jenen Konflikten in der Regel nicht gerecht, die aus einem komplexen Beziehungsgewebe heraus entstanden sind und die Verletzungen und Bedrohungen von Anliegen umfassen, die nicht justiziabel sind. In diesen Fällen werden Juristen jene Konfliktaspekte oder Einzelkonfliktthemen herausgreifen, die justiziabel sind bzw. gemacht werden können.
Konflikte entwickeln sich aber auch zwischen Personen, die in vielfältigen Austauschbeziehung standen und stehen:

- Familienangehörigen,
- Nachbarn,
- langjährigen Geschäftspartnern,
- Kollegen am Arbeitsplatz.

Für diese ist eine Fortführung der Beziehung in einer guten oder erträglichen Weise vielleicht notwendig, vielleicht erwünscht, zumindest aber eine überlegenswerte Option.

In Fällen wie
- einem Unfall zwischen Fremden,
- der Reklamation nach einem Möbelkauf in einem fremden Geschäft,
- die Anzeige eines unbekannten Autofahrers wegen beleidigender Gesten

läuft die juristische Objektivierung weniger Gefahr, wesentliche Konfliktelemente und Anliegen der Parteien unberücksichtigt zu lassen (Sauerland, 1999).

In den Fällen eines existierenden komplexen Beziehungsgefüges ist die Notwendigkeit größer, dass eine Oberflächenstruktur von einer Tiefenstruktur unterschieden werden muss. Die Objektivierung wird häufig nur einzelne Elemente der Oberflächenstruktur repräsentieren, nicht aber die Tiefenstruktur. Was Juristen als unerheblich ausblenden – unerheblich, weil nicht anspruchserheblich –, das können die wesentlichen verletzten oder bedrohten Interessen, Anliegen, normativen Überzeugungen usw. der Parteien sein.

Für deren Erfassung sind die Gefühle, die Parteien haben, aufschlussreich. Gefühle werden aber durch die juristische Objektivierung gerade ausgeblendet. Die juristische Objektivierung, die einer rationalen Streitbewältigung dienen soll, blendet vielfach das psychologisch Wesentliche an Konflikten aus.

Durch die Reduktion des Konfliktes auf die sogenannten anspruchserheblichen oder entscheidungserheblichen Sachverhalte (s. → Anspruch) wird zwar die Angelegenheit juristisch lösbar. Die Vielschichtigkeit der Angelegenheit wird aber ausgeblendet und wird nicht bewältigt. Die Ausblendung von Gefühlen kann leicht dazu führen, dass nach einer Gerichtsentscheidung der Konflikt wieder aufflammt. Die „juristische Konfliktkonstruktion“ war für den Fall und für die Beziehung unerheblich.

! „Zaungäste des eigenen Konflikts“
Nachdem die Parteien ihren Fall den Juristen überantwortet haben, kann es leicht passieren, dass die eigentliche Ausgestaltung des Verfahrens nur noch zwischen den professionellen Akteuren stattfindet. Die Streitparteien können kaum noch mitwirken.
- Die Streitparteien verstehen häufig die Sprache der Juristen nicht.
- Sie haben keine Einsicht in die Argumentationsweise der Juristen.
- Sie haben keine Einsicht in die Gesetze, die für ihren Fall relevant sind oder sein könnten.
- Sie kennen die Gesetzesauslegung nicht.
- Sie wissen nicht, wie relevant diese Auslegung für die professionellen Akteure ist.

Die Parteien sind letztlich „Zaungäste ihres eigenen Konfliktes“ geworden (Sauerland, 1999, S. 23)

Die Tatsache, dass sich die Parteien an Rechtsanwälte wenden, die nach bestem juristischem Wissen und Gewissen die Interessen ihrer Parteien vertreten wollen, kann in komplexen Beziehungsgefügen zwischen den Parteien leicht zu einer Eskalation von Konflikten führen. Sauerland (1999, S. 8f.) gibt ein Beispiel, in dem zwei Gesellschafter eines Unternehmens in Streit geraten sind. Gesellschafter A versucht, Gesellschafter B aus der Funktion des Geschäftsführers herauszudrängen und dessen Geschäftsanteile an sich zu ziehen. Dies führt zu Klage und Gegenklage. Nach dem Sieg von A in einem Gerichtsverfahren zeigt B Gesellschafter A wegen Steuerhinterziehung an, was zu einer Gegenklage wegen privater Nutzung von Firmeneigentum führt usw. Das Ergebnis wird wohl in der Bilanz ein Verlierer-Verlierer-Ausgang sein.

2.3.4 Das juristische Mediationsmodell

Zur Zeit liegen Theorie und Praxis von Mediationsverfahren vor allem in den Händen von Juristen. Sie folgen dabei in theoretischer Hinsicht nicht selten dem juristischen Ansatz und ihren Fachtraditionen. Beispielsweise ordnen sie die inhaltlichen Mediationsfelder nach Rechtsgebieten, wie bürgerlich-rechtliche, öffentlich-rechtliche, strafrechtliche oder wirtschaftliche Streitfälle. Dieses Ordnungsschema wurde von vielen Autoren mit unterschiedlicher Fachrichtung aufgegriffen, sodass es mittlerweile fast die gesamte Mediationsliteratur beherrscht (vgl. z. B. Henssler & Koch, 2000; Proksch, 1998).

In der Mediationspraxis dominiert ebenso der Anteil der Mediatoren, die eine juristische Ausbildung haben. Es sind vor allem Juristen, die Angebote zur Mediatorenausbildung entwickeln und ihren Kollegen anbieten. Auf diese Weise wird der juristische Nachwuchs für die Mediationspraxis gesichert. Dieses Engagement wird durch die Öffentlichkeit wahrgenommen und honoriert. Beispielsweise werden in den aktuellen politischen Streitfragen in den meisten Fällen lediglich „Rechtsanwälte" oder „Notare" als Einzelpersonen in Betracht gezogen, die als Mediatoren fungieren können (vgl. z. B. die WWW-Adresse: http://www.ngz.de/topnews/991015/schlichtung.html).

Diese hohe Bedeutung der Jurisprudenz lässt sich aus einer historischen Sicht des Mediationsansatzes erklären, der vor allem aus der juristischen Praxis heraus entwickelt wurde. Primäres Ziel war es, vormals durch einen Richterspruch entschiedene Konflikte und Streitigkeiten nun außergerichtlich durch Mithilfe einer dritten, vom Konflikt nicht betroffenen Partei, einvernehmlich zu lösen. Sieht man von nicht-justiziablen Konflikten ab – viele Streitigkeiten in Partnerschaften, Familien, Schulen, Organisationen, zwischen politischen Parteien, zwischen ethnischen Gruppen, zwischen Staaten sind (noch) nicht justiziabel – so werden in der großen Mehrzahl der Konfliktfälle letztlich gerichtliche Auseinandersetzungen als Alternativen zur Mediation mitgedacht. Deshalb werden alle justiziablen Mediationsfälle in einem Bezug zu den alternativ möglichen gerichtlichen

Verfahren gesehen. Häufig werden Mediationen vor allem deshalb in Betracht gezogen, um das höhere Kosten- und Zeitrisiko der gerichtlichen Auseinandersetzung zu vermeiden (vgl. Renn, 1999).

Ein Mediationsverfahren gilt dann als erfolgreich, wenn eine außergerichtliche Einigung stattgefunden hat, die zumeist in Form einer Abschlusserklärung oder eines schriftlichen Vertrages festgehalten wird (vgl. Duss-von Werdt, 1999). Als objektives Kriterium des Mediationserfolges wird formuliert, dass keine der Konfliktparteien während oder auch nach Abschluss des Mediationsverfahrens ein gerichtliches Verfahren anstrengt.

> **!** Juristische Verfahrenstechniken in der Mediation – „déformation professionelle"
> Der erläuterte inhaltliche und historische Bezug von Mediation und gerichtlicher Einigung bedeutet, dass sich als Mediatoren ausgebildete Juristen häufig an den Verfahrenstechniken und Zielsetzungen des Rechtsweges orientieren:
>
> - eine Einigung wird auf der Basis bestehender Rechtsgrundlagen und bestehender Rechtspraxis gesucht;
> - die Konfliktparteien werden ausführlich über ihre Rechte und Pflichten aufgeklärt;
> - Anliegen und Motive der Parteien werden nicht umfassend erfasst und geklärt;
> - rechtlichen Anspruchsgrundlagen wird Priorität gegeben und
> - objektive Sachlichkeit wird gefordert.
>
> Gegenüber den Rollen des Richters und des Anwalts wird von juristischen Mediatoren dennoch eine klare Abgrenzung vorgenommen: Mediatoren vertreten nicht die Interessen einer Partei wie Anwälte und sie treffen keine Entscheidungen wie Richter. Dabei wird in Abhebung von der Anwaltsrolle die gebotene Neutralität und in Abhebung von der Richterrolle die gebotene Zurückhaltung häufig überbetont.

Aus dem juristischen Mediationsmodell leitet sich folgerichtig ab, dass juristische Fachkenntnisse die conditio sine qua non sind (Breidenbach & Henssler, 1997; Henssler & Koch, 2000). Nur wenige weitere Kompetenzen bzw. Merkmale von Mediatoren werden expliziert, und diese sind bereits indirekt in den Axiomen von Mediationsverfahren enthalten:

- Mediatoren müssen von allen Parteien anerkannt werden.
- Sie haben unparteiisch zu sein.
- Sie brauchen Geduld, Ausdauer und Verhandlungsgeschick (wie Juristen).

Interdisziplinarität. Viele juristische Mediationen sind allerdings explizit interdisziplinär orientiert. Diese Sicht illustriert ein Zitat von Lieselotte Ripke, einer Heidelberger Juristin und Familienmediatorin der ersten Stunde, die am Heidelberger Institut in Scheidungsmediation ausbildet:

„Die Mediation ist ein interdisziplinäres Verfahren, sowohl Rechtsanwälte wie Psychologen werden in profunder Zusatzausbildung dazu befähigt, den Prozess der Verhandlungsführung zu steuern, nicht parteilich oder emotional zu sein, Verständnis für die unterschiedlichen Perspektiven der Konfliktpartner zu haben und darauf zu achten, dass sämtliche Gesichtspunkte bei der Problemlösung in ökonomischer, rechtlicher, steuerlicher Hinsicht und auf der Beziehungsebene erfasst sind“ (Ripke, 1999, S. 424).

Der von der juristischen Fakultät der FernUniversität Hagen betreute „Weiterbildungsstudiengang Mediation“ bindet viele Experten aus anderen Disziplinen ein, und viele der von Juristen verfassten Texte umfassen Erkenntnisse aus Sozial- und Verhaltenswissenschaften, vor allem auch aus der Psychologie (vgl. Haft, 1999).

2.3.5 Mediation aus psychologischer Sicht

Justiziable Konflikte. Wird einerseits argumentiert, dass Psychologen über einen einschlägigen Wissensfundus verfügen, um bei einem Konflikt erfolgreich zu vermitteln, so ist auf der anderen Seite festzuhalten, dass sich psychologische Mediatoren unbedingt ein Basiswissen an juristischen Fachkenntnissen aneignen müssen. Rechtsberatung zu leisten ist nach deutschem Recht den Anwälten vorbehalten. Aber um zu wissen, in welchen Fällen sie den Konfliktparteien anraten sollen, eine Rechtsberatung einzuholen, und um sich in einem Mediatorenteam mit juristischen Mediatoren rasch verständigen zu können, ist juristisches Basiswissen nötig (vgl. z. B. Creifelds, 1999; Friedrich, 1992; Köbler, 1995).

Denn es bestehen keine Zweifel, dass juristische Fachkenntnisse für den dauerhaften Mediationserfolg justiziabler Konfliktfälle nicht nur hilfreich, sondern notwendig sind. Alle Konfliktparteien müssen über ihre Rechte und Pflichten aufgeklärt werden, damit sie auf der Grundlage dieser Kenntnisse Lösungen bewerten, vereinbaren und nachhaltig anerkennen. Versäumt man diese Aufklärung, so kann es leicht passieren, dass eine spätere Information über die eigenen Rechte dazu führt, dass die Einigung aufgrund dieses neuen Kenntnisstandes im nachhinein als ungünstig oder als ungerecht bewertet und doch noch eine gerichtliche Lösung angestrengt wird.

Es kann auch vorkommen, dass eine Mediationsvereinbarung rechtswidrig ist und damit nichtig wird. In einem Scheidungsverfahren darf die Ehefrau und Mutter nicht auf Unterhaltsansprüche der Kinder an den Vater verzichten. Eine solche Vereinbarung wäre nichtig und damit wohl der ganze Vertrag anfechtbar (Sauerland, 1999). Das würde auch Vertrauen in die Mediatoren und – generalisiert – in Mediationsverfahren zerrütten.

Deshalb wird die Bedeutung juristischer Fachkenntnisse für justiziable Konflikte ähnlich eingeschätzt wie andere Fachkenntnisse für spezifische Konfliktfelder auch. Mediatoren von Umweltkonflikten müssen beispielsweise neben Kenntnissen der Rechtsgrundlagen auch ein Grundwissen über die einschlägige Technik und die einschlägige Umweltpolitik erwerben.

Nicht-justiziable Konflikte. In nicht-justiziablen Konflikten greift die juristische Methode allerdings nicht. Je nach Fall und Beteiligten sind andere Kenntnisse erforderlich: psychologische, soziologische, historische, ethnische, technische, ökonomische usw. Für die → Peer-Mediation etwa, bei der bei Streitigkeiten zwischen Kindern und Jugendlichen gleichaltrige „Peers" vermitteln (vgl. Rönchen, 1999), werden Jugendliche in Schulen ausgebildet. Sie haben gute Voraussetzungen, als Mediatoren erfolgreich zu werden, wenn sie – im Gegensatz zu Lehrern oder außenstehenden Erwachsenen – selbst Mitglied der Peergruppe sind und über Wissen bezüglich sensibler Themen, personeller Empfindlichkeiten, sozialer Hierarchien, Netzwerken und Animositäten verfügen. Sie kennen die informellen sozialen Normen der Altersgruppe aus eigenen Erfahrungen. Mit diesen Wissensvoraussetzungen haben sie gute Chancen, die Mediation altersgemäß und wirkungsvoll zu gestalten (zur ausführlichen Diskussion der Qualitäten von Peer-Mediatoren vgl. Schrumpf, Crawford & Bodine, 1997).

Psychologie-basierte Mediation stützt sich auf Kenntnisse aus unterschiedlichen Forschungsfeldern, die in diesem Buch dargelegt werden. Hier seien vorab und exemplarisch nur einige wenige genannt:

- Die → Motivationspsychologie informiert über das weite Spektrum der Motive und Anliegen der Menschen, die Konflikten zugrunde liegen können und für ihre Beilegung genutzt werden können.
- Die Psychologie der → Selbstkonzepte informiert über Handlungs- und Wertungsdispositionen und über Sensibilitäten in der sozialen Interaktion.
- Die Psychologie der sozialen → Stereotypisierungen gibt Hinweise auf Vorurteile und ihre Konsequenzen.
- Die Kommunikationspsychologie klärt auf über Missverständnisse in der Kommunikation und über Möglichkeiten, das gegenseitige Verstehen zu fördern.
- Die Psychologie der Überredung und der sozialen Beeinflussung informiert über (manipulative) Taktiken in Auseinandersetzungen.
- Die Gerechtigkeitspsychologie liefert Konzepte für die Erfassung von Rechtsintuitionen und Rechtsgefühlen. Sie liegen vielen Konflikten zugrunde und sollten die Basis für die Suche nach Konfliktlösungen sein. Dabei sind sie durchaus nicht deckungsgleich mit dem → kodifizierten Recht.
- Die Psychologie des Problemlösens bietet Konzepte für eine Analyse der Probleme.

- Die Psychologie der → Kreativität bietet Instrumente für die Erarbeitung von Lösungsoptionen und für die Auflösung typischer Verengungen des Blicks in aktuellen Konflikten.
- Die → Emotionspsychologie klärt auf über das Zustandekommen von Gefühlen, die in Konflikten virulent sind und deren Beilegung behindern können, und sie bietet Möglichkeiten, belastende Gefühle zu verstehen und zu verändern.
- Die Entwicklungspsychologie weist auf die Entwicklungschancen durch Krisen, Konflikte und Probleme hin und darauf, wie diese Chancen genutzt werden können, um mehr an Kompetenzen, mehr an Selbsterkenntnis und mehr an Weisheit im Umgang mit Konflikten und mit Verlusten zu gewinnen.

Diese und weitere Forschungsfelder bieten Erkenntnisse, die es erlauben, in der professionalisierten Mediation anspruchsvollere und weiter gesteckte Ziele zu verfolgen als die kompromissartige Beilegung eines aktuellen Konflikts:

- Es wird bestimmbar, was eine → Gewinner-Gewinner-Lösung ist und wie sie zu erreichen ist.
- Es werden Ziele der Kompetenzerweiterung für Konfliktbearbeitung, für Problemanalysen und -lösung, für soziale Kommunikation, für die Steuerung von Gefühlen möglich.
- Es kann exemplarisch aufgezeigt werden, wie Lebensziele und normative Überzeugungen weise und produktiv zu relativieren sind.
- Die Parteien werden aus einer guten Mediation mit mehr Selbsterkenntnis und mehr Kenntnisse über die andere(n) Partei(en) herauskommen.
- Es ist möglich, differenziert auf die Beziehung zwischen den Parteien einzugehen und diese neu zu gestalten.
- Und die Parteien werden in einer guten Mediation eine neue Kultur des sozialen Austauschs, auch der sozialen Auseinandersetzung über Strittiges, also eine neue Streitkultur – wenn man diesen modischen Begriff verwenden will – erwerben.

Das psychologische Mediationsmodell geht in dieser Hinsicht über die juristische Methode hinaus. Dies beginnt bereits bei einem erweiterten Zielkatalog einer erfolgreichen Mediation. Im psychologischen Mediationsmodell wird Erfolg nicht nur am objektiven Kriterium der außergerichtlichen Einigung und des Ausbleibens eines Gerichtsverfahrens festgemacht, sondern umfasst weitere Kriterien.

Mit dem detaillierteren Zielkatalog im Blick, sind die Anforderungen an Mediatoren entsprechend um ein großes Repertoire an Kenntnissen und Kompetenzen und Haltungen, die später noch genauer zu bestimmen sind, zu erweitern.

Diese Diskussion um den „guten Mediator“ wird fächerübergreifend im Zusammenhang mit der formalen Anerkennung von Mediatoren geführt. Der gesellschaftlichen Anerkennung kommt im psychologischen Mediationsmodell eine besondere Bedeutung zu, da sie es erleichtert, dass sich die Konfliktparteien überhaupt auf ein Mediationsverfahren einlassen und dieses motiviert durchhalten. Auch den Mediatoren verschafft die formale Anerkennung den notwendigen Handlungsspielraum, der, wie in Kapitel 8 konkretisiert wird, in fast allen Phasen des psychologischen Mediationsprozesses benötigt wird.

Um diese Vorteile des psychologischen Mediationsmodells ausschöpfen zu können, ist es notwendig, einige „Mythen“ zu relativieren, die sowohl in der juristischen als auch der psychologischen Mediationsarbeit eine wichtige Rolle spielen und die jeweilige Arbeit behindern können. Diese „Mythen“ sind daher Gegenstand des nächsten Kapitels.

3 „Mythen" in der Mediation

Im Folgenden werden wir fünf verbreitete Postulate für Mediationsverfahren kritisch diskutieren, da sie u. E. Risiken für den Mediationserfolg darstellen. Ziel ist es, diese Postulate zu „entmythologisieren“ und zu zeigen, dass sie die Wirksamkeit des Mediationsverfahrens gefährden können, weil sie den Denk- oder Handlungsspielraum der Mediatoren in unproduktiver Weise beschneiden.

Postulat „Neutralität". Es kann zu einer ängstlichen Einengung der Mediatoren führen. Es wird daher durch das Prinzip der Allparteilichkeit ersetzt, das größere Gestaltungsmöglichkeiten erlaubt (Kap. 3.1).

Postulat „Gebot zur methodischen und inhaltlichen Zurückhaltung der Mediatoren". Wir plädieren für eine produktive Gestaltungsfreiheit, die es den Mediatoren nicht nur gestattet, sondern sie verpflichtet, das ganze Methodenrepertoire und Wissen der Psychologie und das eigene Erfahrungswissen produktiv zu nutzen (Kap. 3.2).

Sachlichkeitsgebot und Tabuisierung von Emotionen. Emotionen spielen nicht nur eine zentrale Rolle in der Entwicklung und im Verlauf von Konflikten, sondern auch für deren Lösung. Sie sind von großem Erkenntniswert und bieten Ansatzpunkte für Interventionen. Daher sind Emotionen nicht zu tabuisieren, sondern zu artikulieren und zu reflektieren, um einen nachhaltigen Mediationserfolg erzielen zu können (Kap. 3.3).

Postulat „Eigeninteressen – die dominante Konfliktmotivation". Wir zeigen, dass die Annahme einer generellen Dominanz von Eigeninteressen in der Motivation der Menschen falsch ist und sowohl für die Mediationsforschung als auch für die Mediationspraxis ungünstige Folgen hat. In Konflikten ist Eigeninteresse nur eine Motivhypothese unter mehreren. Insbesondere ist die Verbreitung und Bedeutung der Wertorientierungen sowie der Verantwortungs- und Gerechtigkeitsmotive nicht zu unterschätzen (Kap. 3.4).

Postulat „Ausklammerung der Vergangenheit und Blick (nur) nach vorne". Dieses Postulat wird dem menschlichen Bedürfnis nach Vertrauen in die Geltung und Beachtung sozialer Normen, der Bedeutung von Emotionen im sozialen Leben sowie den Vorstellungen über soziale Beziehungen zu anderen Parteien nicht gerecht. Daher ist der Blick in die Vergangenheit in vielen Mediationsfällen – vor allem wenn es sich um Konflikte zwischen einander ehemals nahestehenden Personen handelt – nicht nur erlaubt, sondern notwendig, um einen aktuellen Konflikt nachhaltig zu bereinigen (Kap. 3.5).

3.1 Soll der Mediator neutral sein?

Beginnen wir damit, die zentrale Prämisse kritisch zu hinterfragen, die fast allen Mediationstexten zugrunde liegt: Die Neutralität des Mediators als wichtigste personale Variable, die als zentrale Voraussetzung einer erfolgreichen Mediation angesehen wird (vgl. Bernard, Folger, Weingarten & Zumeta, 1984; Duss-von Werdt, Mähler & Mähler, 1995; Fietkau, 1993; Fietkau & Weidner, 1998; Kracht, 1999; Young, 1972).

Unparteilichkeit. Das Neutralitäts- bzw. Unparteilichkeitspostulat kann unterschiedlichen Bedeutungsumfang besitzen. In seiner engsten Auslegung ist es darauf beschränkt, dass als Mediatoren nur Personen in Frage kommen, die nicht selbst in den Konflikt involviert sind und keine eigenen persönlichen Betroffenheiten und Interessen in diesem Konflikt haben (vgl. z. B. Strempel, 1998 a). Im Falle eines Standortkonflikts über den Bau eines Flughafens kämen dementsprechend nur Personen als Mediatoren in Frage, die von keinem der diskutierten Standorte eigene Vor- oder Nachteile zu erwarten haben. Damit stehen sie dem inhaltlichen Ausgang des Konflikts von ihrer persönlichen Interessenlage her neutral gegenüber (vgl. z. B. Fietkau, 1991).

Über die Sinnhaftigkeit und Notwendigkeit des Neutralitätspostulats in dieser engsten Auslegung herrschen keine Zweifel. Eine Einschränkung dieser Voraussetzung für die Wahl der Mediatoren wäre eine grobe Verletzung von Fairness, da es wahrscheinlich ist – bzw. zumindest nicht auszuschließen ist, sondern unterstellt werden kann und wird –, dass Mediatoren durch eigene Interessen motiviert sind und entsprechend parteiisch handeln.

Neutralität in der Verfahrensführung. In einer weiteren Bedeutung wird Neutralität auf die Verfahrensführung bzw. das Agieren der Mediatoren bezogen. Dann wird Neutralität zur „Anwesenheit vermittelnder neutral agierender Mediator/innen“ (Proksch, 1998, S. 8). In dieser Bedeutung wird das Postulat problematisch. Die Situation kann es erforderlich machen, dass Mediatoren zeitweilig der einen oder anderen Partei beistehen und auch stellvertretend deren Positionen oder ihre Anliegen erläutern, Argumente anbieten, Manipulations- oder einseitige Durchsetzungsversuche einer Partei unterbinden, sich vergewissern, ob die wichtigen Anliegen aller Parteien in einer Lösungsoption angemessen berücksichtigt sind u. a. m.

> **!** Alternative: Allparteilichkeit
> Einige Autoren haben daher das Gebot der „Neutralität“ bzw. „Unparteilichkeit“ durch das Gebot der „*Allparteilichkeit*“ ersetzt (vgl. z. B. Balloff & Walter, 1991; Dulabaum, 1998; Steiner-Hummel, 1993) bzw. setzen sich differenziert und kritisch mit Gültigkeit und Grenzen des Gebots auseinander (vgl. Fuchs & Hehn, 1999; Kracht, 1999).

Allparteilichkeit impliziert im Gegensatz zu strenger Neutralität, dass sich Mediatoren nicht jederzeit „streng orthodox" unparteiisch verhalten müssen, sondern insgesamt auf Seite aller Konfliktparteien stehen. Das bedeutet, dass Mediatoren die Anliegen aller Parteien zu verstehen und zu vermitteln versuchen, dass sie, falls notwendig, den Parteien helfen, ihre Anliegen zu artikulieren und zu begründen. Mit dieser Allparteilichkeit ist durchaus vereinbar, dass die Mediatoren zeitweilig eine Partei unterstützen.

BEISPIEL

Allparteilichkeit im Fall „Bau einer Müllverbrennungsanlage"
Eine Müllverbrennungsanlage soll direkt neben einem Fünfhundert-Seelen-Dorf gebaut werden. Sie brächte Entlastung für mehrere Mittelstädte, die dann ihre veralteten Anlagen schließen könnten. Politiker und Industrie sind sich aus unterschiedlichen wirtschaftlichen, aber auch ökologischen Gründen über diese Standortentscheidung einig. Die Belastung der kleinen Dorfgemeinschaft wird dabei billigend in Kauf genommen. An finanzielle Kompensation ist nicht gedacht. In dem ländlichen Dorf wohnt niemand, der die Interessen der Bevölkerung prägnant und eloquent formulieren und die Einsprüche organisieren könnte, um sich auf diese Weise mit den Entscheidungsträgern auseinanderzusetzen. Die Rechtslage ist dort weitgehend unbekannt. Aber die Dorfbewohner haben das Gefühl, übergangen zu werden, und sie sind empört, die ganze Last der Region allein tragen zu müssen. Auf Rat eines im Dorf aufgewachsenen Lehrers, der jetzt in einer Stadt lebt, wird eine Mediation verlangt. Da das Dorf sich eine „schlagkräftige" Vertretung durch Anwälte nicht leisten kann, werden die Mediatoren die Aufgabe haben, die Ungleichheit der Ressourcen Wissen, Rhetorik usw. zu balancieren.

Allparteilichkeit im Fall „Mobbing einer neuen Mitarbeiterin"
Eine neue Mitarbeiterin einer größeren Firma wird durch drei Kolleginnen gemobbt. Sie wird aus jeder privaten Kommunikation ausgegrenzt, sie wird nicht über Usancen und Geschäftsgänge informiert, Informationen werden absichtlich nicht weitergegeben, Telefonate werden bei kurzer Abwesenheit nicht angenommen und das gemeinsame Faxgerät und der Kopierer werden stundenlang belegt, so dass es zu ständigen Verzögerungen bei ihrer Arbeit kommt. Die neue Mitarbeiterin wendet sich an den Personalrat, der alle Beteiligten zu einer Mediation drängt. Die drei Kolleginnen sind untereinander befreundet und haben eine starke Stellung in der Firma. Die neue Mitarbeiterin agiert deshalb in der Mediation vorsichtig, ja ängstlich, weil sie nicht nur Vergeltung durch die Kolleginnen, sondern einen schlechten Leumund in der Firma und bei ihrem Chef befürchtet. In einer solchen Mediation müssen Mediatoren die Ungleichgewichte und ihre Folgen ansprechen und mit Verweis auf ihre Allparteilichkeit ihre Pflicht darlegen, die schwächere Partei zu ermutigen und zu stützen.

Dies sind Beispiele asymmetrischer Ressourcenverteilung, wobei die „Ressource" Unterschiedliches bedeuten kann, beispielsweise Status, Macht, Gesprächskompetenz, Konflikterfahrung, Popularität, Öffentlichkeitserfahrung, die Fähigkeit, Sympathien für sich zu gewinnen, Selbstsicherheit, Anzahl der Personen, die zu einer Konfliktpartei gehören u. v. m. Viele Kommunikationsrisiken werden wahrscheinlicher, wenn Asymmetrien zwischen den Konfliktparteien vorliegen. Daher ist es Aufgabe der Mediatoren, die Asymmetrien zu reflektieren und sie anschließend gegebenenfalls zu kompensieren, indem sie durch geschickte Verhandlungsführungen die schwächere Partei unterstützen. Diese Unterstützung sollte mit Verweis auf das Gebot der Allparteilichkeit offengelegt und begründet werden.

Legitimiert wird dieser Ansatz dadurch, dass die gelegentliche Unterstützung einer Konfliktpartei letztlich allen Konfliktparteien zugute kommt. Um das Ziel einer konstruktiven, nachhaltigen Konfliktlösung zu erreichen – zu dem sich alle Parteien durch das Einlassen auf die Mediation verpflichtet haben –, ist eine detaillierte Klärung aller relevanten Positionen und Anliegen erforderlich. Ist eine Partei nicht in der Lage, ihre Positionen und Anliegen allein darzulegen und zu begründen, ist es Aufgabe der Mediatoren, zeitweilig zu ihrem „Klärungshelfer" zu werden. Denn nur auf dieser Basis lässt sich ein Konsens finden, der allen Konfliktparteien gerecht wird.

Gefährdung der Neutralität durch Antipathien. Neutralität wie Allparteilichkeit sind durch einseitige Sympathie der Mediatoren für eine der Parteien oder Antipathie gegen eine Partei gefährdet. Eine Neutralität auf der Dimension erlebter Sympathien oder Antipathien ist nicht zu fordern, da dieses Erleben spontan ist und nicht unter willentlicher Kontrolle steht. Ungleiche Verteilungen von Sympathie und Antipathie sind nicht selten, müssen aber nicht unbedingt den Mediationsprozess stören. Eine Störung tritt erst dann ein, wenn sich Mediatoren ihre Sympathien und Antipathien nicht eingestehen und die Ursachen nicht reflektieren. Die Kernfrage lautet: Woher kommt meine besondere Sympathie für oder Antipathie gegen diese Konfliktpartei?

Für die Beantwortung dieser Frage ist die Sozialpsychologie der Sympathie und Antipathie sowie die Sozialpsychologie der Personenwahrnehmung informativ (vgl. z. B. Bierbrauer, 1996; Bierhoff, 1998a).

> **!** Wir wissen, dass Sympathie wahrscheinlicher wird bei physischer Attraktivität, bei Ähnlichkeit der Einstellungen, bei ähnlicher politischer Orientierung, bei erfahrener Anerkennung oder bei Passung der sozialen Rollen. Antipathie hingegen ist eher zu erwarten gegenüber Angehörigen einer negativ bewerteten sozialen Gruppe oder Kategorie, wenn man sich selbst durch eine andere Person abgelehnt erlebt, wenn man in seiner sozialen Position nicht anerkannt wird usw.

Mediatoren müssen sich über die subtilen Auswirkungen ihrer Einstellung zu den Konfliktparteien informieren. Sie sollten ihre Sympathien und Antipathien nicht durch eine krampfhafte Selbstaufforderung zur Neutralität leugnen, sondern sollten sie sich eingestehen und ihre Quellen zu ergründen suchen. Indem man sich die Quellen bewusst macht und sachlich prüft, wird eine Steuerung von Sympathie und Antipathie und anderer Emotionen möglich (vgl. Kap. 6).

Bezogen auf ihr Verhalten müssen sich Mediatoren selbstverständlich ihre Pflicht zur Allparteilichkeit ständig bewusst machen. Empirische Studien zeigen, dass in diesem Falle auch eine bekannte größere Nähe zu einer Partei und/oder ihren Anliegen keine negativen Folgen hat (z. B. Touval & Zartman, 1985).

3.2 Soll der Mediator sich methodisch und inhaltlich zurückhalten?

Aus methodischer und inhaltlicher Zurückhaltung resultiert die Gefahr, dass Mediatoren zu Moderatoren degenerieren, die sich kaum trauen, aktiv und gestaltend zu intervenieren.

Das Gebot zur Zurückhaltung kann auch aus Unsicherheit resultieren: Auf welche Weise können Mediatoren eine aktiv gestaltende Rolle einnehmen, ohne dabei eine spezifische Konfliktlösung zu favorisieren? Dass sie letzteres nicht sollen, ist unbestritten.

> **!** Es ist grundsätzlich fragwürdig, ob Mediatoren tatsächlich möglichst wenig eingreifen sollten: Mediatoren werden nur dann hinzugezogen, wenn die Konfliktparteien allein nicht mehr weiterkommen und sich in Kommunikationsfallen, belastenden Emotionen und den daraus resultierenden Blockaden verstrickt haben oder im Chaos ihrer Konflikte eine Strukturierung und Orientierung benötigen. Mediatoren haben nicht nur die Freiheit, sondern die Pflicht, das ganze Methodenrepertoire der Psychologie zu nutzen.

Nondirektive Gesprächsführung. In geringfügiger Lockerung des Gebots zur Zurückhaltung gestehen einige Autoren den Mediatoren die Methode der → nondirektiven Gesprächsführung nach Rogers zu, die als die am wenigsten eingreifende oder manipulative Technik gilt.

Rogers propagiert drei Grundhaltungen:

1. Die Echtheit des Interesses an den Gesprächspartnern,
2. das einfühlende Verstehen oder Empathie und
3. die Wertschätzung bzw. Akzeptanz der Gesprächspartner

(vgl. Rogers, 1972; zum Überblick vgl. Lasogga, 1989).

Diese Haltungen sind für alle Situationen in einer Mediation hilfreich, in denen es um den Aufbau von Vertrauen und einen guten Dialog geht. Gleiches gilt, wenn Positionen geklärt oder Anliegen artikuliert werden müssen.

Diese Haltungen werden ergänzt durch die Techniken der → aktiven Gesprächsführung, indem die Gesprächspartner durch Reformulierung der gehörten Aussagen ihr Verständnis kundtun und durch Erweiterung der Aussagen eine Artikulation weiterer Gedanken, Gefühle und Wertungen und eventuell auch deren Modifikation anregen. Weiterhin erleichtert eine klare und prägnante Fassung aller Aussagen die weitere Arbeit und Kommunikation.

Für Mediationsverfahren steht die Bedeutung der nondirektiven aktiven Gesprächsführung außer Frage. Dies betrifft sowohl die genannten Grundhaltungen nach Rogers als auch ihren Einsatz als Technik in vielen Phasen des Mediationsprozesses (vgl. Kap. 8). Bei Konflikten sind viele Kommunikationsprozesse unbewusst und unreflektiert. Die Sachebene ist durch Störungen der Beziehung überlagert, wobei Emotionen zweifelsfrei eine entscheidende Rolle spielen. Der eigentliche Konfliktgegenstand, seine Ursachen und Auswirkungen, sind oftmals nicht bewusst. Daher ist auf vielen Ebenen eine Selbstreflexion nötig, die sich durch eine aktive und nondirektive Gesprächsführung fördern lässt.

Aber nondirektive und aktive Gesprächsführung sind nicht die einzigen Methoden, die Mediatoren kennen, beherrschen und nutzen sollten. Es muss auch eine Aufklärung über die verschiedenen Ebenen der Kommunikation geben und wenn nötig eine Einübung in deren Analysen und Unterscheidung, etwa anhand des Modells von Schulz von Thun (1985). Vor allem brauchen Mediatoren Methoden, um die Parteien dazu zu bringen, die Positionen und Anliegen der Gegenpartei anzuhören und zu verstehen; dazu eignen sich Methoden der Förderung der Perspektivenübernahme, wie z. B. Rollenspiele.

Konflikte sind häufig durch heftige → Emotionen gekennzeichnet, die in der Mediation weder unterbunden werden sollen noch unterbunden werden können. Stattdessen sind Methoden für die Klärung, Analyse und Selbststeuerung von Emotionen erforderlich (Montada, 1989). Um Eskalationen zu verhindern, braucht es Methoden des Umgangs mit Vorwürfen und Feindseligkeiten (vgl. Kap. 6.3.3 und 6.5).

Konflikte werden heftig, wenn sich eine oder beide (alle) Parteien ungerecht behandelt fühlen. Nicht immer sind die angelegten Normen oder die Prinzipien der Gerechtigkeit fraglos gültig, nicht immer sind sie alleine gültig. Vielfach sind sie zu relativieren. Hierfür sind Methoden der Normenkritik heranzuziehen (vgl. Kap. 5.8).

Mediatoren müssen intervenieren, wenn eine Partei manipulative Taktiken der einseitigen Durchsetzung wie dem Setzen unverhandelbarer Grenzen oder Erpressung und Drohung einsetzt. Selbstverständlich ist es geboten, von vornherein anzukündigen, dass solche unzulässigen Taktiken nicht toleriert werden (vgl. Kap. 8.1.1 und 8.1.3).

Mediatoren sollten ein Verfahren führen, bei dem sie Konfliktgegenstände aktiv formulieren, eine strukturierte Agenda vorgeben und bei eskalierenden Feindseligkeiten intervenieren. Diese Maßnahmen sind in vielen empirischen Studien als erfolgreich identifiziert worden, um eine tragfähige Übereinkunft zu erreichen. Einen Überblick geben Kressel und Pruitt (1989).

Für die Erarbeitung von Lösungsoptionen ist die typische Einengung der Perspektive der Parteien auf ihre konfligierenden Positionen hinderlich. Mediatoren brauchen Methoden der Kreativitätsförderung, um neue Handlungsoptionen zu erarbeiten und dadurch die perspektivische Verengung aufzuheben (vgl. Kap. 8.1.4).

Gerade bei der Lösungssuche ist es wichtig, multiple Methoden zu nutzen. Hier ist das Gebot der inhaltlichen Abstinenz von Mediatoren besonders fragwürdig. Um Lösungsoptionen zu erarbeiten, ist ein aktiver inhaltlicher Beitrag durch den Mediator trotz der herrschenden Mediationsideologie im übrigen die Regel, wie empirische Untersuchungen zeigen (z. B. Pearson & Thoennes, 1989). Die Beiträge reichen von einer Modellierung eigener Lösungsoptionen aus den Stellungnahmen der Parteien (shaping und reframing) über die Generierung von Lösungsoptionen in einer Phase der kreativen Suche nach Handlungsalternativen bis zu konkreten Lösungsvorschlägen (Kressel & Pruitt, 1989 zum Überblick). Lösungsvorschläge von Seiten der Mediatoren werden von den Parteien ohne Abwehrhaltung bedacht, während Vorschläge der Parteien durch die Gegenseite häufig voreingenommen zurückgewiesen werden, was „reaktive Abwertung“ genannt wird (Stillinger, Epelbaum, Keltner & Ross, 1991).

Da Mediatoren nicht vom Konflikt betroffen sind und offen gegenüber den Konfliktparteien und deren Anliegen sind, können sie die kreative Ideensammlung bereichern oder erst ermöglichen. Diese inhaltlichen Beiträge gewährleisten zugleich, dass Mediatoren nicht zu Moderatoren degenerieren, sondern ihrer Rolle als Gestalter eines produktiven Verfahrens voll gerecht werden.

Die empirischen Evaluationen zeigen im allgemeinen positive Effekte einer aktiven Rolle der Mediatoren in der Phase der Lösungssuche. Nur in Konstellationen unverminderter Feindseligkeit zwischen den Parteien und fortbestehender großer Differenzen in den Forderungen ist ein positiver Effekt zweifelhaft. Dies hat Hiltrop (1989) in einer retrospektiven Befragung von einer größeren Stichprobe von Personen aufgezeigt, die an Arbeitskonflikten beteiligt waren.

Es lässt sich folgern, dass Mediatoren über ein breites Methodenrepertoire und breites Wissen über das Konfliktfeld verfügen sollten. Diese Voraussetzungen erlauben es ihnen, die verschiedenen Aufgaben in einem Mediationsverfahren effizient und produktiv zu meistern.

Diese Komplexität der Mediationsfelder und -aufgaben bedeutet, dass zwar allgemeine Instrumentarien und Regelwerke für Mediationsverfahren entwickelt werden können, dass diese aber auf die jeweils vorliegende Aufgabe und Situation zuzuschneiden sind. Die im vorliegenden Band vorgestellten Regelwerke sind entsprechend einem hier angezeigten Methodenpluralismus eklektizistisch: Aus verschiedenen Schulen und Forschungsrichtungen werden jene Anregungen herausgegriffen, die in möglichst vielen verschiedenen Mediationskontexten Sinn machen.

3.3 Soll der Mediator zur Sachlichkeit mahnen und Emotionen unterdrücken?

Es bestehen keine Zweifel darüber, dass Emotionen für die Entwicklung, den Verlauf sowie die Lösung von Konflikten eine zentrale Rolle spielen (vgl. z. B. Fisher & Brown, 1988). → Emotionen sind diagnostisch aufschlussreich: Sie zeigen, was jemandem wichtig ist, und sie sind der Königsweg zu den relevanten Sichtweisen und Überzeugungen in einem Konfliktfall. In der juristischen Methode der Konfliktbeilegung stören Emotionen die Objektivierung der Lebenswirklichkeit und die sachliche Herausarbeitung und Prüfung der Rechtsansprüche der Parteien.

Vermutlich ist das eine Quelle des Gebots der Sachlichkeit, das vor Gericht auch dadurch realisiert wird, dass dort die Parteien durch persönlich nicht betroffene Anwälte vertreten werden. In Mediationen, in denen die Konfliktparteien durch nicht persönlich betroffene Anwälte oder Repräsentanten vertreten werden, kann das Verfahren emotionsfrei gehalten werden. Möglicherweise tauchen Emotionen erst dann auf, wenn die Verhandler gegenüber ihren Auftraggebern oder ihrer Basis die Mediationsergebnisse zu vertreten haben.

Eine zweite Quelle des Sachlichkeitsgebots stellt vermutlich das Modell der an Eigeninteresse orientierten rationalen Wahl (das → Rational-choice-Modell) dar. Die Vielfalt motivbasierter menschlicher Gefühle ist darin nicht dargestellt, da als einziges Motiv die Maximierung von Eigennutz repräsentiert ist. Die Maximierung von Eigennutz gelingt am besten durch kühle rationale Wahlen. Die Bedeutung von Emotionen wird jedenfalls in vielen Mediationsmodellen, in der empirischen Mediationsforschung und der Mediationspraxis, wie in den nachfolgenden Abschnitten belegt, nicht erkannt oder unterschätzt.

3.3.1 Emotionen in verschiedenen Anwendungsfeldern der Mediation

Emotionen werden in verschiedenen Mediationsfeldern deutlich unterschiedlich gewertet: In fast allen Texten über Mediation in nahen Beziehungen (z. B. Familienmediation) wird auf die hohe Bedeutung von Emotionen ausführlich eingegangen. Dagegen werden Emotionen in Konflikten mit vielen Parteien – vielleicht wegen der angenommenen geringeren Nähe der Parteien untereinander – keine Beachtung geschenkt oder sogar als zu vermeiden angesehen.

In der politischen Mediation (Van der Merwe et al., 1989) und in der Umweltmediation (vgl. Barbian, 1993; Bingham, 1986; Kahn, 1994; Zilleßen, 1999; Zilleßen et al., 1993) finden Emotionen so gut wie keine Beachtung. Dies gilt auch für die Beschreibung von Einzelstudien, in denen beispielsweise neuartige umwelt- und technologiepolitische Entscheidungsverfahren erprobt und validiert werden (vgl. Zilleßen et al., 1993). Ausnahmen sind selten, wie der Ansatz von Kahn (1994), der ein neues auf Ethik begründetes Verfahren der Vermittlung bei Umweltkonflikten umfasst, bei dem ausführlich auf die große Bedeutung von Emotionen bei einem großen Teil der beteiligten Konfliktparteien eingegangen wird.

Es wird übersehen, dass Emotionen immer Bestandteil von Konflikten sind. Nur Anlass und Inhalt der Gefühle sind unterschiedlich in den verschiedenen Feldern. So sind in Konflikten zwischen Personen, die sich persönlich nahestehen oder nahegestanden haben (z. B. in Partnerschafts- und Scheidungskonflikten), Gefühle häufig, die auf die Beziehung gerichtet sind, z. B. Eifersucht, Kränkung, erlebte Ungerechtigkeit oder Bitterkeit. Auch wenn ein Konflikt als Sachkonflikt vorgetragen wird, ist es häufig letztlich ein Konflikt auf der Beziehungsebene.

Demgegenüber haben wir es etwa in der politischen sowie der Umweltmediation üblicherweise mit einer großen Zahl von Beteiligten zu tun, die sich häufig erst über den Streitfall kennen lernen und Kontakt miteinander aufnehmen. Das kann der Fall sein, weil man über ein Bauvorhaben streitet, das Arbeitsplätze für die Region schafft, diese zugleich aber ökologisch belastet, oder weil es divergierende Ansichten über die Nutzung einer innenstädtischen Fläche gibt (vgl. Kals & Montada, 1997). Die Emotionen sind hier primär auf den Konfliktgegenstand gerichtet, wie emotionale Bewertungen eines Areals und emotionale Verbundenheit mit diesem (vgl. Kals, Schumacher & Montada, 1999). Emotionen gegenüber der Gegenseite bleiben aber nicht aus. Dies wird durch die Tendenz gefördert, dass nicht zwischen der inhaltlichen Position, die eine Konfliktpartei vertritt, und der Person unterschieden wird.

3.3.2 Emotionen nicht ausblenden, sondern steuern

In der Mediationspraxis werden Emotionen häufig eher ausgeblendet, anstatt dass sie thematisiert und produktiv genutzt würden. Es besteht die Auffassung, den Konflikt und damit das Mediationsverfahren durch das Negieren von Emotionen versachlichen zu können. Doch erstens lässt sich eine solche vermeintliche Versachlichung nicht erzwingen, und zweitens ist die Tabuisierung von Emotionen kontraproduktiv. Die Emotionen sind damit nicht verarbeitet und bewältigt. Die Betroffenen haben den Eindruck, dass in der Mediation ihre drängendsten Konfliktbelastungen ausgeklammert werden, ja dass ihre Gefühle als unpassend und ungehörig bewertet werden. Dies führt möglicherweise zu abwertenden Urteilen gegenüber dem Mediationsverfahren und zu Ärger über das Verhalten der Mediatoren.

Der Königsweg ist daher, Emotionen besondere Aufmerksamkeit zu schenken, sie im Mediationsverfahren zu thematisieren, zu analysieren und mit dem Emotionssubjekt zu klären. Ob und wie von Seiten des Mediators über diese Klärung hinaus interveniert wird (z. B. durch Infragestellen der Sichtweisen einer Person über die Emotionsanlässe), muss von Fall zu Fall entschieden werden. Werden die Emotionen thematisiert, so bietet die Emotionsforschung eine breite Palette möglicher Steuerungstechniken (z. B. Montada, 1989). Die Grundhaltung muss sein, Emotionen als wichtige subjektive Realität zu begreifen, als Motivationsquelle für Handeln und als Indikator subjektiver Betroffenheit zu betrachten, ohne sie zu bewerten (vgl. z. B. Redlich, 1996).

Darüber hinaus sind Emotionen nicht nur von hohem diagnostischem Wert für das Verständnis der Konflikte und die Einschätzung des Mediationsbedarfs, sondern auch für die Bewertung des Mediationserfolgs. Das Erleben von Ärger, Wut oder Aggression ist Ausdruck des Konfliktgeschehens und damit Indikator für potentiellen Mediationsbedarf. Die Abnahme dieser negativen „heißen“ Emotionen und möglicherweise sogar das Auftreten positiver Emotionen (z. B. empathisches Erleben) gegenüber den Konfliktpartnern sind wesentliche diagnostische Kriterien dafür, dass der Mediationsprozess erfolgreich war. Entsprechend sind Emotionsveränderungen in gewünschter Richtung vermutlich einer der validesten individuellen Indikatoren für den Erfolg eines Mediationsverfahrens.

Insgesamt gehen wir davon aus, dass das Erleben von Emotionen bei allen Konflikten subjektive Realität ist. Eine Leugnung dieser Realität durch die Mediatoren führt noch nicht zur Versachlichung oder schnelleren Lösung von Konflikten. Das Ausblenden von Emotionen bedeutet nur, dass die Emotionen unkontrolliert wirken und damit möglicherweise zu einer weiteren Emotionalisierung des Konflikts beitragen oder einen Abbruch der Mediation motivieren (vgl. hierzu auch Redlich, 1996). Wie in Kapitel 6 noch ausführlich zu zeigen ist, helfen emotionspsychologische Theorien und methodische Expertise, die relevanten Emotionen auszumachen, die Emotionen zu messen und sie zu verändern.

EXKURS

Emotionen in der empirischen Mediationsforschung

Die Zurückdrängung von Emotionen in der Mediationspraxis und ihre Ignorierung in vielen Mediationsmodellen haben eine Entsprechung in der *empirischen Mediationsforschung.* In dem vielzitierten und auch heute noch für die Evaluationsforschung herausragenden Sammelband von Kressel und Pruitt (1989), in dem die Mediationsforschung der 70er und 80er Jahre zusammengetragen ist, kommt der Begriff „Emotion" im Sachregister nicht vor. Substanzielle Informationen werden nur über Feindseligkeit der Parteien gegeben. Wenn Mediatoren Feindseligkeit beobachten, sollen sie versuchen, diese zu kontrollieren oder zu vermeiden: durch Konzentration auf die Konfliktgegenstände, durch aktive Interventionen im Sinne des Unterbreitens von Lösungsvorschlägen und durch Bemühungen, den Parteien die „Wahrung des Gesichts" zu ermöglichen. Die bei hoher Feindseligkeit zwischen den Parteien gewählten Techniken führen nicht immer zu einer Verbesserung des Klimas zwischen den Parteien. Unter den häufig gewählten Techniken führt nur das Bemühen zur Wahrung des Gesichts zu einer Verbesserung des Klimas. Wirkungsvoller scheinen Techniken der Vertrauensbildung zu sein, die aber selten gewählt werden.
Außerdem wird mehrfach berichtet, dass Mediation sich bei hoher Feindseligkeit zwischen den Parteien als wenig erfolgversprechend erwiesen hat (Kressel & Pruitt, 1989), was im Übrigen nicht verwundert, wenn die Mediatoren die Feindseligkeit nicht thematisieren und analysieren und für ihre Bewältigung keine Hilfe bieten.

Beispiel: Umweltmediation. Dabei ist ganz unbestreitbar, dass in allen persönlich bedeutsamen Konflikten Emotionen im Spiel sind, die das Handeln und Werten der Parteien motivieren. Nehmen wir als Beispiel abermals die Umweltmediation. Es existieren nur wenige Studien, in denen Emotionen bei Umweltkonflikten untersucht wurden (vgl. z. B. Hellbrück & Fischer, 1999; Homburg & Matthies, 1998; Kals, 1998; Linneweber, 2000). Dies mag auch an spezifischen Problemen der empirischen Erfassung der Emotionen liegen: In manchen Mediationssituationen ist es schwierig, von den Beteiligten ehrlich Auskunft über ihre Emotionen zu erhalten. Vor einer größeren Öffentlichkeit wie in vielen Umweltmediationen wird die Auskunft über eigene Emotionen strategisch bedacht (vgl. Kahn, 1994). Im Sinne einer gezielten Eindrucksbildung (Impression management) werden nicht nur echte Emotionen, sondern auch vorgeschobene, strategisch günstige und normativ erwünschte Emotionen geäußert werden. Diese Gefahr ist vor allem auch bei justiziablen Konflikten zu bedenken, wenn es darum geht, bei einem Scheitern des außergerichtlichen Verfahrens letztlich doch Richter vom eigenen Standpunkt überzeugen zu müssen (vgl. Kahn, 1994). Daher sind häufig nur anonymisierte Befragungen sowie die Anwendung nicht-reaktiver Messtechniken (z. B. Erfassung und Klassifizierung spontaner Emotionsäußerungen) erfolgversprechend.
Dennoch lassen sich aus den wenigen existierenden Daten, Verhaltensbeobachtungen und Dokumentationen von Umweltkonflikten einige interessante Erkenntnisse gewinnen (vgl. Barbian, 1993; Fietkau, 1993; Kals & Montada, 1997; Linneweber, 2000): So wird in allen ▶

Studien, in denen Emotionen gemessen wurden, das Auftreten vielfältiger Emotionskategorien bestätigt. Einheitlich wird die hohe Bedeutung der Emotionen „Empörung“ und „Schuld“ berichtet, also der emotionalen Indikatoren von Verantwortungszuschreibungen und Moral (vgl. Kahn, 1994), die einen engen Zusammenhang mit entsprechenden Handlungsbereitschaften und Handlungen aufweisen. Beispielsweise werden nicht nur umweltschützende, sondern auch umweltgefährdende Entscheidungen durch verantwortungsbezogene Emotionen motiviert: Empörung über zu wenig Umweltschutz, Ärger über die Risiken von Umweltschutzmaßnahmen oder die Gefährdung von Arbeitsplätzen (vgl. Kals, 1996; Kals & Becker, 1997).

3.4 Handeln Menschen nur aus Eigeninteresse?

In vielen Schriften über Verhandlung und Mediation ist die implizite, gelegentlich auch explizite Annahme zu finden, dass in Konflikten unvereinbar erscheinende Eigeninteressen der Parteien aufeinander prallen und das dominante Motiv die Maximierung des eigenen Vorteils ist (Fisher et al., 1998; Kressel & Pruitt, 1989). Was sind Eigeninteressen? Materielle und finanzielle Vorteile, Wahrung und Mehrung von Macht, Status, Lebensqualität u. a. m.? Kollidiert die Verfolgung der eigenen Interessen mit den Interessen anderer Personen, kommt es zum Konflikt.

BEISPIEL

Typische Stereotype am Beispiel lokaler Verkehrskonflikte

- Bürgerinitiativen setzen sich nur deshalb für die Einführung von Verkehrsberuhigungen ein, weil ihr eigenes Wohngebiet betroffen ist („not in my backyard“). Bürger, die nicht selbst betroffen sind, formieren sich auch nicht in einer Bürgerinitiative. Daher geht es den Bürgerinitiativen nicht um das Gemeinwohl – also um die Verbesserung der allgemeinen Umweltqualität oder die Erhöhung der allgemeinen Verkehrssicherheit – sondern nur darum, ihre eigenen Interessen zu wahren, etwa die Wertsteigerung eigener Immobilien oder die Sicherung der eigenen Wohn- und Lebensqualität (vgl. zur Analyse lokaler Bürgerinitiativen im Umweltschutz Guggenberger, 1980; Noeke, 1989; Opp et al., 1984; Sternstein, 1987)
- Die Gegner einer lokalen Verkehrsberuhigung, z. B. die anliegenden Geschäfte und Betriebe, fürchten Standortnachteile, Umsatzeinbußen und Verteuerungen.
- Politikern geht es primär weder um die optimale verkehrspolitische Lösung für den Schutz der Umwelt, der Gesundheit, der Sicherheit und des Wohlbefindens der Bevölkerung noch um die Sorgen der Geschäfte und Betriebe, sondern darum, bei der nächsten Wahl wieder gewählt zu werden, also um ihre weitere berufliche Zukunft und Karriere (vgl. Green & Shapiro, 1994; Vatter, 1994).

Zu vielen weiteren Beispielen ließen sich parallele Stereotypisierungen finden. Gemeinsam ist all diesen Urteilen, dass die jeweiligen Handlungsmotive in der Maximierung von Eigennutz gesehen werden.

Empirisch ist nachgewiesen, dass die Häufigkeit und das Gewicht von Eigeninteressen als Handlungsmotiv deutlich überschätzt werden (Miller & Ratner, 1996). Die Verfolgung von kollidierenden Eigeninteressen ist nur ein Konflikttyp unter vielen anderen (vgl. Kap. 4.5). Konflikte können auch darüber entstehen, dass eine Partei die Interessen anderer in altruistischer Motivation oder aus sozialer Verantwortung stellvertretend verfolgt, etwa weil diese anderen dies nicht selbst tun können. Bezogen auf das genannte Beispiel wäre dies ein verkehrspolitisches Engagement jener Bürger, die Verantwortung verspüren, sich für die Verkehrssicherheit von Kindern einzusetzen, obgleich sie selbst weder eigene Kinder haben noch in den gefährlichen Straßenzügen wohnen. Steht der Umweltschutz bei dem Engagement im Vordergrund, könnte auch Verantwortung für die Interessen und Rechte zukünftiger Generationen auf eine intakte Umwelt das Motiv sein (Russell, Kals & Montada, in Druck).

Neben Interessenkonflikten können sich Konflikte über eine ganze Reihe weiterer Gegenstände entfachen, z. B. Überzeugungen bezüglich Sachverhalten, Glaubensinhalten, Wertüberzeugungen, Wertorientierungen, soziale und moralische Normen, Normen der Gerechtigkeit (vgl. Kap. 4.5); die Literatur bietet eine ganze Reihe unterschiedlicher Konflikttaxonomien (z. B. Auferkorte & Michaelis, 1999; Deutsch, 1976; Zuschlag & Thielke, 1998). Unvereinbarkeiten können sowohl innerhalb dieser Kategorien auftreten (z. B. zwischen den Interessen zweier Personen) als auch zwischen diesen Kategorien (z. B. zwischen den Interessen einer Person und den normativen Vorstellungen einer anderen Person). Vielfach werden diese und viele weitere Konflikttypen in der Mediation nicht beachtet, weil der Mythos von der überragenden Bedeutung von Eigeninteresse dominiert (Pruitt & Carnevale, 1993). In den wenigsten Fällen sind sich die am Mediationsverfahren beteiligten Personen dieser impliziten Annahme bewusst. Gefördert und getragen wird diese Annahme durch die → Rational-choice-Tradition, die wir nachfolgend beschreiben.

Die Rational-choice-Tradition

Die historischen Wurzeln der Rational-choice-Tradition gehen auf Thomas Hobbes zurück, der Eigennutz als Motiv gegenüber Gemeinsinn, Nächstenliebe oder Moral im 17. Jahrhundert herausstellte und legitimierte (vgl. Vatter, 1994). Sowohl seine These über den Naturzustand „homo homini lupus est" („Der Mensch ist des Menschen Wolf") als auch der Frieden stiftende Sozialvertrag beruhen auf der Annahme der Dominanz und generellen Verbreitung von Eigennutz als Motiv.

Ein knappes Jahrhundert später begründete Adam Smith 1776 mit seinem Werk „An inquiry into the nature and causes of the wealth of nations" die Nationalökonomie auf diesem Motiv: Die einzelnen Bürger handeln eigennützig, aber das dient – in einer wie von „unsichtbarer Hand“ gelenkten Marktwirtschaft – letztlich dem Gesamtnutzen der Gesellschaft und damit dem Wohle aller.

Etwa weitere hundert Jahre später avancierte diese Annahme zum first principle of economics (vgl. Sen, 1990), das bis heute in den Wirtschaftswissenschaften breit anerkannt ist. Einige Autoren propagieren sogar – als eine Annahme, „von der Ökonomen natürlicherweise ausgehen“ –, dass die Maximierung von Eigennutz das einzige Handlungsmotiv sei (McKenzie & Tullock, 1984, S. 160).

Das Modell des homo oeconomicus als „rationaler Egoist, der in sozialen Interaktionen seinen individuellen Nutzen zu maximieren sucht und sich dabei zweckrational verhält“ (Miller, 1994, S. 6), ist die Grundannahme auch der neoklassischen ökonomischen Theorie (vgl. Abell, 1992; Bohman, 1992; Coleman & Fararo, 1992; Schmid, 1992). Sie wird in einfache subjektive Erwartungswerte und -formeln transformiert und im Akteurbild des restricted, resourceful, expecting, evaluating, maximizing man zusammengefasst. Damit unterstellt das → Rational-choice-Modell „expliziter und extensiver als andere Ansätze eigennutzenmaximierendes Verhalten“ (Becker, 1993, S. 3).

Kontrovers werden zwei Fragen zum zentralen Konzept der Eigennutzmaximierung beantwortet (vgl. Abell, 1991; Elster, 1986; Zey, 1992): erstens, ob Eigennutz das ausschließliche oder „nur“ das dominante Motiv ist, und zweitens, was alles dem eigenen Nutzen dient. In enger Auslegung ist materieller Eigennutz das gemeinte Motiv (vgl. z. B. Becker, 1993). In weiter Fassung sind alle Ressourcen nützlich: Die Erhaltung und Mehrung der eigenen Ressourcen ist demnach das Ziel. Macht, Status, soziale Sicherheiten, Identität, Beliebtheit und Selbstwirksamkeit können als Ressourcen angesehen werden. Bei dieser weiteren Fassung stellt sich die Frage, was nicht als Ressource interpretiert werden kann? Auch Freundschaften, Partnerschaften, Mitgliedschaften, Kompetenzen, Wissen, religiöse Überzeugungen u. v. a. m. sind Ressourcen. Damit wird aber der Begriff „Eigennutz“ zu einer subjektiv beliebig zu implementierenden Leerformel, denn der Begriff „Ressource“ wird so heterogen, dass er als wissenschaftliches Konstrukt unbrauchbar ist. Wenn schließlich jedes Motiv als Eigeninteresse bezeichnet wird, auch altruistische, gemeinschaftsorientierte, moralische und gerechtigkeitsorientierte, dann ist Eigeninteresse definitiv kein wissenschaftliches Konstrukt, sondern eine anthropologische Trivialität: Menschen versuchen, ihre Motive zu befriedigen. Was sonst! (Montada, 1998, 1999b).

In der „ökonomischen Analyse des Verhaltens“ (Ramb & Tietzel, 1993) wird das → Rational-choice-Modell der Eigennutzmaximierung auf andere als rein ökonomische Handlungskontexte übertragen. Antisoziale Handlungen, wie die Diskriminierung von Minoritäten (vgl. Becker, 1993), altruistische Handlungen

(Nutzinger, 1993), kriminelles oder tugendhaftes Handeln kann in teilweise eleganten, plausiblen und kreativen Hypothesen auf irgendwelche Eigeninteressen zurückgeführt werden.

Das breite Bedeutungsspektrum von Eigeninteresse erleichtert die hypothetische Anwendung des nutzenmaximierenden Ansatzes auf alle Handlungsfelder: auf Lernverhalten, Kirchenbesuche, Ehe- und Familienentscheidungen bis hin zu politischem Protestverhalten (vgl. Kunz, 1997).

Kritik am Rational-choice-Modell

Dieser Anspruch auf Allgemeingültigkeit wird jedoch von Kritikern der Modellanwendungen in Frage gestellt. Sie stammen zumeist aus den nicht-ökonomischen Fächern, in denen das Modell verwendet wird. Beispielsweise urteilt Bunge: „The rational-choice-model is wrong, it has inhibited the search for alternatives ..., and it has inspired much silly political analyses and much evil policy advice“ (Bunge, 1989, S. 210). In ähnlicher Weise bewerten Piliavin und Charng: „It is only with complete anonymity, lack of connection with others, and strong economic incentives towards selfishness that classical economic theory can be expected to operate in the real world“ (Piliavin & Charng, 1990, S. 53).

Auch wir vertreten diese kritische Haltung gegenüber dem Erklärungsanspruch des → Rational-choice-Modells (vgl. Kals, 2000; Montada, 1998, 1999b) und möchten zeigen, auf welche Weise es die Mediationsforschung und -praxis beschränkt. Diese Gegenargumente sind theoretischer, empirischer und praxisbezogener Natur.

Theoriebezogene Argumente. In theoretischer Hinsicht wird die Reduktion auf Eigennutz als einziges Motiv in der Literatur häufig sehr positiv bewertet (einen Überblick gibt Kals, 1999). Beispielsweise liegt darin für Mansbridge, die im übrigen auch zu den Kritikern zählt, die „intellectual power“ des Modells (Mansbridge, 1990, S. 20). Unseres Erachtens ist jedoch genau diese „Ein-Motiv-Annahme“ der wissenschaftstheoretische Schwachpunkt des → Rational-choice-Modells: Wenn alles Handeln auf ein Motiv zurückgeführt wird, können Unterschiede im Handeln nicht mehr mit einer Motivhypothese erklärt werden. Ein Modell mit einer einzigen Motivhypothese hat letztlich keine Erklärungs- und Vorhersagekraft, zumal in einer strengen Fassung der Theorie Intensitätsvarianz des Motivs gar nicht vorgesehen ist. Dies führt letztlich zu tautologischen Aussagen: Per definitionem sind alle Ziele und Interessen, die Personen in einem Konflikt verfolgen, eigennützig. Unterschiedliche Motive werden nicht mehr als Erklärungskonstrukte herangezogen. Daher ist das Ein-Motiv-Modell wissenschaftlich unproduktiv. Die Reduktion allen Handelns auf Eigeninteresse ist empirisch nicht prüfbar ohne alternative Hypothesen und ist insofern eine Scheinerklärung. Die Vertreter des Rational-choice-Modells haben die vordringliche Aufgabe zu bestimmen, was nicht Eigeninteresse ist, also alternative Motive zu konzeptionalisieren, damit alternative Hypothesen in Einzelfällen empirisch getestet werden können. Andernfalls handelt es sich nicht um eine wissenschaftliche Hypothese, sondern um einen Glaubensinhalt oder eine Ideologie.

Empirisch begründete Argumente. Die empiriebezogenen Gegenargumente richten sich folglich auf die Frage, welche Alternativhypothesen konzipiert und empirisch vergleichend getestet worden sind.

Im Bestreben, empirische Belege für die postulierte Bedeutung von Eigeninteresse zu beschaffen, wird statt der wissenschaftlichen Frage „What explains X?" die Frage gestellt: „How might a rational choice theory explain X?" (Green & Shapiro, 1994, S. 203). Die Deutung findet statt, ohne Alternativhypothesen zu erwägen und zu testen. Eine empirische Validierung des Modells gegenüber alternativen Motivhypothesen wird nur sehr selten geleistet, wie etwa von Quattrone und Tversky (1988).

Neben dieser mangelnden Hypothesenbildung entspricht auch die Methodik zumeist nicht den in der Psychologie üblichen Standards zum Beleg von Motivhypothesen. Sofern Eigennutz überhaupt erhoben wird, ist seine Messung nicht validiert. Dieses Manko wird in der Literatur weder diskutiert noch überhaupt erkannt. Eigennutz wird als Interpretationskonstrukt benutzt, post hoc oder als Gedankenspiel, und allenfalls in spiel- oder entscheidungstheoretischen Experimenten intuitiv repräsentiert (vgl. entsprechend Green & Shapiro, 1994; Montada, 1998, 1999b). Eine empirische Erfassung des Eigennutzmotivs unterbleibt in aller Regel.

Es finden sich lediglich einige qualitative Ansätze, mit deren Hilfe versucht wird, eigennützige Motive direkt zu erfassen. Dazu werden Interviews geführt, in denen die Personen direkt nach ihren Handlungsmotiven gefragt werden. Die Interviewdaten sprechen jedoch dafür, dass es kaum möglich ist, auf die direkte Frage nach dem Warum einer Handlung eine valide Antwort zu bekommen (vgl. z. B. Monroe, 1991). Und auch Hardin urteilt nach langer Forschungserfahrung: „The actors whose motivations we might wish to characterize are typically unable to give a reasonable account of their own motivations ... most actors are lousy theorists and are not good at parsing their motivations" (Hardin, 1997, S. 2).

Ein Blick in die sozialpsychologische Literatur bestätigt, dass es viele Handlungsweisen gibt, die phänotypisch nicht als eigennützig zu interpretieren sind, z. B. risiko- und kostenreiche Hilfe- und Unterstützungsleistungen (Oliner & Oliner, 1988). Gewiss ist es möglich, phänotypisch altruistisches Handeln hypothetisch im Sinne der ökonomischen Verhaltensanalyse als letztlich eigennützig zu entlarven. Aber es gibt ausreichend Belege, dass andere Motive eine Rolle spielen: soziale Verantwortung (Berkowitz, 1972; Bierhoff, 1998a), Gerechtigkeitsmotive (Montada, Schmitt & Dalbert, 1986), Altruismus (Batson, 1996). Es gibt viele empirische Belege dafür, dass die Dominanz von Eigeninteressen stark überschätzt wird (Miller & Ratner, 1996; Sears & Funk, 1991).

Auch wir konnten in einer großen Zahl umweltpsychologischer Studien zeigen, dass Handeln zum Schutz der Umwelt nicht nur und nicht primär durch Eigeninteressen motiviert ist (vgl. Kals, 1996). So sind eigennützige Motive (Verringerung ökologischer Belastungen im eigenen Lebensraum, Coping mit Umweltängsten etc.) lediglich für Handeln zum Schutz lokaler → Allmenden relevant. Zur Erklärung von Handlungen mit Relevanz für die globale Umwelt leisten eigene Betroffenheit und Belastung durch Emissionen so gut wie keinen Beitrag, und auch für die Motivierung lokalen Umweltschutzes sind soziale Verantwortung und moralische Motive fast ebenso einflussreich wie die erlebten eigenen Umweltbelastungen (Kals, 1996, 1998; Kals & Montada, 1994, 1997; Kals, Montada, Becker & Ittner, 1998). Dies gilt auch für die von uns untersuchten Motivgrundlagen in einem lokalen Umweltkonflikt, bei dem es um die konkurrierende Nutzung eines innerstädtischen Raumes ging und hier vor allem um den Erhalt bzw. das Fällen eines alten Baumbestandes (vgl. Kals & Montada, 1997).

Weitere Argumente gegen die → Rational-choice-Tradition sind praxisbezogene Risiken für die Mediation (vgl. Kals, 1999). Auf der Basis des Rational-choice-Modells wird eine Klärung der Anliegen und Ziele der Konfliktparteien gar nicht in Betracht gezogen. Eigennutz wird als Ziel und alleiniges Anliegen unterstellt. Das hat mehrere ungünstige Folgen:

Die Tiefenstruktur der Konflikte (vgl. Kap. 4.4.3) wird nicht valide ermittelt. Selbst wenn, wie Fisher, Ury und Patton (1998) im → Harvard-Modell fordern, Mediatoren ihre Aufmerksamkeit nicht auf die Konfliktpositionen der Parteien beschränken, sondern die „Interessen" der Parteien erkunden, kommt damit nur ein Ausschnitt aus dem gesamten Spektrum wichtiger Anliegen in den Blick. Das bedeutet, dass Mediatoren mit dieser verengten Motivkonzeption viele Konflikte gar nicht verstehen und folglich auch keinen Beitrag leisten können, den Parteien ein tieferes Verständnis ihrer Konflikte zu vermitteln.

Ohne zutreffende Kenntnis über die wichtigen Anliegen der Parteien können Mediatoren keine konstruktiven Beiträge zur Konfliktlösung entwickeln. Wie später (Kap. 4; 8.1) gezeigt wird, ist die Kenntnis der wichtigen Anliegen der Parteien eine Voraussetzung für die Entwicklung von → Gewinner-Gewinner-Lösungen.

Nicht alle Anliegen der Parteien sind produktiv, manche sind einseitig und eng (etwa moralische Überzeugungen), andere sind problemgenerierend (etwa der Schutz eines unsicheren Selbstwertbewusstseins oder eine stark ausgeprägte Machtmotivation). Ohne Kenntnis dieser Anliegen gibt es keine Möglichkeit, sich in der Mediation mit ihnen reflexiv oder diskursiv auseinanderzusetzen. Selbstverständlich sind auch die Eigeninteressen der Parteien (oder deutlicher: ihr Eigennutz oder Egoismus) als potentiell unproduktiv, problemgenerierend und moralisch fragwürdig zu bedenken. Statt einen ethischen Diskurs zu führen, wird Eigennutz als natürliches Motiv unterstellt. Eigennutz wird nicht problematisiert und damit legitimiert!

! Statt dass ein ethischer Diskurs angeregt würde, werden Eigeninteressen implizit oder gar explizit legitimiert. Damit wächst die Wahrscheinlichkeit, dass in Entscheidungssituationen und Konflikten zwischen Eigeninteressen und normativen Ansprüchen die Eigeninteressen dominieren. Ein zu unkritischer Umgang mit dem → Rational-choice-Modell könnte daher die Tendenz in der Gesellschaft fördern, dass die Verfolgung von Eigeninteresse als normal und sozial erwünscht legitimiert wird (vgl. Miller & Ratner, 1996; Vatter, 1994; Wuthnow, 1991).

So bestehen keine Zweifel, dass durch die Beschäftigung mit unterschiedlichen Handlungs- bzw. Entscheidungsmodellen unterschiedliche Motive in den Vordergrund rücken und damit handlungswirksam werden können (vgl. Brunck, 1980; Carter & Irons, 1991; Darley & Batson, 1973; Frank, Gilovich & Regan, 1993; Hunt, 1992; Marwell & Ames, 1981; Piliavin & Charng, 1990; Sears & Funk, 1991). Das wird exemplarisch belegt durch den Befund, dass sich Studierende nach einem Kurs in Ökonomie eigennütziger verhalten und eher Rechtsnormen brechen als Studierende, die sich nicht mit ökonomischen Modellen beschäftigt haben (Frank, Gilovich & Regan, 1993).

Die von Miller und Ratner (1996) nachgewiesene Überschätzung der Wirksamkeit von Eigeninteressen im sozialen Leben – sie nennen das „Mythos Eigeninteresse" – kann den Effekt haben, dass immer mehr Menschen die Verfolgung von Eigeninteressen als normal und legitim ansehen und sich in Motivkonflikten eigennützig entscheiden. Im Sinne selbstzerstörerischer Prophezeiungen („Self-destroying-prophecies" als negative Variante der sich → „selbsterfüllenden Prophezeiungen" bzw. „Self-fulfilling-prophecies") schafft der Mythos Eigeninteresse seine Realität durch diese Erwartungshaltung.

Die ungeprüfte und unreflektierte Annahme des Modells der Eigennutzmaximierung kann den Mediationserfolg empfindlich stören. Es ist zu erwarten, dass die von den Mediatoren induzierte Überzeugung, die Gegenpartei handle eigennützig, als Reaktion dasselbe Verhalten auslöst. Das hemmt die Bereitschaft zu Kooperation und zu gemeinsamer Problemlösung. Es führt im Sinne negativer Echoeffekte zur Verstärkung von Eigeninteressen und zur Verstärkung ihrer Wirksamkeit.

Wenn der Mythos vom Eigennutz das Menschenbild von Mediatoren beherrscht, hat das Einfluss auf ihre Erwartungen, ihre Bewertungen, ihre Sprache und ihr Verhalten. Da Mediatoren Modell- und Vorbildfunktion für die Prozessteilnehmer haben, tragen sie zur Verbreitung des Mythos bei.

> **!** **Einfluss von Erwartungen des Therapeuten auf die Therapie**
> Die Effekte von Erwartungen zeigen sich parallel in der psychotherapeutischen Evaluationsforschung. Dies sind die Erwartungen des Therapeuten gegenüber dem Patienten, zu denen die empirischen Daten ein recht einheitliches Bild zeichnen (vgl. Baumann & Perrez, 1998; Beutler, Machado & Neufeldt, 1994): Die Erwartungen und Einstellungen des Therapeuten zum Klienten beeinflussen sowohl das Verhalten des Therapeuten als auch dasjenige des Ratsuchenden. Dies wird als Rosenthal-Effekt diskutiert. Je positiver die Erwartungen des Therapeuten und des Ratsuchenden und je genauer sie übereinstimmen, desto höher die Erfolge: „The results indicated that improvement was related to the degree to which therapist expectations came to coincide with client expectations over time“ (Beutler et al., 1994, S. 246).

Was ist bezogen auf die Mediationspraxis zu tun?

Zunächst ist Aufklärung über die Vielfalt und große Zahl menschlicher Motive und Anliegen (s. Kap. 4.5) vonnöten: Aufklärung der Mediatoren, der Konfliktpartner, der Auftraggeber. Dies kann durch Texte oder durch die Mediatoren erfolgen, indem Wissen über alternative Motive und die relative Bedeutung von Eigeninteresse vermittelt werden.

Darüber hinaus ist eine empirische Basis über die Motivgrundlagen der Konfliktparteien zu schaffen. Ideal wäre, zu Beginn des Mediationsverfahrens die motivationalen Grundlagen der Konfliktpartner detailliert zu untersuchen; z. B. über einen Fragebogen mit standardisierten Aussagen. Dadurch wird alternatives Denken gefördert, indem – durch Vorstellung der gewonnenen Daten – die Überzeugungskraft der Empirie genutzt wird. Für diese empirische Analyse ist nicht immer die notwendige Zeit gegeben. Die Mimimalforderung ist jedoch, in Motivalternativen zu denken, Motivgrundlagen zu reflektieren, Menschenbildannahmen zu überdenken und eine Diskussion über diese Motivgrundlagen im Rahmen des Mediationsverfahrens anzuregen.

3.5 Soll man nicht in die Vergangenheit, sondern nur nach vorne schauen?

Nicht in die Vergangenheit schauen, nach vorne schauen, das ist ein anderer Mythos der Mediation (z. B. Pruitt & Carnevale, 1993). Die Regel „Nicht in die Vergangenheit, sondern nach vorne schauen" basiert auf dem ökonomischen Modell des Handelns: Die Vergangenheit kann ineffizient und verlustreich gewesen sein. Dem entgangenen Gewinn nachzutrauern hilft nicht, das Handeln in der Vergangenheit ist nicht zu ändern. Und die Vergangenheit bietet im Eigennutzmodell – im Gegensatz zum Gerechtigkeitsmodell – keine Basis für eine Ausgleichsforderung: Wer in der Vergangenheit ineffizient gehandelt hat, hat das selbst zu verantworten. Die Chancen, den Eigennutz zu steigern, liegen in den Entscheidungsmöglichkeiten der Gegenwart und sind zukunftsorientiert. Die Vergangenheit kann man nicht ungeschehen machen. Man kann nur versuchen, durch rationale, am Eigeninteresse orientierte Entscheidungen künftig möglichst günstig abzuschneiden. Die Beschäftigung mit der Vergangenheit ist allenfalls in dem Sinne nützlich, dass die Fehler der Vergangenheit erkannt werden und aus ihnen gelernt wird.

Dies entspricht dem bereits diskutierten → Rational-choice-Modell. Zusätzlich zu den bereits genannten Problemen werden in diesem Modell typische Merkmale menschlicher Akteure nicht berücksichtigt, die scheinbar „irrational" sind. Dazu drei Beispiele:

Das Vertrauen, dass soziale Normen gelten. Das Vertrauen in die Fairness und Ehrlichkeit der anderen Partei kann schwer enttäuscht worden sein. Wenn man nun in die Zukunft schaut, würde dies bedeuten, dass man die erlebten Normverstöße der anderen Partei allenfalls strategisch zu nutzen versucht, etwa indem man Vorwürfe erhebt in der Hoffnung, die andere Partei würde dadurch zur Wiedergutmachung motiviert. Oder es würde bedeuten, dass man sich nun selbst ebenfalls zu solchen Normverletzungen berechtigt fühlt.

Die Realität der Menschen als soziale Wesen ist eine andere: Sie wollen erstens eine Sanktion der Normverstöße und zweitens wollen sie die Sicherheit, dass soziale Normen allseitig anerkannt und eingehalten werden.

Auch wenn – wie in frühen Sozialvertragstheorien angenommen – die sozialen Normen nur wegen des Eigeninteresses der Bürger vereinbart wurden: Das Funktionieren des Staates beruht auf der Einhaltung der Normen, und die Einhaltung muss überwacht und durch Sanktionen gesichert werden. Findet ein Normverstoß statt, steht vor jeder weiteren Interaktion also die Bereinigung der Vergangenheit durch Sanktion des Verstoßes, durch Wiedergutmachung, durch Eingestehen des Verstoßes und Versprechen künftiger Normbeachtung. Die aufrichtige Bitte um Verzeihung hat eine befriedende Wirkung, bereinigt die Vergangenheit und schafft wieder Vertrauen in die Zukunft (Goffman, 1971; Kirchhoff, 1998).

Im → Rational-choice-Modell wird unterstellt, dass sich alle Akteure ihrem Eigeninteresse gemäß verhalten. Das kann aus strategischen Gründen auch die Berücksichtigung der normativen Erwartungen anderer beinhalten, ohne dass damit die allgemein verpflichtende („kategorische") Geltung sozialer Normen anerkannt würde und ohne dass man sich auf deren Einhaltung durch andere verlassen würde. Deshalb ist echte Empörung über Normverletzungen anderer modellwidrig.

Die Bedeutung von Emotionen im sozialen Leben. Emotionen stellen Bewertungen dar und disponieren zu Handlungen. Schuld, Empörung, Eifersucht, Neid und Hass sind Emotionen, die häufig zu Handlungen führen, die keinem rationalen Kalkül entsprechen. Wie soll die Zukunft gelingen, wenn die → kognitiven Strukturen für ein in der Vergangenheit entstandenes Gefühl nicht bearbeitet werden? So ist „Schuld" im Scheidungsverfahren nicht mehr justiziabel, aber Schuldvorwürfe sind trotzdem existent und „virulent" und müssen deshalb bearbeitet werden.

Die Beziehung zu anderen Parteien. Wie die Beziehung zur anderen Partei konzeptualisiert wird, begründet spezifische Erwartungen an diese und an eigene Handlungsdispositionen. Das → Rational-choice-Modell des an Eigeninteresse orientierten Handelns ist in Wirtschaftsbeziehungen zwischen Fremden, vielleicht auch im sportlichen Wettkampf und in experimentellen Spielsituationen angemessen. Es ist nicht angemessen in engen Beziehungen, wie Partnerschaft, Freundschaft oder Verwandtschaft: Hier gelten Normen der Solidarität und Gleichheit. Nicht Eigennutz ist das Ziel des Austauschs in solchen Beziehungen, sondern die Verfolgung gemeinsamer Ziele. Das gilt mit Einschränkungen auch in kollegialen Beziehungen und innerhalb von Primärgruppen, die sich gegenüber Außengruppen abgrenzen (Religionsgruppen, ethnische Gruppen, Altersgruppen, politischen Parteien usw.). In Eltern-Kind-Beziehungen und anderen Beziehungen, in denen ein stärkerer Teil Fürsorge für einen schwächeren Teil hat, ist nicht Eigennutz, sondern Schutz und Förderung des schwächeren Teils das Ziel. Dieses Ziel wird zumindest in der Eltern-Kind-Beziehung durch die natürlich gewachsene Bindung gesichert und muss nicht über soziale Normen durchgesetzt werden.

In allen Beziehungskategorien gelten spezifische Standards für Interaktionen und Austausch: Standards der Gerechtigkeit, der Loyalität, der Solidarität usw. Eine Verletzung dieser Standards wirft die Frage auf, ob die Beziehung in der bisherigen Form fortbestehen kann oder nicht. Und diese Frage muss geklärt werden, weil sie für den künftigen Austausch von großer Bedeutung ist. Wie sollte ohne Bezug zur Vergangenheit diese Frage geklärt werden?

Also, die Regel „Nicht in die Vergangenheit schauen, sondern nach vorne“ ist für eine Mediation, die auf Nachhaltigkeit ihrer Vereinbarungen orientiert ist, nicht nur untauglich, sondern gefährlich. Wir schlagen vor, die Regel zu beachten: „Die Vergangenheit aufarbeiten, damit der gegenwärtige Konflikt verstanden wird und nachhaltig bearbeitet werden kann.“

4 Konfliktformen

Im folgenden Kapitel

- nennen wir Kategorien für die konzeptuelle Fassung und Analyse von Konflikten und ihren Auswirkungen,
- konzipieren wir Konflikte als Entwicklungschance und
- sprechen wir die psychologische Konfliktforschung an und begründen, inwiefern sie nur eine sehr begrenzte Bedeutung für die Mediationspraxis hat.

In Kapitel 4.1 unterscheiden wir zunächst intrapsychische („persönliche") und soziale Konflikte. In Mediationsverfahren werden nur soziale Konflikte behandelt, aber persönliche Konflikte wirken hinein.

In Kapitel 4.2 beschreiben wir Unvereinbarkeiten, Beeinträchtigungen und Bedrohungen, die zu Konflikten führen, und in Kapitel 4.3 fokussieren wir die Probleme, die aus Konflikten resultieren. Damit wird der Problemlöseansatz der Mediation begründet.

In Kapitel. 4.4 unterscheiden wir Konfliktstrukturen: die Konkurrenz um knappe Güter, die Unvereinbarkeit divergierender persönlicher Anliegen, die Unterscheidung von manifesten Streitgegenständen und latenten Tiefenstrukturen von Konflikten sowie die Einflüsse nicht anwesender Dritter auf die Konfliktbearbeitung in der Mediation.

In Kapitel 4.5 schlagen wir einige – wie wir meinen – grundlegende Kategorien von Konfliktinhalten vor, die jeweils spezifische Bearbeitungsansätze in der Mediation erfordern: Überzeugungen bezüglich Sachverhalten, Wertüberzeugungen, Wertorientierungen, Eigeninteressen und andere.

Anschließend, in Kapitel 4.6, unterscheiden wir zwischen emergenten, sich ergebenden und strategisch bewusst herbeigeführten Konflikten, wobei die Kontrolle oft auf den Konfliktbeginn beschränkt bleibt, weil die Antworten der Konfliktgegner nicht sicher voraussagbar sind.

Konflikte schaffen Probleme. Konflikte sind Krisen. Aber Konflikte bieten auch Entwicklungschancen. Hierauf hinzuweisen und einige Entwicklungsgewinne durch eine konstruktive Bearbeitung von Konflikten aufzuzeigen, ist Gegenstand des Kapitels 4.7.

Schließlich wird in Kapitel 4.8 Bezug genommen auf die experimentelle spieltheoretisch orientierte Konfliktforschung, und ihr beschränkter Nutzen für die Mediation wird erörtert. Die Beschränkungen sind bedingt durch das auf Eigeninteresse reduzierte Motivationsmodell, durch die weitgehende Ausblendung sozialer Kontexte, normativer Überzeugungen und langfristiger Interaktionsbeziehungen im experimentellen Forschungsprogramm. Relevante Erkenntnisse sind vor allem aus Forschungsarbeiten zu gewinnen, in denen diese Einschränkungen nicht realisiert wurden.

Es gibt eine umfangreiche wissenschaftliche Literatur über Konflikte (z. B. Pruitt & Rubin, 1986) und Konfliktbearbeitung (Fisher & Brown, 1988; Glasl, 1999; Schwarz, 1995; Vogt, 1997), die allerdings für eine Psychologie der Mediation nur in schmalen Ausschnitten relevant ist. Die Gründe werden am Ende dieses

Kapitels erläutert. Wir stellen die für die Mediationspraxis relevanten Fragen an den Anfang.

Zu unterscheiden sind → intersubjektive oder „soziale“ Konflikte zwischen zwei oder mehr Subjekten und → intrasubjektive Konflikte, die ein Subjekt in sich oder mit sich selbst hat. Bei Einzelpersonen sind dies → intrapsychische oder „persönliche“ Konflikte. Intrapsychische oder persönliche Konflikte können als Entscheidungskonflikte konzipiert werden. Intrasubjektive Konflikte innerhalb größerer sozialer Einheiten, die in sozialen Konflikten als Parteien auftreten, nennen wir auch Binnenkonflikte.

4.1 Intrapsychische Konflikte – im Streit mit sich selbst

Da zunächst nur „natürliche“ Personen als Subjekte betrachtet werden, werden auch die Begriffe intrapsychische, innerpsychische, intrapersonale und persönliche Konflikte verwendet. Wir beginnen mit einigen Beispielen für → intrapsychische Konflikte, etwa

- Konflikte zwischen objektiv nicht zu vereinbarenden oder unvereinbar erscheinenden attraktiven Zielen, z. B. sich ausschließenden Berufskarrieren, sich ausschließenden Partnerwahlen,
- Konflikte zwischen einer illegalen Bereicherung und dem Ziel, ein intaktes moralisches Selbstbild zu bewahren,
- Konflikte zwischen dem Wunsch, einen Rechtsanspruch durchzusetzen oder den Frieden zu bewahren, die eigenen Interessen zu verfolgen oder altruistisch den Interessen nahestehender Personen zu dienen.
- Konflikte zwischen Pflichten, z. B. beruflichen und familiären, Pflichten gegenüber Freunden und gegenüber dem Lebenspartner, moralischen Pflichten des Widerstandes gegen eine Diktatur und der Verantwortung für die Familie,
- Konflikte zwischen Neigungen und Pflichten, zwischen Lust und Moral, z. B. zwischen Freizeitinteressen und Beruf, zwischen Opportunismus und Wahrheit, neuer romantischer Liebe und Treue,
- Konflikte zwischen alternativen mutmaßlich zielführenden Wegen, etwa zwischen verschiedenen Formen der Geldanlage, zwischen verschiedenen Politiken, z. B. zur Förderung der Beschäftigung am Arbeitsmarkt deregulieren oder subventionieren, oder in einem Konfliktfall zur Wahrung der eigenen Interessen vor Gericht gehen oder verhandeln.

! Persönliche Konflikte sind nicht Gegenstand von Mediationsverfahren, sondern eher Gegenstand einer individuellen Beratung bezüglich wichtiger Entscheidungen oder einer Therapie, z. B. mit dem Ziel, unangemessenes normatives Verpflichtungserleben zu reflektieren. Aber Mediatoren sollten mit persönlichen Konflikten rechnen; diese können die Gründe sein, weshalb eine Partei bezüglich ihrer Ziele, Wünsche oder Ansprüche ambivalent, zögerlich, inkonsistent oder schwankend erscheint.

Eine Kenntnis intrapsychischer Konflikte ist auch notwendig, wenn es um die Entwicklung von Lösungsoptionen geht: Bei manchen persönlichen Konflikten sind die für nachhaltige, befriedigende Lösungen zu ermittelnden Präferenzen des Subjektes unklar oder instabil.

Wenn Konfliktparteien unentschiedene persönliche Konflikte haben, die für den sozialen Konflikt relevant sind, werden sie sich schwertun, ihre Positionen eindeutig zu bestimmen oder diese konsistent beizubehalten. Wer zwischen dem Wunsch nach Frieden und nach Vergeltung schwankt, ist schwer einzuschätzen, ebenso wer zwischen Eigennutz und Berücksichtigung der Interessen der Gegenseite schwankt.

Lösungsoptionen, die den Mediatoren produktiv erscheinen, mögen von einer Partei mit unausgesprochenen Vorbehalten beurteilt werden, etwa wenn diese in einem inneren Entscheidungskonflikt steht, ob sie die Anliegen Dritter berücksichtigen sollte (in einem Sorgerechtsstreit vielleicht die Kontaktwünsche der Großeltern). Erwähnenswert ist auch, dass persönliche zu sozialen Konflikten werden können, wenn sich andere durch die Entscheidungsschwierigkeiten des Subjektes behindert fühlen.

> **!** Intrasubjektive Konflikte müssen den Fortgang einer Mediation nicht notwendigerweise stören, sondern können von Mediatoren auch produktiv genutzt werden. Mediatoren können versuchen, eine Blockade im sozialen Konflikt aufzulösen, indem sie innere Konflikte bewusst machen.

Beispielsweise könnte in einer Scheidungsmediation der Konflikt um Vermögensaufteilung und Unterhalt an Bedeutung verlieren, wenn den Streitenden bewusst gemacht wird, dass dieses Feilschen ihrem Selbstbild widerspricht, großzügig zu sein. Oder es wird den Streitenden bewusst, dass sie vielleicht beide einen Nachentscheidungskonflikt haben, ob die nun angestrebte Scheidung unvermeidbar, ob sie ihrem Kind zuträglich oder ihren Eltern zumutbar ist. Werden diese intrapersonalen Konflikte bewusst, verändert das den sozialen Konflikt, weil sich das Betrachtungsfeld ändert. Erweiterungen des Betrachtungsfeldes sind für die Erarbeitung produktiver Konfliktlösungen notwendig. Typischerweise sind die Parteien in einem Konflikt bezüglich ihrer Perspektiven eingeengt auf die strittigen Positionen. Sie haben ausgeblendet, dass sie darüber hinaus wichtige persönliche Anliegen haben. Das wird im Kapitel 8 eingehender behandelt werden.

> **BEISPIEL**
>
> Intrapsychische Konflikte werden oft von einem sozialen Konflikt überdeckt:
> Eine junge Frau von 28 Jahren steht vor der Entscheidung, ihre Berufskarriere zielstrebig weiterzuverfolgen, was ihr durch ein Angebot eröffnet wird, das diesbezüglich hochattrak- ►

tiv, aber voraussehbar längerfristig mit einem hohen Arbeitsengagement verbunden ist. Außerdem wäre ein längerer Auslandsaufenthalt erforderlich. Sie selbst hat schon lange einen Kinderwunsch, der zumindest noch einige Jahre zurückgestellt werden müsste. Ihr Partner teilt diesen Kinderwunsch.
Ob ihr Partner ins Ausland mit könnte, ist unsicher. Sie weiß aber auch, dass er die eigene, gerade erreichte berufliche Sicherheit nicht aufgeben möchte. Ihr Partner drängt sie zu einer Einschränkung ihres beruflichen Engagements. Schon jetzt hat sie ihren Partner „karrieremäßig überholt", was für ihn wie für sie selbst belastend wirkt.
Der Konflikt ist komplex. Welchen Lebenszielen soll die Priorität gegeben werden: der Karriere oder der Partnerschaft oder der Familiengründung? Was sind die Gewinne der ersten Option? Beruflicher Erfolg, auch Anerkennung, eventuell Neid aus dem bisherigen sozialen Umfeld, berufliche Freiheit und beruflicher Einfluss? Die bisherigen Investitionen in den Beruf würden sich damit auszahlen. Die Herausforderung der eigenen Leistungspotenziale wäre gegeben. Es handelte sich auch um Einlösung von Verpflichtungen gegenüber den bisherigen Förderern der Karriere. Auch die gesellschaftliche Verpflichtung zu beweisen, dass Karrieren für Frauen möglich sind, spielt hinein, darüber hinaus eine Neugierde auf neue Lebenswelten u. a. m.
Was sind die Kosten und Risiken der ersten Option? Zunächst sind die möglichen Gewinne aus den alternativen Entscheidungsoptionen (Partnerschaft, Familie, berufliche Sicherheit, Kinderwunsch) zu nennen, die bei der Wahl der Karriere entfallen oder zurückgestellt werden müssten. Sodann sind Konflikte mit dem Partner, selbst mit dem Risiko der Trennung, sicher. Die Frau empfindet Schuldgefühle nicht nur gegenüber dem Partner, sondern auch gegenüber der eigenen Familie, zu der die Kontakte selbstverständlich ebenfalls eingeschränkt werden müssten. Ein erheblicher Leistungsdruck ist auch mit diesem Angebot verbunden. Das Risiko des Scheiterns ist letztlich ebenfalls nicht auszuschließen, mit der Folge, schlechtere berufliche Möglichkeiten als gegenwärtig zu haben. Die mögliche Beschämung gegenüber dem jetzigen sozialen Umfeld ist nicht zu vergessen.

Es handelt sich in diesem Beispiel also um Konflikte zwischen Lebenszielen, Wertorientierungen, divergierenden Pflichten und Interessen, divergierenden Normorientierungen, divergierenden Einschätzungen Dritter usw. Diese Konfliktlage ist zunächst intrapsychisch, hat aber an verschiedenen Facetten selbstverständlich auch eine soziale Front: zum Partner, zur eigenen Herkunftsfamilie, zu den Mentoren.

Es mag sehr wohl sein, dass die Komplexität und Vielfalt der innerpsychischen Konflikte in den Hintergrund gedrängt werden, wenn ein sozialer Konflikt mit dem Partner in den Vordergrund rückt. Die Komplexität der eigenen Entscheidungslage könnte in einem Konflikt mit dem Partner durch Vorwürfe des Partners aus dem Bewusstsein gedrängt werden. Dies hat zur Folge, dass, wo es zuvor intrapsychische Zweifel und Unsicherheiten gab, nun Ansprüche auf Autonomie und Karriere sowie Forderungen nach Anpassung mit Festigkeit vertreten werden. Wenn die intrapsychischen Konflikte wieder bewusst (gemacht) werden, kann das den sozialen Konflikt entschärfen.

4.2 Soziale Konflikte – im Streit mit anderen

4.2.1 Wer streitet mit wem?

Subjekte sozialer Konflikte können einzelne „natürliche" Personen und größere soziale Einheiten wie Gruppen oder → „juristische" Personen wie Behörden, Verbände oder Staaten sein, die im Streit miteinander stehen (vgl. z. B. Deutsch, 1994; Glasl, 1999). Es gibt auch Konflikte innerhalb sozialer Einheiten, also → intrasubjektive Konflikte (wenn man die Einheit als Subjekt ansieht) oder Binnenkonflikte. Dies sind im Unterschied zu intrapsychischen auch soziale Konflikte, weil zwei oder mehr Personen oder Untereinheiten beteiligt sind.

Nicht selten werden auch soziale Konflikte, in denen größere soziale Einheiten (Gruppen, Organisationen, Betriebe, Staaten) als Subjekte involviert sind, durch Konflikte innerhalb dieser Einheiten überlagert (vgl. z. B. Fisher, 1986). Das beeinträchtigt oft ein Mediationsverfahren, weil die Repräsentanten kein eindeutiges verlässliches Verhandlungsmandat oder keinen Verhandlungsspielraum haben (vgl. Kap. 4.4.4). Auch Binnenkonflikte können in der Mediation eventuell produktiv gemacht werden: Durch Verweis auf die internen Diskussionen kann der Spielraum für Lösungen zumindest gedanklich erweitert werden; etwa wenn Gewerkschaften und Arbeitgeberverbänden, die in ihrem Feilschen um Lohnsteigerungen in Tarifverhandlungen festgefahren sind, bewusst gemacht wird, dass sie einen Binnenkonflikt verdrängt haben. Sie haben nämlich nicht nur die Interessen der Beschäftigten bzw. der Betriebe zu vertreten, sondern auch die der Arbeitslosen, deren Einbezug in die Verhandlungsziele eine neue Lage ergäbe.

Soziale Konflikte entstehen nur zwischen Subjekten (Personen, sozialen Einheiten), die etwas miteinander zu tun haben – und sei es auch nur symbolisch – und etwas objektiv oder subjektiv Unvereinbares wollen, sollen, meinen, glauben oder tun. Zwischen einander fremden Menschen, die auf keiner Ebene etwas miteinander zu tun haben, kann es nicht zu Konflikten kommen. Je häufiger und vielfältiger die direkten, aber auch die indirekten oder symbolischen Interaktionen zwischen Menschen sind, umso häufiger gibt es Gelegenheiten zum Konflikt.

4.2.2 Konfliktanlass: Unvereinbarkeit von Zielen

Was Unvereinbarkeit bedeutet, ist zu erläutern. Wir wollen mit einer Reihe von Beispielen beginnen, auf die im Folgenden dann Bezug genommen wird.

BEISPIEL

Unvereinbarkeit von Zielen

- Zwei politische Parteien haben unterschiedliche Ansichten zum Ladenschlussgesetz. Eine Partei will das bestehende Ladenschlussgesetz ganz aufheben, die andere will es verschärfen und die Öffnungszeiten eng regulieren.
- Zwei benachbarte Wohnungen sind nur durch eine relativ dünne Wand getrennt. Die Bewohnerin der linken Wohnung liebt Volksmusik und hört sie von früh bis spät. Die Bewohnerin der rechten Wohnung findet diese Musik unerträglich und kann sich bei dieser Musik nicht auf ihre geistige Arbeit konzentrieren.
- Zwei Staaten beanspruchen eine Region, die in der Vergangenheit mal dem einen, mal dem anderen Staat „gehörte" und um die es mehrere Kriege gegeben hat.
- Wenn ein Mann ein Kind möchte, seine Partnerin aber nicht, dann liegt eine Unvereinbarkeit der Wünsche vor.
- Eine zugewanderte ethnische Minorität, die seit langem in einem Staat lebt, beansprucht Staatsbürgerschaft und volles Bürgerrecht. Die Majorität lehnt das Begehren ab, weil es unvereinbar ist mit ihrem Anspruch auf Kontrolle der gesellschaftlichen Ordnung.
- Wenn ein Vater von seinem 15jährigen Sohn sehr gute Schulnoten fordert, der Sohn seine Rolle als Schlagzeuger in einer Rockband für wichtiger ansieht als die Schule, können Forderung und Prioritätensetzung unvereinbar sein.
- Ein Mann und eine Frau finden sich gegenseitig attraktiv und denken daran, eine Beziehung einzugehen, bis sie feststellen, dass sie verschiedene Parteipräferenzen haben, die sie gegenseitig für inakzeptabel halten.
- Eine Gruppe Jugendlicher trifft sich oft abends auf dem Marktplatz der Stadt. Eine Gruppe jugendlicher Aussiedler aus Russland, die seit kurzem in der Stadt leben, trifft sich auch dort. Das scheint der einheimischen Gruppe unvereinbar mit ihrem Anspruch auf den Marktplatz als „Residenz".
- In einer Heiratsanzeige beschreibt eine Frau ihre positiven und negativen Auswahlkriterien. Unvereinbar mit ihren Anforderungen an einen Partner ist ein Alter über 50, Rauchen und Bart, gefordert werden Tierliebe und aus Paritätsgründen sehr gute Vermögensverhältnisse.
- Eine Verkäuferin in einem Lebensmittelladen herrscht eine alte Frau an, die lange braucht, um den Rechnungsbetrag in Münzen auf den Zahlteller zu zählen. Ein Kunde, der hinter der alten Frau wartet, findet das Verhalten der Verkäuferin unvereinbar mit sozialen Normen der Höflichkeit und der Rücksichtnahme auf Gebrechen.
- Eine Umweltgruppe setzt sich für Maßnahmen gegen CO_2-Emissionen ein, um den Treibhauseffekt zu bremsen. Sie trifft auf eine aktuelle Verkehrspolitik, die Rücksicht nimmt auf den Anspruch weiter Teile der Bevölkerung auf Mobilität durch das Auto.

Unvereinbar können also – auf einem abstrakten Niveau beschrieben – sein: Ziele der Subjekte, ihre Interessen, Aspirationen, Bindungen, Ansprüche; Ansichten und Wertungen über Personen und Sachverhalte, Wertvorstellungen, moralische Normen, Rechtsnormen, Tätigkeiten, Maßnahmen, Selbstkonzepte, soziale Rollen, Anforderungen, Glaubensüberzeugungen, Pflichten u. a. m.

Die in den obigen Beispielen genannten Unvereinbarkeiten sind zum Teil objektiv, weil sich die Alternativen logisch ausschließen, bedürfen zum Teil aber einer Interpretation. Evident ist, dass der Wegfall des Ladenschlussgesetzes und eine gesetzliche Normierung der Öffnungszeiten sich gegenseitig ausschließen, auch die Liebe und die Aversion zu einer Musikgattung, die Ansprüche zweier Staaten auf dasselbe Territorium, der Kinderwunsch des Mannes und der Wunsch nach Kinderlosigkeit der Frau sowie die Ansprüche der Majorität und der Minorität in der Staatsbürgerschaftsfrage.

In anderen Beispielen sind die Unvereinbarkeiten subjektiv. Es sind mehr Informationen erforderlich, um sie zu verstehen. Die Forderung des Vaters nach sehr guten Schulnoten und die Interessenpriorität des Sohnes (Rockband wichtiger als Schule) schließen sich nur aus, wenn der Sohn für sehr gute Noten mehr Lernzeit benötigt, als er aufbringen will.

Im Fall der divergierenden Parteipräferenzen muss die Frage beantwortet werden, womit diese unvereinbar sind: mit zentralen Wertorientierungen; mit der jeweils eigenen sozialen Identität, die durch die Nähe zur präferierten und Distanzierung zur anderen Partei bestimmt wird? Oder ist die Wahrnehmung positiver Merkmale bei Anhängern der eigenen Partei unvereinbar mit dem stereotypen Vorurteil der anderen Seite, dass diese verantwortungslose Ignoranten seien.

Im Fall der beiden Jugendgruppen, die sich auf dem Marktplatz treffen, wo Platz für beide ist, verletzt die Aussiedlergruppe vielleicht den Anspruch der Einheimischen auf exklusiven Besitz des Territoriums. Dabei bezieht sich der Exklusivitätsanspruch nur auf gleichartige Gruppen, nicht auf Einzelpersonen und nicht auf ungleiche andere Gruppen – etwa eine Mädchenclique, eine Touristengruppe oder eine Gruppe von Boulespielern.

Die Heiratsannonce legt mehrere Hypothesen nahe. Die Altersgrenze kann wegen einer sozialen Norm der Passung, wegen der vermuteten Altersabhängigkeit von Interessen oder wegen befürchteter Gebrechlichkeit in naher Zukunft gezogen worden sein. Wohlhabenheit mag gefordert sein aus Geiz oder aus Furcht, nicht als Person, sondern wegen des Geldes geheiratet zu werden. Tierliebe mag gewünscht sein, weil ein zeitintensives Engagement für den Tierschutz zu akzeptieren wäre oder weil die eigenen Haustiere sehr viel Zeit beanspruchen. Raucher mögen wegen der Angst um die eigene Gesundheit oder wegen Aversion gegen den „Gestank“ ausgeschlossen werden, und Bärte können als unschön oder als zu „viril“ abgelehnt werden.

4.2.3 Konfliktanlass: Beeinträchtigungen und Bedrohungen

Unvereinbarkeiten zwischen Subjekten sind notwendige, aber nicht hinreichende Bedingungen für die Entstehung von Konflikten. Konflikte haben weitere Voraussetzungen:

- Zumindest eine Konfliktpartei muss sich wegen der Unvereinbarkeit beeinträchtigt oder bedroht fühlen, und
- die andere Partei ist darüber informiert, aber nicht bereit, die eigene Position (z. B. die eigenen Ziele, Ansprüche, Wertungen, Handlungen usw.) so zu verändern, dass die von der anderen Partei erlebte Beeinträchtigung oder Bedrohung aufgehoben wird.

Im Beispiel der Heiratsannonce gibt es keinen Konflikt, wenn die männlichen Leser, die den formulierten Wünschen nicht entsprechen, sich nicht beeinträchtigt oder bedroht fühlen. Wenn sich aber z. B. Raucher oder Bartträger diskriminiert fühlen, kann es zu einem Konflikt mit der anonymen Inserentin kommen, dem etwa in einem Brief Ausdruck gegeben wird.

Auch im Falle der beiden Menschen mit divergierenden Parteipräferenzen muss sich kein Konflikt entfalten, nämlich dann, wenn beide nach Austausch dieser Information spontan den Kontakt ohne Diskussion abzubrechen wünschen, d. h. wenn beide den Wunsch nach einer Beziehung als Irrtum erkennen und den Abbruch nicht als Beeinträchtigung werten. Anders wäre es, wenn beispielsweise der Mann die abweichende Parteipräferenz tolerieren würde und eine Vertiefung der Beziehung wünschte, aber von der Frau zurückgewiesen würde.

Die Beeinträchtigungen und Verluste müssen nicht selbst erfahren oder befürchtet werden. Auch solche, die andere erleiden oder bedrohen, können Konflikte auslösen: so wie im Beispiel der Kritik eines Kunden am Verhalten der Verkäuferin, die eine alte langsame Frau angeherrscht hat, oder im Beispiel des Eintretens einer Umweltgruppe für die Rechte künftiger Generationen.

4.2.4 Konfliktanlass: Vermutete Absicht und Verantwortlichkeit

Nicht jede Beeinträchtigung oder Bedrohung durch eine andere Person oder Gruppe, Instanz usw. birgt einen Konflikt. Es gibt Beeinträchtigungen und Bedrohungen durch andere, für die diese nicht verantwortlich gemacht werden bzw. gemacht werden können. Kinder erfordern Zuwendung, Pflege und Hilfe, besonders kranke Kinder, und beeinträchtigen damit Schlaf und andere gewünschte oder pflichtgemäße Aktivitäten ihrer Eltern, ohne dass sie dafür immer verantwortlich gemacht werden können. Das Bauamt einer Stadt hat eine gravierende Abweichung von den genehmigten Bauplänen entdeckt und fordert den Abriss der nicht genehmigten Bauteile. Das Bauamt wird aber vielleicht von den Bauherrn nicht für die Verluste verantwortlich gemacht, weil die Rechtslage eindeutig ist und grundsätzlich anerkannt wird.

Ein Konflikt setzt voraus, dass andere Subjekte für erfahrene oder drohende Beeinträchtigungen oder Verluste verantwortlich gemacht werden, die Subjekte aber die zugeschriebene Verantwortlichkeit nicht überzeugend bestreiten oder ihr Handeln nicht überzeugend rechtfertigen können. Verantwortlichkeit kann für die Entstehung und/oder für die Behebung bzw. Verhinderung der Beeinträchtigungen und Verluste zugeschrieben werden.

Für eine Beeinträchtigung oder Bedrohung verantwortlich zu sein bedeutet, dass eine Wahlmöglichkeit bestehen muss. Die Akteure müssen eine Chance haben, anders zu handeln, als sie es tun. Dies gilt für Handlungen, aus denen Beeinträchtigungen oder Bedrohungen entstehen, aber auch, wenn es darum geht, diese zu verhindern oder zu beheben.

DEFINITION

Soziale Konflikte

Soziale Konflikte haben viele Ausdrucksformen: von physischen Verletzungen über Vorwürfe bis zu vergeltenden Intrigen, von Beleidigungen bis zum gekränkten Schweigen oder der Aufkündigung der Beziehung. Um zu bestimmen, was ein Konflikt ist, lassen sich die Ausdrucksformen also nicht heranziehen. Die Inhalte der Konflikte (etwa der obigen Beispiele) sind ebenfalls höchst unterschiedlich: Ziele, wertende Äußerungen, unterschiedliche Meinungen über Sachverhalte, Abweichungen von sozialen Normen oder Ansprüchen, die Verteilung von Gütern, Rechten, Aufgaben, Positionen u. v. a. m., sodass man zwar eine Klassifikation von Konflikten nach ihren Inhalten vornehmen kann, was wir später auch tun werden, aber damit ist noch nicht bestimmt, was Konflikte sind.

Wir legen nach Durchsicht vieler Definitionsvorschläge den weiteren Ausführungen folgende Begriffsbestimmung zugrunde:

- Ausgangspunkt eines Konflikts ist die wahrgenommene Beeinträchtigung, Verletzung oder Gefährdung eines der Anliegen eines Subjektes A (einer Person, einer Gruppe, einer Institution) durch ein anderes Subjekt B.
- A macht B verantwortlich dafür.
- A fordert B auf, die Beeinträchtigung, Verletzung oder Gefährdung des Anliegens zu unterlassen bzw. wieder gut zu machen.
- B kommt dieser Aufforderung nicht nach, sodass die Beeinträchtigung, Verletzung oder Gefährdung des Anliegens fortbesteht, ohne dies mit legitimen Gründen zu rechtfertigen, ohne die Verantwortlichkeit mit einsehbaren Gründen zu bestreiten und ohne um Verzeihung zu bitten.

Würde B die Verantwortlichkeit mit Argumenten bestreiten, die A einleuchten, oder würde B das eigene Verhalten mit legitimen Gründen rechtfertigen, die A akzeptieren würde, gäbe es keinen Konflikt zwischen A und B (zu Verantwortlichkeitsabwehr und Rechtfertigungsargumenten vgl. Montada, 2000c). Würde A durch B um Verzeihung gebeten, wäre die Chance groß, dass der Konflikt beigelegt würde, ohne sich weiter zu entfalten (Goffman, 1971, Kirchhoff, 1998).

Die Rolle der Legitimität lässt sich am Beispiel des Wettbewerbs illustrieren. Im Wettbewerb um Kunden, Marktanteile, Aufträge, Positionen, um die Gunst wichtiger Personen, im Sport und auf vielen anderen Feldern gibt es Gewinner und Verlierer, also Beeinträchtigungen und Bedrohungen von Anliegen.

Aber Wettbewerb als solcher ist noch kein Konflikt, solange er als legitim angesehen wird und mit legitimen Mitteln geführt wird. Wettbewerb ist nicht Gegenstand der Mediation. Erst wenn der Wettbewerb als illegitim angesehen wird oder mit illegitimen Mitteln geführt wird, entstehen Konflikte. Das ist z. B. der Fall, wenn auf dem Markt mit Dumpingpreisen, mit Kartellabsprachen, bei Ausschreibungen mit Bestechungen, im internationalen Wettbewerb mit einseitigen Zöllen und Handelserschwernissen gearbeitet wird; wenn im Sport Doping angewendet wird; wenn vereinbarte Solidaritätsregeln zu einseitigem Vorteil gebrochen werden (etwa Tarifverträge von einer Firma nicht eingehalten werden). Das ist auch immer der Fall, wenn Schiedsleute und Jurys und Aufsichtsbehörden parteilich entscheiden. Dies zeigt die überragende Bedeutung wahrgenommener Gerechtigkeit für die Konfliktvermeidung bzw. -lösung (vgl. Kap. 5).

Anliegen. Mit Anliegen ist alles gemeint, was für ein Subjekt wichtig ist. Dies kann sein: Besitz, Macht, Autonomie, Zuneigung, Interessen, Ansehen, nahe Beziehungen, Gemeinschaften, geliebte Personen, der Beruf, soziale Normen, soziale Rollen, religiöse Glaubensinhalte, Gerechtigkeit, das Vaterland u. v. a. m. (vgl. z. B. Heckhausen, 1989).

Die *wahrgenommene* Beeinträchtigung, Verletzung oder Bedrohung eines Anliegens des Subjektes A – die im Übrigen irrtümlich sein kann – erfolgt dadurch, dass das Subjekt B seine eigenen Anliegen verfolgt. Es gibt also eine Unvereinbarkeit der Anliegen. Es muss keine böswillige Absicht vorliegen. Häufig ist die Wahrnehmung der Beeinträchtigung, Verletzung oder Bedrohung gegenseitig.

Aus dieser Begriffsbestimmung folgt, dass soziale Konflikte für die Beteiligten Probleme schaffen. In der Mediation wird dem durch einen Problemlösungsansatz Rechnung getragen.

4.3 Wann werden Unvereinbarkeiten zu einem Problem?

Wie bereits gesagt, gibt es viele Unvereinbarkeiten, die wir wahrnehmen, die uns aber keine Probleme verursachen, weil wir weder psychisch noch in der eigenen

Lebensgestaltung betroffen sind. Erst wenn wichtige eigene Anliegen betroffen sind, ergibt sich für uns ein Problem. Je enger und vielfältiger die Beziehungen zwischen Subjekten sind, umso problematischer sind Unvereinbarkeiten ihrer wichtigen Anliegen.

Was ist ein Problem?
Wir unterscheiden drei Grundtypen von Problemen.

Problemtyp 1: Differenz zwischen Ist- und Sollzustand. Ein Subjekt hat ein Problem, wenn es eine Differenz zwischen dem gegebenen Ist-Zustand und einem erwünschten Soll-Zustand wahrnimmt. Ein Soll-Zustand entspricht jeweils einem Anliegen des Subjektes. Der Ist-Zustand wird als vergleichsweise unbefriedigend, belastend, störend, aversiv bewertet, der erwünschte Soll-Zustand kann aber nicht „problemlos" erreicht werden, sondern wird durch Barrieren behindert. Das mag verschiedene Ursachen oder Gründe haben, von denen nur drei Kategorien genannt seien:

- Dem Subjekt mögen Wissen, Kompetenzen oder Ressourcen (materielle, soziale Ressourcen, Zeit usw.) fehlen, um den Sollzustand herzustellen.
- Die Realisierung des Soll-Zustandes ist wegen eines → intrasubjektiven Konflikts blockiert:
  - Das Subjekt selbst hat z. B. einen *Zielkonflikt* bezüglich des angestrebten Sollzustands, d. h. es gibt zwei oder mehr erwünschte alternative Sollzustände, die aber unvereinbar sind.
  - Oder das Subjekt hat einen *Entscheidungskonflikt* bezüglich der Maßnahmen und Wege, wie ein Sollzustand zu erreichen ist, z. B. weil die Kosten und Nebenwirkungen nicht gut abzuschätzen oder nicht leicht abzuwägen sind.
  - Oder es gibt vom Subjekt akzeptierte *normative Schranken*, die entweder den Sollzustand selbst oder die Wege dorthin betreffen. Das mögen internalisierte rechtliche, moralische oder konventionelle normative Schranken sein.
- Der erwünschte Soll-Zustand ist wegen eines *sozialen Konflikts* nicht herstellbar, d. h. das Subjekt sieht sich durch andere behindert oder pflichtwidrig nicht ausreichend unterstützt in der Erreichung des Soll-Zustandes oder sieht eine Verweigerung oder Bedrohung des Soll-Zustandes (bzw. einer Voraussetzung für seine Erreichung) durch andere.

Problemtyp 2. Dieser Problemtyp ist gekennzeichnet durch Unzufriedenheit des Subjektes mit dem Ist-Zustand bei gleichzeitigem Fehlen klarer Soll- oder Zielvorstellungen. Das spielt in der intersubjektiven Konfliktmediation insofern eine

Rolle, als es ohne klar umrissene Soll-Vorstellungen aller Parteien schwierig ist, Ziele der Mediation zu konkretisieren. In diesen Fällen ist eine Zielklärung oder Zielberatung angezeigt (vgl. Brandtstädter, 1985).

Problemtyp 3. Ein dritter Problemtyp besteht darin, dass ein Subjekt einen Ist-Zustand aufrecht erhalten will, der entweder durch Umstände gefährdet ist oder durch andere Subjekte bedroht ist. Letzteres ist dann ein Fall → intersubjektiver Konflikte.

4.3.1 Probleme durch soziale Konflikte

Ein Problem ist durch einen sozialen Konflikt gegeben, wenn ein Subjekt eines seiner Anliegen (das sind die erwünschten Soll-Zustände) durch andere beeinträchtigt, verletzt oder gefährdet sieht. Beeinträchtigt, verletzt oder bedroht können alle Anliegen eines Subjektes sein, also z. B. materieller Besitz, Gesundheit, Autonomie, Sozialprestige, soziale Sicherheit, Selbstachtung, Partnerschaft, Freundschaft, Glaubensinhalte, die Gemeinschaft, der man angehört, das Vaterland usw. Die Beeinträchtigung kann verschiedene Formen haben: Behinderungen, fehlende Unterstützung, Verweigerungen, Nötigungen, Bedrohungen u. a.

Behinderungen

Behinderungen können u. a. die folgenden Formen haben:

- physische Barrieren (z. B. gegen Ausübung des „Verkehrsrechtes", dem Umgangsrecht mit einem Kind in einem Scheidungskonflikt, eines Wegerechtes in einem Nachbarschaftskonflikt oder Blockade des Gütertransportes in einem internationalen Konflikt),
- Verzögerungen (z. B. von Lieferungen, Leistungen oder Zahlungen, der Erteilung behördlicher Genehmigungen, der Ausstellung von Zeugnissen, der Zustimmung zu einem Vertrag oder einem Vorschlag),
- Einwände und Bedenken (z. B. gegen eine Entscheidung),
- Auflagen und Bedingungen (z. B. für die Zustimmung zu einer Entscheidung oder für eine Genehmigung),
- Störungen (z. B. von Arbeitsabläufen, sozialen Kontakten, erholsamen und interessanten Tätigkeiten, zielführenden Maßnahmen),
- interferierende Anforderungen (z. B. durch Arbeitszuweisungen, zeitaufwendige Hilfebegehren, die mit dem eigentlichen Anliegen des Subjektes interferieren),

- Rechtsmittel (z. B. Einsprüche oder das Erwirken einstweiliger Verfügungen gegen ein Vorhaben, die Anfechtung von Verträgen usw.),
- fehlende Unterstützung, wenn diese notwendig für die Verwirklichung eines Anliegens ist.

Verweigerungen

Verweigert werden können
- Genehmigungen (im privaten wie in öffentlichen Bereichen),
- die Anerkennung eines legitimen Anspruchs (z. B. wegen eigener konkurrierender Ansprüche oder Ansprüche Dritter),
- Solidarität in der Durchsetzung gemeinsamer Interessen,
- Loyalität (z. B. im Falle von Disputen über Wertüberzeugungen oder im Fall von Angriffen, Abwertungen, Vorwürfen, Kränkungen oder übler Nachrede durch Dritte).

Nötigungen

Nötigungen stellen Veranlassungen zu Handlungen oder Unterlassungen dar, die mit den Anliegen eines Subjektes interferieren. Nötigungen sind heteronome Vorgaben für das Subjekt, die bedeuten, dass die eigenen Anliegen zurückgestellt werden müssen. Nötigungen (in der allgemeinen, nicht nur in der juristischen Bedeutung des Begriffes) können folgende Formen haben:
- Befehle und Anweisungen,
- Appelle (z. B. etwa an das Mitleid, die Hilfsbereitschaft oder die moralischen Verpflichtungen des Subjektes),
- Formulierungen von Vorbedingungen (z. B. für notwendige oder erwünschte Kooperationen, für Hilfen, für die Gewährung von Zuneigung oder von Zustimmung).

Bedrohungen

Bedrohungen können verschiedene Formen haben:
- physische und verbale Angriffe,
- Abwertungen,
- Machtdemonstrationen,
- Entzug von Zuneigung, Anerkennung oder Respekt,
- Entzug von Sicherheiten und Schutz,
- Entzug von Positionen,
- Entzug von Ressourcen,
- Vernachlässigung, Unfreundlichkeit oder Unbotmäßigkeit.

Im konkreten Fall müssen diese abstrakten Kategorien spezifiziert werden.

4.3.2 Wer hat Probleme – einer oder alle?

Bisher sind → intersubjektive Konflikte nur aus Sicht einer Partei dargestellt worden, nämlich der Partei, die eines ihrer Anliegen beeinträchtigt sieht. Dies kann durch eine der beschriebenen Formen der Behinderung, Verweigerung, Nötigung oder Bedrohung geschehen. Diese Beeinträchtigung muss der anderen Partei allerdings nicht bewusst sein. Die wahrgenommenen Beeinträchtigungen müssen nicht intendiert oder billigend in Kauf genommen sein. In diesem Fall wird die andere Partei gern bereit sein, ihr Verhalten zu überdenken, wenn ihr die Folgen bewusst werden. Der Konflikt entfaltet und stabilisiert sich, wenn die andere Partei ihrerseits Anliegen verfolgt und auf eine Art und Weise zu verwirklichen versucht, die von der ersten Partei als beeinträchtigend wahrgenommen wird.

Der Konflikt wird zu einem *beidseitigen Problem*, wenn die andere Partei ihrerseits Beeinträchtigungen im genannten Sinn durch die erste Partei wahrnimmt. Der Problemtyp muss dabei bei den beteiligten Parteien nicht identisch sein.

4.4 Die Struktur von Konflikten

4.4.1 Konkurrenz um dasselbe Ziel

Gelegentlich behindern oder blockieren sich Parteien, weil sie dieselben Ziele verfolgen, allerdings in Konkurrenz zueinander. Das ist z. B. beim Wettbewerb um ein knappes Gut der Fall.

Es kann Konkurrenz geben um einen Arbeitsplatz, um einen Auftrag, um Marktanteile, um eine attraktive Rolle in einem Theaterstück, um die ungeteilte oder besondere Zuneigung einer geliebten Person, um den Sieg in einer politischen Wahl, um den Posten in einem Verein, um das „Sagen" oder die Autorität in der Familie, in der Arbeitsgruppe, um Meinungsführerschaft u. a. m.

Auch in Preisverhandlungen, Lohnverhandlungen, in Auseinandersetzungen um Schadensersatz haben die Konfliktparteien dasselbe Anliegen, nämlich die materiellen Vorteile möglichst hoch bzw. die finanziellen Kosten so gering wie möglich zu halten.

In der Literatur über Konflikte und Konfliktmediation werden vor allem Konflikte mit dieser einfachen Struktur behandelt (Fisher et al., 1998).

4.4.2 Unvereinbarkeit verschiedener Anliegen

Häufig haben Konflikte eine komplexere Struktur, d. h. die Konfliktparteien beeinträchtigen sich zwar gegenseitig, aber in Bezug auf verschiedenartige Anliegen.

- In Partnerschaftskonflikten wegen der Aufnahme eines Elternteils in die Familie mag eine Partei für die Erhaltung der Freiheit streiten, die andere für die Erfüllung einer moralischen Verpflichtung.
- In einem Streit über Fakten kann es einer Partei um die Wahrheit gehen, der anderen Partei um Respekt oder Anerkennung.
- In Konflikten zwischen Eltern und ihren heranwachsenden Kindern stehen sich oft die Sorge der Eltern um den guten Ruf der Familie und Autonomieansprüche der Kinder gegenüber.
- In einem kommunalen Konflikt um eine Müllverbrennungsanlage kann es einer Partei um die effizienteste und günstigste Müllentsorgung gehen, einer anderen um die Profilierung für die künftige Kommunalwahl, einer dritten um ihre materiellen Interessen, einer vierten um Naturschutz, einer fünften um Gesundheitsschutz.
- In einem Erbschaftskonflikt um ein Gemälde will ein Sohn einen materiellen Erlös, eine Tochter die Erhaltung dieses symbolischen Wertgegenstandes im Besitz der Familie, einer anderen Tochter geht es um die symbolische Anerkennung ihrer Verdienste durch langjährige Pflege der Erblasserin.

In diesen Fällen sind die Streitthemen oder -gegenstände auf ganz unterschiedliche Anliegen der Parteien bezogen. Immerhin sind in diesen Fällen die Streitgegenstände noch gemeinsam.

In anderen Konflikten ist das nicht der Fall. In einem Partnerschaftskonflikt klagt der Mann z. B. über das Desinteresse der Frau an sexuellem Kontakt, die Frau über die fehlende Unterstützung des Mannes für ihren Wunsch, wieder berufstätig zu werden. Nur auf einem abstrakten Niveau ist ein gemeinsames Problem auszumachen: fehlendes Eingehen auf die Anliegen des Partners.

4.4.3 Oberflächen- und Tiefenstrukturen von Konflikten

Konflikte haben Streitthemen oder -gegenstände und sie haben eine → Tiefenstruktur, die nicht mit dem offenkundigen Thema identisch ist. Die Streitthemen lassen häufig die Tiefenstruktur nicht ohne weiteres erkennen. Die Parteien vertreten bestimmte Positionen, z. B. divergierende Präferenzen für Ausgaben, Maßnahmen, Tätigkeiten, divergierende Vorstellungen über Erziehungsziele und

-methoden, über Verpflichtungen gegenüber anderen, über die Verteilung von Ressourcen und Aufgaben etc.

> **!** Streitthemen oder -gegenstände sind bekannt, wenn die Positionen formuliert sind. Die Tiefenstruktur des Konflikts ist damit noch nicht identifiziert. Dazu bedarf es zusätzlicher Informationen darüber, inwiefern ein Streitthema für die Kontrahenten wichtig ist. Außenstehende Beobachter verstehen oft die Heftigkeit eines Streites nicht, weil sie die Tiefenstruktur des Konfliktes nicht kennen. Oft ist allerdings die Tiefenstruktur auch den Streitparteien nicht klar bewusst.

Das heißt, der Bezug des Streits zu den wichtigen Anliegen der Kontrahenten, die durch den Konflikt beeinträchtigt oder gefährdet sind, muss ermittelt werden. Die Tiefenstruktur des Konfliktes ergibt sich aus den *betroffenen Anliegen*, d. h. aus einer Analyse der subjektiven Probleme, die der Konflikt den Beteiligten verursacht.

> **BEISPIEL**
>
> **Verborgene Tiefenstruktur von Konflikten**
>
> Beispiel 1: Ein Paar streitet hitzig darüber, was der kürzeste Weg zum Urlaubsort sei. Die Entfernungen ließen sich aus den Straßenkarten ermitteln, der Zeitaufwand aus dem Vergleich der Entfernungen, der Art der Straßen, der Zahl der Ortsdurchfahrten, der Größe der zu durchfahrenden Ortschaften usw.
>
> Der Streit geht aber vielleicht nur oberflächlich um diese Fragen. Eigentlich geht er darum, wem mehr Expertise und Urteilskompetenz generell oder in diesem Feld zukommt, vielleicht auch darum, wie Entscheidungsrechte zu verteilen oder was ein angemessenes partnerschaftliches Entscheidungsverfahren wäre, oder gar darum, dass die Partner gegenseitig Anerkennung und Zuneigung vermissen. Das heißt, es sind bei beiden wichtige Anliegen betroffen, die sie aber nicht aussprechen.
>
> Beispiel 2: In Tarifverhandlungen wird zwischen Arbeitgebern und Gewerkschaften monatelang um den Prozentsatz von Lohnerhöhungen gestritten. Den Verhandlungsführern geht es weniger um die Wahrung der Interessen der von ihnen Vertretenen, sondern um eine Gesichtswahrung vor den eigenen Mitgliedern (die von den Funktionären zuvor „scharf gemacht" worden sind, wodurch diese ihren Verhandlungsspielraum selbst eingeschränkt haben), auch wenn sie die problematischen Effekte ihrer jeweiligen Positionen erkannt haben.

Es ist in jeder Mediation wichtig, die Tiefenstruktur zu kennen, damit angemessene Lösungsoptionen entwickelt werden können. Divergierende Meinungen über einen Sachverhalt lassen sich durch angemessene Informationen aufklären, nicht aber dahinterliegende Ansprüche auf Anerkennung, Respekt und Status in der Partnerschaft oder Familie. Materielle Interessen lassen sich verhandeln, ihr Ausgleich ist durch einen Kompromiss möglich. Gesichtsverluste erfordern andere Maßnahmen. Wenn es bei der Aufteilung von Sachwerten um materielle Interessen geht, sind andere Lösungen möglich, als wenn Wünsche nach Vergeltung eine Rolle spielen.

Werden die Tiefenstrukturen nicht offengelegt und der Konflikt auf dieser Ebene bearbeitet, wird die Beilegung des phänotypischen Oberflächenkonfliktes keine nachhaltige Verminderung der Konflikthäufigkeit zur Folge haben. Die Tiefenstrukturen werden sich in anderer Form manifestieren.

Der im → Harvard-Modell (Fisher, Ury & Patton, 1998) entwickelte Rat an Mediatoren, sich nicht auf die Behandlung der divergierenden Positionen der streitenden Parteien zu konzentrieren, sondern die Interessen hinter den Positionen zu ermitteln, ist ein Schritt in die richtige Richtung (vgl. auch Fuchs & Hehn, 1999). Interessen – zumindest im Sinne von Eigeninteressen – sind allerdings nicht die einzigen Anliegen, die zu Konflikten führen. Darüber hinaus sind Ausgleich erlittener Ungerechtigkeit, als legitim angesehene Ansprüche, Wertorientierungen, moralische Verpflichtungen u. a. m. häufig die entscheidenden Anliegen (vgl. Kap. 2).

4.4.4 Nicht anwesende Dritte

Bei dieser Gelegenheit sollte betont werden, dass die an einer Mediation beteiligten Konfliktparteien nicht immer oder sogar nur in seltenen Fällen für sich allein als freie autonome Individuen operieren. Meist operieren sie auch als Angehörige von größeren sozialen Systemen, deren Anliegen sie (mit-)vertreten (z. B. Partnerschaften, Familien, Gruppen, Organisationen, Institutionen usw.). In einem Sorgerechtskonflikt werden oft unausgesprochen die Anliegen der Großeltern mitvertreten. Offenkundig ist dies nur bei formellen Delegierten oder Funktionären von Verbänden, Institutionen, Unternehmen usw., die oft den Entscheidungsspielraum ihrer Repräsentanten beschränken.

> **!** Die Kontrahenten agieren immer auch im Bewusstsein, dass ihr Handeln von Bezugspersonen ihres sozialen Kontextes bewertet werden wird. Sie agieren deshalb so, dass sie günstige Bewertungen erfahren werden, dass sie gegenüber den nicht anwesenden Dritten das Gesicht wahren und dass sie nicht inkonsistent erscheinen in der Position, die sie einem Dritten gegenüber geäußert haben.

In einer Mediation sind insofern meist auch Dritte symbolisch in den Köpfen der Kontrahenten zugegen. Daran müssen Mediatoren denken. Ein besonderes Problem stellt die Mediation dar, wenn eine Partei oder beide (alle) durch Repräsentanten vertreten sind.

EXKURS

Mediation mit Repräsentanten der Konfliktparteien

Verhandlungen und Mediationen werden nicht immer mit den Betroffenen selbst durchgeführt, sondern mit Repräsentanten. Sei es, dass die Betroffenen (das können Einzelpersonen oder → juristische Personen wie Unternehmen, Organisationen, Verbände, Gewerkschaften sein) sich durch Anwälte vertreten lassen, sei es, weil die betroffenen Gruppierungen so groß sind, dass für die Führung effektiver Verhandlungen Repräsentanten delegiert werden müssen. Viele Gruppierungen, etwa die Tarifparteien, haben eigene Funktionärsstäbe, die dann auch die Interessen in Verhandlungen vertreten.

Es gibt eine recht umfangreiche Forschung über Einflussfaktoren auf das Verhandeln von Repräsentanten. Diese bestätigen im breiten Trend die Erwartung, dass Repräsentanten (Funktionäre) die Interessen ihrer Auftraggeber oder ihrer Basis unflexibel vertreten, wenn sie Rechenschaft ablegen müssen oder wenn sie sich unsicher fühlen und Misstrauen und Überwachung durch die Basis erfahren. Je höher der Status der Repräsentanten in der Gruppierung, umso freier agieren die Verhandlungsführer (zum Überblick Pruitt & Carnevale, 1993, S. 56–58).

Für die Vorbereitung einer Mediation mit Repräsentanten sind aus diesen empirischen Befunden einige Regeln abzuleiten. Mediatoren sollten darauf drängen, dass hochrangige Mitglieder einer Organisation oder mit überzeugendem Votum gewählte (also Vertrauen genießende) Mitglieder als Repräsentanten entsandt werden, weil damit die Mediation flexibler und offener gestaltet werden kann.

Ein besonderes Problem sind die Auswirkungen von Meinungsdivergenzen innerhalb der Organisation. Dies macht die Repräsentanten in besonderer Weise unfrei, weil jede Handlungsoption mit der Basis diskutiert werden muss (mit unsicherem Ausgang) und weil in diesen Fällen die Verhandlungsvollmachten der Repräsentanten typischerweise eingeschränkt sind.

Ein anderes Problem ist, dass Repräsentanten im Unterschied zu eigenverantwortlich verhandelnden Parteien mit der Begründung Grenzen setzen können, dass sie von ihren Auftraggebern bzw. von ihrer Basis keinen weitergehenden Verhandlungsspielraum haben. Damit ist eine Trennung von Person und Sache in der Verhandlung leicht möglich, d. h. die Repräsentanten können sich persönlich als konziliant und problemlöseorientiert präsentieren, in der Sache aber unflexibel und strikt ihre Positionen vertreten. Solches Verhalten entspricht dem von Fisher und Ury (1981) als ideal empfohlenen Verhandlungsstil für die Durchsetzung der eigenen Interessen: „Weich zu den Personen und hart in der Sache!“ Für eine Gegenpartei, die sich selbst vertritt, bedeutet dies einen Nachteil, weil sie es selbst zu verantworten hat, wenn sie Grenzen setzt.

4.5 Konfliktinhalte

Die Vielfalt von Konfliktinhalten kann nicht vollständig in einem überzeugenden und übersichtlichen Kategoriensystem repräsentiert werden. Trotzdem wollen wir einige Kategorien für die inhaltliche Fassung von Konflikten geben. Wir wollen damit vor allem nochmals die Verschiedenartigkeit von Konfliktinhalten betonen. Die folgenden Kategorien wurden auch gewählt, um aufzuzeigen, dass verschiedene Konfliktinhalte in einer Mediation jeweils spezifisch zu bearbeiten sind.

4.5.1 Sachinhalte

Konflikte wegen unterschiedlicher Überzeugungen bezüglich Sachinhalten können durch unterschiedliche Anliegen motiviert sein. Es kann um Wahrheit und Aufklärung gehen (in der Wissenschaft, in der Politik, im Betrieb, im Handel, bei Rechtsstreitigkeiten u. a. m.), es kann um die Suche der besten Entscheidung in privaten, betrieblichen, institutionellen und politischen Problemfällen gehen; es kann um die Anerkennung der eigenen Expertise und Autorität gehen, um Rangkämpfe, um Einfluss u. a. m. Nicht selten ist die Sache, um die gestritten wird, für die Parteien ohne Belang, der Streit wird wegen Beziehungsproblemen ausgetragen.

Es gibt Überzeugungen, die man mittels objektiver, verfügbarer Informationen entweder bestätigen oder korrigieren kann; andere kann man selbst empirisch überprüfen. Statt objektiver Informationen kann die Meinung eines von den Parteien akzeptierten Experten gelten. Es gibt auch Überzeugungen, für die es keine objektive Wissensquelle und keine allgemein akzeptierten Experten gibt: z. B. Vorurteile gegen Personen oder Ethnien, Menschenbilder, Weltbilder, Gesellschaftsideologien und Glaubenssysteme. Solche Überzeugungen sind typischerweise sozial vermittelt und gegen empirische Gegenbeweise weitgehend immunisiert.

Es gibt Überzeugungen bezüglich Sachinhalten, die als Generalisierungen von empirischen Sachverhalten vorgetragen werden, die aber eigentlich Glaubensüberzeugungen darstellen. So behaupten manche Tierschützer auf der Basis einiger Tatbestände, dass Tierversuche für die Humanmedizin und den Gesundheitsschutz generell irrelevant seien. Diese Behauptung kann zwar mit Gegenbeispielen empirisch widerlegt werden, es ist aber fraglich, ob die Gegeninformationen geglaubt werden. Manche Befürworter von Tierversuchen übergeneralisieren in die Gegenrichtung.

Es gibt Überzeugungen, die aus Theorien abgeleitet sind, ohne dass diese Ableitungen bereits empirisch bestätigt wären, etwa über den positiven Zusammenhang zwischen Deregulierungen des Arbeitsmarktes und dem Beschäftigungswachstum (eine angebotspolitische Argumentation) oder über den positiven Zusammenhang zwischen Lohnsteigerungen und Beschäftigungswachstum (eine nachfragepolitische Argumentation). Konflikte zwischen solchen Überzeugungen werden oft wie Konflikte über Glaubenssätze geführt, obwohl es grundsätzlich Möglichkeiten der empirischen Überprüfung gibt.

Solche Überzeugungen haben persönliche Funktionen: Sie können Engagements motivieren, die Lebenssinn geben; sie können eine Gruppenmitgliedschaft sichern, oder sie können dem sozialen Selbstbild entsprechen. Insofern ist Widerstand gegen Aufklärung zu erwarten.

In der Mediation müssen die Widerstände gegen eine empirische Überprüfung thematisiert werden. Es ist schon viel gewonnen, wenn Überzeugungen zu Hypothesen oder Fragen gewandelt werden und eine gemeinsame Suche nach validen Informationen beginnt.

> **!** Es wäre in einer Mediation allerdings fatal, wenn Mediatoren eine „objektive" Klärung eines Streits über Sachverhalte herbeiführen würden, wenn die Tiefenstruktur des Konflikts ein anderer, z. B. ein Beziehungskonflikt ist.

4.5.2 Glaubensinhalte

Glaubensinhalte (kulturell/ethnische, religiöse, ideologische), die nicht auf objektiver Wissensbasis zu belegen oder zu widerlegen sind, spielen in vielen privaten, gesellschaftlichen oder internationalen Konflikten eine entscheidende Rolle, wobei häufig konfundierte Konflikte um Macht und Ressourcen hinzukommen. Auch hier ist an Funktionen zu denken, die der Glaube für eine Person oder eine größere soziale Einheit haben kann: Neben den oben genannten Funktionen sind dies die subjektive Sicherheit gegen die Risiken des Lebens, die Eindämmung der Angst vor dem Tode oder die Hoffnung, geliebte Verstorbene wiederzusehen. Solche Glaubensinhalte können die Kohärenz einer Gemeinschaft und den Kern der sozialen Identität ausmachen.

In der Mediation von Glaubenskonflikten ist eine Strategie die Relativierung des Anspruchs auf allgemeine Geltung und Zustimmung, eine zweite die Relativierung der Bedeutung der Glaubensfragen in der sozialen Beziehung zu den Konfliktgegnern und eine dritte die Vermittlung der Norm der Toleranz gegenüber Anders- und Nichtgläubigen, die in aufgeklärten Gesellschaften als Verfassungsgebot vorgegeben ist. Überzeugungen darüber, was das bessere, das „richtige" Gesellschaftssystem sei, sind analog den transzendentalen Glaubensinhalten und folglich auch in der Mediation in ähnlicher Weise anzugehen. Immerhin lassen sich hier auch empirische Erfahrungen mit ideologisch geprägten Gesellschaftssystemen heranziehen.

Die Funktionen der Glaubensinhalte zu identifizieren und sich gegenseitig zu vermitteln ist eine gute Voraussetzung für die genannten Strategien, weil der Blick auf die Funktionen einen Perspektivenwechsel darstellt und der Wahrheitsgehalt der Inhalte nicht mehr im Fokus steht.

4.5.3 Wertüberzeugungen und Interessen

Wertüberzeugungen und Werturteile sowie Tätigkeits- und Sachinteressen bilden eine eigene Kategorie von Konfliktthemen: Ästhetische Urteile in allen Bereichen der künstlerischen Gestaltung, geschmackliche Vorlieben und Abneigungen, Vorlieben für und Aversionen gegen Tätigkeiten, Personen, Parteien, Ethnien, Tiere, Pflanzen, Orte, Veranstaltungen usw. sind die Themen für einen großen Teil der Konflikte.

> ! Wie sind Vorlieben und Abneigungen in der Mediation zu behandeln? Zunächst ist ihr Stellenwert für die Konfliktpartner zu klären und offen zu legen. Also ist wie bei allen Konflikten nach der Tiefenstruktur zu fragen: Welche Anliegen der Parteien sind hinter dem manifesten Konfliktthema „virulent"?

Ist das Schwärmen für eine Person Ausdruck einer sachlichen Bewertung oder einer romantischen Liebe? Ist die Begeisterung für einen Maler ästhetisch motiviert oder Beleg für die Zugehörigkeit zur Bildungselite? Sichert eine Vorliebe für eine Musikgruppe die Zugehörigkeit zu einem Fanclub und damit Sozialstatus und soziale Identität oder gefällt die Musik? Gibt Skifahren ein Glücksgefühl oder ist es ein „Muss" in der Gruppe? Ist Golfspielen ein Sport oder nur chic, eine Gelegenheit für Geschäftskontakte oder eine tolerierte Fluchtmöglichkeit aus der Familie? Vermittelt die Abrichtung von Kampfhunden ein Machtgefühl oder ist sie ein gutes Geschäft? Ist die Aversion gegen eine ethnische Minorität ein Mittel gegen Selbstunsicherheit oder Konformismus mit einer Gruppe?

Diesbezüglich aufschlussreich kann auch die Frage sein, wie die Werturteile entstanden sind: durch Identifikation mit wichtigen Personen, durch Sozialisation in einer Gruppe, durch Prägungsprozesse in sensiblen Phasen der Entwicklung, durch lange Beschäftigung mit der Sache, durch soziale Erfolge mit diesen Werturteilen und Interessen oder handelt es sich nur um rationale strategische Urteile und entsprechendes Handeln? Eine wichtige Unterscheidung bei Interessen ist, ob sie als Selbstzweck bestehen oder nur eine Funktion für andere Anliegen haben; bei Werturteilen ist zu fragen, ob sie mit innerer Überzeugung oder als Mittel für einen ganz anderen Zweck geäußert werden. Auf der Basis solcher Informationen kann das für eine Mediation notwendige Verständnis gewonnen werden, nicht auf der Basis der Konfliktthemen allein.

4.5.4 Wertorientierungen

Allgemeinere Wertorientierungen sind eine weitere Quelle von Konflikten, auch wenn sie nicht immer als manifeste Konfliktthemen aufscheinen, sondern die → Tiefenstruktur bilden. Da sie aber allen konkreten Handlungsweisen, Zielsetzungen und Entscheidungen Sinn geben, sind sie konfliktrelevant.

Was sind Wertorientierungen? Es sind wichtige Anliegen von Personen und sozialen Einheiten, gefasst auf einem allgemeinen Niveau. Ein Blick in Listen mit Werten ist hilfreich, z. B. diejenige von Allport und Vernon, über die Rokeach (1972) und Schwartz (1994) gearbeitet haben: Natur, Frieden, Familie, ein angenehmes Leben, Sicherheit, Freiheit, Selbstbestimmung, Freundschaft, Solidarität, gesellschaftlicher Erfolg, sind einige wenige Beispiele. Menschen, aber auch soziale Gruppen, Organisationen, Gesellschaften haben sehr unterschiedliche Wertorientierungen. Außerdem unterliegen Wertorientierungen einem historischen Wandel. Die „Kultur" von Personen und größeren sozialen Einheiten wird wesentlich durch ihre Wertorientierungen und diesen Orientierungen entsprechendes Handeln geprägt.

Wertorientierungen können in Konflikt geraten: z. B. Beruf und Familie, Eigeninteresse und Solidarität, materieller Wohlstand und Erhaltung der natürlichen Ökologie, Freiheit und soziale Verantwortung, eine gute Partnerschaft und gesellschaftlicher Erfolg.

Häufig haben die Konfliktparteien zu Beginn der Mediation ihre Wertekonflikte nicht klar artikuliert. Deshalb sind die offenen Konfliktthemen hinsichtlich ihrer Bezüge zu den Wertorientierungen zu explizieren, vielleicht auch bewusst zu machen. Die Mediation selbst wird nach Erfassung der individuellen bzw. kollektiven Wertehierarchien der Kontrahenten sowohl konfligierende als auch gemeinsame Wertorientierungen suchen. Danach kann bestimmt werden, ob genügend Gemeinsamkeiten für eine bessere Gestaltung der Beziehung und eine Beilegung des aktuellen Konfliktes bestehen.

4.5.5 Eigeninteressen

Die eigenen Interessen zu verfolgen ist eine der vielen möglichen Zielorientierungen. Da sie häufig ist und Konflikte wegen Eigeninteressen in der Mediationsliteratur so prominent behandelt werden, behandeln wir sie als eigene Kategorie. Auf Warenmärkten, den Wertpapiermärkten, den Arbeitsmärkten, im Wettbewerb zwischen Unternehmen, zwischen politischen Parteien, zwischen Staaten und auch in sportlichen Wettbewerben wird die Verfolgung von Eigeninteressen als selbstverständlich angenommen und damit als legitim akzeptiert.

Es wird als leistungs- und wohlstandfördernd gesehen, wenn Akteure um knappe Güter, um Marktanteile, um Einfluss, Macht und Erfolg konkurrieren, sofern dies friedlich geschieht. Solange allgemein geltende Regeln eingehalten werden, wird diese Konkurrenz auch nicht unfriedlich.

Konflikte zwischen Akteuren, die ihre Eigeninteressen im regelgerechten, „fairen" Wettbewerb verfolgen, werden nicht zu „heißen" Konflikten, obwohl sie zu Gewinnen und Verlusten, zu Siegen und Niederlagen führen können. Fair ausgetragene Konflikte zwischen Parteien mit Eigeninteressen werden nicht Gegenstand von Mediation oder anderen Formen der Streitbeilegung durch Dritte.

Mediatoren, Gerichte oder Schlichter werden meist erst eingeschaltet, wenn Konflikte zwischen Akteuren, die ihre Eigeninteressen verfolgen, eskalieren. Eskalationen sind dann zu erwarten, wenn neben Eigeninteressen legale oder legitime Ansprüche einer Partei verletzt erscheinen und diese Partei einem oder mehreren Kontrahenten Unlauterkeit vorwirft. Auf den Märkten ist es z. B. so, dass Einschränkung des Wettbewerbes durch Kartellbildung, Preisabsprachen, unfaire Verträge, die Ausnutzung von Notlagen oder die Verschaffung von Vorteilen durch illegale Beschäftigung als regelwidrig angesehen werden und deshalb hitzige Konflikte verursachen können, sodass sich die Kontrahenten veranlaßt sehen, zu Streitschlichtungsverfahren überzugehen.

4.5.6 Ansprüche

Ansprüche bezüglich der Verteilung von materiellen Ressourcen, von Einfluss, Macht, Privilegien, von Freiheit, Selbst- und Mitbestimmung und von Leistungen anderer bilden eine eigene Kategorie von Eigeninteressen: Es sind normativ begründete Eigeninteressen, begründet durch Gesetze, Moral, allgemeines Recht, durch Gerechtigkeitsempfinden oder durch Konventionen. In Anspruchskonflikten werden Verluste, entgangene Gewinne, unzureichende Leistungen anderer oder Niederlagen *nicht* als regelgerecht hingenommen. Sie belasten deshalb die künftigen Beziehungen, wecken Vergeltungswünsche oder begründen Ansprüche auf Korrektur oder Kompensation. In der Mediation von Anspruchskonflikten muss ermittelt werden, wie die verletzten Ansprüche begründet werden. Denn eine Relativierung oder gar Aufhebung der Ansprüche ist ein Weg zur Beilegung der Konflikte. Näheres hierzu wird in Kapitel 5 über die Psychologie der Gerechtigkeit ausgeführt.

4.5.7 Normen

Es gibt auch Konflikte über die Inhalte von Gesetzen, über sittliche Normen, über moralische Normen und welche Gerechtigkeitsnormen gelten. Solche Konflikte sind nicht nur typisch in der parlamentarischen Auseinandersetzung über die Gesetzgebung oder in der Urteilsfindung von Verfassungsgerichten. Sie sind auch zu erwarten bei institutionellen Entscheidungen über die Verteilung und den Entzug knapper Güter, z. B. von Arbeits- und Studienplätzen, Sozialwohnungen oder von Organen für eine Transplantation. Elster (1992) hat solche Konflikte unter dem Titel „lokale Gerechtigkeit" beschrieben, und sie sind in der großen Mehrzahl privater Konflikte zu erwarten, in denen normativ begründete Ansprüche geltend gemacht werden. Es dürfte offensichtlich sein, dass Konflikte über Normen nicht als einfache Kompromisse wie bei Interessenskonflikten zu lösen sind. Über Strategien der Mediation in solchen Konflikten wird in Kapitel 5 informiert.

4.5.8 Beziehungskonflikte

Neben den genannten Konfliktkategorien findet sich in der Literatur (zum Überblick, Pruitt & Carnevale, 1993) immer wieder der Begriff *Beziehungskonflikt*, oft ohne Präzisierung, was damit gemeint ist. Wir sehen drei unterschiedliche Bedeutungen.

In einer ersten Bedeutung ist nicht mehr gesagt, als dass Konflikte die Beziehungen zwischen den Parteien belasten und die gegenseitige Sicht der Parteien voneinander negativ färben. In extremen Fällen stehen sich die Parteien als Feinde gegenüber, auch wenn sie zuvor in einer guten Beziehung gelebt haben. Feindschaften werden in der Mediation vergleichsweise selten vorkommen, da für die Mediation eine grundsätzliche Verständigungsbereitschaft vorausgesetzt ist. Aber *Feindseligkeiten* und Animositäten sind auch in Mediationen häufig.

In einer zweiten Bedeutung ist die Beziehung zwischen den Parteien selbst Konfliktthema und -gegenstand. Man muss klären, in welcher Beziehung Personen und größere soziale Einheiten wie Gruppen und Organisationen zueinander stehen: Zur Beschreibung dieser Beziehungen dienen Begriffe wie Konkurrenz oder Kooperation, Vertrauen oder Misstrauen, Über- oder Unterordnung, Identifikation oder Abgrenzung, Gleichberechtigung oder hierarchische Rangordnung, reziproke Rollenbeziehungen (Lehrer – Schüler, Polizist – Verkehrsteilnehmer, Kaufmann – Kunde), Geschäfts-, Liebes-, Freundschaftsbeziehungen, Fürsorge, Abhängigkeit, Autorität, Machtgefälle, Kompetenzgefälle und Hörigkeit usw.

Es gibt Beziehungskonflikte derart, dass die Konfliktparteien unterschiedliche Vorstellungen von der Art ihrer Beziehungen haben: Während der Vater noch von einer autoritativen Beziehung zu seiner heranwachsenden Tochter ausgeht, sieht sich die Tochter als gleichberechtigt und autonom an. Ein Arzt kann von einer auf medizinische Beratung oder Therapie beschränkten Rollenbeziehung ausgehen, während eine Patientin eine Liebesbeziehung wünscht (oder umgekehrt). Es kann sein, dass eine Beziehung sich ändert und eine Person diese Änderung nicht hinnehmen will, wie das in Eifersuchtsepisoden der Fall ist.

Eine dritte Bedeutung des Begriffs Beziehungskonflikt liegt vor, wenn eine Unvereinbarkeit von Selbstbild und wahrgenommenem Fremdbild in einer sozialen Beziehung besteht. In einer Partnerschaft beispielsweise kann eine Frau glauben, dass ihr Mann sie in ihren Fähigkeiten, ihren Wertvorstellungen und Ansprüchen, in ihren Lebensplänen und ihren Bedürfnissen völlig verkennt: Selbstbild und wahrgenommenes Fremdbild divergieren, und das kann zu sozialen Konflikten führen. Im Unterschied zur zweiten Bedeutung ist nicht die Beziehung das primäre Thema, sondern die Personenwahrnehmung. Allerdings kann die Beziehung zum Thema werden.

Beziehungskonflikte umfassen häufig inhaltliche Konflikte, also Überzeugungskonflikte, Konflikte zwischen Eigeninteressen, Ansprüchen, Wertüberzeugungen und Normüberzeugungen, sind aber nicht auf diese zu reduzieren. Es gibt subjektive Anliegen der Konfliktparteien bezogen auf die Art und Qualität der Beziehung selbst. Wenn diese Anliegen divergieren, ist dies für sich genommen ein Konfliktgegenstand.

Zu beachten ist, dass insbesondere in nahen Beziehungen die Beziehungskonflikte im eigentlichen Sinn vielfach nicht explizit formuliert werden. Stattdessen werden Konflikte über Sachverhalte, Ansprüche usw. vorgebracht, die aber das eigentliche Anliegen verdecken. Ihre Lösungen können insofern nur *inzidentiell* zu einer akzeptablen gemeinsamen Sicht der Beziehung beitragen; d. h. eine solche oberflächliche Lösung kann nur zufällig positiv auf den tiefer liegenden Konflikt wirken. Wenn der Beziehungskonflikt explizit thematisiert wird, kann *intentional* an diesem eigentlichen Thema gearbeitet werden; d. h. die Lösung greift das Problem an der Wurzel an.

Konflikte betreffen immer die Beziehungen zwischen den Parteien. Das ist weniger deutlich, wenn auf dem Markt oder in einem anderen Kontext zwei miteinander nicht bekannte Personen in Konflikt geraten, die weder eine gemeinsame Vergangenheit haben noch eine gemeinsame Zukunft haben werden. Das ist aber bedeutsam in Beziehungen, die langfristig bestehen, insbesondere in solchen, die lebenslang bestehen.

! Da Konflikte immer auch Beziehungskonflikte unterschiedlicher Art sind, sollte jede Konfliktbearbeitung in der Mediation das Ziel haben, ein neues Einvernehmen über die Art der Beziehung zu gewinnen und die Qualität der Beziehung zu verbessern.
Eine gute Voraussetzung hierfür ist, wenn die Parteien anerkennen, dass es sich um einen Konflikt zwischen Anliegen beider (aller) Parteien handelt. Das impliziert, dass man selbst mit den eigenen Anliegen ein Teil des Konfliktes ist. Es ist nicht fruchtbar, nur die andere(n) Partei(en) für die Probleme verantwortlich zu machen. Fruchtbar ist allein die Sicht, dass es unterschiedliche Positionen und es unvereinbar erscheinende Anliegen gibt (Müller-Fohrbrodt, 1999).

Aushandlung einer neuen Beziehung? Ob die Qualität der Beziehung ausgehandelt werden kann und im Sinne eines Vertrages festzulegen ist, ist zweifelhaft. Die Veränderungen der Beziehungen ergeben sich eher als Nebeneffekte von Verhandlungen mit oder ohne Mediation. Die Verträge beziehen sich auf konkrete Streitpunkte, die Beziehung ist eher ein Resultat der Art und Weise, wie ein Streit bearbeitet wird, wie eine Lösung gefunden wird und wie die Eskalation eines Streites präventiv verhindert wird. Im Allgemeinen sollte man nicht versuchen, die Beziehung zum Verhandlungsgegenstand zu machen, wie das etwa in Paartherapien geschieht. Evaluationsstudien (Jacobson, 1984) begründen aber eine Skepsis bezüglich der Nachhaltigkeit des Erfolgs.
Zwar ist es möglich, konkrete Beziehungskonflikte zum Gegenstand einer Mediation und einer Übereinkunft zu machen: z. B. die Verteilung von familiären Aufgaben, die Arbeitsteilung in einem Unternehmen, die Unterlassung beziehungsstörender Aktivitäten oder die Vereinbarung eines besseren Modus der gemeinsamen Entscheidungsfindung. Aber diese konkreten Konfliktthemen sind etwas anderes als die umfassende Qualität einer Beziehung, die sich aus den gesamten Interaktionen ergibt. Die Beziehung kann nicht zum Gegenstand eines Vertrages gemacht werden. Sie resultiert aus der Gesamtheit der Erfahrungen des sich Streitens und des sich Vertragens, der gemeinsamen Ziele, Sorgen, Betroffenheiten und Unternehmungen.

Der Austausch darf nicht nur über die divergierenden Positionen stattfinden, sondern auch über die konfligierenden Anliegen und Bewertungen. Dieser Austausch kann nicht konstruktiv geführt werden, wenn nur die eigenen Positionen, Anliegen und Bewertungen als berechtigt oder wahr angesehen werden. Mediation ist nur erfolgversprechend, wenn sich beide (alle) Parteien darauf einlassen, sich um das Verständnis der anderen Seite zu bemühen. Dabei ist es häufig hilfreich, wenn die Beziehungen zwischen den Parteien zum Thema gemacht werden und wenn eine angemessene Form und verbesserte Qualität der Beziehung als Ziel der Mediation vereinbart wird.

Funktion des Konflikts. Damit wird zugleich dem Konflikt nicht nur eine destruktive, sondern auch eine produktive Funktion zugebilligt. Der Konflikt offenbart Unzulänglichkeiten in der Beziehung sowie die unterschiedlichen Anliegen und Bewertungen der Parteien und deren Konsequenzen für die Beziehungen. Dies ist zuallererst eine Gelegenheit, mehr Erkenntnisse über sich selbst und über die andere(n) Partei(en) zu gewinnen. Sodann ist zu klären, ob die Divergenzen aufgehoben werden können oder ob sie als Divergenzen anerkannt und akzeptiert werden können, ohne dass die Beziehung abgebrochen wird. Vielleicht wird sie neu gefasst werden müssen.

Mediation ermöglicht den Parteien, ihre Konflikte und Probleme gemeinsam unter kundiger Förderung von Mediatoren zu bearbeiten. Sie müssen sich gemeinsam bemühen, die divergierenden Anliegen und Bewertungen zu verstehen, und sie müssen sich gemeinsam bemühen, eine Übereinkunft zu treffen. Wenn dies gelingt, haben die Parteien ein schwieriges Problem gemeinsam bewältigt. Wenn das Verfahren und die Ergebnisse allseits als fair erlebt werden, ist diese gemeinsame Leistung eine gute Basis für künftigen Austausch und eine tragfähige Beziehung.

Unvereinbarkeiten in derselben und in verschiedenen Kategorien

Nicht alle Konflikte sind Konflikte innerhalb einer Kategorie, also z. B. zwischen Überzeugungen, zwischen Eigeninteressen, zwischen Ansprüchen, zwischen normativen Überzeugungen. Es gibt auch Konflikte zwischen verschiedenen Kategorien, z. B. Konflikte zwischen Überzeugungen einer Partei und Ansprüchen der anderen Partei, zwischen Eigeninteressen einer Seite und Wertorientierungen der anderen Seite, zwischen Ansprüchen der einen Seite und normativen Überzeugungen der anderen Seite usw. Diese Konflikte über verschiedene Kategorien sind für Mediatoren insofern etwas schwieriger zu handhaben, als für verschiedene Konfliktparteien auf unterschiedlichen Ebenen reflektiert und argumentiert werden muss.

4.6 „Gemachte" Konflikte

Nicht alle Konflikte entstehen „natürlich“ in dem Sinne, dass sie verursacht wären durch „die Natur“, d. h. durch die Persönlichkeiten der Beteiligten mit ihren Temperamenten, Verletzlichkeiten, Anliegen, Unfähigkeiten oder Voreingenommenheiten. Vielen Konflikten geht eine Entscheidung voraus, d. h. der Konflikt mit der anderen Partei wird bewusst herbeigeführt bzw. bewusst in Kauf genommen (Zuschlag & Thielke, 1998). Welche Anliegen hiermit verfolgt bzw. verteidigt werden sollen, kann sehr unterschiedlich sein. Der Konflikt kann eine Strategie zur Durchsetzung eigener Interessen sein, ein Akt der Selbstbehauptung oder Gesichtswahrung, die Bekräftigung einer sozialen oder moralischen Norm, ein Versuch der Verteidigung des eigenen Sozialstatus, eine Strafe für ein Fehlverhalten der anderen Seite, der Versuch, die andere Seite einzuschüchtern, die Klärung offener Fragen zu erzwingen, den Bruch der Beziehung herbeizuführen, wenn dieser Bruch gewollt ist und wenn ein Anlass als Legitimation gesucht wurde. Der herbeigeführte Konflikt kann im Sinne dieser Anliegen erfolgreich sein oder nicht.

Häufig genug entwickelt sich der Konflikt in eine unerwünschte und nicht vorausgesehene Richtung: sei es dass die Erwiderung der anderen Partei eine Eskalation der Konfliktintensität bedeutet oder eine Erweiterung des Konfliktes insofern, als weitere Anliegen der ersten Partei verletzt oder bedroht werden.

Sind diese Möglichkeiten der weiteren Konfliktentwicklung nicht bedacht worden, ist eine strategisch durchdachte Erwiderung nicht geplant. Folglich ist das Risiko gegeben, dass nicht mit einem kühl kalkulierten Gegenzug geantwortet wird, sondern spontan oder emotional agiert wird. Als Emotionen kommen dabei in Frage: Empörung über die als illegitim bewerteten Handlungsweisen der anderen Partei, Enttäuschung, Angst vor Gesichtsverlust, Angst vor anderen Verlusten bis hin zu Panik, Ärger über eigene Fehler oder Hass auf den mächtiger erscheinenden Konkurrenten (s. Kapitel 6 zur Steuerung solcher Emotionen).

4.7 Konflikte als Entwicklungschancen

Konflikte können Krisen und Herausforderungen bedeuten. Sie können über lange Zeit die Kräfte der Beteiligten binden, und sie können zu unkontrollierbarem Streit eskalieren. Die Schädigung des Gegners wird subjektiv wichtiger als die eigenen Verluste. Beziehungen können „unheilbar" zerbrechen, und die Ressourcen einer oder beider Seiten können völlig erschöpft werden.

Aber der Ausgang kann auch ein anderer sein. Die Beziehung kann verändert oder gefestigt werden. Die Parteien können anlässlich eines Konfliktes vieles lernen, was schon in Kapitel 1 angesprochen wurde, insbesondere unter der Anleitung guter Mediatoren.

Konflikte schaffen nicht nur Probleme, sie sind nicht nur belastend. Sie bieten auch Entwicklungschancen, worauf auch Folger & Jones (1994) hinweisen. Einige Entwicklungschancen seien genannt.

Selbsterkenntnis. Die Konfliktparteien haben die Chance, sich ihrer wichtigen Anliegen bewusst zu werden, ihre Ansprüche, Interessen, Motive, ihre Wertorientierungen, ihre Moral, ihre Sympathien, Antipathien, Vorurteile, ihr Selbstwertbewusstsein, ihre Unsicherheiten und ihre Kränkbarkeiten besser kennenzulernen. Diese Selbsterkenntnis resultiert aus der Analyse ihrer Probleme, ihrer Emotionen und der Konflikte mit anderen in der Mediation. Die gewachsene Selbsterkenntnis umfasst dann auch Wissen, wie man von anderen – konkret: von Kontrahenten – gesehen wird.

Verbesserung der Fähigkeit zur Rollen- und Perspektivenübernahme. Mediation erfordert gegenseitiges Verständnis der Konfliktparteien. Verständnis setzt die Bereitschaft zum Zuhören voraus und die Bereitschaft, die Sichtweisen, Anliegen, Probleme und Einschränkungen der anderen Partei zu reformulieren. Diese Reformulierungen sind notwendig, um der anderen Partei zu vermitteln, dass man sie richtig verstanden hat. Dies bedeutet, die Position, die Rolle oder die Perspektive einer anderen Partei einzunehmen, was eine Voraussetzung für jede gelingende Kommunikation ist. Sie lernen damit viel über die Gegenseite.

Erwerb neuer Kompetenzen. In jeder Mediation werden Probleme, Konflikte und Emotionen analysiert. Damit werden implizit → Heuristiken für die Analyse eigener Probleme, weiterer Konflikte und belastender Emotionen vermittelt. Die Mediation ist ein Modell einer Konfliktbearbeitung, das als solches bei weiteren Konflikten angewendet werden kann. Konkret werden neben den Heuristiken zur Analyse von Problemen auch Kompetenzen zur Kommunikation und zur Erarbeitung kreativer Optionen vermittelt. Sie können Vertrauen in die eigenen Fähigkeiten zur Bewältigung von Problemen und Konflikten erwerben.

Zugewinn von Weisheit. Paul Baltes und seine Gruppe haben am Max Planck Institut für Bildungsforschung Facetten von Weisheit erarbeitet (Baltes & Smith, 1990; Baltes & Staudinger, 1993): sich die eigenen Anliegen und Überzeugungen bewusst zu machen, Verständnis für die Gegner zu gewinnen, die eigenen Normvorstellungen und Ansprüche zu relativieren und einzusehen, dass diese an soziale und kulturelle Kontexte gebunden sind, die für eine produktive Konfliktbearbeitung relevant sind. Diese Prozesse werden in der Mediation angeregt. Konflikte gemeinsam zu klären und verschiedene Lösungsoptionen zu erarbeiten sind Strategien der Bewältigung von Lebensproblemen, die durch die Mediation erworben werden. Also ist ein Zugewinn von Weisheit in der Mediation möglich.

Nachhaltige Gewinne. Eine produktive Konfliktarbeit wird nachhaltig wirken. Sie wird den Beteiligten als eine wichtige Lernerfahrung und als Modell im Gedächtnis bleiben. Mit diesen Gewinnen an Einsichten und Kompetenzen werden sie künftige Probleme und Konflikte besser vermeiden und besser meistern; sie werden anderen helfen können, ihre Probleme und Konflikte besser zu bewältigen. Mit dieser Erwartung eine Mediation zu beginnen, sollte motivierend sein.

Es ist bedenkenswert, dass eine konkrete Problemlösung, die durch aktive Vorgaben der Mediatoren erreicht wurde, einen nachhaltigen Erfolg nicht garantiert. Die Chance in der Mediation, dass die Parteien weitergehende Kompetenzen zur Konfliktlösung erwerben, ist nicht weniger wichtig als die Lösung konkreter Probleme (Pruitt, Peirce, McGillicuddy, Welton & Castrianno, 1993). Diese Kompetenzen können selbstverständlich durch eine aktive steuernde Einflussnahme von Mediatoren gefördert werden, aber es sollte gewährleistet sein, dass diese Kompetenzen durch eigene Aktivitäten während der Mediation erworben werden, damit sie später selbständig eingesetzt werden können.

Deshalb ist die schnell erreichte Lösung nicht unbedingt die nachhaltigste und effizienteste. Nicht die Lösungsfindung bei einem konkreten Konfliktgegenstand ist das anspruchsvollste Ziel der psychologischen Mediation. Bezüglich der Nachhaltigkeit einer Vereinbarung, aber besonders bezüglich künftiger Konfliktfälle ist es stattdessen das Ziel, etwas über sich selbst zu lernen sowie über die Interaktionspartner, über Konflikte und über die Möglichkeiten zu deren Bearbeitung.

4.8 Empirische Konfliktforschung

Die psychologische Konfliktforschung seit den 60er Jahren ist durch die *Spieltheorie* und deren Grundannahmen stark beeinflusst. Von dort wurde die einseitige Annahme übernommen, dass die Maximierung von Eigennutz das dominante, wenn nicht das einzige Motiv sei, das Konflikte verursacht und die Ziele der Konfliktbeilegung bestimmt. Vom spieltheoretischen Paradigma wurden auch Grundzüge experimenteller Anordnungen übernommen, die weder die Vielfalt realer Konfliktkonstellationen noch die Vielfalt sozialer Beziehungen oder die Normalität der Kommunikation über Konfliktlösungsmöglichkeiten in der Realität repräsentieren. Es geht in vielen Experimenten um die Frage, wie Eigennutz als Motiv unter Bedingungen fehlender oder eingeschränkter Kommunikation die Wahl vorgegebener Handlungsoptionen steuert, z. B. sich kompetitiv oder kooperativ zu verhalten (vgl. Pruitt & Rubin, 1986).

EXKURS

Soziale Dilemmata – Spieltheorie

Die experimentelle Konfliktforschung in dieser Tradition reduziert die Möglichkeiten des sozialen Austauschs drastisch, sodass die Konflikte spezifische soziale Dilemmasituationen darstellen, nämlich „Spiele“, in denen über die jeweils nächsten eigenen „Züge“ als Antwort auf oder in Erwartung von Zügen der Gegenspieler zu entscheiden ist. Unter der Annahme, dass die Spieler siegen wollen, mindestens aber Vorteile für sich anstreben, auch wenn diese einseitig sind und zu Lasten der Gegenspieler gehen, simulieren diese Spiele auch soziale Konflikte. Typische Merkmale realer sozialer Konflikte, wie emotionale Betroffenheit (Empörung, Enttäuschung, Eifersucht, Schuld, Scham usw.) und Handlungsdispositionen, die mit diesen Emotionen einhergehen, werden eher selten untersucht, ebenso wenig normative Überzeugungen der „Spieler“ oder die bisherige Interaktionsgeschichte.

4.8.1 Experimentelle Paradigmen

Prototypische experimentelle Paradigmen sind Preisverhandlungen in verschiedenen Varianten sowie Varianten des *Gefangenendilemmas* und Varianten von → *Allmendenutzungen*. Preisverhandlungen sind in der Grundstruktur allgemein bekannt, die beiden anderen Grundtypen werden kurz vorgestellt.

Das Gefangenendilemma

Das Gefangenendilemma wird in vielen Varianten gespielt. Folgende Konstellation ist der namengebende Urtypus:

Zwei Männer sind unter dem Verdacht des gemeinschaftlichen Bankraubes festgenommen worden. Der Verdacht kann nur bewiesen werden, wenn mindestens einer der Verdächtigen gesteht. Wenn nur einer der beiden gesteht, geht dieser als Kronzeuge straffrei aus, der andere wird zu einer Freiheitsstrafe von zehn Jahren verurteilt. Wenn beide gestehen, wird die Freiheitsstrafe für beide auf fünf Jahre reduziert. Wenn keiner gesteht, kann nur ein minderschweres Delikt, z. B. illegaler Waffenbesitz, nachgewiesen werden, das mit einem Jahr Gefängnis bestraft wird. Die beiden Verdächtigen haben keine Möglichkeit, eine Strategie abzusprechen. Sie müssen, um möglichst günstig herauszukommen, Annahmen über die Strategie des jeweils anderen treffen.

EXKURS

Mögliche Ergebnisse: Das Dilemma im Gefangenendilemma

		Spieler B: kooperativ (C)	Spieler B: nicht kooperativ (D)
Spieler A	kooperativ (C)	1 / 1	10 / 0
	nicht kooperativ (D)	0 / 10	5 / 5

In diesem Spiel ist die *kooperative Strategie* das Leugnen der Tat durch beide. In allen Varianten des Spiels ist die kooperative Strategie relativ erfolgreich, in diesem Fall resultiert daraus die niedrigste Summe der Gefängnisstrafen: jeweils ein Jahr für beide. Handelt nur einer kooperativ, während der andere „eigennützigerweise" gesteht, dann wird Kooperation mit zehn Jahren Gefängnis bestraft. Um diese Höchststrafe zu vermeiden, ist die eigennützige Strategie des Geständnisses die rationale Entscheidung. Das Geständnis halbiert zumindest die Höchststrafe und bringt im günstigen Falle der Kooperativität des Partners Straffreiheit. Nur wenn hohes Vertrauen besteht, dass der Partner sich auch kooperativ verhält und leugnet, bedeutet Leugnen kein Risiko.

Die Struktur dieses Spiels kann mit verschiedenen Inhalten realisiert werden. Folgende Konstellation ist typisch: Die Spieler wissen nicht, welche Wahl ihre Mit- oder Gegenspieler treffen: die kooperative oder die eigennützige. Die eigennützige Wahl bietet die größte individuelle Chance und vermeidet den größtmöglichen Verlust oder Nachteil. Wenn beide kooperativ handeln, ist die Summe der individuellen Ergebnisse am besten. Die zur Wahrung des Eigeninteresses beste rationale Wahl eines jeden einzelnen Spielers (ohne Wissen über die Wahl des anderen Spielers) ist also nicht die beste Wahl für beide Spieler gemeinsam betrachtet.

Situationen mit dieser Problemstruktur gibt es viele im Leben. Sie ist immer dann gegeben, wenn eine Person vor der Entscheidung steht, ob sie Vorleistungen erbringen soll, ohne die Sicherheit zu haben, dass diese zu allseitigem Nutzen mit Gegenleistungen beantwortet bzw. ausgeglichen werden: Nachbarschaftshilfe bei der Betreuung von Kindern und Haustieren, beim Hausbau oder bei der Ernte (zur Vermeidung von Kosten für bezahlte Dienstleistungen), das Ausleihen von Gerätschaften (zwecks Einsparung doppelter Anschaffungen) u. a. m. Es kommt häufig zu sozialen Konflikten, wenn Vorleistungen nicht ausgeglichen werden. Aber diese Konflikte werden in den experimentellen Spielen nicht untersucht. Untersucht wird nur die Entscheidungssituation, ob das Risiko eingegangen wird, dass eigenes kooperatives Handeln ausgenutzt wird.

Allmendeklemme

Ein anderes Paradigma sozialwissenschaftlicher Konfliktforschung betrifft soziale Dilemmata, in denen Entscheidungen zwischen einem Beitrag zum Gemeinnutzen durch Schonung (oder durch Beiträge zur Regenerierung) einer gemeinsamen Ressource (→ Allmende) und eigennützigem Verhalten der Ausbeutung der Ressource zu treffen sind. Dies ist im Prinzip die positive Variante des Gefangenendilemmas. Statt Verluste (Gefängnisstrafe) zu minimieren, sollen nun Gewinne maximiert werden. Typischerweise ist eine Serie aufeinanderfolgender Entscheidungen zu treffen mit Rückmeldung über die Wahlen der anderen Spieler und den Zustand der Allmende. Dawes (1980) hat zwei Merkmale solcher sozialer Dilemmata herausgestellt.

1. Der Einzelne kann durch eine nichtkooperative, d. h. eigennützige Wahl am meisten profitieren, aber nur dann, wenn andere sich kooperativ verhalten. Wenn alle die Allmende gleichermaßen ausbeuten, verlieren alle, weil die Ressource nachhaltig geschädigt wird.
2. Alle haben Nutzen, wenn alle kooperieren, statt individuelle Maximierung von Eigennutz zu probieren.

Was die beste Strategie für die Maximierung des Eigennutzes ist, hängt somit immer auch davon ab, wie sich die anderen verhalten. Unterstellt ein Spieler, dass die anderen sich kooperativ verhalten, kann er durch individuell eigennütziges Verhalten am meisten profitieren. Das heißt, er benutzt die Kooperationsbereitschaft der anderen zu deren Ausbeutung. Wenn unterstellt wird, dass die meisten die Allmende ausbeuten, ist es rational, das auch selbst zu tun. Wenn Spieler annehmen, die meisten anderen schonen die Allmende, hängt es davon ab, welchen Ertrag eine gesunde Allmende abwirft, ob ein Beitrag zur Schonung dem eigenen Nutzen mehr dient oder eine ausbeuterische Wahl.

Die individuelle Ausbeutung von Allmenden und anderen Gemeinschaftsgütern ist ein reales soziales Konfliktthema. Ressourcen, die einer Gemeinschaft gemeinsam zur Nutzung gehören, z. B. gemeinsames Weideland, gemeinsamer Waldbesitz, gemeinsame Wasserquellen und Tränken, gemeinsame Fischgründe, aber auch öffentliche Gebäude, Straßen, Plätze, Einrichtungen wie auch alle Ressourcen von Versicherungsgemeinschaften dienen dem allgemeinen Wohlstand.

Die Ausbeutung von Allmenden und Gemeinschaftsgütern durch egoistisches Verhalten Einzelner schädigt nicht nur die Gemeinschaft als Ganze, sondern führt zu einer Benachteiligung all derer, die sich gemeinschaftsdienlich um Schutz und Schonung der Gemeinschaftsgüter bemühen. Diese haben weniger Vorteile und mehr an Kosten zu tragen. Die sozialen Verhältnisse sind in gravierender Weise ungerecht, weil die Relation von Vorteilen und Kosten für verschiedene Mitglieder der Gemeinschaft ungleich sind. Dies ist in der Umweltpsychologie als *Allmendeklemme* (Ernst, 1997; Kals et al., 1998; Spada & Opwis, 1985) oder als „the tragedy of the commons“ (die Tragödie der Gemeinschaftsgüter, Hardin, 1968), allgemeiner als soziale Fallen (social traps) bekannt geworden.

Diese sozialen Dilemmata werden experimentell in zwei Varianten realisiert:

1. *Entnahme-Dilemma*, bei dem die Spieler eine gemeinsame Ressource (Allmende) durch frei zu wählende Nutzungen schmälern, wobei in diesen Spielen berücksichtigt ist, dass sich die Ressource natürlicherweise in einem gewissen Ausmaß erholt, so dass eine angemessene Nutzung wieder ausgeglichen wird.
2. *Regenerierungs-Dilemma*, bei dem die Spieler eine gemeinsame Ressource durch eigene frei zu wählende Beiträge wieder vermehren (Messick & Brewer, 1983).

Soziale Fallen des zweiten Typs ermöglichen Trittbrettfahren. Trittbrettfahrer tun selbst nichts zur Schonung der Gemeinschaftsgüter und engagieren sich nicht. Sie hoffen aber darauf, dass andere sich engagieren und das Notwendige zur Erhaltung oder Verbesserung der Gemeinschaftsgüter leisten. Für diejenigen, die sich im Dienste der Gemeinschaft engagieren, sind nicht nur die Ausbeuter ein Ärgernis, sondern auch die Trittbrettfahrer, die ohne Einsatz und Kosten von der Erhaltung der Ressource profitieren wollen. Trittbrettfahren demoralisiert diejenigen, die eine Bereitschaft zum gemeinnützigen Engagement mitbringen.

Dass langfristig auch die Ausbeuter unter der Schädigung der Allmenden leiden können, dient als Argument, dass kooperatives bzw. gemeinsinniges Handeln im Eigeninteresse aller Gemeinschaftsmitglieder liege (vgl. Kapitel 3). Das ist auch die Grundannahme in den Sozialvertragstheorien von Hobbes und anderen: Die Menschen haben Staaten gegründet, weil ihre Eigeninteressen dadurch nachhaltig besser gewahrt werden, auch wenn sie individuelle Freiheitsrechte an den Staat abgeben und Lasten und Pflichten für das Gemeinwesen zu übernehmen haben.

! Allerdings ist es keineswegs zwangsläufig, dass Ausbeuter langfristig sich auch selbst schaden. Das muss nicht sein, wenn nicht zu viele die Gemeinschaftsgüter ausbeuten oder wenn die Profite durch Ausbeutung ausreichen, dass die Ausbeuter nicht mehr auf die Nutzung der → Allmende angewiesen sind, weil sie genügend Privatbesitz erworben haben.

Wenn alle Mitglieder einer Gemeinschaft aber langfristig auf gesunde Allmenden und Gemeinschaftsgüter angewiesen sind, dann ist kooperatives Handeln der Erhaltung und dem weiteren Aufbau dieser Ressourcen dienlich und damit auch der nachhaltigen Förderung des Eigennutzes.

4.8.2 Grenzen der experimentellen Konfliktforschung

Die experimentelle psychologische Konfliktforschung ist für die Konfliktmediation nur von geringem Nutzen, weil die experimentellen Arrangements nur einen Bruchteil realer Konflikte repräsentieren (Pruitt & Carnevale, 1993):

- Die Grundannahme, dass es sich bei Konflikten vorwiegend um Interessenskonflikte handele und dass die Verfolgung von Eigeninteressen das dominante menschliche Motiv sei, entspricht nicht der Realität (Kals, 1999; Montada, 1998, 1999b, vgl. Kap. 2).
- Die Teilnehmer in den Experimenten sind meist untereinander nicht bekannt. Sie haben keine gemeinsame Vergangenheit mit dem Interaktionspartner, in der sich Erwartungen und Ansprüche gebildet haben oder eine spezifische Beziehungsstruktur begründet wurde. Auch haben die Teilnehmer keine gemeinsame Zukunft, auf deren Gestaltung in jeder Austauschperiode zu achten wäre. Häufig existiert gar kein Partner, sondern die Teilnehmer spielen

gegen ein Computerprogramm. Insofern spielen in der experimentellen Interaktion bisherige Austauschprozesse, das Bild vom Partner und das Motiv, eine gute Beziehung aufzubauen und zu erhalten, keine oder nur eine marginale Rolle.

- Die Kommunikation und Interaktion zwischen den Teilnehmern ist sehr eingeschränkt, weit stärker als in den meisten Lebenssituationen.
- Auch spielen in experimentellen Untersuchungen moralische Normen und Normen der Gerechtigkeit, Motive der Vergeltung vorausgehender Ungerechtigkeiten u. v. a. m. keine oder eine deutlich geringere Rolle als in Konfliktsituationen im normalen Leben. Dies gilt besonders, wenn in der Instruktion die Aufgabe vorgegeben wird, das beste individuelle Ergebnis anzustreben.

In methodischer Terminologie ausgedrückt: Die ökologische Validität der Experimente ist fraglich.

EXKURS

Die Rolle sozialer Beziehungen zwischen den Parteien – im Experiment oder im realen Leben

Im experimentellen Paradigma der Konfliktforschung werden soziale Beziehungen zwischen den Parteien entweder völlig ausgeblendet oder allenfalls in rudimentärer Weise simuliert.

Im normalen Leben gibt es aber häufig Konflikte zwischen Parteien (Personen, sozialen Gruppen, juristischen Personen wie Unternehmen, Völkern und Staaten), die in einer langen Geschichte miteinander zu tun hatten. Diese Geschichte hat unterschiedliche Erfahrungen gebracht und hat unterschiedliche, vielleicht stereotype Bilder der anderen Seite geformt, hat aber auch die Wahrnehmung der eigenen Identität im Verhältnis zur anderen Seite geprägt. Diese Geschichte kann eine Geschichte der Feindschaft oder der Freundschaft, der Solidarität oder der Konkurrenz, der Gleichwertigkeit, der Über- oder Unterlegenheit, der Unterstützung oder der Ausbeutung sein. Durch diese Geschichte kann eine Partei gegenüber der anderen in Schuld stehen oder Ansprüche haben, Liebe oder Hass, Gelassenheit oder Furcht erleben. Es haben sich Erwartungen entwickelt, bezüglich der Absichten und Ziele, bezüglich der eingesetzten Strategien und Taktiken, bezüglich der Motive, der Fairness oder Unfairness der anderen Seite.

Von all diesen Beziehungskategorien hat die experimentelle Konfliktforschung nur einen kleinen Ausschnitt erforscht. Aus der Forschung ist bekannt, dass in Verhandlungen die Macht der Parteien – im Sinne der Kontrolle über Ressourcen bzw. der Macht zu belohnen oder zu bestrafen – bedeutsam ist. Machtunterschiede sind Prädiktoren für vorherrschende Strategien der Konzession oder der Durchsetzung, auch wenn eine deutliche Überlegenheit an Macht nicht immer zu deren Nutzung motiviert, sondern auch zu einem gelassenen Nachgeben motivieren kann. Die Unterlegenen mögen eher einen drohenden Gesichtsverlust mit hartem Auftreten zu vermeiden suchen, während ein Mächtiger diese Angst nicht haben muss. Wenn beide Parteien wirklich mächtig sind, etwa Militärmacht haben, die von der anderen Seite nicht auszuschalten ist, dann mögen sie vorsichtiger und ohne Drohgebärden miteinander umgehen, um das Risiko einer fatalen Machtprobe zu ver-

meiden. Die Untersuchungen hierzu werden nicht im Einzelnen dargestellt, zum Überblick sei auf Pruitt und Carnevale (1993, S. 130–132) verwiesen.
Für die Mediation unterstreicht dies die Bedeutung balancierter Machtverhältnisse. Die Aufgabe der Mediatoren, mit ihrer Verpflichtung zur Allparteilichkeit für einen Machtausgleich zu sorgen, wurde bereits herausgestellt (vgl. Kap. 3).

Vertrauen darauf, dass die andere Partei sich kooperativ verhalten wird, macht es empirisch nachgewiesenermaßen leichter, eine Übereinkunft zu finden (z. B. Lindskold & Han, 1988), und zwar in Gefangenendilemmata wie auch in Allmendekonflikten. Vertrauen kann als Persönlichkeitsmerkmal gefasst sein. Vertrauen kann aber auch spezifisch erreicht werden, indem eine Beziehung durch vorausgehende Erfahrungen miteinander, durch das Wissen der Zugehörigkeit zur selben Solidargemeinschaft oder kulturellen Gemeinschaft gefördert wird. Letzteres mag darauf beruhen, dass Mitglieder derselben Gruppen wissen, welche sozialen Normen in der Gruppe gelten, und dass eine Verletzung dieser Normen in der Gruppe gerügt oder sanktioniert würde.

Generell positive oder negative Beziehungen sind selbstverständlich für den Verlauf der Mediation von großer Bedeutung. In positiven Beziehungen werden eher Übereinkünfte erzielt als in negativen. In noch unsicheren positiven Beziehungen, wie etwa bei frisch Verliebten, wurde beobachtet, dass sie „wie auf Eiern" gehen, um den Partner, die Partnerin nicht zu enttäuschen (Fry, Firestone & Williams, 1983). In einer guten Arbeitsbeziehung (Pruitt, 1991) sind solche Unsicherheiten nicht gegeben. Die Parteien wissen, dass mögliche Missverständnisse auch wieder aufgeklärt werden können, sie kennen einander besser, das Vertrauen zueinander ist bewährt, auch durch die Erfahrung, dass Missverständnisse zwar nicht ausgeschlossen, aber aufzuklären sind. Die guten Arbeitsbeziehungen sind gekennzeichnet durch eine Balance von Eigeninteressen und Rücksichtnahme auf die Interessen anderer, folglich in Verhandlungen durch eine Problemlösungsorientierung zu gegenseitigem Nutzen.

Es ist nun aber nicht so, dass nur die Vergangenheit sich auf die aktuelle Interaktion auswirkt. Es handelt sich hier um eine Transaktion in dem Sinne, dass auch die aktuelle Interaktionserfahrung sich auf die Beziehung auswirkt. Sherif und Sherif (1953) sowie Sherif (1966) haben dies eindrucksvoll in berühmten Feldexperimenten nachgewiesen.

EXKURS

Wie entstehen Konflikte? – Die Eagles und die Rattlers

Sherif (1966) führte ein Feldexperiment in einem Ferienlager durch. In den Vereinigten Staaten sind Jugendcamps für mehrere Wochen in der Wildnis keine Seltenheit. Auf einer solchen Fahrt wurden die Kinder per Zufall in zwei Gruppen geteilt: die „Eagles" und die „Rattlers". Nach wenigen Tagen begannen Animositäten zwischen den Gruppen und nach einigen Wettkämpfen und (von den Versuchsleitern) systematisch eingeführten Konfrontationen (z. B. um knappe Ressourcen) war echte Feindschaft zwischen den Gruppen entstanden. Sherif schloß daraus, dass für einen Konflikt Gruppenidentität (durch die Namen), Konkurrenz (Wettkämpfe) und schließlich überschneidende Interessen (knappe Ressourcen) für Konflikte nötig sind. Von einem heutigen Standpunkt aus weiss man, dass die Lage nicht ganz so einfach ist.

Für die Mediation (in der meist ja schon ein Konflikt besteht) ist aber das Ende der Studie sehr interessant. Sherif brachte die zwei Gruppen nämlich wieder zusammen, und zwar mit einer Aufgabe, die sie nur gemeinsam bewältigen konnten: Die Lebensmittel wurden knapp, und ein Versorgungslaster war unterwegs im Schlamm steckengeblieben. Nur durch Zusammenarbeit der verfeindeten Gruppen konnte diese Krisensituation bewältigt werden. Nachdem diese gemeinsame Aufgabe bewältigt war, zeigte sich, dass durch die Kooperation Feindseligkeiten und Abneigungen durch geleistete Kooperation abgebaut werden. Besonders wenn ein Mediator es schafft, den Prozess der Mediation als eine notwendige Zusammenarbeit zur gemeinsamen Problemlösung darzustellen, da ein Konflikt nur gemeinsam bewältigt werden kann.

Wie resistent sind positive und negative Beziehungen gegen Änderungen? Generell kann man beobachten, dass positive und negative Beziehungen ohne Intervention recht stabil sind. Wie ist das zu erklären? Ein Teil der Erklärung ist sicher mit dem Phänomen der → sich selbsterfüllenden Prophezeiungen gegeben. Gemeint ist, dass die Wahrnehmung der anderen Partei einen Einfluss auf deren Verhalten hat, so wie sich in gewissem Umfang die Einschätzung der Leistungsfähigkeit durch die Lehrer auf die Leistungsentwicklung der Schüler auswirkt (Rosenthal & Jacobson, 1968). Sodann ist an eine Selbststabilisierung von Einstellungen zu erinnern: Eine Haltung zu anderen Menschen stabilisiert sich durch die selektive Wahrnehmung der Realität: Man nimmt nur das wahr, was der eigenen Einstellung entspricht, interpretiert abweichende Beobachtungen konsistent mit der gegebenen Einstellung und speichert diese Interpretation entsprechend im Gedächtnis (Cooper & Fazio, 1979; Frey, 1981). Selektive Wahrnehmung ist immer wahrscheinlich, wenn es sich um mehrdeutige Phänomene handelt; und Verhaltensweisen sind typischerweise mehrdeutig.

Voreingenommenheiten in der Erklärung des Verhaltens (→ Kausalattribution) sind von besonders großem Interesse und haben besonders deutliche Auswirkungen. Menschen neigen dazu, das Verhalten anderer auf deren Eigenschaften, Motive und Einstellungen zurückzuführen, nicht als Reaktion auf eine aktuelle Situation (Jones & Nisbett, 1971; zum Überblick Bierhoff, 1998 a). Das heißt, negativ bewertetes Verhalten der Gegenpartei wird eher negativen stabilen Dispositionen zugeschrieben und nicht als Reaktion auf die aktuelle Situation, z. B. auf das eigene Verhalten gesehen. Mediatoren müssen das wissen und über die Wirkung solcher Voreingenommenheiten aufklären.

Die Frage, wie negative Beziehungen überwunden werden können, wird später unter interaktions- und kommunikationsanalytischer Perspektive nochmals aufgegriffen (vgl. Kap. 8).

4.8.3 Einige für die Mediation wichtige Forschungsergebnisse

Dennoch seien einige Forschungsergebnisse erwähnt, die für die Mediation von Konflikten bedeutsam sind, und sei es auch nur insofern als die Parteien hierüber informiert werden sollten, damit Haltungen vermieden werden, die einer produktiven Arbeit in der Mediation im Wege stehen können.

In vielen Experimenten gibt es keine Kommunikationsmöglichkeiten für die beteiligten Spieler: Sie können keine Strategien zum gemeinsamen Nutzen absprechen, keine Wahlen der anderen Seite bewerten, können eigene Wahlen nicht begründen oder rechtfertigen, keine Warnungen geben, nicht an Fairness und Moral appellieren, und sie können keine Kooperationsangebote machen. Das heißt, was in den Köpfen der Teilnehmer vor sich geht, kann nur vermutet werden, und dies nicht nur von den Mitspielern, sondern auch von den Experimentatoren.

Wenn man die Spieler fragt, erfährt man Genaueres. So zeigen Untersuchungen (z. B. Dawes, MacTavish & Shaklee, 1977), dass die Spieler meist annehmen, dass die anderen Spieler dieselben Strategien wählen wie sie selbst, d. h. die kooperativen Spieler nehmen an, dass sich die anderen kooperativ verhalten, die unkooperativen erwarten, dass auch die anderen sich unkooperativ verhalten. Über solche Projektionen sollten die Mediationsteilnehmer aufgeklärt sein.

Gibt man den Spielern die Möglichkeit sich abzusprechen, werden kooperative Wahlen viel häufiger (vgl. Ernst, 1997; Spada & Opwis, 1985). Vertrauen in die Kooperation der anderen motiviert eigenes kooperatives Handeln (Yamagishi, 1986). Bezogen auf die Mediation kann aus diesem Befund abgeleitet werden, dass die Parteien Eigennutz unterstellen und sich – konsistent zu diesem Bild von der Motivation der Gegenseite – meist ebenfalls eigennützig verhalten. Können Parteien über ihre Motive und Anliegen kommunizieren, kann dies die eigennützige Wettbewerbshaltung abbauen und den Weg für → Gewinner-Gewinner-Lösungen eröffnen; d. h. durch Kooperation werden die Eigeninteressen beider (aller) Parteien berücksichtigt.

Der Selbstschutz vor Ausbeutung durch eigennützig und unkooperativ handelnde Spieler ist ein Problem. Eine geeignete Strategie ist die „*tit-for-tat*"-Strategie, die besagt, dass kooperatives Handeln mit Kooperation, eigennütziges Handeln mit eigennützigem Handeln beantwortet wird. Es gibt empirische Ergebnisse, dass mit dieser Strategie eigennütziges Verhalten von Gegenspielern reduziert werden kann (zum Überblick Bierhoff, 1998 a).

Allerdings stellt sich die Frage, wie es zu erreichen ist, dass es nicht zu einer gegenseitigen Stabilisierung oder gar Eskalation eigennütziger Züge kommt, wenn beide Spieler die „*tit-for-tat*"-Strategie anwenden. Hierzu liegen viele Einzelexperimente vor, die in ihrer Gesamtheit das folgende, nicht gerade überraschende Resümee erlauben: Es muss die kooperative Variante von einem Spieler zu Beginn des Spiels erkennbar und bedingungslos mehrfach angeboten werden. Wer Kooperation herstellen will, muss kooperativ beginnen. Auf der Basis der Reziprozitätsnorm müsste die Gegenseite kooperativ antworten. Wenn die Gegenseite dies aber zu eigennütziger Vorteilnahme nutzt, muss deren fortgesetzter Erfolg durch nichtkooperative, eigennützige Züge unterbunden werden. Dies vermittelt die Information, dass das eigennützige Handeln als solches erkannt wird und nicht fortgesetzt toleriert, sondern mit fester Gegenwehr beantwortet wird. Diese Strategie vermittelt die Botschaft, dass bei fortgesetztem eigennützigem Handeln ein für alle Seiten ungünstiges Gesamtergebnis in Kauf genommen wird.

Dies sollte von Gegenspielern, die aus einer Kultur, in der Reziprozität und gemeinschaftsdienliches Handeln geltende Normen darstellen, nicht nur als strategischer Gegenzug, sondern als moralische Mahnung verstanden werden. Allerdings werden durch die zuvor gegebene Instruktion oder Regeln zum Spiel moralische Normen oft ausgeblendet und „das Spiel" ist nur auf die Maximierung von Eigeninteressen ausgerichtet ist. In diesem Falle ist das Spiel ohnehin nicht repräsentativ für das Leben, da die im Alltag oft zu treffende Entscheidung zwischen eigennützigem und moralischem Handeln durch die Spielregeln ausgeblendet ist.

Es gibt empirische Hinweise, dass längere Anfangsphasen unkonditionaler Kooperativität eines Spielers (Komorita & Mechling, 1967) und vergeltende Gegenzüge erst bei wiederholtem eigennützigem Handeln des Gegenspielers (Bendor, Kramer & Stout, 1991) kooperatives Handeln der Gegenseite fördern. Dabei bleibt offen, ob dies gemäß den vorab festgelegten Ergebnismatrizen als wohlverstandenes Eigeninteresse interpretiert werden muss oder als Wirkung einer Fairnessverpflichtung gegenüber dem Mitspieler verstanden werden kann.

In Verhandlungen und auch in der Mediation gibt es Parteien, die eine Maximierung ihres Eigennutzes anstreben. Einer solchen Strategie durch Nachgeben zum Erfolg zu verhelfen hieße, die Möglichkeiten zu einer produktiven → Gewinner-Gewinner-Lösung zu verspielen. Deshalb ist die „*tit-for-tat*"-Strategie angemessen, wenn es darum geht zu demonstrieren, dass eine auf einseitige Durchsetzung der Eigeninteressen ausgerichtete Strategie nicht erfolgreich sein wird.

Die Mediatoren sollten dies explizit formulieren und gleichzeitig über die Chancen produktiver Kooperation informieren, Gewinner-Gewinner-Lösungen zu erzielen, sowie über die Grundlinien der Verfahren, wie man zu solchen Lösungen gelangt.

5 Psychologie der Gerechtigkeit

Die Bedeutung der Gerechtigkeit für die Entstehung, für die Lösung und für Verfahren der Konfliktbeilegung wurde in der Mediationsliteratur nicht oder nur ansatzweise erkannt. Diese Lücke zu schließen, ist Ziel dieses Kapitels.
Soziale Konflikte werden erst dann „heiß", wenn Ungerechtigkeiten erlebt oder wahrgenommen werden. Aggression und Feindseligkeit in Konflikten beruhen auf erlebter Ungerechtigkeit. Diese These wird empirisch untermauert (Kap. 5.1). Deshalb sind in der Mediation die Konflikte als Gerechtigkeitskonflikte zu analysieren (Kap. 5.2). Es geht dabei nicht nur um justiziable Rechtsansprüche, das heißt um Ansprüche, für die es eine rechtliche Basis gibt, sondern es geht um subjektive Rechtsgefühle, die zum großen Teil nicht justiziabel sind.
Gerechtigkeit als Bewertungsmaßstab für Verteilungen, sozialen Austausch, Vergeltungen, Verfahren der Entscheidungsfindung, aber auch für die Politik in verschiedensten Feldern, für die institutionellen Ordnungen, die Rechtsordnung und die Verfassung ist das Thema in Kapitel 5.3, woran sich in Kapitel 5.4 eine differenzierte Darstellung verbreiteter Gerechtigkeitsprinzipien anschließt. Dies ist das Handwerkszeug für Mediatoren zur Analyse von Gerechtigkeitskonflikten.
In Kapitel 5.5 wird eine konkrete Illustration der Psychologie der Gerechtigkeit und auch der Unterschiede zwischen justiziablen Rechtskonflikten und nicht justiziablen Gerechtigkeitskonflikten am Beispiel „Scheidung" gegeben.
In Kapitel 5.6 stellen wir zwei Typen von Gerechtigkeitskonflikten gegenüber und in Kapitel 5.7 beschreiben wir Strategien der Bearbeitung von Gerechtigkeitskonflikten.
Das Kapitel 5.8 zeigt schließlich, warum Gerechtigkeit auch in der Lösungsfindung eine entscheidende Rolle spielt.

Die subjektive Wahrnehmung, ungerecht behandelt worden zu sein, ist etwas anderes, als in einem Wettbewerb oder in einer Verhandlung ungünstig abgeschnitten zu haben. Ein Spiel verloren zu haben, begründet noch keine Empörung, keinen Wunsch nach Vergeltung und keine Ansprüche auf Kompensation oder auf Bestrafung des Siegers: Nur eine als ungerecht empfundene Benachteiligung begründet Empörung und solche Ansprüche. Mediationsmodelle, die Konflikte nur als Interessenkonflikte konzipieren und erlebte Ungerechtigkeiten ausblenden, übersehen ein ganz wesentliches Moment der Konfliktdynamik.

! Ohne die subjektiv wahrgenommenen Ungerechtigkeiten in Erfahrung gebracht zu haben, wird man die Konflikte nicht verstehen. Und ohne die Konflikte verstanden zu haben, wird man sie nicht *nachhaltig* beilegen können.

Wir brauchen also Informationen darüber, was die Parteien als gerecht oder ungerecht ansehen, um die Konflikte zu verstehen und Konfliktlösungen zu erarbeiten. Denn nur als gerecht angesehene Lösungen bereinigen einen Konflikt, alle anderen bergen das Risiko neuer Konflikte in sich.

5.1 Erlebte Ungerechtigkeit als Auslöser für Konflikte

Konflikte werden erst „heiß", wenn eine Partei sich ungerecht behandelt fühlt, wenn sie sich in ihren Rechten beschnitten, ihre legitimen Ansprüche verletzt oder bedroht sieht, wenn sie der anderen Partei Rechtsbruch, Vertragsbruch, Unfairness, Pflichtverletzung, Ausbeutung oder ähnliches vorwirft. Heftige Konflikte gehen immer vom Erleben gravierender Ungerechtigkeit aus; d. h. wenn zumindest eine Partei überzeugt ist, dass die andere Partei geltendes Recht, Verträge, moralische Standards oder andere Gerechtigkeitsnormen verletzt hat (vgl. Bierhoff, 1998b).

Auch Interessenkonflikte werden erst dann heftig, wenn Ungerechtigkeit erlebt wird. Wenn – wie auf dem Markt oder im fairen sportlichen Wettkampf – alle Akteure davon ausgehen, dass alle ihre Eigeninteressen verfolgen und dies als selbstverständlich angesehen wird, wird zwar um Preis und Leistung gefeilscht und es gibt Wettbewerb und Kampf zwischen Konkurrenten, aber die Konflikte bleiben friedlich, solange das Handeln der anderen als legitim angesehen wird. Niederlagen können schwierig zu verkraften sein, aber sie lösen keine Empörung aus, die den Konflikt anfacht.

> **!** Empörung ist die emotionale Reaktion auf wahrgenommenes Unrecht.

Auf Märkten entsteht Empörung erst dann, wenn die vereinbarte Leistung nicht erbracht wird, der vereinbarte Preis nicht eingehalten wird, wenn Täuschung über die Qualität von Waren und Leistungen unterstellt wird oder wenn ein Akteur eine aktuelle Notlage eines anderen oder dessen Uninformiertheit ausgenutzt hat. Im Sport und im Spiel entsteht Empörung meist erst bei Regelverstößen. Es gibt Regeln des Wettbewerbs, Regeln der Fairness. Solange sie eingehalten werden, bleibt der Wettbewerb friedlich. Eine Verletzung der Regel wird als Ungerechtigkeit wahrgenommen, was den Konflikt anheizt.

Im wirtschaftlichen Wettbewerb könnte dies der Versuch sein, einen Konkurrenten durch Dumping-Preise zu ruinieren, die besten Mitarbeiter unfair abzuwerben, schädigende Informationen zu verbreiten (z. B. Gerüchte über drohende Insolvenz), wichtige Geschäftspartner des Konkurrenten zu nötigen, die Geschäftsverbindungen einfach einzustellen. Im sportlichen Wettkampf sind dies Regelverletzungen wie ungeahndetes Foulspiel oder Doping.

Eine besondere Bedeutung kommt im Wettbewerb den Instanzen zu, die für Fairness zu sorgen haben: Das sind die Schiedsrichter im Sport, das sind Behörden und Gerichte und Kammern in der Wirtschaft. Regelverstöße und Parteilichkeit dieser Instanzen löst besonders heftige Empörung aus. Das gilt auch in anderen Lebensbereichen. Die Aufstände von Schwarzen in den USA wurden häufig ausgelöst durch Rechtsverletzungen staatlicher Autoritäten: Polizisten, die Gewalt gegen Mitglieder der schwarzen Minorität billigend geduldet haben, die schwarze Verdächtige brutal misshandelt haben, oder Richter, die Schwarze viel härter als Weiße für vergleichbare Verbrechen bestraft haben (Lieberson & Silverman, 1965).

Ansonsten gilt: Auch wenn alle ihre legitimen Interessen mit legitimen Mitteln verfolgen, kann es zu einem für eine Partei ungünstigen Vertrag oder zu einer Niederlage kommen. Hieraus resultiert Enttäuschung, vielleicht auch Beschämung oder Ärger über einen eigenen Fehler, aber nicht Empörung. Konsens über die Legitimität der Ansprüche und Interessen der Gegenpartei entschärft Konflikte.

> **!** Nur Empörung führt zu Feindseligkeit und zum Wunsch nach Vergeltung. Wahrgenommene Ungerechtigkeit facht Konflikte an und ist der Antrieb für schädigendes Handeln gegenüber der anderen Partei und damit für die Eskalation von Konflikten.

Auch in der psychologischen Modellbildung wurde das gelegentlich übersehen. In der Aggressionsforschung wurde beispielsweise die → Frustrations-Aggressions-Hypothese prominent (Dollard, Doob, Miller, Mowrer & Sears, 1939), die besagt, dass Frustration – das ist die Blockierung von zielgerichteten Aktionen – regelmäßig Aggression auslöst. Das ist so nicht zutreffend. Frustration löst nur dann Aggression aus, wenn die Blockierung als ungerechtfertigt, als arbiträr oder als illegitim betrachtet wird (Pastore, 1952). Soziale Ungleichheit löst bei den Schlechtergestellten nicht notwendigerweise Aggressionstendenzen aus, sondern nur dann, wenn diese als ungerecht bewertet wird und die „Besserstellung" anderer nicht als verdient angesehen wird („relative Deprivation", Crosby, 1976). Und auch andere Ungerechtigkeiten, wie Herabsetzung, Beeinträchtigung, Kränkung oder Benachteiligung gegenüber vergleichbaren Anderen lösen Aggression aus (Burnstein & Worchel, 1969).

Der Soziologe Moore (1984) hat die Anlässe von Rebellionen und Massenprotesten untersucht; eine der auslösenden Bedingungen war die unerwartete Schlechterstellung eines Teiles der Bevölkerung, etwa durch Erhöhung von Steuern oder der Preise für Grundnahrungsmittel, für die politische Autoritäten verantwortlich gemacht wurden.

> **!** Man muss nicht selbst von Ungerechtigkeit betroffen sein. Auch wenn andere, mit denen man sich identifiziert, mit denen man mitfühlt oder für die man Partei ergreift, ungerecht behandelt werden, löst das Protest und/oder Feindseligkeit aus.

Wenn das eigene Volk, die eigene Gruppe als ungerecht benachteiligt angesehen wird, weckt das Feindseligkeit. Ob diese Feindseligkeit zu offenem Protest und zu Rebellion führt, hängt von manchen Umständen ab, z. B. der Einschätzung des Erfolgs (einen Überblick dazu geben Martin & Murray, 1986).

Bemerkenswert an heftigen und gewaltsamen Konflikten ist, dass bei hoher Empörung ein kühles Kalkül unterbleibt, obwohl dies im persönlichen Interesse läge. Handlungsimpulse sind oft nicht mehr rational gesteuert: Vergeltung hat Priorität vor Eigeninteresse, ungeachtet ihrer Risiken und Kosten, wie es Heinrich von Kleist im „Michael Kohlhaas" literarisch dargestellt hat.

5.2 Analyse von Gerechtigkeitskonflikten in der Mediation

Sofern eine Mediation bei solchen Konflikten versucht wird, die auch justiziabel sind, also vor Gericht gebracht und dort entschieden werden könnten, wird den Parteien eine Rechtsberatung empfohlen, in der sie Informationen über die einschlägige Gesetzeslage, die einschlägigen Rechtsentscheide und die Rechtsprechungspraxis erhalten. Selbstverständlich gehen in die Formulierung von Gesetzen, von Rechtsentscheiden und von Einzelurteilen vielfältige Überlegungen zur Gerechtigkeit ein. Diese müssen allerdings mit den subjektiven Gerechtigkeitsvorstellungen der Parteien nicht übereinstimmen.

Zudem sind viele Konflikte, denen divergierende Vorstellungen der Parteien über Gerechtigkeit zugrunde liegen, nicht justiziabel, d. h. das verfasste Recht bietet keine Anspruchsgrundlage. Entscheidende Auslöser emotionaler Konflikte sind die subjektiven Gerechtigkeitsvorstellungen, welche die Parteien allerdings nicht immer klar und explizit artikulieren und begründen können, sondern die eher den Charakter von *Rechtsintuitionen* oder *Rechtsgefühlen* haben.

Kodifiziertes Recht und Rechtsgefühl

→ Kodifizierte Rechtssysteme werden typischerweise auch unter Berücksichtigung von Gerechtigkeitsprinzipien entwickelt und in der Rechtsprechung weiterentwickelt, die in einer Population weite Anerkennung finden, d. h. die dem *allgemeinen Rechtsgefühl* entsprechen (Zippelius, 1994). Gerade in Demokratien ist die Akzeptanz des Rechts in der Bevölkerung erforderlich. Diese Akzeptanz ist abhängig davon, wie legitim die → Rechtsnormen eingeschätzt werden. Diese Legitimität wird in aufgeklärten Gesellschaften nicht nur aus der Tradition und aus der Autorität der Gesetzgeber abgeleitet, sondern auch aus der Bewertung nach Maßstäben der Gerechtigkeit, vor allem auch aus der Gerechtigkeit der Verfahren (Würtenberger, 1987). Das Verhältnis zwischen Rechtsordnung und Rechtsgefühl ist als wechselseitig anzusehen. Die Rechtsordnung prägt wohl auch das allgemeine Rechtsgefühl, solange sie nicht als ungerecht kritisiert wird.

Gerechtigkeitsprinzipien sind aber nicht deckungsgleich mit → kodifiziertem Recht (Shapiro, 1994). Sie erlauben nicht nur eine Kritik kodifizierten Rechts und eine Kritik der Rechtsprechung, sondern sie erlauben Ableitungen, die nicht justiziabel sind: Trotz der ständig wachsenden Anzahl von → Rechtsnormen sind vermutlich die meisten zwischenmenschlichen und sozialen Konflikte (noch) nicht justiziabel.

Wie breit Gerechtigkeitsprinzipien in der Bevölkerung anerkannt sind, ist empirisch nicht untersucht und wohl auch kaum valide zu ermitteln: Es gibt gewiss einen Wandel des „Zeitgeistes" bezüglich Gerechtigkeit in verschiedenen Lebensfeldern. Auch müsste sehr differenziert erfasst werden, wie die Gerechtigkeitsprinzipien bewertet werden: je nach Gegenstand, nach sozialem Kontext und nach der Beziehung zwischen den Betroffenen. So hat Deutsch (1975) vermutet, dass in ökonomischen Kontexten bei Verteilungsentscheidungen das Leistungsprinzip häufiger präferiert wird, in Freundschaftskontexten das Gleichheitsprinzip und in Förder- oder Entwicklungskontexten das Bedürftigkeitsprinzip. Wir haben diese Hypothese von Deutsch empirisch untersucht und in der Tendenz bestätigen können, aber auch große individuelle Unterschiede in den generellen Präferenzen nachgewiesen (Schmitt & Montada, 1981): Wir müssen deshalb damit rechnen, dass Menschen in spezifischen Fällen unterschiedliche Gerechtigkeitsprinzipien anlegen.

Aber auch wenn dieselben Prinzipien angelegt werden, kann es zu Gerechtigkeitskonflikten kommen: Wenn Konfliktparteien z. B. das Leistungsprinzip übereinstimmend für angemessen halten, kann es Konflikte wegen divergierender Überzeugungen bezüglich erbrachter Leistungen geben; wenn alle Parteien z. B. das Bedürftigkeitsprinzip für angemessen halten, kann es Divergenzen geben bezüglich der zu berücksichtigenden Bedürftigkeiten und der Angemessenheit ihrer Berücksichtigungen bei Zuteilungen (Montada, 2000 b).

Auseinandersetzung mit subjektiven Gerechtigkeitsvorstellungen der Parteien

Diese intuitiven Vorstellungen über Recht und Gerechtigkeit fließen in die emotionalen Bewertungen, etwa in Empörung über die Konfliktgegner und deren

Handeln ein. An den Emotionen Empörung über die andere Partei, Bitterkeit oder Hass lässt sich erkennen, ob Ungerechtigkeiten erlebt und wahrgenommen werden. Dass Emotionen auf Erkenntnissen und Bewertungen beruhen, die aber häufig nicht klar artikuliert und insofern nicht bewusst reflektiert sind, ist in der Emotionspsychologie seit langem bekannt (z. B. Arnold, 1960; Ellis, 1979; Epstein, 1984). Die Analyse der Emotion „Empörung“ ist deshalb als „Königsweg“ zu den individuellen, eventuell diffusen Vorstellungen der Parteien über Gerechtigkeit, also zu ihren Rechtsgefühlen anzusehen. Hierauf kommen wir in Kapitel 6.4 noch ausführlicher zu sprechen.

Für eine konstruktive Bearbeitung von Konflikten mit nachhaltiger Wirkung ist es unabdingbar, die konfliktrelevanten Gerechtigkeitsvorstellungen der Parteien zu artikulieren. In der Mediationspraxis ist hierfür Wissen über verbreitete subjektive Gerechtigkeitsvorstellungen in der Bevölkerung notwendig, die relevant sind für die Entstehung und auch für die Beilegung von Konflikten. Eine Auflistung häufig anzutreffender Gerechtigkeitsvorstellungen (s. Kap. 5.4) liefert Hypothesen für die Analyse spezifischer Konfliktfälle und kann als eine → Heuristik für die Ermittlung der in Konflikten relevanten individuellen Gerechtigkeitsintuitionen dienen. Eine rationale Auseinandersetzung mit den Gerechtigkeitsvorstellungen der Parteien, also auch ihre Kritik oder Relativierung, ist dabei für die Bearbeitung von Konflikten und für eine nachhaltige innere Akzeptanz von Vereinbarungen unerlässlich.

Die Auseinandersetzung mit den subjektiven Gerechtigkeitsvorstellungen ist nicht nur notwendig bei den → nicht-justiziablen Konflikten, sondern auch bei justiziablen, denn die subjektiven Gerechtigkeitsvorstellungen müssen nicht deckungsgleich mit → kodifiziertem Recht sein. Außerdem kann es so sein, dass kodifiziertes Recht nicht unmittelbar auf einen realen Konflikt anwendbar ist. Wie wir bei der Erörterung der juristischen Methode der Konfliktbearbeitung dargelegt haben (s. S. 22ff.), wird die Lebenswirklichkeit eines Konfliktes verkürzt auf das, was rechtlich für relevant gehalten wird, und die Anwendung des Rechtes durch Richter kann vielerlei Auslegungen und die Berücksichtigung verbreiteten Rechtsempfindens erfordern. Auch das sollte ein Grund sein, die Gerechtigkeitsvorstellungen der Parteien ernst zu nehmen und sie zu einer gemeinsamen Klärung ihres Konfliktes zu bewegen.

Interessen oder Ansprüche? In Konflikten muss geklärt werden, ob Wünsche und Interessen oder Ansprüche und Forderungen eine Rolle spielen. Sowohl Wünsche und Interessen als auch Ansprüche und Forderungen sind subjektiv. Die letzteren sind aber in der Sicht der Konfliktparteien durch allgemein geltende normative Standards gerechtfertigt. Diese Ansicht kann unzutreffend sein, aber dies einer Partei zu vermitteln, kann mitunter sehr schwer sein.

> **!** **Ansprüche und Forderungen können abgeleitet werden aus:**
> 1. geltendem Recht (etwa aus → Menschenrechten oder Verfassungsrechten oder aus positivem Recht, vgl. → Naturrecht),
> 2. allgemein geteilten Vorstellungen über die Pflichten und Rechte der Inhaber sozialer Positionen sowie
> 3. einer großen Zahl verbreiteter Gerechtigkeitsprinzipien (s. Kap. 5.4).

Die Menschenrechte, die Verfassungsrechte und das positive Recht liegen in kodifizierter Form vor. Die verbreiteten Gerechtigkeitsprinzipien, die das intuitive Rechtsgefühl der Menschen ausmachen, sind dagegen nicht kodifiziert. Sie finden sich aber zum Teil explizit oder implizit als Verweise in kodifiziertem Recht, als Begründung von Ordnungssystemen, und sie finden sich als Prinzipien in der Kultur einer Gesellschaft, die das Rechtsgefühl der Einzelnen prägt.

5.3 Gerechtigkeit – ein vielfach bemühter Bewertungsmaßstab

Gerechtigkeit ist ein Bewertungsmaßstab, der an viele soziale Verhältnisse, an soziale und gesellschaftliche Ordnungen, an Verfahrensweisen in Entscheidungsprozessen und an positive und negative Sanktionen angelegt wird. Wir werden in Abschnitt 5.4 sehen, dass es nicht nur *einen* Maßstab der Gerechtigkeit gibt, sondern viele verschiedene, und dass diese Maßstäbe konfliktträchtig sind.

Soziale Verhältnisse werden als gerecht angesehen, wenn alle bekommen, was ihnen gebührt
1. aufgrund dessen, wer sie sind, und/oder
2. aufgrund dessen, was sie getan haben (Lerner, 1980), oder
3. aufgrund dessen, was sie vereinbart haben, beispielsweise in impliziten oder expliziten Verträgen (vgl. Müller & Hassebrauck, 1993).

Gerechtigkeit sozialer Verhältnisse. Zur Bewertung der Gerechtigkeit sozialer Verhältnisse werden drei Bereiche oder Domänen unterschieden:
1. Verteilung von Gütern, Positionen, Rechten, Pflichten, Lasten, Macht, Einfluss, Sicherheit, Information, Bildung usw.
2. Austauschbeziehungen zwischen Personen, zwischen sozialen Systemen (primären Gemeinschaften wie Familien, Peergruppen, ethnischen Gruppen oder → juristischen Personen wie Betrieben, Kommunen, Verbänden, Vereinen, Staaten) sowie zwischen Personen und sozialen Systemen (etwa zwi-

schen einzelnen Mitgliedern und ihrer Gruppe, zwischen Angestellten und ihrem Betrieb, zwischen Bürgern und dem Staat)
3. Vergeltung von Handlungen und Unterlassungen, von Leistungen und Fehlleistungen: Belohnungen, Anerkennungen, Bestrafungen, negative Bewertungen und Rügen sind hinsichtlich ihrer Gerechtigkeit zu beurteilen.

Verfahrensgerechtigkeit. Die Verfahren, in denen Entscheidungen bezüglich Verteilungen, Austauschbeziehungen und Vergeltungen getroffen werden, sind auch bezüglich ihrer Gerechtigkeit zu bewerten. Es ist zwischen formellen Verfahren nach kodifizierten Regeln (etwa ein Gerichtsverfahren, ein Verfahren der parlamentarischen Gesetzgebung, institutionelle Zuteilungs- oder Entzugsverfahren wie die zentrale Vergabe von Studienplätzen, die Zuweisung von Sozialwohnungen oder die betriebsbedingte Kündigung von Arbeitnehmern) und informellen Verfahren zu unterscheiden. Verfahren wie Schlichtung und Mediation können sowohl informell sein als auch formalisiert werden. Die gegenwärtige Bemühung um eine Formalisierung des Mediationsverfahrens sollte insbesondere auch garantieren, dass Prinzipien der Verfahrensgerechtigkeit im Prozess der Mediation angewendet werden.

Verfahrensgerechtigkeit spielt nicht nur eine Rolle bei Versuchen der Beilegung von Konflikten, sondern ist oft entscheidend für die Vermeidung neuer Konflikte (vgl. Bierhoff, 1992; Folger, 1996; Lind & Tyler, 1988). Wir wissen heute, dass die erlebte Fairness von Entscheidungsverfahren meist mindestens ebenso wichtig ist wie das Entscheidungsergebnis (vgl. z. B. Orbell, van de Kragt & Dawes, 1988). Als unfair erlebte Verfahren führen zur Ablehnung des Ergebnisses als ungerecht und damit potentiell zu neuen Konflikten. Das gilt auf der politischen Bühne (Montada, 1999a; 2000a), für Gerichtsentscheidungen (Tyler, 1991), im Wirtschaftsleben (z. B. bei Entlassungen, Engelstad, 1998), für Verwaltungsentscheidungen (Ortloff, 1999), in der Regulierung ökologischer Konflikte (Renn, Webler & Kastenholz, 1996; Syme & Nancarrow, 1996; Syme, Nancarrow & McCreddin, 1999) und wohl auch in der privaten Sphäre.

Die Bewertung sozialer Ordnungssysteme und Rechtsordnungen

Für Verteilungen, für Austauschbeziehungen, für Vergeltungen und für Entscheidungsverfahren haben sich spezifische Gerechtigkeitsprinzipien entwickelt, die als Bewertungsmaßstäbe angelegt werden und als Orientierung für deren Gestaltung dienen (s. Kap. 5.6).

Außerdem haben sich Rechtsordnungen und institutionelle Ordnungen entwickelt

- für Verteilungen von Rechten, Gütern, Positionen, Lasten, Chancen und Risiken usw. auf der gesellschaftlichen Ebene (z. B. das Wahlrecht, die Wirt-

schaftsordnung, das Steuerrecht, das → Erbrecht, das Sozialrecht, Berufsgesetze, Teile des → Verwaltungsrechts, das Staatsbürgerrecht, das Bildungssystem, das System der Sozialversicherungen, das → Arbeitsförderungsgesetz),
- für Austauschbeziehungen genereller Art wie das Vertragsrecht oder innerhalb spezifischer Systeme wie das → Arbeitsgesetz, das Kindschaftsrecht, das Betriebsverfassungsgesetz, das Handelsrecht, das Krankenversicherungssystem, Berufsgesetze,
- für Vergeltungen: hier vor allem das Strafgesetz, aber auch institutionelle Ordnungen für Ehrungen, wie Orden, Preise, Ehrentitel,
- für Verfahren wie die Strafprozessordnung, einzelne verwaltungsrechtliche Genehmigungsverfahren, das allgemeine Vertragsrecht.

Gerechtigkeitsmaßstäbe werden deshalb nicht nur an konkrete Einzelfälle in den drei Domänen angelegt, sondern auch an Rechtsnormen (→ Normen) und an gesellschaftliche Ordnungssysteme, die Einfluss auf Verteilungen, Austauschbeziehungen und Vergeltungen haben (z. B. Montada, 1997). Denn große Teile der sozialen Verhältnisse zwischen einzelnen Menschen, zwischen Bürgern und Institutionen und zwischen Teilpopulationen werden eben durch die Rechtsnormen und die gesellschaftlichen Ordnungssysteme reguliert: Im → Strafrecht ist festgelegt, was als Straftat geahndet wird. Außerdem ist der Strafrahmen für die einzelnen Delikte festgelegt. Das → Erbschafts- und Schenkungsrecht begrenzt die Freiheit der Erblasser wie das → Arbeitsrecht die Freiheit der Arbeitgeber. Das → Staatsbürgerschaftsrecht regelt die Mitgliedschaft zu einem Staat mit allen Rechten und Pflichten. Das → Verwaltungsrecht bestimmt Aufgaben sowie Rechte und Pflichten der Verwaltung im Verhältnis zu den Bürgern. Diese Organisationssysteme (oder einzelne Teile) können als ungerecht angesehen werden, z. B. die Tatsache, dass durch Verwaltungsentscheidungen in Freiheitsrechte der Bürger eingegriffen werden kann, etwa wenn über eine Straßenführung ein Teil der Bürger Vorteile, ein anderer Teil Nachteile hat, die aber nicht ausgeglichen werden.

Folglich gibt es Gerechtigkeitskonflikte nicht nur über Einzelfälle, sondern auch über die Gestaltung der gesellschaftlichen Ordnungen und die Ausgestaltung des Rechtssystems. Mediation ist deshalb nicht beschränkt auf Konflikte zwischen einzelnen Personen, sondern sie ist auch bei Konflikten zwischen gesellschaftlichen Gruppen (etwa zwischen Tarifparteien, zwischen politischen Parteien, zwischen Bürgerinitiativen und staatlichen Institutionen) sinnvoll.

BEISPIEL

Gerechtigkeitskonflikte bei der Ausgestaltung des Rechtssystems

- Das westdeutsche Wirtschaftssystem wird wegen geringerer Arbeitsplatzsicherheit im Vergleich zur DDR von großen Teilen der ostdeutschen Bevölkerung als ungerecht abgelehnt, ebenso werden die Steuer- und Sozialsysteme kritisiert, weil die resultierende Wohlstandsverteilung große Ungleichheiten in der Bevölkerung zulässt. Auch das → Strafrecht und das Strafvollzugssystem sowie der Schutz vor Kriminalität wird von vielen als unzureichend bemängelt: Der Staat erfülle seine Aufgabe nicht, die Bürger zu schützen. Ebenso werden das Bildungs- und Ausbildungssystem, die Sozialversicherungssysteme, der Umwelt- und Naturschutz, das Arbeitsrecht und vieles andere mehr von unterschiedlichen Positionen aus als ungerecht kritisiert (Montada, 1997).
- Verteilungsungerechtigkeiten bezüglich des Nutzens und der Belastungen und Risiken durch Emissionen führen zu Forderungen, das Umweltrecht zu novellieren (Montada & Kals, 2000). Unter Aspekten der Austauschgerechtigkeit werden zur Zeit die finanzielle Besserstellung von Familien mit Kindern und eine höhere Rentenanrechnung von Kindererziehungszeiten gefordert, die z. B. durch Aufhebung der steuerlichen Vergünstigung für kinderlose Ehepaare zu finanzieren sei. Bezüglich Vergeltungsgerechtigkeit werden u. a. die Strafrahmen für Eigentumsdelikte im Vergleich zu Gewaltdelikten und sexuellen Vergehen an Kindern diskutiert. Die großen Ungleichheiten der Strafzumessungspraxis wird auch als Gerechtigkeitsproblem diskutiert (Pfeiffer & Oswald, 1989).
- Auch Konflikte über Rechtsnormen (→ Normen) und gesellschaftliche Ordnungen können über Mediation bearbeitet werden. Das 1999 initiierte „Bündnis für Arbeit" der Tarifparteien unter Moderation des Bundeskanzlers und die Anhörungen in Gesetzgebungsverfahren entsprechen aber noch nicht den Ansprüchen einer professionellen Mediation. Die gesetzlich vorgeschriebenen Schlichtungsversuche in Tarifkonflikten sind von idealen Mediationsmodellen noch weit entfernt. Die Mediationen in lokalen Umweltkonflikten könnten diesbezüglich Modellcharakter haben.

5.4 Prinzipien der Gerechtigkeit?

Ansprüche und Forderungen können aus → Menschenrechten, → Verfassungsrechten, aus positivem (gesetztem) Recht (→ Naturrecht), aus den Pflichten von Positionsinhabern sowie aus einer großen Zahl von Gerechtigkeitsprinzipien hergeleitet werden. Erstere liegen in kodifizierter Form vor und bleiben hier ausgespart. Stattdessen werden verbreitete Gerechtigkeitsprinzipien dargestellt, die in „Rechtsgefühle" der Menschen einfließen und diese formen.

5.4.1 Gleichheit als Grundprinzip: Varianten der Gleichheit

Gleichheit wird immer wieder als die Kernidee der Gerechtigkeit genannt (Koller, 1995; Perelmann, 1967). Gleichheit hat allerdings verschiedene Bedeutungen. Bei Verteilungen von beliebig aufteilbaren Gütern könnten „alle" in gleicher

Weise bedacht werden. Wer sind „alle"? Alle Menschen, alle Staatsbürger, alle Familienmitglieder, alle Berechtigten? Wer sind die Berechtigten und weshalb sind sie berechtigt? Sollen „alle" gleich bedacht werden – die Mitglieder und die Nichtmitglieder eines sozialen Systems, die Faulen wie die Fleißigen, die Bedürftigen wie die Wohlhabenden – oder sollen Unterschiede berücksichtigt werden?

Wenn Unterschiede berücksichtigt werden, heißt das nicht, dass Gleichheit als Idee aufgegeben wäre: Es heißt nur nicht mehr, dass alle unterschiedslos in gleicher Weise bedacht werden; es bedeutet nur noch, dass alle Gleichen gleich bedacht werden, gleiche Ansprüche und gleiche Lasten zu tragen haben. Dies impliziert, dass Ungleiche ungleich bedacht werden, was schon Aristoteles in der „Nicomachischen Ethik" gefordert hat.

Die ethische Auseinandersetzung mit Gerechtigkeit beginnt mit der Ausgangsfrage, ob und welche Ungleichheiten zu berücksichtigen sind; z. B. ungleiche bisherige Leistungen, ungleiche Bedürftigkeiten (materielle Notlagen, Krankheiten, Behinderungen, Schutz- oder Förderungsbedürftigkeiten), ungleiches Alter, Geschlecht, ungleiche Zugehörigkeit (Staatsangehörigkeit, Mitgliedschaft in einem Betrieb, in einer Gruppe), ungleiche Dauer der Mitgliedschaft (Seniorität), ungleiche bisher erhaltene Vorteile, bisher übernommene Lasten und vieles andere mehr.

> **!** In allen inhaltlichen Domänen – Verteilungen, Vergeltungen und Austauschbeziehungen – geht es um diese Frage, ob Gleichheit gilt und welche Ungleichheiten berücksichtigt werden sollen.

5.4.2 Verteilungsgerechtigkeit

Hinsichtlich Verteilungsgerechtigkeit sind folgende Fragen zu stellen:

Was soll verteilt oder entzogen werden? Die Verteilung wovon soll bewertet werden? Grundsätzlich kann die Verteilung von materiellen Gütern, von Pflichten und Rechten, von Lasten (z. B. Abgaben und Steuern), von Verlusten (z. B. von Arbeitsplätzen), von Risiken (z. B. Gesundheitsrisiken) und von Merkmalen (Intelligenz, Schönheit, Gesundheit) bewertet werden.

In welcher sozialen Einheit soll die Verteilung hinsichtlich ihrer Gerechtigkeit bewertet werden? Ist z. B. der in einem Land erwirtschaftete Wohlstand auf die Bevölkerung dieses Landes zu verteilen oder soll die Weltbevölkerung partizipieren? Sind die Gewinne eines Unternehmens auf die Anteilseigner (die „shareholder") aufzuteilen oder sind die Betriebsangehörigen (die „stakeholder") und der

Staat zu beteiligen? Wer hat die Kosten von Umweltschäden durch Industrieanlagen, den Autoverkehr, die Landwirtschaft oder Skianlagen zu tragen: die Unternehmen, die Autofahrer, die Allgemeinheit, die künftigen Generationen? Und ist es gerecht, Emissionen über Luft und Gewässer in andere Länder zu „externalisieren"?

Wie ist die Verteilung zustande gekommen, bzw. wie soll sie zustande kommen? Ist die Verteilung durch aktive Zuteilungsentscheidungen einer Person oder Instanz zustande gekommen, durch Selbstbedienung der Mitglieder einer sozialen Einheit oder durch komplexe Austauschprozesse in einem System, z. B. durch Aktivitäten individueller Akteure in einem freien oder regulierten Markt, durch Interaktionen von Menschen und sozialen Systemen mit der Natur, durch sozialen Wettbewerb oder kriegerische Auseinandersetzungen? Man kann von „empirischen Verteilungen" sprechen, wenn sie sich ohne Zuteilungsentscheidungen einer Instanz ergeben haben. Begabungen und Aussehen variieren auch naturbedingt; Vermögen, Einkommen und Ansehen können im Wettbewerb und im Austausch mit anderen selbst erworben sein. Das Zusammenspiel natürlicher Voraussetzungen, erworbener Voraussetzungen und sozialer Ordnungssysteme (z. B. Wirtschaftssysteme, Bildungssysteme, Steuersysteme, das Arbeitsrecht, das Sozialrecht usw.) hat Einfluss auf empirische Verteilungen, auch ohne dass direkte Zuteilungen vorgenommen werden.

Dabei ist es umstritten, welche Güter, Rechte und Lasten eine Gemeinschaft das Recht hat zuzuteilen oder zu entziehen: Darf eine Gemeinschaft z. B. das Privateigentum im Erbschaftsfall einziehen, darf sie den Eltern die Aufgabe der Kindererziehung entziehen und neu zuteilen? Sind Rechte der wirtschaftlichen Betätigung zu verteilende Rechte oder Grundrechte aller? Dies sind Verfassungsfragen, die in unterschiedlichen Gesellschaften unterschiedlich gelöst worden sind.

Festgehalten werden muss, dass Verteilungen innerhalb sozialer Systeme vorgenommen werden und insofern Grenzziehungen voraussetzen (Cohen, 1986; Montada, 1997). Das ist der Grund, weshalb die Gewährung der Mitgliedschaft zu einem sozialen System eine besonders wichtige Zuteilung ist, weil aus der Mitgliedschaft Rechte und Pflichten resultieren (Walzer, 1992).

Nach welchen Prinzipien wird die Gerechtigkeit von Verteilungen bewertet? Hier sind viele verschiedene Prinzipien in Gebrauch.

- Gleichverteilung: Neben der faktischen Gleichverteilung wird Chancengleichheit angewandt, die immer dann die bestmögliche Annäherung an das Gleichheitsprinzip ist, wenn ein Gut nicht aufteilbar ist, wie z. B. ein Organ zur Transplantation oder ein Wertgegenstand in einem Erbschaftskonflikt oder eine nicht aufteilbare berufliche Position. Eine andere Aufteilungsmöglichkeit bei grundsätzlicher Berücksichtigung der Gleichheit ist das Rotationsprinzip: die Zuteilung zeitlich befristeter Nutzungsrechte bzw. zeitlich befristeter Pflichten und Positionen, die von bestimmten Mitgliedern eines Systems abwechselnd wahrgenommen werden.

- Aufteilung von Gütern, Rechten, Positionen nach erbrachter Leistung, was liberalen Gesellschaftsmodellen entspricht (Nozick, 1974; Rawls, 1971).
- Aufteilung von Ressourcen und die Zuteilung von Aufgaben nach der Leistungsfähigkeit: Beispielsweise können, um den allgemeinen Wohlstand zu mehren, den Leistungsfähigsten mehr Ressourcen zur Verfügung gestellt werden, was z. B. bei der Vergabe von Studienplätzen oder von Stipendien geschieht. Die Zuteilung von Aufgaben und Positionen sollte nach Kriterien der Leistungsfähigkeit geschehen.
- Aufteilung nach der Bedürftigkeit, beispielsweise bei der Zuteilung von Wohnraum, von Medikamenten oder bei Prioritätssetzung für medizinische Behandlungen.
- Aufteilung nach der Mitgliedschaft und der Seniorität der Mitgliedschaft: Bei betriebsbedingten Entlassungen ist die Seniorität der Mitgliedschaft in vielen Gesellschaften ein wichtiges Kriterium (Engelstad, 1998).
- Aufteilung nach Status: Zum Beispiel erhalten bei prozentual linearen Lohnerhöhungen die Besserverdienenden immer höhere Zuschläge in absoluten Zahlen als die weniger gut Verdienenden. Im Prinzip der Steuerprogression sind die Besserverdienenden mehr belastet als die weniger gut Verdienenden.
- Aufteilung nach Geschlecht, was z. B. in spezifischen Förderprogrammen für Frauen oder in der Beschränkung der Wehrpflicht auf die Männer u. a. m. zum Ausdruck kommt (Rössler, 1993).
- Besitzstandswahrung: Das Prinzip der „Wahrung des Besitzstandes“ sollte besonders erwähnt werden, weil es häufig vorgebracht wird. Es begrenzt Neu- und Umverteilungen, wenn es sie nicht verhindert. Dieses Prinzip wird in vielen politischen Debatten geltend gemacht, etwa beim Streit um eine Einschränkung der Lohnfortzahlung im Krankheitsfalle, bei der Forderung der Kohlebergleute im Jahre 1997 nach Fortführung der staatlichen Subventionierung oder bei der Forderung in den neuen Bundesländern nach Fortführung der in der DDR eingeführten Vollbeschäftigung der gesamten erwachsenen Population, die im Marktsystem der alten Bundesländer nie erreicht worden ist. Das Prinzip der Besitzstandswahrung ist auch in unterschiedlichen verfassungsmäßigen und rechtlichen Normen berücksichtigt (Mocny, 1998), etwa als Vertrauensschutz bei Verträgen, im Versorgungsausgleich nach Scheidung, in der Begrenzung der Freiheit des Erblassers durch Festlegung von Pflichtanteilen der nächsten Verwandten am Erbe.

5.4.3 Austauschgerechtigkeit

Menschen leben nicht alleine. Sie stehen zueinander in Austauschbeziehungen. Einzelne Personen können in Austauschbeziehungen zu Gruppen und zu Gemeinschaften und zu den Institutionen einer Gesellschaft stehen. Es gibt auch Austauschbeziehungen zwischen sozialen Systemen, etwa zwischen Gruppen, zwischen Unternehmen oder zwischen Staaten. Die Austauschbeziehungen können positiv sein (erfreulich, nützlich), und sie können negativ sein (unerfreulich, belastend und verlustreich).

Folgende Fragen sind bezüglich Austauschbeziehungen zu stellen.

Ist die Austauschbeziehung direkt oder indirekt? Es gibt direkten Austausch, wenn z. B. zwei Menschen sich gegenseitig ihre Sympathie füreinander bekunden, wenn sie einen Vertrag schließen oder wenn sie sich befehden. Der Austausch kann indirekt sein, wie z. B. bei einer Geldspende an eine karitative Organisation, die ihrerseits Hilfsbedürftige unterstützt. Typischerweise sind jene Austauschprozesse indirekt, die von der Gesellschaft über ihre Institutionen organisiert werden: Die Gesellschaft verschafft sich Steuern von den Bürgern, um damit unter anderem ein Bildungssystem zu finanzieren, durch das Wissen und Fähigkeiten vermittelt werden, die auf dem Arbeitsmarkt in unterschiedlichen direkten Arbeitsverträgen ausgetauscht werden. Es gibt verkettete Austauschbeziehungen, etwa wenn eine erste Generation in die Entwicklung, Bildung und Sicherung der folgenden Generation investiert, die diese Investitionen aber nicht völlig zurückzahlt, sondern an die darauffolgende Generation weitergibt: Der Generationenvertrag umfasst mindestens drei Generationen.

Ist die Austauschbeziehung aus freien Stücken eingegangen worden? Ist sie normativ vorgegeben? Ist sie vertraglich vereinbart oder ist sie erzwungen? Einkäufe auf dem Markt und andere wirtschaftliche Transaktionen sind normalerweise freiwillig, eine Eheschließung auch. In manchen Kulturen kann eine Eheschließung aber auch durch die Eltern erzwungen worden sein. Manche wirtschaftliche Transaktion basiert auf einer Nötigung. Austausch kann normativ geregelt sein, wie das für Rollenbeziehungen typisch ist: Ärzte haben Pflichten gegenüber Patienten, Verkäufer gegenüber Geschäftsführung und Kunden, Bergführer gegenüber den Geführten.

Was wird ausgetauscht? Es ist wichtig, sich bewusst zu machen, dass die Vielfalt der Möglichkeiten des Austausches fast unbegrenzt sind: Waren, Geld, Dienstleistungen der unterschiedlichsten Art, Informationen, Werte, Sympathie, Liebe, Anerkennung und Loyalität, aber auch Kritik, Tadel und Missbilligung, Schädigungen, Behinderungen, Beeinträchtigungen oder der Ausschluss aus einer Gemeinschaft.

Welche Prinzipien der Gerechtigkeit gelten in Austauschbeziehungen?

Ausgewogenheit. Im sozialen Austausch zwischen einzelnen Menschen, Gruppen und sozialen Systemen, auch zwischen Einzelnen und Gruppen oder Institutionen gilt Ausgewogenheit (englisch: *equity*, Homans, 1961; Walster, Berscheid & Walster, 1978) als gerecht. Damit ist gemeint, dass das Verhältnis zwischen dem, was geleistet, gegeben oder eingebracht wird, und dem, was erhalten wird, für die Beteiligten ausgewogen oder gleich sein sollte (Adams, 1965).

Reziprozität. Eine einfachere Variante der Ausgewogenheit ist das Prinzip der Reziprozität von Leistung und Gegenleistung, von Vertrauen gegen Vertrauen, Loyalität gegen Loyalität, Schädigung und Vergeltung der Schädigung („Auge um Auge, Zahn um Zahn").

Verträge. Als Prototyp des Austauschs gilt der Vertrag. Psychologisch sind die subjektiven Bewertungen der „Gegenstände" des Austauschs durch die Beteiligten entscheidend. Deshalb kann die Gerechtigkeit letztlich nur von den Beteiligten selbst bewertet werden. Konsequenterweise argumentiert Nozick (1974), dass jeder freiwillig und ohne Täuschung und Zwang eingegangene Austausch gerecht sei, denn ex ante muss er den Beteiligten ausgewogen erscheinen, sonst würden sie ihn freiwillig nicht eingehen. Eine Vorteilnahme einer Partei durch Ausnutzung von Notlagen oder anderen Unfreiheiten, durch Ausnutzung von Unwissenheit und Irrtum oder durch Zwang ist immer ungerecht (Cook & Hegtvedt, 1986). So werden gleiche Macht, gleiche Freiheit und gleiche Informiertheit der Parteien als Voraussetzung für die Gerechtigkeit eines Vertrags gewertet. Die Ausbeutung einer Notlage in einem ungünstigen Arbeitsvertrag oder zur Erzielung eines günstigen Preises ist ebenso ungerecht wie das Verschweigen bekannter Mängel bei einem Verkauf. Gegen diese Formen der unfairen Verträge sind allerdings gesetzliche Schutzmaßnahmen etabliert worden.

Regeln für faire Verträge. Verträge sind auch die Grundprinzipien einer funktionierenden freien Marktwirtschaft, in der durch die gleiche Freiheit und Informiertheit der Vertragsparteien Gerechtigkeit des Austauschs gewährleistet wird. Wenn Informationen, Macht und Freiheit ungleich verteilt sind, ist dies eine Rechtfertigung für Interventionen des Staates (Watrin, 1993): Im Kartellrecht, Arbeitsrecht, allgemeinen Vertragsrecht, Mietrecht, Haftungsrecht usw. findet man viele Normen, die Unausgewogenheiten auf den Märkten eindämmen sollen.

Tradierte normative Erwartungen. Es gibt Austauschbeziehungen, die nicht adäquat als Verträge zu beschreiben sind. Zwischen Eltern und ihren unmündigen Kindern werden typischerweise keine Verträge geschlossen, es sei denn notarielle Vermögensübertragungen. Wir werden alle in soziale Systeme mit einem spezifischen Muster von sozialen Ordnungen, Positionen und Rollen, Rechten und Pflichten hineingeboren, ohne expliziten Vertrag über die Austauschbeziehungen. Der sogenannte Generationenvertrag wird nicht von jeder neuen Generation frei ausgehandelt, sondern ist eine existierende tradierte Sozialversicherungsordnung, deren Gerechtigkeit von jeder Generation neu zu bewerten ist. Auch in diesen Fällen gilt Ausgewogenheit als gerecht.

Diese Ausgewogenheit wird teilweise durch explizite Normen oder implizite normative Erwartungen innerhalb von Austauschbeziehungen angestrebt. So sind die Mitglieder einer Versicherungsgemeinschaft explizit oder implizit gehalten, die Solidargemeinschaft nicht durch vermeidbare Risiken zu belasten, und Versicherungsbetrug ist unter Strafe gestellt. Die Inhaber sozialer Rollen sind an explizite oder tradierte Pflichten („implizite" Vertragspflichten) gebunden, haben entsprechende Rechte und erhalten entsprechende Entlohnungen. Die Gerechtigkeit der Rollenbeziehungen in einer Gesellschaft ist in den sogenannten Gleichgewichtstheorien der sozialen Struktur behauptet worden (Parsons, 1951), wurde später aber mit guten Argumenten verschiedentlich in Frage gestellt (zum Überblick Joas, 1973). In der Tat gibt es bezüglich Vorteilen, Belastungen und Risiken große Unterschiede in sozialen Rollen.

Multidimensionalität der Austauschbeziehungen. In der Ausgangslage von Mediationsvorhaben gilt allerdings nicht die „objektive" externe Bewertung der Ausgewogenheit und Gerechtigkeit, sondern gelten die subjektiven Bewertungen der Konfliktparteien.

Von besonderem Interesse ist die Multidimensionalität der Austauschbeziehung. Die Gerechtigkeit in Austauschbeziehungen muss nicht auf derselben Dimension von Investition und Leistung liegen; d. h. Gerechtigkeit muss nicht hergestellt werden durch den Austausch materieller Güter oder den Austausch von Dienstleistungen. Gerechtigkeit kann auch herrschen, wenn der eine dies einbringt, die andere jenes, und der eine diesen Ertrag hat und die anderen jenen, sofern subjektiv Ausgewogenheit erlebt wird (vgl. hierzu auch Foa & Foa, 1980). In Eltern-Kind-Beziehungen erfolgt der Austausch heute auf ganz unterschiedlichen Ebenen bzw. in unterschiedlichen Bereichen: von den Eltern als materielle Aufwendung, als Pflege, Schutz, Information, Bildung, Erziehung, Anerkennung, von den Kindern als Dankbarkeit, Liebe und Zuneigung, als Beitrag zum Familienprestige durch Schulerfolge und Berufserfolg usw. Für die Bewertung der Ausgewogenheit können alle diese Spezifika herangezogen werden. Es ist oft so, dass Eltern, die große materielle und immaterielle Leistungen für ihre Kinder erbracht haben und erbringen, als Gegenleistung lediglich Zuneigung erhoffen und bei erfahrener Zuneigung die Beziehung für ausgewogen halten. Andere Eltern erwarten Leistungen und Erfolge der Kinder als Gegenleistung. In allen „nahen“ Beziehungen, etwa Partnerschaften, gibt es solche Verrechnungen über verschiedene Austauschbereiche. Hierzu kontrastieren Austauschbeziehungen, in denen nur positional festgelegte oder vertraglich vereinbarte Austauschleistungen berücksichtigt werden.

Auswirkungen von Austauschbeziehungen auf Dritte. Auch frei geschlossene Verträge können ungerecht sein – gegenüber Dritten. Das ist immer dann der Fall, wenn zwei Parteien Verträge auf Kosten Dritter schließen. Kartelle maximieren ihren Gewinn und festigen ihre Markt- und Machtposition auf Kosten Dritter (Wettbewerber und Kunden). Und die Tarifparteien haben in der Vergangenheit nach Meinung des Sachverständigenrates (1994/1995) Verträge auf Kosten Dritter geschlossen (sowohl auf Kosten der Arbeitslosen, die wegen zu hoher Tarifabschlüsse ihre Stelle verloren haben, als auch auf Kosten der Allgemeinheit, welche die Kosten für die Arbeitslosigkeit zu tragen hat).

5.4.4 Vergeltung und Wiedergutmachung

Vergeltungen und Wiedergutmachungen sind auch Aktionen in Austauschbeziehungen, zwischen Individuen und Gemeinschaften, werden aber traditionell als gesonderte Domäne behandelt, weil spezifische Gerechtigkeitsprinzipien gelten. Folgende Fragen sind zu stellen.

Was soll vergolten oder wiedergutgemacht werden? Bei vergeltender Gerechtigkeit geht es um das Verhältnis von Verdienst und Anerkennung, von Schuld und Strafe. Anerkennung kann erfolgen in Form der Zuteilung von Gütern (materiellen und symbolischen), von Status und Positionen; Strafe erfolgt stattdessen in Form des Entzugs von Gütern, Status und Positionen. Anerkennung und Strafe haben also auch etwas mit Verteilungen zu tun.

Von besonderer Bedeutung ist, dass Anerkennung und Strafe die Zuschreibung von Verantwortlichkeit der Akteure voraussetzen (Feather, 1999; Montada, 1983): Nur wer verantwortlich gemacht wird für sein Handeln oder Unterlassen, kann Verdienst zugebilligt (Feather, 1999) oder Schuld zugesprochen bekommen (Montada, 1992a). Verantwortlichkeit zu bestreiten ist eine Möglichkeit, Schuldzuschreibungen und Strafe abzuwehren (Montada, 2000c). Auf das Thema

„Verantwortlichkeit" kommen wir in Kapitel 6.4 noch einmal ausführlicher zu sprechen.

Anerkennung und Strafe setzen voraus, dass Normen existieren und angelegt werden, z. B. Leistungsnormen, Rollennormen, sittliche Normen, Rechtsnormen. Die Erfüllung oder Übererfüllung von Normen ist verdienstlich, die Verletzung der Normen ohne Rechtfertigungsgründe ist sträflich.

Welche Normen werden zur Bewertung herangezogen? Strittig sind die Normen, die zur Bewertung herangezogen werden. Ist die Pflichterfüllung ein Anlass für besondere Anerkennung oder ist nur verdienstlich, mehr zu tun, als die Pflicht erfordert? Gilt nur das → positive Recht, auch das eines Unrechtsstaates, oder gelten die → Menschenrechte, gilt das sittliche Gesetz? In der → Strafgerichtsbarkeit wurde in der rechtspositivistischen Auffassung die Meinung vertreten, dass Unrechtstaten, die durch die Gesetze eines Unrechtsstaates gedeckt sind, nicht zu ahnden seien. Die Alternativposition geht davon aus, dass Menschenrechtsverletzungen auf alle Fälle strafbar sein sollen. Die Geltung der → Nürnberger Gesetze wurde rückwirkend erklärt. In der privaten Vergeltung und in den meisten Aufständen und Revolutionen gelten subjektive Standards der Akteure, die von den Akteuren allerdings als allgemeingültig angesehen werden.

Welche Gerechtigkeitsprinzipien werden angelegt?
Prinzip der Verhältnismäßigkeit. Allgemein, auch im Strafrecht, gilt das Prinzip der Verhältnismäßigkeit. Die Rechtsstrafe muss zur Schuld eines Täters in einer plausiblen Verhältnismäßigkeit stehen. Ebenso müssen Lob und Anerkennung verhältnismäßig zu den Verdiensten einer Person sein, ob diese nun als Leistung oder als Bemühung um Leistung verstanden werden. Der schwach begabte Schüler wird die Leistungsstandards seiner Klasse nicht erbringen können. Nur wenn man die schwache Begabung als unverschuldet, die Anstrengung als verdienstlich bewertet, besteht eine Chance auf Lob.

Vorausgehende Taten. Die Berücksichtigung der vorausgehenden Taten und Leistungen einer Person ist ein weiteres Prinzip. Wiederholungstäter werden härter bestraft als Ersttäter. Die gute Tat eines notorischen Sünders wird eher als Ausgleich vorheriger Sünden denn als Anlass zu besonderer Anerkennung angesehen.

Wiedergutmachung. Die Wiedergutmachung des Täters gegenüber dem Opfer, spontan nach der Tat oder in einem → Täter-Opfer-Ausgleich realisiert, wird als strafmildernd berücksichtigt.

5.4.5 Verfahrensgerechtigkeit

Bei Dissens über das, was als gerecht und was als ungerecht zu gelten habe, kommt dem Verfahren der Entscheidungsfindung eine besondere Bedeutung zu. Ob es um Verteilungen, um Austausch, um Wiedergutmachung oder Vergeltung geht, es stellt sich immer die Frage, wie darüber zu verhandeln und entscheiden ist, was gerecht und angemessen wäre.

Verfahrenstypen. Thibault und Walker (1975; vgl. auch Bierhoff, 1992) haben eine Strukturtypologie der Verfahren in der Entscheidungsfindung vorgestellt, die schon in Kapitel 2 erwähnt wurde.

Die Parteien können

- verhandeln, um zu einem gerechten Ergebnis zu kommen,
- den Fall vor Gericht bringen,
- einen Schlichter einschalten
- oder einen Mediator einschalten.

Thibault und Walker haben empirisch eine Präferenz für jene Verfahren ermittelt, die den Parteien mehr Kontrolle belassen. Aber es gibt auch Fälle, in denen die Entscheidung durch einen Richter bevorzugt wird (Vidmar, 1993). Das kann in der Einschätzung begründet sein, dass man selbst nicht ausreichend Kontrolle und Kompetenzen habe, es kann aber auch durch Angst vor Verantwortung für die Entscheidung oder auch durch Vertrauen in die Gerechtigkeit von Richtern geschehen.

Verfahrensprinzipien. Neben dieser Typologie von Thibault und Walker hat sich eine Forschung über Verfahrensgerechtigkeit entwickelt, in der Grundsätze der Informationsaufnahme, des Austauschs von Argumenten und des Verfahrens der Entscheidungssuche analysiert werden (vgl. Bierbrauer, Gottwald & Birnbreier-Stahlberger, 1995; Bierhoff, 1992; Leventhal, 1980; Orth, 2000).

> **!** Es hat sich auf empirischer Basis herausgestellt, dass ein Verfahren unter Einschaltung Dritter (Richter, Schlichter, Mediator) dann eher als gerecht eingeschätzt wird,
>
> - wenn die Konfliktparteien Mitwirkungsrechte haben, wenn sie gleiches Gehör bekommen, ihre Sicht darzustellen, und wenn dies auch aufgenommen und erwogen wird,
> - wenn Entscheidungen nicht arbiträr, sondern aufgrund sachlicher und nachprüfbarer Argumente und Informationen getroffen werden,
> - wenn die Wahrheit von entscheidungsrelevanten Informationen nachgeprüft wird,
> - wenn Argumente und die in diesen enthaltenen Prinzipien konsistent angewandt werden,
> - wenn bei neuen Informationen und Argumenten Revisionen der Entscheidung möglich sind,
> - wenn Entscheidungen von ethischen Prinzipien geleitet sind.

Dies alles erleben die Parteien als Unparteilichkeit der eingeschalteten Dritten. Wenn dann die Entscheidungen noch mit ethischen Argumenten oder inhaltlichen Gerechtigkeitsprinzipien begründet werden, wird das Verfahren wahrscheinlich als gerecht bewertet werden, auch wenn das Ergebnis nicht den Hoffnungen entspricht.

Höflichkeit und respektvolle Behandlung. Eine dritte Linie der Forschung über Verfahrensgerechtigkeit wurde von Allen Lind und Tom Tyler initiiert (Lind & Tyler, 1988). Sie haben beobachtet, dass eine respektvolle Behandlung vor Gericht – oder allgemein durch Autoritätspersonen und -instanzen – von den Betroffenen oft als Fairness interpretiert wird. Auch angeklagte Straftäter erleben ein Verfahren eher als fair und gerecht, wenn sie respektvoll und höflich behandelt werden. Empirische Forschung zeigt, dass bei wahrgenommener Verfahrensgerechtigkeit ein Ergebnis auch dann akzeptiert wird, wenn es ungünstiger als erwartet ausfällt (Greenberg & Folger, 1983; Haller, Machura & Bierhoff, 1995; Lind, 1994; Tyler, 1991; Van den Bos et al., 1997).

Weitere Verfahrensnormen. Es gibt Hinweise auf die Existenz weiterer sozialer Verfahrensnormen, etwa dass in Verhandlungen gleiche Zugeständnisse von beiden Seiten gemacht werden sollen. Auf die Problematik, dass bei unterschiedlich extremen Ausgangsforderungen die Anwendung dieser Regel zu einem unfairen Resultat führt, haben wir bereits hingewiesen. Eine andere soziale Verfahrensnorm ist die Regel, dass einmal gemachte Zugeständnisse nicht zurückgenommen werden dürfen, es sei denn, sie waren an Bedingungen geknüpft, die nicht realisiert wurden (Pruitt & Carnevale, 1993, S. 124). Wir erwähnen diese, weil in Mediationen auch normative Erwartungen der Parteien bezüglich des Verfahrens zu beachten sind, mit denen Mediatoren vielleicht nicht rechnen (vgl. auch Bierbrauer, 2000).

! Im Übrigen setzen Mediatoren selbst spezifische Gerechtigkeitsregeln für das Verfahren, und zwar für die Parteien und für sich selbst.
Für die Parteien gelten z. B. die Regeln,

- die Gegenseite ausreden zu lassen,
- auf Drohungen und andere, einschüchternde Taktiken zu verzichten,
- auf Ironisierungen und andere Kommunikationskiller zu verzichten,
- wichtige Aussagen der anderen Partei als Rückmeldung des Verständnisses neu zu formulieren, etwa Aussagen zu Positionen, Anliegen und Lösungsoptionen,
- die Ausgewogenheit der Redezeiten zu beachten,
- auf Taktiken zu verzichten, die eigene Position und die eigene Meinung als die anerkannt richtige zu behaupten, etwa durch Verweis auf Experten; positiv formuliert: Es dürfen nur *Argumente* zur Stützung der eigenen Meinung gebraucht werden.

Diese Regeln sind angelehnt an Vorschläge zur Gestaltung von Diskursen über Gerechtigkeitsprobleme und ethische Fragen (Ackerman, 1980; Apel, 1976; Habermas, 1983).

Für Mediatoren gilt als Grundregel:
- die Allparteilichkeit (vgl. Kap. 3.1) und
- die spezifische Regel, dass Regelverstöße der Parteien zu benennen und zu unterbinden sind, damit ein fairer und friedlicher Ablauf gesichert wird.

Zusammenfassung. Die Maßstäbe der Gerechtigkeit sind differenziert und bereichsspezifisch. Es herrscht auch bezüglich vieler Prinzipien kein Konsens. Konflikte über das, was gerecht ist, sind folglich häufig. Wir werden die Grundzüge erläutern, wie man solche Konflikte in der Mediation bearbeitet. Doch zuvor wollen wir ein exemplarisches Beispiel dafür geben, dass Gerechtigkeitsgefühle nicht mit Rechtsansprüchen deckungsgleich sind, aber in der Mediation zu berücksichtigen sind. Wir wählen das Beispiel der Scheidungsmediation.

5.5 Ein Anwendungsbeispiel: Gerechtigkeit in der Scheidungsmediation

In der rechtlichen Behandlung von Scheidungskonflikten sind im Wesentlichen nur Vermögens-, Unterhalts- und Versorgungsansprüche relevant. Nur diese sind justiziabel. Was an Ansprüchen geltend gemacht werden kann, ist „in gesicherter Rechtsprechung" weitgehend schematisiert. Die juristischen Schemata werden der psychologischen Situation in vielen Fällen nicht gerecht. Die psychologische Situation vieler Scheidungskonflikte ist komplizierter. Was muss analysiert werden?
- Psychologisch gesehen bilanzieren die Parteien die bisherigen Austauschbeziehungen in der früheren Partnerschaft. Auf der Basis dieser subjektiven Bilanzen werden Forderungen gestellt. Ob sie explizit erhoben werden, ist eine andere Frage. Erhobene Forderungen werden von der Gegenpartei bewertet. Um hier in der Mediation angemessen vorgehen zu können, muss man sich mit der Psychologie der Gerechtigkeit in „nahen Beziehungen" (s. u.) befassen, denn vor der Trennung und Scheidung hat wohl meist einmal eine nahe Beziehung bestanden.
- Die Schuldfrage ist seit der Novellierung des Scheidungsrechts in den 70er Jahren juristisch irrelevant. Es gibt zwar gute Gründe, weshalb man die Schuldfrage ausgeklammert und das Zerrüttungsprinzip eingeführt hat: Die Schuldfrage konnte objektiv nur in seltenen Fällen geklärt werden. Außerdem waren normative Grundlagen für die Schuldfeststellung (z. B. Verpflichtung zur Treue) in ihrer Geltung nicht mehr allgemein anerkannt. Die subjektiven Schuldvorwürfe sind damit allerdings nicht irrelevant geworden, auch wenn Schuldvorwürfe nicht mehr justiziabel sind. Ganz im Gegenteil, sie können –

auch unausgesprochen – eine Mediation und die nachhaltige Akzeptanz einer Übereinkunft erschweren.

- Schließlich sind – bezogen auf die anstehenden Aufteilungen – psychologische Gerechtigkeitsprinzipien zu berücksichtigen, die vor Gericht irrelevant sind und der privaten Einigung überlassen bleiben.

Austauschgerechtigkeit in nahen Beziehungen

Beginnen wir mit der Frage, was alles in einer Ehe unter dem Gesichtspunkt des Austauschs genannt werden kann. Zu erinnern ist nochmals daran, dass zwischen den Partnern sehr vieles „ausgetauscht" werden kann.

- Zunächst einmal ist in nahen Beziehungen an Austausch von Zuneigung und Liebe, also an positiven emotionalen Austausch zu denken.
- Sodann sind viele Arten von Leistungen zu nennen: Leistungen für den gemeinsamen Haushalt, Leistungen in der Krankenpflege, in der Betreuung von Kindern und anderen Angehörigen, Hilfen bei beruflichen Aufgaben, bei Aus- und Weiterbildung, Entlastungen bei außerberuflichen und außerfamiliären Verpflichtungen eines Partners, z. B. im Zusammenhang mit Kindern aus früheren Ehen, mit Vereinsmitgliedschaften usw.
- Weiter sind die materiellen Werte zu nennen, die das Niveau von Wohlstand und Sicherheit bestimmen: das finanzielle Einkommen, Zuwendungen von dritter Seite, den Elternfamilien vor allem; die Sach- und Vermögenswerte, die in die Ehe eingebracht worden sind aus früher erworbenem Besitz, aus Schenkungen und Erbschaften u. a. m.
- Es ist an soziale Werte zu denken, wie z. B. Sozialstatus (bedeutsam bei statusungleichen Paaren); an soziale Netzwerke, die in eine Ehe eingebracht worden sind, z. B. an Freundschaftsbeziehungen; Unterstützungsnetzwerke für unterschiedliche Anliegen, z. B. Unterstützung durch Familienangehörige, die in der Kinderbetreuung oder in Krankheitsfällen oder beraterisch hilfreich sind, die vielleicht auch ein wirtschaftliches Netz bieten; an „Seilschaften", die Karrieren fördern u. a. m.
- Es gibt immaterielle Werte in einer Ehe: neben Liebe und Zuneigung etwa Persönlichkeitsmerkmale wie Ausgeglichenheit, Fröhlichkeit, Verlässlichkeit, die das „Klima", das Sicherheitsgefühl in einer Partnerschaft beeinflussen, aber auch die Anerkennung von Leistung, die Bewunderung von Fähigkeiten, von Persönlichkeitsmerkmalen, Verhaltensstilen, was für das Selbstkonzept und das Selbstbewusstsein der Partner meist sehr bedeutsam ist.
- Weiterhin sind die durch den Partner oder die Partnerin ermöglichten Erlebnis- und Entwicklungsmöglichkeiten zu nennen: Reisen, Bildung Karriere, usw.
- Besonders zu erwähnen sind Loyalitäten: Der Partner oder die Partnerin kann angegriffen worden sein, kann sich blamiert haben, kann Niederlagen erlitten

haben, kann Rechtsverfehlungen begangen haben, und man hat loyal zu ihm oder ihr gestanden.

- Schließlich sind als besonders wichtig die Verzichtleistungen zu nennen, die man für den Partner oder die Partnerin auf sich genommen hat. Dies kann der Verzicht auf Karriere sein, wie das vielfach bei Frauen nach der Geburt von Kindern der Fall ist, der Verzicht auf Kinder, die vielleicht die Karriere der Frau oder des Mannes behindert hätten, der Verzicht auf Kontakte (mit der eigenen Familie, mit früheren Freunden), der Verzicht auf die Pflege von Interessen, der Verzicht auf religiöse und soziale Engagements, die Lebenssinn und Identität vermittelt hätten usw.
- Nicht nur Positives, sondern Lasten und Belastungen werden ausgetauscht: Ansprüche, Launen, Depressionen, Behinderungen, Kränkungen u. a. m.

Ausgewogenheit. Als Prinzipien der Gerechtigkeit in Austauschbeziehungen wurden bereits genannt (vgl. S. 112 ff.): Ausgewogenheit im Sinne gleicher Relation von Investition und Ertrag, Reziprozität im Sinne von Leistung und Gegenleistung. Bei einer Scheidung, also dem Aufgeben einer vormals nahen Beziehung, mag Parität, d. h. Gleichheit, etwa bezogen auf Einkommen und Vermögen, auf Sozialstatus u. a. m. hinzukommen: Ungleichheiten, die vormals durch Zuneigung ausgeglichen waren, werden jetzt als auszugleichend präsentiert.

Typischerweise beanspruchen Partner in einer guten Beziehung keine Ausgewogenheit in den einzelnen Sektoren. Unausgewogenheit zu tolerieren, ist Ausdruck der Zuneigung. Alles ist durch Liebe auszugleichen, vielleicht auch durch die Anerkennung, die wichtigste Bezugsperson im Leben der/des anderen zu sein.

Es ist nun aber auch ein psychologischer Tatbestand, dass die zuvor erlebte Zuneigung durch die Zurücknahme dieser Zuneigung entwertet wird. Ebenso wird die zuvor erfahrene Anerkennung, die wichtigste Bezugsperson zu sein, durch die Zurücknahme dieser Anerkennung nichtig. Das heißt, nach einer Trennung oder nach Mitteilung des Scheidungswunsches ändert sich die subjektive Bewertung der Ausgewogenheit der Beziehung radikal, wenn Zuneigung und Anerkennung als Ausgleich für eigene Investitionen, Leistungen usw. gewertet wurden. Nach Trennung und Bekanntwerden des Scheidungswunsches wird eine ganz andere Rechnung der Ausgewogenheit aufgemacht.

Für Mediatoren ist wichtig, dass – für eine nachhaltige Einigung – eine Klärung der nun veränderten subjektiven Bilanzierungen der Austauschgerechtigkeit erforderlich sein kann. Ob beiderseitige subjektive Ausgewogenheit durch eine Scheidungsvereinbarung erreichbar ist, das kann nicht garantiert werden. Aber schon die Kommunikation des Verständnisses für die subjektiven Einschätzungen der anderen Partei und die Anerkennung der Unausgewogenheit kann ein Schritt zu einer versöhnlicheren Bewertung und eine Verbesserung der Beziehung bedeuten.

Die Schuldfrage

Es ist eine wichtige Frage in der Scheidungsmediation, ob Schuldzuschreibungen gemacht werden.

> **!** Die Schuldvorwürfe müssen nicht offen geäußert werden, sie können latent bleiben. Wenn sie latent bleiben, müssen Mediatoren damit rechnen, dass die Schuldvorwürfe einen verdeckten Ausdruck finden. Da Schuldvorwürfe Wünsche nach Vergeltung und nach Bestrafung implizieren können – zumindest solange die Schuld nicht eingestanden ist und die Schuldigen nicht um Verzeihung gebeten haben –, kann manche Forderung und mancher Widerstand gegen eine Einigung, vor allem aber manche emotionale Heftigkeit in der Auseinandersetzung ein Ausdruck latenter Schuldvorwürfe sein. In der Mediation sind die subjektiven Schuldvorwürfe ernst zu nehmen, gerade weil sie nicht justiziabel sind, also nur außerhalb des Gerichtes geltend gemacht werden können.

Wie können Schuldvorwürfe begründet sein? In Aussageform gefasst, können sie z. B. bedeuten:

- „Unsere Ehe war nicht befristet, sondern unbefristet gedacht. Etwas anderes ist nie zwischen uns ausgesprochen worden."
- „Die Scheidung ist ein Bruch unseres (impliziten) Vertrages, unseres gegenseitigen Versprechens der lebenslangen Gemeinschaft."
- „Du hast eine Norm gebrochen, die Norm der Treue (oder das Sakrament der unauflöslichen Ehe)."
- „Du hast den Bruch herbeigeführt, du bist verantwortlich dafür. Ich habe dazu keinen Anlass gegeben."
- „Du hast keine akzeptable Rechtfertigung für den Bruch der Ehe, zumindest kannst du mein Verhalten und meine Haltungen dir gegenüber nicht als Rechtfertigung heranziehen. Ganz im Gegenteil: Ich habe dich nach besten Kräften gestützt, und ich war immer loyal."
- „Durch den Bruch der Ehe bin ich benachteiligt. Ich bin auch gekränkt, gedemütigt. Ich bin betrogen um eine Zukunft, auf die ich Anspruch habe."

Und die Folgerung daraus könnte in die Aussagen gekleidet werden:

- „Das ist sträflich."
- „Wenn ich die Macht hätte, würdest du das büßen!"

Da das Rechtssystem eine Strafe nicht mehr zulässt, bleibt nur Selbstjustiz. Wie wird Selbstjustiz realisiert? Beispielsweise durch üble Nachrede, auch gegenüber den gemeinsamen Kindern, den Angehörigen und Freunden, durch Schikane bei der Verkehrsrechtsregelung mit Kindern. Vor der Novellierung des Kindschaftsrechts 1998 war auch die Beanspruchung des alleinigen Sorgerechts eine Möglichkeit. Andere Möglichkeiten sind bewusste Minderungen des eigenen Einkommens, um Unterhaltszahlungen zu vermeiden (z. B. indem absichtlich in der Arbeitslosigkeit verblieben wird oder indem Nebentätigkeiten eingeschränkt werden) und Unregelmäßigkeiten bei Zahlungsverpflichtungen.

Aus diesen Gründen ist zu folgern, dass in der Mediation die Schuldfrage nicht ausgeklammert werden kann, wenn es das Ziel ist, nachhaltige Einigung zu erzielen. Da nun aber nur begrenzte Möglichkeiten bestehen, die Schuldfrage im Rahmen von Vermögensaufteilungen und der Aufteilung von Einkommen und Versorgungsansprüchen zu regeln, müssen zwei andere Möglichkeiten der Befriedung der Beziehung ins Auge gefasst werden: Schuldeingeständnis und die Bitte um Verzeihung einerseits, der Diskurs über Schuld andererseits.

Schuldeingeständnis und die Bitte um Verzeihung. Es entspricht einer allgemeinen Beobachtung, dass die „Opfer" von Ungerechtigkeit milde gestimmt werden und ihre Empörung gemindert wird, wenn die „Täter" ihre Schuld eingestehen und um Verzeihung bitten. Der Soziologe Goffman (1971) hat folgende fünf Elemente der echten Bitte um Verzeihung genannt:

1. Zugeständnis einer Normverletzung.
2. Übernahme der Verantwortung für das Geschehene.
3. Kein Versuch der Rechtfertigung des eigenen Handelns.
4. Ausdruck emotionaler Betroffenheit, die als Schuldgefühl verstanden werden kann.
5. Zugeständnis, dass das Opfer – und niemand sonst – die Person ist, die Verzeihung gewähren oder verweigern kann.

Diese Elemente der echten Bitte um Verzeihung schaffen wesentliche Gemeinsamkeiten zwischen „Täter" und „Opfer", nämlich die gleiche Sicht des Geschehens über Normverletzung, über Verantwortung und Schuld und die gleiche Sicht bezüglich der „Zuständigkeit" der Opfer für Verzeihung; nicht die Richter oder gute Freunde können eine Verzeihung aussprechen, sondern nur das Opfer. Und das Aussprechen der Verzeihung ist ein Gnadenakt durch das Opfer, kein Anspruch des „Täters". (Inzwischen liegen auch empirische Belege für diese Hypothese vor, vgl. Montada & Kirchhoff, 2000; Orth, 2000).

Der Diskurs über Schuld. Schuldzuschreibungen in Scheidungsfällen sind in der Regel subjektive Konstruktionen, die eine einseitige und selektive Sicht der Partnerschaftsentwicklung darstellen und auf außereheliche Beziehungen fokussieren. Die Veränderungen der Beziehung sind häufig vielfältig: die gegenseitige

Entfremdung, das Verblassen der Attraktivität, der Verlust gemeinsamer Ziele. Die Reaktionen auf eine außereheliche Beziehung wirken oft eher weiter zerrüttend als heilend. Eine Aufarbeitung der Entwicklung im Austausch sollte eine differenziertere Sicht schaffen und gegebene Einseitigkeiten der Schuldzuschreibungen einschränken. Ein Austausch über die Problematik der Schuldfrage könnte relativierend wirken. Dennoch bleibt Schuld bestehen, oft bei beiden Partnern, wenn auch vielleicht in unterschiedlichem Maße.

Selbstverständlich kann es sehr wohl sein, dass die beschuldigte Seite Rechtfertigungen vorbringt, auch in Form von Gegenvorwürfen. Dann sind Vorwürfe und Gegenvorwürfe zu klären und zu bearbeiten, d. h. die Schuldfrage ist zu klären.

Verteilungsprobleme bei der Scheidung: Spezifische Gerechtigkeitsprinzipien

Bei einer Scheidung sind nicht nur Vermögenswerte, Einkünfte und Versorgungsansprüche aufzuteilen, sondern Entscheidungen zu treffen über Wohnung, symbolische Werte, Sorge- und Verkehrsrechtsregelungen für Kinder, aber auch informelle Regelungen bezüglich der „Verkehrsrechte" mit Freunden und Verwandten, bezüglich Haustieren oder eventuell Urlaubsorten, wenn man sich nicht im Urlaub begegnen will.

Es gibt einige spezifische Prinzipien für Aufteilungen in Scheidungskonflikten, die außerhalb der rechtlichen Regelung liegen. Hier zu berücksichtigen sind Bindungen an Personen (Kinder, Freunde, Angehörige), an Tiere, an die Wohnumgebung, an Gegenstände. Ebenso sind die besonderen Bindungen von Dritten, etwa der Kinder, der Angehörigen, der Tiere zu berücksichtigen.

Darüber hinaus ist die bisherige Verteilung von Aufgaben, etwa in der Betreuung von Kindern und Angehörigen zu berücksichtigen, wobei auch die subjektiven Bedeutungen dieser Aufgaben für die Selbstverwirklichung, für das Selbstbild und für die Lebensziele der Partnerin oder des Partners bedeutsam sind.

Die Verteilungen innerhalb einer ehemals nahen Beziehung sind letztlich aber nicht isoliert als Verteilungsentscheidungen aufzufassen, sondern gehören in das Feld der Austauschbeziehungen und sind auch im Sinne eines Ausgleichs unausgewogener Austauschbilanzen vorzunehmen.

5.6 Typen von Gerechtigkeitskonflikten

Wir können zwei Entstehungstypen von Gerechtigkeitskonflikten unterscheiden:

1. Konflikte entstehen, weil bei Verteilungsfragen *unterschiedliche* Gerechtigkeitsprinzipien angewendet werden (z. B. Entlohnung nach Leistung oder nach Seniorität).

2. Konflikte entstehen, obwohl das *gleiche* Gerechtigkeitsprinzip angewendet wird (z. B. Entlohnung nach Leistung), weil die Frage, wer welche Leistungen erbracht hat, zum Konflikt wird.

5.6.1 Anwendung *unterschiedlicher* Gerechtigkeitsprinzipien

Der Überblick in Kap. 5.4 über Prinzipien der Gerechtigkeit und die unterschiedlichen Domänen kann nicht vollständig sein, denn Vorstellungen über Gerechtigkeit sind soziale Konstruktionen, die sich historisch wandeln. Es gibt unterschiedliche Gerechtigkeitskulturen, was Walzer (1992) mit historischen, ethnologischen und kulturvergleichenden Beschreibungen eindrucksvoll illustriert hat. In empirischen Kulturvergleichen ist beispielsweise belegt, dass sozialistische Kulturen Gleichheit als Verteilungsprinzip bevorzugen, liberale Kulturen dagegen selbstverantwortliche Leistung (Klügel, Mason & Wegener, 1995; Wegener & Liebig, 1998). Vollständigkeit sollte auch nicht angestrebt sein. Die Auflistung hat vielmehr den Zweck, auf die Vielfalt vorfindbarer Prinzipien hinzuweisen und damit den Blick zu öffnen für individuell unterschiedliche Gerechtigkeitsvorstellungen.

BEISPIEL

Unterschiedliche Vorstellungen über Prinzipien der Gerechtigkeit sind eine erste Quelle von Konflikten. Einige Beispiele:

- Im Erbschaftsfall präferiert der eine eine Gleichverteilung unter den Geschwistern (1), die andere eine Verteilung nach Bedürftigkeit (2), der dritte vielleicht nach Verdiensten (diejenigen sollten einen größeren Anteil am Erbe erhalten, die am meisten für die Erblasserin getan haben) (3), die vierte wiederum versucht, den Willen der Erblasserin zu ergründen und entsprechend zu verteilen (4).
- Bei betriebsbedingten Entlassungen gewichten die einen die bisherigen Leistungen eines Arbeitnehmers für den Betrieb hoch (1), andere geben der Leistungsfähigkeit der Arbeitnehmer im Blick auf die Zukunft des Betriebes Vorrang (2), wieder andere wollen die Dauer der Zugehörigkeit zum Betrieb (das Senioritätsprinzip) hoch gewichten (3), andere die Bedürftigkeit, die sich etwa nach den Chancen, wieder einen anderen Arbeitsplatz zu bekommen, oder durch die familiäre Notlage bei Verlust eines Arbeitsplatzes spezifizieren lässt (4).
- In Tarifverhandlungen wollen die einen eine Sicherung oder den Ausbau der erworbenen Besitzstände der Arbeitnehmer (1), andere plädieren für kostensparende Maßnahmen, was die Wettbewerbsfähigkeit der Betriebe auf dem globalisierten Markt erhöhen, Arbeitsplätze sichern und vielleicht die Schaffung neuer Arbeitsplätze ermöglichen würde (2).
- In nahen Beziehungen wie Partnerschaften wollen die einen gleiche Aufteilung aller Aufgaben und Ressourcen (1), andere finden eine Ungleichverteilung gerecht, wenn sie den Bedürfnissen und Fähigkeiten der Partner entspricht oder für das Gesamtsystem einer Partnerschaft den größten Nutzen hat (2).

5.6.2 Anwendung *gleicher* Gerechtigkeitsprinzipien

Neben Konflikten darüber, welche Gerechtigkeitsprinzipien angewendet bzw. wie sie gewichtet werden sollen, gibt es Gerechtigkeitskonflikte auch dann, wenn dieselben Prinzipien angewendet werden. Zwei Parteien mögen überzeugt sein, dass eine Verteilung von Ressourcen nach Bedürftigkeit gerecht sei. Sie mögen sich aber darüber streiten, wer bedürftiger ist. Zwei Parteien mögen darin übereinstimmen, dass es gerecht sei, eine Schuld auszugleichen. Sie mögen sich aber über das Ausmaß der Schuld nicht einigen können.

Je allgemeiner ein Gerechtigkeitsprinzip formuliert ist, umso größer ist die Wahrscheinlichkeit, dass man bei der konkreten Anwendung dieses Prinzips in Konflikt geraten kann. Das Prinzip der Ausgewogenheit (equity) in Austauschbeziehungen ist ein solches Prinzip. Ausgewogenheit im Sinne eines gleichen Verhältnisses von Investitionen (im Sinne von Leistungen, Lasten, Kosten) auf der einen Seite und Erträgen (Gewinnen, Nutzen) auf der anderen Seite ist sehr unterschiedlich interpretierbar. Wie sehen die subjektiven Bewertungen der Investitionen und der Erträge aus? Hier können die Meinungen weit auseinander gehen.

Neben Konflikten über die angemessene Wahl von Gerechtigkeitsprinzipien gibt es also Konflikte über die Anwendung von Gerechtigkeitsprinzipien. Beide Formen von Konflikten können in der Mediation nur diskursiv, d. h. nur durch argumentative Überzeugungsversuche geklärt werden. Konflikte darüber, welche Gerechtigkeitsprinzipien angewendet werden sollen, können durch normative Relativierungen der Mediatoren bearbeitet werden. Bei Konflikten darüber, wie die Prinzipien angewendet werden sollen, muss ein differenzierter Austausch über die subjektive Sicht der Gegebenheiten stattfinden (s. u.).

5.7 Strategie zur Bearbeitung von Gerechtigkeitskonflikten

Wir unterscheiden sieben Strategien für die Bearbeitung von Gerechtigkeitskonflikten, die im Folgenden erläutert werden.

5.7.1 Gerechtigkeitsvorstellungen klären

Wie bereits erwähnt, sind zu Beginn einer Mediation die vorliegenden Gerechtigkeitskonflikte häufig nicht klar artikuliert. Sie äußern sich in Emotionen, spezifisch in der Emotion „Empörung“. Es ist gelegentlich so, dass die Parteien ihre

Gerechtigkeitsvorstellungen nicht klar artikulieren können und Hilfe benötigen. Um Artikulationshilfe leisten zu können, benötigen Mediatoren ein Repertoire von Hypothesen über Gerechtigkeitsvorstellungen. Nur klar artikulierte Gerechtigkeitsvorstellungen können bearbeitet werden.

Ausgangspunkt ist die beobachtete oder berichtete Empörung. Mediatoren sollten die Empörung nicht durch einen Verweis auf Sachlichkeit zu unterdrücken versuchen. Stattdessen kann die Empörung als Hinweis darauf akzeptiert werden, dass eine Partei eine Ungerechtigkeit befürchtet, erlebt oder erfahren hat und dass der Ausgleich oder die Vermeidung der Ungerechtigkeit ein wichtiges persönliches Anliegen ist. Sonst würde die Partei nicht heftig und emotional reagieren. Die Mediatoren werden dann darauf hinweisen, dass ein allseitiges Verständnis dieser Emotion und der zugrundeliegenden Gerechtigkeitsvorstellungen notwendig ist, um den anstehenden Konflikt produktiv bearbeiten zu können.

> **!** Die Gerechtigkeitsvorstellungen zu klären und zu artikulieren ist also ein erster Schritt.

Dabei sollten die Mediatoren im Auge behalten, dass die manifesten Konfliktgegenstände nicht identisch sein müssen mit den eigentlichen Gerechtigkeitskonflikten. Dies haben wir oben an latent bleibenden Schuldvorwürfen in Scheidungskonflikten illustriert. Als zweites Beispiel verweisen wir auf Konflikte zwischen Eltern und ihren heranwachsenden Kindern; häufig sind dies Konflikte zwischen dem Anspruch der Kinder auf Autonomie und dem Anspruch der Eltern auf Autorität und Übernahme ihrer Wertvorstellungen durch ihre Kinder. Die manifesten Konflikte über Kleidung, Haartracht, Ordnung oder Umgang mit Gleichaltrigen spiegeln den eigentlichen Konflikt nicht direkt wider. Lösungen der manifesten Konflikte führen deshalb nicht immer zu einer nachhaltigen Befriedung, weil die dahinterliegenden Ansprüche und normativen Vorstellungen nicht artikuliert und die eigentlichen Konflikte nicht bearbeitet werden.

5.7.2 Verständnis für die Gerechtigkeitsvorstellungen der anderen Parteien vermitteln

Nach der Artikulation der Gerechtigkeitsvorstellungen ist der zweite Schritt, Verständnis für die Ansprüche und normativen Vorstellungen der jeweils anderen Parteien zu vermitteln. Verständnis heißt nun nicht, dass diese Ansprüche und normativen Vorstellungen übernommen und als richtig akzeptiert werden.

Sie sollten aber von der (den) gegnerischen Partei(en) so reformuliert werden, dass sich jede Partei richtig verstanden fühlt. Wenn alle Parteien zudem dazu veranlasst werden können, Argumente für die Ansprüche der jeweils gegnerischen Parteien zu formulieren, ist schon viel erreicht.

5.7.3 Einsicht in die „Dilemmastruktur" von Gerechtigkeitskonflikten vermitteln

Die Vielfalt und Unterschiedlichkeit der Gerechtigkeitsprinzipien stellt insofern ein Problem dar, als sie nicht im Einklang miteinander sind. Das heißt, die Anwendung verschiedener Prinzipien führt zu verschiedenen Ergebnissen. Die Prinzipien sind alternative Optionen für Gerechtigkeit. Das ist so lange kein Problem, als sich alle von der Anwendung dieser Prinzipien Betroffenen einig sind, welches Prinzip denn angewendet werden soll. Wenn es hierüber Konflikte gibt oder Konflikte über die Gewichtung einzelner Prinzipien bei einer „Mischung von Prinzipien" (s. u.), dann wird der normative Charakter von Gerechtigkeitsvorstellungen zum Problem.

! Der normative Charakter von Gerechtigkeit impliziert, dass alle überzeugt sind, dass ihre individuellen Vorstellungen von Gerechtigkeit gelten. Die jeweils anderen Parteien, die eine andere Vorstellung vertreten, irren sich oder sind egoistisch, wenn sie nicht gar böswillig legitime Erwartungen verletzen. Jeder, der überzeugt ist, mit seinen Gerechtigkeitsforderungen im Recht zu sein, läuft Gefahr, gleichzeitig die abweichenden Forderungen anderer als ungerecht zurückzuweisen. Tatsächlich stehen verschiedene Gerechtigkeitsprinzipien miteinander in Konflikt.

Es ist in einer Mediation schon viel gewonnen, wenn man Gerechtigkeits*konflikte* als Gerechtigkeits*dilemmata* begreift. Ein Dilemma liegt vor, wenn zwei Normen in Konflikt geraten. Es gibt viele Normen, die in Konflikt geraten können. Die Maximen der französischen Revolution „Freiheit, Gleichheit, Brüderlichkeit" sind nicht im Einklang miteinander, und die Freiheitsrechte in der bundesdeutschen Verfassung stehen nicht im Einklang mit der Sozialverpflichtung von Privateigentum und den Teilhaberechten der Bürger am allgemeinen Wohlstand. Diese Maximen oder Grundprinzipien stehen immer wieder in Konflikt zueinander. Die Einsicht, dass gültige Werte in Konflikt geraten können und dass es Wertedilemmata gibt, ist eine wesentliche Einsicht in Gerechtigkeitskonflikte. Auf der Basis dieser Einsicht kann eine angemessene und produktive Bearbeitung von Konflikten begonnen werden.

5.7.4 Gerechtigkeitsnormen positiv relativieren

Der vierte Schritt schließlich besteht im Versuch, alle Ansprüche und Gerechtigkeitsvorstellungen zu relativieren.

Bedeutet dies, dass man einem Werterelativismus das Wort reden muss? Nein! Keines der oben aufgeführten Gerechtigkeitsprinzipien ist unbegründet. Da dies aber für alle genannten und weitere Prinzipien zutrifft, kann es nur bedeuten, dass keines dieser Prinzipien allein und in jedem Falle gilt. Einem Relativismus, der besagt: „Nichts gilt!" – wir nennen diesen den *negativen Relativismus* – stellen wir eine *positive Relativierung* gegenüber. Diese positive Relativierung besagt: „Kein Prinzip gilt alleine. Viele Prinzipien gelten" (Montada, 1997). Ein Prinzip absolut und alleinig anzuwenden, würde alle anderen Prinzipien verletzen.

Um Konflikte zu lösen, welche Prinzipien anzuwenden sind, sollten deshalb erstens die Argumente für die verschiedenen Prinzipien ausgetauscht werden. Wenn sich danach kein Konsens über die Anwendung eines Prinzips ergibt, muss man versuchen, verschiedene Prinzipien zu kombinieren. Eine Mischung von Prinzipien scheint sich in der Praxis häufig zu bewähren. Bei vielen Verteilungen knapper Güter haben sich offenbar Entscheidungsschemata herausgebildet, in denen jeweils verschiedene Gesichtspunkte Berücksichtigung finden. Zum Beispiel werden in Deutschland betriebsbedingte Entlassungen nicht nach einem einzelnen Prinzip vorgenommen. Verschiedene Prinzipien werden berücksichtigt: Seniorität, Leistung, Leistungsfähigkeit, Bedürftigkeit (im Sinne der Verantwortung für abhängige Familienangehörige) oder besondere Verdienste. Zumindest sind heftige Konflikte über diese Entscheidungen vergleichsweise selten, wie die einschlägige soziologische Forschung vermuten lässt (Elster, 1992).

5.7.5 Gerechtigkeitsnormen empirisch relativieren

Wenn die Konfliktparteien verschiedene Gerechtigkeitsprinzipien im anstehenden Konfliktfall bevorzugen, kann es hilfreich sein aufzuzeigen, dass jede der Parteien in anderen Situationen ganz andere Gerechtigkeitsprinzipien anwendet. Schon dadurch wird eine prinzipielle Berechtigung verschiedener Prinzipien subjektiv einleuchtend vermittelt. Dies ist eine Form der *empirischen Relativierung*: Alle Parteien benutzen bei unterschiedlichen Gelegenheiten verschiedene Gerechtigkeitsprinzipien.

5.7.6 Subjektive Ansprüche begründen

Oft geht der Streit nicht darum, welches Prinzip angewendet werden soll, sondern die Parteien leiten aus demselben Prinzip unterschiedliche Ansprüche ab, da sie subjektiv unterschiedliche Berechtigungen zu haben glauben. In diesem Fall müssen die Begründungen für die Ansprüche differenziert erfasst werden.

Als Beispiel sei an die Ausführungen über Scheidungsmediation erinnert; hier geht es zentral um die Ausgewogenheit der bisherigen Austauschbeziehungen. Statt in der Scheidungsmediation lediglich schematisch über Vermögensaufteilungen und Versorgungsausgleich zu verhandeln, sollten die bisherigen Austauschbeziehungen bilanziert werden, um auf der Basis dieser subjektiven Bilanzen einen gerechten Ausgleich zu versuchen. Das heißt, es ist offenzulegen, was alles in der Ehe an Ressourcen, an Leistungen, an Verzichten, an Lasten eingebracht worden ist und was als Ertrag gesehen wird. Für eine nachhaltige Bereinigung kommt man an der Klärung der subjektiven Bilanzierungen nicht vorbei.

5.7.7 Prinzipien der Verfahrensgerechtigkeit einhalten

Abschließend nochmals ein Wort zur Verfahrensgerechtigkeit. Wie bereits gesagt, hat die psychologische Forschung zur Verfahrensgerechtigkeit immer wieder belegt, dass ein als fair erlebtes Verfahren dazu beiträgt, Entscheidungen zu akzeptieren, auch wenn diese Entscheidungen ungünstiger sind als gewünscht und erwartet. Die Mediation ist ein Verfahrensmodell, in dem viele Prinzipien der Verfahrensgerechtigkeit zum Regelwerk gehören. Das Verfahren sollte also als gerecht eingeschätzt werden. Im Unterschied etwa zu anderen Verfahren der Konfliktregelung (z. B. durch Richter oder Schlichter) wird eine Entscheidung nicht durch Dritte, sondern durch die Konfliktparteien selbst getroffen. Das heißt, die Parteien haben Kontrolle über den Ausgang.

Man könnte annehmen, dass aufgrund dieser Kontrolle über den Ausgang in der Mediation der erlebten Fairness eine geringere Bedeutung zukommt als im Gerichtsverfahren und in der Schlichtung. Wir sehen das nicht so. Der Vertrag, den die Konfliktparteien in der Mediation schließen (s. Kap. 8.1.5), setzt die innere Zustimmung zu den getroffenen Vereinbarungen voraus. Je fairer die Verfahrensführung erlebt wird, umso eher werden die Parteien bereit sein, die Vereinbarungen als gerecht zu akzeptieren.

Für die erlebte Fairness des Verfahrens in der Mediation ist dabei nicht nur das Verhalten der Mediatoren bedeutsam. Die Mediation ist eine gemeinsame Konfliktbearbeitung durch die Parteien und die Mediatoren. Die Fairness des Verfahrens wird also auch am Verhalten der gegnerischen Partei(en) festgemacht.

Deshalb erscheint es angebracht, wenn die Mediatoren die Parteien über Grundsätze der Verfahrensgerechtigkeit informieren und sie anhalten, diese Grundsätze zu befolgen.

Nun kann man Konfliktparteien nicht darauf verpflichten, unparteilich zu sein, was ein wesentliches Prinzip der Verfahrensgerechtigkeit ist. Aber man kann Konfliktparteien darauf verpflichten, die Positionen und Argumente der gegnerischen Partei nicht nur anzuhören, sondern zu belegen, dass man die Positionen der anderen Partei verstanden hat, indem man deren Argumente eigenständig reformuliert. Wenn dieses gekoppelt ist mit einer respektvollen und wertschätzenden Haltung, die Lind und Tyler (1988) und andere als bedeutsam nachgewiesen haben, ist eine gute Voraussetzung geschaffen, dass die Mediation als faires Verfahren erlebt wird. Unter dieser Voraussetzung ist es leichter, eine Vereinbarung zu treffen, und die nachhaltige Akzeptanz dieser Vereinbarung wird wahrscheinlicher.

5.8 Gerechtigkeit in der Konfliktlösung

Es gibt verschiedene Zusammenhänge zwischen Gerechtigkeitsnormen und Konflikten. Grundsätzlich sind vier zu nennen (vgl. Mikula & Wenzel, 2000):

1. Gerechtigkeitsnormen können Konflikte insofern erzeugen, als eine wahrgenommene Normverletzung der anderen Seite Anlass zum Konflikt gibt.
2. Geteilte Normen können Konflikte verhindern, weil sie die Ansprüche der Parteien kompatibel machen (z. B. wenn die Parteien dieselben Verteilungs- oder Austauschnormen in ihrem Verhalten und in ihren Erwartungen berücksichtigen).
3. Normen können die Bearbeitung von Konflikten regeln, etwa die Norm der Gewaltlosigkeit in der Konfliktregulation oder Fairnessvorstellungen für Verhandlung und Verfahren.
4. Normen können zur Findung einer inhaltlichen Lösung eines Konflikts beitragen, wenn man die Lösung auf gemeinsam akzeptierte Normen hinführt.

Wir sind fest davon überzeugt, dass nachhaltige Konfliktlösungen eine Verständigung über die erlebten Ungerechtigkeiten erfordern und darüber, was denn gerechte Lösungen wären (Mähler & Mähler, 2000). In der einschlägigen Literatur wird das entweder nicht diskutiert, wie die Einsicht in die Schlagwortregister bestätigt, oder aber eher skeptisch bewertet (vgl. Pruitt & Carnevale, 1993).

Im → Harvard-Modell empfehlen Fisher und Ury (1981), für Verhandlungslösungen objektive Kriterien, also eine prinzipiengeleitete Lösung zu suchen. Das können auch Kriterien der Gerechtigkeit sein. Pruitt und Carnevale (1993) halten dem entgegen, dass Übereinkünfte unter dieser Zielsetzung nur dann wahrscheinlich werden, *wenn* die Parteien den Standard/das Prinzip der Gerechtigkeit akzeptieren, *wenn* sie die Interpretation des Prinzips im konkreten Fall akzeptieren und *wenn* konkrete Informationen vorliegen, die eine unzweifelhafte Anwendung des Prinzips erlauben. „But these are big ifs“ (S. 125). Sie vertreten die Meinung, dass die Parteien besser beraten seien zu feilschen, als nach Prinzipien zu suchen. Die Geschichte sei voll von gescheiterten Verhandlungen, weil Prinzipien im Wege standen, statt nach beidseitigen oder allseitigen Vorteilen zu suchen. Auch Kolb und Rubin (1991) empfehlen, vorsichtig zu sein, wenn Prinzipien und nicht die Pragmatik zum zentralen Thema in einem Konflikt werden.

Diese Sicht ist insofern realitätsfern, als erlebte Ungerechtigkeit in sehr vielen Konfliktsituationen eine entscheidende Rolle spielt und nicht übergangen werden kann, zumindest nicht außerhalb des Basars und dem rein ökonomischen Verhandeln. Man sollte sich deshalb mit der Frage beschäftigen, wie man mit den häufig sehr einseitigen und eingeschränkten normativen Überzeugungen der Parteien umgehen kann, d. h. wie man eine prinzipienbasierte Einseitigkeit und Rigidität reduzieren kann.

Der Philosoph Michael Walzer (1992) hat den Begriff der komplexen Gleichheit von Verteilungen geprägt, der sozusagen als Modell für Relativierungen und für die Vermeidung von Einseitigkeiten dienen und in der Mediation produktiv genutzt werden kann. Komplexe Gleichheit kann auch bei großen Ungleichheiten in einzelnen Bereichen bestehen. Die einen haben mehr materielle Güter, andere ein befriedigenderes familiäres Leben, wieder andere befriedigendere Interessen, andere weniger Verantwortung, andere ein reiches musisches und geistiges Leben oder eine tiefe religiöse Bindung. All dies kann als Ressource gesehen werden. Da auch die Wichtigkeiten der verschiedenen Ressourcen für verschiedene Personen sehr unterschiedlich sein können, ist es durchaus möglich, dass trotz großer Ungleichheiten in einzelnen Bereichen in einer Zusammenschau der komplexen Verhältnisse Gleichheit der subjektiven Lebensverhältnisse angenommen werden kann. Diese Ungleichheiten in einzelnen Bereichen sind so zu relativieren.

6 Emotionen

Konflikte sind emotional nicht neutral. Emotionen können deshalb aus Mediationsverfahren nicht herausgehalten werden, auch wenn Mediatoren das gerne möchten und an die Streitparteien appellieren, sachlich zu bleiben. Selbst wenn die Beteiligten versuchen, ihre Emotionen zu unterdrücken und sie nicht direkt äußern, bedeutet das nicht, dass die Emotionen ausgeschaltet wären und das Verfahren nicht mehr belasten. Es gibt viele Gründe, weshalb man sich in der Mediation mit den Emotionen der Parteien befassen sollte (Kap. 6.1). Wie man in produktiver Weise mit Emotionen umgehen kann, ist in den nachfolgenden Abschnitten dargestellt.
Was sind Emotionen, welche Funktionen haben sie, wie sind sie zu definieren? Diese Frage ist Gegenstand des Kapitels 6.2.
Es gibt viele verschiedene belastende Emotionen in Konflikten und in der Mediation, die in unterschiedlicher Weise das Verfahren belasten und eine tragfähige Konfliktbeilegung verhindern können (Kap. 6.3).
In exemplarischer Vertiefung wird die Emotion „Empörung" behandelt, die regelmäßig bei erlebter, subjektiv wahrgenommener Ungerechtigkeit auftritt. Ein kognitives Strukturmodell von Empörung wird vorgestellt, das Ansatzpunkte liefert für eine Steuerung und Dämpfung dieser Emotion (Kap. 6.4).
Der in Kapitel 6.4 vorgestellte Ansatz der Emotionsanalyse und Steuerung wird in Kapitel 6.5 an einigen weiteren Emotionen illustriert.
Weitere Möglichkeiten und Chancen eines konstruktiven Umgangs mit Emotionen werden in Kapitel 6.6 knapp umrissen.

6.1 Soll man Emotionen aus der Mediation heraushalten?

Wir haben bereits in Kapitel 3 kritisch Stellung bezogen zu der verbreiteten Empfehlung, zu Sachlichkeit zu ermahnen und an die Konfliktparteien zu appellieren, das Mediationsverfahren nicht durch Emotionen zu belasten. Wir haben gesagt, dass sich die vermeintliche Versachlichung nicht erzwingen lässt und dass die Tabuisierung von Emotionen kontraproduktiv ist. Emotionen sind durch Ausblendung noch nicht bewältigt, aber die Beteiligten erhalten den Eindruck, dass ihre drängendsten und wichtigsten Probleme und Belastungen als ungehörig und als unpassend ausgeklammert werden.

Mediatoren mögen unsicher sein, wie sie mit Emotionen umgehen können, und sie mögen zurecht fürchten, dass Emotionen außer Kontrolle geraten und dazu führen können, dass Konflikte eskalieren. Insofern ist der Appell zur Sachlichkeit nachvollziehbar. Aber man darf solche Unsicherheiten nicht als Begründung für eine Verhaltensregel in der Mediation heranziehen. Es gibt eine breite Palette von Steuerungsmöglichkeiten, die es erlauben, die Äußerung von Emotionen zuzulassen oder auch anzuregen, ohne dass es zu einer krisenhaften Entwicklung kommen muss (vgl. z. B. Montada, 1989).

ÜBERSICHT

Folgende Argumente sprechen dafür, Emotionen zuzulassen und produktiv zu bearbeiten:

- Emotionen sind ein konstitutiver Teil vieler Konflikte; darauf haben wir bereits im Zusammenhang mit Gerechtigkeitskonflikten und Empörung über erlebte Ungerechtigkeit hingewiesen.
- Die meisten Menschen haben ihre Emotionen nicht (völlig) unter Kontrolle. Das heißt, sie können auch auf die Appelle des Mediators hin ihre Gefühle nicht einfach abstellen. Wenn sie sich dennoch bemühen, den Gefühlsausdruck zu unterbinden, bindet dies Aufmerksamkeit und geistige Kapazität, die sie für eine produktive Mitarbeit am Mediationsprozess brauchen.
- Wenn die Betroffenen ihren Gefühls*ausdruck* unterdrücken, haben sie ihre Gefühle noch nicht bearbeitet. Das heißt, die gefühlsmäßige Einschätzung des Anlasses hat sich nicht verändert. Sie haben noch keine neue Perspektive eingenommen und noch keine Information erhalten, die eine neue Bewertung des Sachverhaltes nahelegen würden. Sich nicht mit ihren Gefühlen zu befassen, bringt die Betroffenen nicht weiter.
- Eine Zurückdrängung von Gefühlsäußerungen durch die Mediatoren kann als eine Form der Delegitimierung von Gefühlen verstanden werden. Da Menschen ihre Gefühle jedoch als berechtigt ansehen, wird ihr Vertrauen in die Mediatoren und das Mediationsverfahren dadurch gewiss nicht gestärkt.
- Mediatoren verlieren eine sehr wichtige Quelle von Erkenntnis über den Konflikt und über die Konfliktparteien, wenn sie sich mit den Gefühlen der Parteien nicht befassen. Gefühle sind differenzierte Indikatoren der Beziehungen der Menschen zueinander und zu den diversen Anlässen, die sie emotional bewerten. Was immer die Gefühle sind, sie zeigen an, dass das Gefühlssubjekt den Anlass wichtig nimmt. Gefühle sind Indikatoren starker Betroffenheit, und sie informieren über die Art der Betroffenheit. Sollten wir aus der Mediation ausblenden, was den Parteien besonders wichtig ist? Die Tiefenstruktur eines Konflikts erfahren wir meist nur über die Analyse der Gefühle. Gefühle sagen viel aus über die Anliegen und die Sichtweisen der Parteien.

Es ist das Ziel jeder Mediation, den Parteien zu helfen, ihre Konflikte nachhaltig zu bereinigen, und die Emotionen sind Teil oder Bedingung oder Ausdruck der Konflikte. Man kann in der Mediationsarbeit an den Emotionsanlässen ansetzen und versuchen, die Anlasskonstellation de facto zu verändern, wenn man denn sicher ist, dass der Konfliktanlass als solcher bedeutsam und nicht nur einer von vielen Konstellationen war, an denen sich ein tieferer Konflikt entzünden kann: Ein Paar kann sich beispielsweise über unendlich viele Sachverhalte streiten, die nur deshalb wichtig genommen werden, weil die abweichende Meinung des

Partners als Indiz für dessen Geringschätzung der eigenen Kompetenz und Expertise verstanden wird. Man kann auch an den Emotionen ansetzen, indem man sie analysiert, die in ihnen enthaltenen Erkenntnisse und bewertenden Einschätzungen offenlegt, um diese dann durch neue Information und durch neue Perspektiven zu relativieren oder in Frage zu stellen. Wie das zu tun ist, zeigen wir noch an einigen Emotionen exemplarisch.

Die Analyse und Bearbeitung der Emotionen in der Mediation sollte für die Parteien Modellcharakter dafür haben, wie sie sich mit ihren Emotionen auseinandersetzen und wie sie diese reflektieren und steuern können. Das wäre ein wichtiger Entwicklungsgewinn der Teilnehmer durch die Mediation.

6.2 Was sind Emotionen?

Emotionen werden weithin als irrationale Reaktionen angesehen, die einer rationalen, sachlichen Bewertung und Bewältigung einer Situation im Wege stehen. Zudem werden Emotionen als Widerfahrnisse gesehen, die das Gefühlssubjekt passiv „erleidet", das heißt, die ohne Zutun des Gefühlssubjekts entstehen und der bewussten Steuerung durch das Gefühlssubjekt mehr oder weniger entzogen sind. Beide Überzeugungen begründen die abwehrende Haltung gegen die Äußerung von Emotionen in der Mediation. Psychologisch sind diese Überzeugungen Halbwahrheiten und die darauf beruhende Haltung ist zu problematisieren.

Emotionen – einer sachlich-rationalen Situationsbewältigung hinderlich?
Es ist zutreffend, dass intensive Emotionen (Panik, Hass, Wut, Eifersucht, Liebe) es erschweren, die Ausgangslage, eigene Interessen und eigene Handlungsoptionen in einer Situation sachlich zu bewerten. Allerdings sind Emotionen durchaus „vernünftig" in dem Sinne, dass sie wichtige Informationen zur Anlasssituation liefern: Das Auftreten von Emotionen bedeutet, dass die Anlasssituation für das Gefühlssubjekt wichtig ist (Arnold, 1960), und Emotionen spezifizieren, inwiefern die Anlasssituation wichtig ist und ob und wie das Gefühlssubjekt reagieren könnte (Epstein, 1984; Lazarus, Averill & Opton, 1970).

BEISPIEL

Bedeutung der Emotionen *Angst* und *Scham*
Angst. Die Emotion *Angst* bedeutet, dass eine Person eine Bedrohung eines wichtigen Anliegens wahrnimmt und nicht sicher ist, diese Bedrohung vermeiden oder meistern zu können. Bedroht oder gefährdet sein können Leben und Gesundheit, Freiheit, sozialer Status und der gute Ruf, berufliche Sicherheit, das Vermögen oder die Beziehung zu einem geliebten Menschen. Auch wenn man nicht selbst persönlich bedroht ist, sondern ein geliebter Mensch, die eigene Gruppe oder das eigene Volk, kann Angst entstehen.

Angst motiviert dazu, vor der Gefahr zu fliehen oder die Gefahr zu vermeiden; sie kann aber auch dazu motivieren, die Gefahr zu meistern oder sich zur Wehr zu setzen.

Scham. Die Emotion *Scham* entsteht, wenn das Gefühlssubjekt glaubt, bei ihm wichtigen Personen oder in einer ihm wichtigen Öffentlichkeit an Ansehen verloren zu haben. Die Anlässe für den erlebten oder vermuteten Verlust an Ansehen sind ebenfalls vielfältig: Versagen in einer Leistungssituation, unerwartete, ehrenrührige Niederlagen in Wettbewerben, bei unehrenhaftem Verhalten ertappt werden, unangemessene Kleidung, aber auch herabsetzende, beleidigende, ironisierende Äußerungen anderer, durch andere ignoriert werden, Arbeitsaufträge unterhalb des eigenen Niveaus usw.

Man kann auch Scham erleben, wenn solches geliebten oder bewunderten anderen Personen geschieht oder wenn die eigene Gruppe oder das eigene Volk „sich blamieren".

Scham motiviert zu einem Rückzug aus der Öffentlichkeit („sich ins Mauseloch verkriechen wollen"), zur Phantasie kompensierender Höchstleistungen und Heldentaten, welche die Ehre wiederherstellen, gelegentlich aber auch zu Racheakten, welche die Beschämung ausgleichen sollen, selbst zu Tötungsdelikten (Toch, 1969). Die in früheren Zeiten normativ vorgeschriebenen Duellforderungen nach Beleidigungen hatten diesen Hintergrund. Auch an eine „Vorwärtsverteidigung" der eigenen Ehre ist zu denken: Jugendliche und Erwachsene mit einem labilen Selbstwertbewusstsein reagieren oft aggressiv auf jeden vermeintlichen Angriff, und ein Teil der Jugenddelinquenz ist als Kompensation von Selbstwertproblemen zu interpretieren (Streng, 1995).

Jeder Emotion liegen spezifische „Erkenntnisse" des Subjektes über die Anlasssituation und über die eigenen Handlungsmöglichkeiten oder -beschränkungen zugrunde. Diese „Erkenntnisse" müssen nicht zutreffen. Sie sind subjektiv. Sie sind oft falsch, werden aber in intensiven Emotionen als gewiss genommen. Ziel der Analyse von Emotionen ist es, diese subjektiven Erkenntnisse in Erfahrung zu bringen und zu erkunden, für welche Anliegen des Gefühlssubjektes der Anlass wichtig ist. Diese Analyse ist Voraussetzung für das Verständnis einer Emotion. Gleichzeitig bietet die Analyse Ansatzpunkte für eine Minderung der Emotionsintensität. Wenn die der Emotion zugrunde liegenden subjektiven Erkenntnisse bekannt und expliziert sind, können sie reflektiert werden und es kann geprüft werden, ob sie zutreffen oder nicht. Es kann auch reflektiert werden, ob der Anlass wirklich so wichtig ist, wie er erscheint (Montada, 1992b; Montada, 1994).

Emotionen liegen immer subjektive Erkenntnisse und Einschätzungen über den Anlass zugrunde, aber dies ist nur eine, die kognitiv-wertende Komponente von Emotionen. Emotionen können als „Syndrom mit fünf Komponenten" beschrieben werden (vgl. auch Arnold, 1960; Frijda, 1987; Montada, 1989).

ÜBERSICHT

Emotionen als Syndrom mit fünf Komponenten

1. **Erlebnisqualität.** Emotionen haben eine spezifische Erlebnisqualität, die wir introspektiv unterscheiden: das Erleben von Stolz, von Schuld, von Wut, von Neid usw. hat je spezifische Qualität, die sprachlich nicht leicht zu fassen ist.
2. **Kognitionen.** Emotionen liegen Erkenntnisse und bewertende Einschätzungen des Gefühlssubjekts über einen Anlass zugrunde: Immer wird der Anlass als wichtig bewertet, sonst gäbe es keine emotionale Bewertung; der Anlass wird als erfreulich oder unerfreulich eingeschätzt. Auch die Bezüge des Subjekts zum Anlass sind spezifisch für jede Emotion: Angst beruht auf der Bewertung, dass ein Risiko besteht, das nicht sicher gemeistert werden kann; Empörung beruht auf der Bewertung, ungerecht behandelt worden zu sein.
3. **Emotionsausdruck.** Emotionen haben einen je spezifischen Ausdruck: in der Mimik, der Haltung, dem Muskeltonus, der Intonation der Sprache, im Weinen.
4. **Biophysiologische Komponente.** Emotionen sind begleitet von einem spezifischen Muster biophysiologischer Veränderungen.
5. **Handlungsdispositionen.** Emotionen legen bestimmte Verhaltensweisen nahe: Angst disponiert zu Flucht oder Vermeidung, Wut zum Angriff usw.

(vgl. zum Überblick Schmidt-Atzert, 1996)

Für die *Steuerung* von Emotionen ist jedoch die kognitiv-wertende Komponente die wichtigste. Die Erkenntnisse und wertenden Einschätzungen lassen sich als Ansatzpunkt nutzen, um zu versuchen, Emotionen zu dämpfen oder zu verändern. Man kann den Wahrheitsgehalt von subjektiven Erkenntnissen hinterfragen und evtl. durch neue Informationen korrigieren. Man kann vermitteln, dass es sich eher um Vermutungen oder Hypothesen als um gesichertes Wissen handelt und dass die wertenden Einschätzungen von der eingenommenen Perspektive abhängen, die man verändern kann (Montada, 1989).

Da sich die Bezüge des Gefühlssubjekts zum Anlass der Emotion in dieser kognitiv-wertenden Komponente spiegeln und fassen lassen, ist es auch möglich, herauszuarbeiten, was das Gefühlssubjekt selbst zu dieser Emotion beigetragen hat. Wir sind damit bei der zweiten eingangs genannten Halbwahrheit.

Emotionen – passiv erfahren, bewusster Steuerung entzogen?

Ist es tatsächlich so, dass das Gefühlssubjekt seine Emotionen passiv erfährt, als verursacht durch die Anlässe (auch durch andere Personen, die Anlass gegeben haben), als Widerfahrnisse, die seiner bewussten Steuerung entzogen sind? So kommt es in sprachlichen Beschreibungen von Emotionen zum Ausdruck: „Panik überfiel mich“, „Wut kochte in mir hoch“ oder „Neid flog mich an“. Tatsächlich neigen Menschen dazu, ihre eigenen Beiträge und Voraussetzungen bei der Bildung von Emotionen zu übersehen. Sie erklären diese nicht mit

„internalen Faktoren", also nicht mit den eigenen Anliegen, Eigenschaften, Voreingenommenheiten, normativen Überzeugungen, usw., während sie durchaus dazu tendieren, die Gefühle anderer Menschen auf deren Fehler, Eigenschaften und Einstellungen zurückzuführen.

Es ist ein wichtiges Ziel in der Bearbeitung von Emotionen, die „internalen Faktoren" bewusst zu machen, insbesondere bei belastenden Emotionen, die sich auf andere Menschen beziehen, wie Empörung, Feindseligkeit, Wut. Die Gefühlssubjekte haben durchaus Möglichkeiten der Steuerung ihrer Emotionen: indem sie die Wichtigkeit der betroffenen Anliegen überdenken, indem sie überprüfen, ob die subjektive Einschätzung der Anlasssituation richtig ist, indem sie sich die internalen Faktoren bewusst machen, die zur Entstehung der Emotion beigetragen haben und indem sie die eigenen Handlungsmöglichkeiten in der Anlasssituation überprüfen (Montada, 1989).

Als Beleg für die Selbststeuerungsmöglichkeiten von Emotionen kann auf Menschen verwiesen werden, die schwerwiegende Verluste durch „Schicksalsschläge" erlitten haben (z. B. Querschnittslähmung nach einem Unfall, Verlust des Arbeitsplatzes, Verlust der Leistungsfähigkeit durch Krankheit oder Alter) und darauf mit heftigen Emotionen reagieren, etwa mit Empörung, Verbitterung, Schuld, Neid, Angst, Scham oder Hilflosigkeit. Diese Emotionen sind sehr belastend, wenn sie nicht kontrolliert werden. Viele Opfer solcher Verluste erarbeiten sich Möglichkeiten, ihre Emotionen zu steuern, z. B. indem sie ihre Anliegen neu bewerten, sich neue Lebensziele setzen, Verursachungen und Verantwortlichkeiten in Frage stellen sowie sich auf die vorhandenen bzw. verbliebenen eigenen Ressourcen und Stärken besinnen (Montada, 1994).

Bei wiederkehrenden heftigen Emotionen über einen Anlass ist auch daran zu denken, dass das Gefühlssubjekt diese Emotionen immer wieder nährt, indem es den Anlass „wiederkäut" und die subjektive Sicht des Anlasses und seiner Wichtigkeit ebenfalls. In diesem Fall sind die Emotionen nicht mehr nur durch den Anlass provoziert, sie sind auch selbst generiert und genährt, auch dadurch, dass man Kontakte mit Menschen präferiert, welche die Berechtigung der eigenen Emotionen bestätigen und diese eher schüren oder stabilisieren, statt sie durch besonnene Reflexion und weise Relativierung zu dämpfen.

Reflexion der Emotionen. Die Mediation ist eine Gelegenheit, über die belastenden eigenen Emotionen unter kundiger Anleitung zu reflektieren. Auch wenn Emotionen durch eine angemessene Bewertung eines Anlasses entstanden sein sollten, wird durch Reflexion die Steuerung ihrer Intensität und damit eine Reduktion der erlebten Belastung möglich (Montada, 1989).

Für die Kommunikation über Emotionen sind übrigens bei kompetenten Sprachbenutzern die Gefühlsbegriffe der Kultursprache meist, aber nicht immer ausreichend (Reisenzein & Hofmann, 1988). Die Gefühlsbegriffe werden nicht von allen in exakt denselben Bedeutungen verwendet. Deshalb ist es unerlässlich, genauer zu konkretisieren, was der Anlass ist und wie die Bezüge zwischen Gefühlssubjekt und Anlass bewertet werden. Für diese Konkretisierung ist es hilfreich, das Muster der subjektiven Erkenntnisse, das den Gefühlen zugrunde liegt, als „kognitive Gefühlsmodelle“ zu spezifizieren. Mit den Komponenten solcher Modelle können Gefühlsanlässe präzise beschrieben werden (vgl. z. B. Montada, 1995 a). Diese Komponenten eignen sich auch in hervorragender Weise zur Steuerung von Emotionen, wie wir in den Kapiteln 6.4 und 6.5 exemplarisch aufzeigen werden. Zuvor wollen wir mit einigen Beispielen illustrieren, wie Emotionen den Verlauf einer Mediation belasten können, wenn sie nicht bearbeitet werden.

6.3 Belastungen durch Emotionen

In Mediationen können viele verschiedene Emotionen auftreten und in der einen oder anderen Weise belastend wirken.

Scham. Es kann zu Scham kommen wegen eines unehrenhaften Verhaltens oder eines Versagens, das aufgedeckt wird. Scham kann motivieren, die wahren Anliegen in der Mediation zu verschweigen. Scham kann zu falschen Konzessionen motivieren oder auch zum Abbruch der Mediation. Wer sich schämt, beschäftigt sich mit dem Verlust des Ansehens und wie dieses wiederherstellbar ist, statt sich auf den produktiven Fortgang des Mediationsprozesses zu konzentrieren.

Ängste. Es kann zu Ängsten verschiedener Art kommen, z. B. zu Angst, in der Vereinbarung materiell schlecht abzuschneiden oder die Konsequenzen einer Entscheidung nicht zu überschauen und damit Angst vor einer Entscheidung; zu Angst, wegen des Ergebnisses kritisiert zu werden, z. B. von der Basis der Umweltgruppe, die man vertreten hat, oder von den Vorgesetzten in der Behörde, die man vertreten hat, oder von Angehörigen in einer Scheidungs- oder Erbschaftsmediation; oder zu Angst, sich im Mediationsverfahren nicht gut ausdrücken zu können und sich damit zu blamieren.

Ängste disponieren zu Vorsicht, zur Vermeidung von Risiken. Das kann dazu führen, dass eine produktive Mitarbeit unterbleibt, dass keine Entscheidungen getroffen werden oder dass jeder Schritt unverhältnismäßig lange bedacht oder mit Dritten beraten wird.

Eifersucht. Eifersucht kann in allen nahen Beziehungen auftreten, auch während der Mediation. Eifersucht überlagert sachliche Lösungsversuche, weil die Beziehungsprobleme Priorität haben.

Kränkungen. Kränkungen kann es etwa durch Verdächtigungen, abwertende Äußerungen, Unterstellung unlauterer Motive, ironisierende Bemerkungen, Diskreditierung erbrachter Leistungen und Verzichte geben. Kränkungen motivieren zu Gegenwehr oder zu beleidigtem Rückzug und Einstellung der Kooperation.

Misstrauen. Misstrauen gegenüber der Gegenseite bezüglich ihrer Ehrlichkeit, ihrer Motive, ihrer Verlässlichkeit, aber auch gegenüber dem Mediator bezüglich dessen Allparteilichkeit vergiftet das Klima und blockiert jeden Fortschritt.

Ungeduld wegen des als schleppend erlebten Fortgangs des Verfahrens oder wegen langatmiger Äußerungen der Beteiligten oder wegen „Begriffsstutzigkeit" der Gegenseite. Ungeduld führt zu eigenen Fehlern und zu Fehlern der anderen Seite, die dadurch bei ihren Erläuterungen und Abwägungen irritiert wird.

Ärger. Ärger kann verschiedene Ursachen haben: Zum Beispiel gibt es Ärger über die Eitelkeiten der anderen Partei, sich in der Verhandlung als überlegen darstellen zu wollen oder Fehler nicht eingestehen zu wollen. Ärger über die andere Seite reduziert Konzessionsbereitschaft und stört die sachliche Erörterung. Ärger kann es auch wegen eines eigenen Fehlers geben, z. B. wegen einer voreiligen Konzession oder wegen einer Unbeherrschtheit. Ärger über einen eigenen Fehler bindet die Aufmerksamkeit, stört insofern eine konstruktive weitere Mitarbeit und kann darüber hinaus dazu führen, auf einem anderen Feld eine Kompensation des eigenen Fehlers zu erreichen, was dann die Gegenpartei irritieren wird.

Überdruss aufgrund wiederholter Darstellungen der Sicht der Gegenseite, die man schon „hundertmal" gehört hat. Überdruss verhindert die angemessene Kommunikation der Probleme und damit die produktive Bearbeitung.

Schuldgefühle gegenüber Dritten, deren Anliegen eine Partei vertreten will. Schuldgefühle gegenüber Dritten machen unfrei bezüglich der Entscheidungen und kollidieren mit der Verfolgung weiterer eigener Anliegen.

Feindseligkeit gegenüber der Gegenseite bis hin zu Hass, weil man sich gegen deren Angriffe, Kränkungen und Beeinträchtigungen nicht wirksam schützen kann. Feindseligkeit motiviert zu Schädigungen der anderen Seite, deren Verfolgung wichtiger als die der eigenen Interessen werden kann und sogar den Abbruch der Mediation zur Folge haben kann. Vor allem aber: Feindseligkeit wird oft mit Feindseligkeit beantwortet, führt also leicht zu einer Eskalation des Konflikts.

Empörung wegen erfahrener Ungerechtigkeit, versuchter Täuschung, falscher Information usw. Empörung lässt eine sachliche Erörterung der anstehenden Fragen nicht zu, sie disponiert zu Vorwürfen, Bestrafung und Vergeltung. Diese werden oft mit gleicher Münze zurückgezahlt, wodurch dann Eskalation droht.

> ! Mediatoren müssen auf solche Emotionen gefasst sein und versuchen, sie zu erkennen: aus dem Ausdrucksverhalten, aus den Inhalten der sprachlichen Äußerungen und aus dem allgemeinen Verhalten. Wenn sie bei einer Partei eine Emotion vermuten und eine aktuelle oder künftige Belastung des Verfahrens befürchten, ist es angezeigt, nachzufragen und im Falle der Bestätigung anzubieten, über den Anlass der Emotion zu reden. Wenn diese Emotion eine gravierende Belastung für den produktiven Fortgang des Verfahrens bedeutet, muss sie bearbeitet werden. Zu kühler Sachlichkeit zu ermahnen, wird in sehr vielen Fällen nicht ausreichen, die emotionalisierten Parteien zu motivieren oder gar zu befähigen, ihre Gefühle zu steuern.

Wie man Gefühle analysiert und bearbeitet, kann hier nur exemplarisch an wenigen Emotionen differenziert dargestellt werden. Eingehend wollen wir die in der Mediation wohl häufigste belastende Emotion – die Empörung – behandeln.

6.4 Ein Beispiel für Analyse und Steuerung von Emotionen: „Empörung"

Die Methode der Analyse von Emotionen soll am Beispiel der Emotion Empörung exemplarisch und ausführlicher illustriert werden, weil diese Emotion in Konflikten und in der Mediation regelmäßig dann zu erwarten ist, wenn die Parteien sich ungerecht behandelt fühlen. Die Emotion, die wir Empörung nennen, wird im Alltag und in der psychologischen Literatur (z. B. Averill, 1983) oft „Ärger" genannt. Wir bevorzugen den Terminus „Empörung", weil der Terminus „Ärger" in der Kultursprache mehrere Bedeutungen haben kann. Man kann sich auch über sich selbst ärgern und über Gegebenheiten, für die niemand verantwortlich gemacht werden kann (z. B. über das Wetter), und auch über Frustrationen, die keine Normverletzung beinhalten.

6.4.1 Empörung erklären

Für die Analyse von Empörung dient ein empirisch gut belegtes Modell mit folgenden *subjektiven* Erkenntnissen und Bewertungen:

ÜBERSICHT

Empörung kommt auf

- Man nimmt wahr oder erwartet: eine Norm- und/oder Anspruchsverletzung durch einen anderen Akteur oder durch mehrere Akteure;
- das Gefühlssubjekt ist betroffen, weil dadurch wichtige eigene Anliegen oder die Anliegen einer anderen Person oder Gruppe, mit der sich das Gefühlssubjekt identifiziert oder solidarisiert, verletzt sind;
- es hält den Akteur/die Akteure für verantwortlich und
- konstatiert das Fehlen akzeptabler Rechtfertigungsgründe für das Handeln des Akteurs/der Akteure (Bernhardt, 2000; Boll, 1998).

Empörung disponiert zu Schuldvorwürfen, zu Vergeltung und Bestrafung (Montada, 1992a; vgl. auch Bierhoff, 1998b). Wenn man sich gegenüber der Person oder Institution, über die man sich empört, unterlegen und ohnmächtig fühlt, entwickelt sich Feindseligkeit und Hass (Fürntratt, 1974; Hilgefort, 1998; Montada & Boll, 1988).

Die konfliktrelevanten Anlässe für Empörung sind vielzählig. Wir nennen nur einige Beispiele:

- In Partnerschaften: „einsame" Entscheidungen ohne Absprache; auf wichtige Anliegen des Partners nicht eingehen; Abwertung von ästhetischen Urteilen, von Meinungen oder von Vorschlägen des Partners; Nicht-Einhalten von Absprachen, Versprechen oder Verabredungen; Blockade von Interessen des Partners; fehlende Loyalität des Partners in der Öffentlichkeit.
- In Familien: ungleiche Belastung mit Familienaufgaben; Ungleichbehandlung von Kindern; Unbotmäßigkeiten von Kindern; Freiheitsbeschränkungen der Heranwachsenden; ungerechte Bewertung von Leistungen; als „falsch" bewertetes erzieherisches Handeln des anderen Elternteils.
- In Geschäftsbeziehungen: Lieferung schlechter Waren; schlampige Dienstleistungen; Terminüberschreitungen; säumige Zahlung.
- Im Umweltschutz: Missachtung von Vorschriften; Umweltsünden, die nicht geahndet werden; zu niedrige oder als zu streng eingeschätzte Normwerte für Emissionen oder Besteuerung von Emissionen; Umweltschutzmaßnahmen, die unausgewogene Vor- und Nachteile für unterschiedliche Gruppen der Bevölkerung bedeuten: Zum Beispiel entlastet der Betrieb einer Müllverbrennungsanlage in einem kleinen Dorf die große Mehrheit der Einwohner einer Verbandsgemeinde, aber belastet die Bewohner dieses Dorfes. Oder:

Emissionsauflagen für einen Betrieb, die Arbeitsplätze kosten, entlasten viele, bedeuten aber für die (vergleichsweise wenigen) Arbeitslosen einen großen Verlust.
- In der internationalen Politik: Einmischungen in innere Angelegenheiten, Gebietsforderungen, Unterstützung von Oppositionellen; Handelsbeschränkungen wie Einfuhrverbote oder hohe Zölle; ausbeuterische Vertragsgestaltung; grenzüberschreitende Emissionen in Luft und Gewässer.
- In der Mediation: Man kann sich nicht nur über die Gegenparteien empören, sondern auch über den Mediator, wenn man meint, dass dieser Partei für die Gegenseite ergreift oder das Verfahren inkompetent führt.

In all diesen Fällen sind die Kernkomponenten der Empörung zu analysieren und anschließend auf den Prüfstand zu stellen, denn sie bieten Ansatzpunkte für Veränderungen.

6.4.2 Empörung steuern und dämpfen

Die Äußerung von Empörung muss keineswegs immer negative Folgen haben. Sie bedeutet eine Erinnerung an eine geltende Norm oder erklärt, welche Normen das Gefühlssubjekt für wichtig und gültig hält. Es ist durchaus möglich, dass die Adressaten dieser emotionalen Mitteilung die Botschaft akzeptieren und einlenken, sei es, dass sie um Verzeihung bitten, dass sie eine Wiedergutmachung versuchen oder dass sie normgerechtes Verhalten für die Zukunft geloben. Es ist durchaus nicht immer so, dass die Beziehung zwischen den Beteiligten durch die Äußerung von Empörung dauerhaft belastet wird (Averill, 1983).

Aber oft genug gibt es keinen Konsens über geltende Normen und über die Ansprüche, die normativ gerechtfertigt werden. Oder die in empörtem Vorwurf zugeschriebene *Verantwortlichkeit* wird abgestritten und das eigene Handeln gerechtfertigt. Das ist selbst dann häufig, wenn der Vorwurf im Grunde eingesehen wird, denn ein heftiger Vorwurf ist immer auch ein Angriff und häufig eine Kränkung des Selbstwertes. Die spontane Reaktion darauf ist Verteidigung oder ein Gegenvorwurf.

Gegenvorwürfe müssen sachlich in keinem Zusammenhang mit den erhobenen Vorwürfen stehen, sondern können sich auf andere Handlungsfelder oder auch auf zeitlich zurückliegende Handlungen beziehen. Mit dem Gegenvorwurf wird lediglich der Versuch unternommen, die gestörte Ausgewogenheit der Austauschbeziehung wieder herzustellen, denn wer einen empörten Vorwurf erhebt, behauptet moralische Überlegenheit, schreibt der Gegenseite Schuld zu und begründet damit einen Anspruch auf Schuldausgleich.

Weil darin eine Gefahr der Eskalation von Vorwürfen und Gegenvorwürfen mit wachsender Feindseligkeit liegt, ist es für Mediatoren wichtig, sich mit den Möglichkeiten auseinanderzusetzen, diese Eskalation zu dämpfen oder zu verhindern.

Die vier Komponenten der subjektiven Bewertung (vgl. „Empörung kommt auf“, S. 142) sind Ansatzpunkte, um Empörung zu dämpfen.

Reflexion der Normen, die als verletzt wahrgenommen werden

Dies setzt eine explizite Formulierung der Normen und Ansprüche voraus, sonst ist kein Diskurs darüber möglich. Dann muss reflektiert werden,

- ob die Norm gut begründet ist,
- ob ihre Geltung allgemein anerkannt ist,
- ob spezifische Voraussetzungen für ihre Geltung zu beachten sind,
- welche unerwünschten Nebeneffekte ihre Durchsetzung haben kann.

Begründung von Normen. Normen können durch Verweis auf die kulturelle Tradition begründet werden, durch die sich eine Gemeinschaft definiert und die das Zusammenleben erleichtert. Für Konventionsnormen mag diese Begründung ausreichen, wobei kultureller Wandel dieser Normen die Funktionen der Konventionen nicht aufheben. Für sittliche Normen reicht Tradition als Begründung nicht aus (Gert, 1983). Göttliche Gebote und Verbote oder Ableitungen aus dem → Naturrecht oder aus → Menschenrechtskatalogen sind als Begründungen in Gebrauch. Seit der Aufklärung werden Vernunftgründe vorgebracht, mit der Argumentation, dass ein Gemeinschaftsleben ohne diese Normen nicht möglich ist. Funktionalistische Begründungen bietet der Utilitarismus an: Normen garantieren den größeren allgemeinen Wohlstand. Rechtsnormen wie auch die normativen Erwartungen an die Träger sozialer Rollen werden aus verschiedenen Quellen begründet (Zippelius 1994).

> **!** Ein idealer Begründungsdiskurs ist bei Konflikten über Normen in einer Mediation gewiss nicht zu leisten. Es ist jedoch wichtig, Gründe für und gegen die Geltung einer Norm oder die Alleingeltung einer Norm in der konkreten Situation, die zur Empörung geführt hat, auszutauschen. Das Ergebnis wird häufig eine Relativierung der absoluten Geltung der Norm in der fraglichen Situation sein, denn das System von Normen ist nicht widerspruchsfrei; wir haben das für Gerechtigkeitsprinzipien an Beispielen gezeigt und für die Notwendigkeit „positiver Relativierungen“ plädiert (vgl. S. 128).

Einige Beispiele, wie Normen und Ansprüche zu relativieren sind, seien zur Illustration genannt:

- Anlässlich eines Streites über Politik mit Gästen kann der Anspruch auf Loyalität des Partners in Konflikt geraten mit der Norm, die Wahrheit zu sagen, mit der Verpflichtung zu Höflichkeit gegenüber den Gästen oder mit dem Gebot, Streit zu vermeiden. Eine mögliche Begründung der Loyalitätsforderung ist die gegenseitige Pflicht der Partner, gegenüber Dritten immer Partei füreinander zu ergreifen. Diese Pflicht kann kollidieren mit der Pflicht, die Anliegen und Interessen der Gäste zu verfolgen. Die scheinbare Illoyalität könnte auch der Versuch gewesen sein, eine Eskalation eines Streites zu vermeiden, dessen langfristige Folgen nicht im Interesse des Partners lagen. Eine Begründung der Loyalitätsforderung, die Zusammengehörigkeit nach außen zu demonstrieren, kann auch den Gegenvorwurf gegen den Partner begründen: bei der Einlassung in den Streit von der gemeinsamen politischen Überzeugung abgewichen zu sein, die gemeinsame Norm der Höflichkeit gegenüber Gästen und das gemeinsame Anliegen der friedlichen Beziehungen zu diesen Gästen missachtet zu haben.

- Die Gehorsamsforderung eines Vaters gegenüber seiner 15jährigen Tochter könnte z. B. begründet sein mit der elterlichen Verantwortung, die Kinder vor Schaden zu bewahren, oder mit der materiellen Abhängigkeit der Tochter nach dem Grundsatz „Wer zahlt, bestimmt." Beide Begründungen sind zu relativieren: Die elterliche Verantwortung muss jeweils mit der wachsenden Eigenverantwortlichkeit der Kinder balanciert werden, wobei das Risiko im konkreten Konfliktfall zu spezifizieren und mit den „Verlusten und Opportunitätskosten" der Tochter im Falle der Erfüllung der Gehorsamsforderung des Vaters zu bilanzieren ist. Die zweite Begründung „Wer zahlt, bestimmt" gilt gewiss nicht generell. Die Norm, das Kindeswohl zu beachten, das eine Entwicklung des Kindes zu eigenverantwortlichem Handeln einschließt, steht dem entgegen. Die Pflicht der Eltern, für den familienangemessenen Unterhalt des Kindes zu sorgen, ist kein Freibrief für eine generelle Fremdbestimmung.
- Die Norm, die Umwelt zu schützen, kann mit den Risiken durch Umweltbelastung begründet werden, z. B. Gesundheitsrisiken für Menschen und Tiere, Risiken für die Erhaltung der Artenvielfalt, gefährliche Klimaveränderungen oder Abbau der Ozonschicht. Diese Norm kann bezüglich konkreter Umweltschutzmaßnahmen in Konflikt geraten mit ökonomischen Interessen, mit der normativen Forderung nach Erhalt von Arbeitsplätzen (z. B. wenn schärfere Emissionsnormen die Rentabilität von Unternehmen gefährden), mit Gesundheitsschutz (die Einschränkung der energieintensiven Raumklimatisierung gefährdet die Gesundheit) und mit tradierten Freiheitsrechten (auf Mobilität, auf freie wirtschaftliche Betätigung). Bei jeder konkreten Umweltschutzmaßnahme kann es Verlierer geben, die höheren Belastungen ausgesetzt werden, und damit entstehen Gerechtigkeitsprobleme: Den Gütertransport auf die Schiene zu bringen, hat für die Anrainer von Autobahnen

Entlastung, für die Anrainer von Bahnstrecken und Verladestationen zusätzliche Belastungen zur Folge.

- Die Norm der Nichteinmischung in die inneren Angelegenheiten eines Staates ist als → Völkerrechtsnorm positives Recht. Die Begründung aus der Souveränität des Staates kann konfligieren mit der moralischen Forderung der Achtung der → Menschenrechte oder mit dem Verbot von Völkermord. Außerdem ist es unter Umständen schwierig zu bestimmen, was innere Angelegenheiten eines Staates sind. Wenn z. B. wegen der politischen oder der gesundheitlichen oder der wirtschaftlichen Zustände eines Staates eine Emigrationswelle entsteht, sind andere Staaten davon betroffen. Sie sind auch betroffen durch grenzüberschreitende Schadstoffemissionen (aus Industrieanlagen, Kernkraftanlagen, Giftmüll, verrottenden ABC-Waffen-Systemen usw.). Aus diesen Betroffenheiten lassen sich Einmischungen begründen.

Ähnliche Relativierungen von Normen und Ansprüchen sind in allen Konfliktfällen möglich.

Reflexion der persönlichen Betroffenheit durch die wahrgenommene Normverletzung

Welche Verluste, welche Belastungen sind eingetreten, welche Vorteile oder Gewinne sind entgangen, welche Erlebnismöglichkeiten sind verbaut worden, kurz: Welche Probleme sind durch die Normverletzung entstanden? Dies muss zunächst explizit spezifiziert und anschließend reflektiert und relativiert werden. Häufig ist der Schaden geringer als erwartet, die entgangenen Gewinne, Vorteile und Möglichkeiten ebenfalls.

Wiederum hilft ein Blick auf die Bewältigungsstrategien der Opfer von Schicksalsschlägen, die zum Teil unwiederbringliche Verluste erlitten haben: Viele bemühen sich aktiv darum, ihre Verlustwahrnehmungen nicht zu dramatisieren, sondern zu relativieren. Ihre Strategien sind dabei z. B. Neuordnung der Prioritäten im Leben, Abwärtsvergleiche („Andere hat es schlimmer getroffen"), positive kontrafaktische Vergleiche („Es hätte schlimmer kommen können"), aktive Suche nach positiven Erfahrungen („Erst durch diese Erfahrung habe ich gesehen, wer die wahren Freunde sind" oder „was ich selbst leisten und meistern kann"). Auch die Relativierung der persönlichen Bedeutung des Konfliktgegners ist eine Option („Von einer solchen Person lasse ich mich nicht kränken").

Der Blick über den aktuellen Konflikt hinaus kann relativierend wirken: Gegenüber dem allgemeinen persönlichen Wohlstand ist der Verlust gering. Gegenüber der allgemeinen sozialen Anerkennung ist die ärgerliche Unbotmäßigkeit belanglos. Gegenüber der breiten Anerkennung ist die erfahrene Kränkung irrelevant. Gegenüber den vielen Siegen ist diese Niederlage zu verschmerzen.

Reflexion der angenommenen Verantwortlichkeit des Akteurs

Empörung über andere, Vorwürfe gegenüber anderen setzen die Zuschreibung von Verantwortlichkeit voraus, und dies wiederum setzt die Annahme voraus, dass der Akteur anders hätte handeln können. Neben der Entscheidungsfreiheit ist die Voraussehbarkeit der Handlungsfolgen bedeutsam, denn Verantwortlichkeit kann nur für voraussehbare Folgen zugeschrieben werden.

Es gibt darüber hinaus Konventionen, unter welchen Umständen einem Akteur nicht die volle Verantwortlichkeit für seine Handlungen, Unterlassungen und deren Folgen zugeschrieben wird: nämlich für nicht absichtliches, sondern fahrlässiges Handeln, für gut gemeintes Handeln, Handeln unter Verführung, sozialem Druck oder Befehl, Handeln im Affekt oder unter Drogen. Die Ausreden aus der Verantwortlichkeit und deren Stufung sind im Folgenden zusammengestellt (Montada, 2000c).

ÜBERSICHT

Abstufungen der zugeschriebenen Verantwortlichkeit

1. Es war absichtliches und böswilliges Handeln.
2. Die Folge des Handelns war zwar nicht beabsichtigt, wurde aber billigend in Kauf genommen.
3. Es war unbedachtes, fahrlässiges Handeln.
4. Es war gut gemeintes, aber ungeschicktes oder falsches Handeln.
5. Es war unbeherrschbares, impulsives oder affektives Verhalten (z. B. Reaktion auf Provokation oder Verhalten in Panik). Das Verhalten kann auch mit → Dispositionen erklärt werden, z. B. mit Ärgerneigung, mit Ängstlichkeit, mit Neigung zu Eifersucht, die ihrerseits aus Ursachen erklärt werden, für die der Akteur nicht verantwortlich zu machen ist (z. B. Erbanlagen, ungünstige Entwicklungsbedingungen oder traumatische Erfahrungen).
6. Es wird anderen eine Mitverantwortlichkeit zugeschrieben, weil diese die Akteure verführt, überredet, falsch informiert, provoziert hätten oder das Verhalten befohlen oder angeordnet hätten.
7. Die Verantwortlichkeit wird abgelehnt, wenn oder weil die Folgen des Handelns nicht vorhersehbar waren, weil keine willentlich steuerbare Handlung vorlag, sondern ein Verhalten, das durch äußere Einwirkungen, durch Unfähigkeit oder biologische Ursachen bedingt war, der Akteur nichts mit der Verursachung negativer Tatbestände zu tun hatte (Montada, 2000c) oder weil die Folgen des eigenen Handelns nicht als negativ gesehen werden.

Eingehende Erörterungen der Thematik finden sich in Montada (2000c), Semin & Manstead (1983), Tedeschi & Riess (1981).

Tatsächlich lässt sich empirisch nachweisen, dass das Ausmaß an Empörung mit den genannten Abstufungen der Verantwortlichkeit für eine Norm- oder Anspruchsverletzung abnimmt (Schmitt, Hoser & Schwenkmezger, 1991).

Wer sich heftig empört, ist subjektiv gewiss, dass die Akteure voll verantwortlich sind, meist ohne dass dies wirklich überprüft worden wäre. In der Mediation wird der beschuldigten Partei die Möglichkeit gegeben, die zugeschriebene Verantwortlichkeit zu relativieren oder zu bestreiten. Außerdem wird allen Parteien vermittelt, dass subjektive Gewissheiten immer fehlerhaft sein können und dass Vermutungen oder Hypothesen und Fragen, ob es so sei, angemessener sind (Montada, 1989). Bernhardt (2000) hat nachgewiesen, dass die Intensität der Empörung reduziert wird, wenn die subjektiven Gewissheiten über den Konfliktanlass durch Hypothesen ersetzt werden.

Reflexion des wahrgenommenen Fehlens akzeptabler Rechtfertigungen

Schuldvorwürfe können nicht nur durch Abstreiten oder Einschränken der Verantwortlichkeit abgewehrt werden, sondern auch durch Rechtfertigung des eigenen Handelns (Montada, 2000c). Rechtfertigungen leugnen nicht die Verantwortlichkeit für das Handeln, d. h. sie besagen nicht, dass der Akteur nicht hätte anders handeln oder die Folgen seines Handelns nicht hätte voraussehen können, sondern Rechtfertigungen sind Begründungen des Handelns, welche die Schuld des Akteurs an den Handlungsfolgen mindert oder gänzlich nimmt.

BEISPIEL

Beispiele für Rechtfertigungen und deren „Gewichtung"

1. Die Handlung war notwendig, um größere Gefahren abzuwenden.
2. Die Handlung hatte nicht nur negative Folgen, sondern auch positive, vielleicht sogar überwiegend positive.
3. Mit der Handlung waren positive Effekte intendiert und zu erwarten.
4. Das Opfer war über die Risiken der Handlungsweise informiert und hat eingewilligt (z. B. in die Teilnahme an einer riskanten Unternehmung oder an einem nicht unriskanten medizinischen Forschungsprogramm oder in sexuellen Kontakt).
5. Das Handeln war eine gerechtfertigte Vergeltung und Bestrafung, die das Opfer verdient hat.
6. Das Handeln diente legitimen Eigeninteressen.
7. Das Handeln diente dem Gemeinwohl.
8. Das Handeln war normativ geboten, das Handeln war pflichtgemäß.
9. Das Handeln geschah auf Befehl, Zwang, Nötigung oder Erpressung, und es war nach allgemeinem Rechtsgefühl nicht zumutbar gewesen, die Konsequenzen zu tragen, die bei einer Verweigerung zu erwarten waren.
10. In einer solchen Situation hätten die meisten Menschen in gleicher Weise gehandelt, das Handeln entsprach also einem gesunden Rechtsgefühl.

Rechtfertigungen werden von denjenigen, die dem Handlungssubjekt Schuld zuschreiben, entweder akzeptiert oder nicht. Wenn sie akzeptiert werden, werden sie „gewogen":

- Im 1. Argument wird beispielsweise nach der Art, der Wahrscheinlichkeit und der Größe der Gefahr gefragt.

- Im 2. Argument werden die negativen und positiven Effekte gewogen und bilanziert.
- Im 6. Argument werden die Eigeninteressen des Handlungssubjekts bewertet und gegen die eigenen verletzten Interessen und Ansprüche abgewogen.
- Im 9. Argument wird unter anderem beurteilt, ob das Handlungssubjekt den Befehl mit oder ohne innere Zustimmung ausgeführt hat.

Rechtfertigungen mildern Empörung und Schuldvorwürfe nur dann, wenn sie von der empörten Partei geglaubt und als solche akzeptiert werden (Kirchhoff, 1998). Ein Glaubwürdigkeitsnachweis ist nicht immer leicht zu erbringen. Über die Akzeptanz einer Rechtfertigung als ausreichend muss vielleicht ein Diskurs geführt werden.

6.4.3 Empörung konstruktiv bearbeiten

Um nachhaltige Wirkung der Mediation zu erzielen, erweist sich eine wiederholte Durcharbeitung von konkreten Fällen der Empörung zusammen mit der Konfliktpartei als fruchtbar. Die Parteien lernen dabei zumindest implizit viel über sich selbst und die Dynamik ihrer Emotionalität. Sie lernen viel über die andere Partei, deren Handlungsgründe, deren Restriktionen und deren Normenwelt. Auf dieser Basis kann die Beziehung zwischen den Parteien neu gefasst werden.

Das Durchsprechen konkreter Fälle ist zudem eine Voraussetzung für konstruktive Konfliktbearbeitung, die die Spirale der Eskalation „Vorwurf-Gegenvorwurf-Gegenvorwurf“ usw. durchbricht.

! An eine konstruktive Problemlösung kann man sich mit folgender Fragesequenz heranarbeiten:

- Welches Verhalten der zweiten Partei hat die Empörung der ersten Partei ausgelöst?
- Wie sieht die zweite Partei das?
- Welche Normen und Ansprüche werden von der ersten Partei als verletzt wahrgenommen?
- Kennt die zweite Partei die Normen und Ansprüche?
- Akzeptiert sie diese Normen und Ansprüche?
- Gibt es Möglichkeiten einer Relativierung dieser Normen und Ansprüche?
- Welche Probleme sind dadurch der empörten Partei entstanden?
- Kennt die zweite Partei diese Probleme?
- Wie bewertet sie diese Probleme?
- Sind die Probleme so gewichtig, wie sie zunächst eingeschätzt wurden?
- Wie wird die Verantwortlichkeit eingeschätzt?
- Was sagt die beschuldigte Partei zu der Verantwortlichkeitszuschreibung?

- Werden die eventuell vorgebrachten Ausreden oder Einschränkungen der Verantwortlichkeit akzeptiert?
- Welche Rechtfertigungsmöglichkeiten hat die beschuldigte Partei?
- Werden Rechtfertigungsargumente akzeptiert?

In derselben Weise ist mit eventuellen Gegenvorwürfen zu verfahren.

Diese Liste ist eine Anleitung zum Diskurs über die Empörung einer Partei. Dieser Diskurs sollte nach Regeln der guten Kommunikation geführt werden, auf die wir im nächsten Kapitel ausführlicher zu sprechen kommen. Es ist wichtig, dass bei der Darstellung der eigenen Gefühle und Probleme Anschuldigungen vermieden werden, weil diese das Risiko von Gegenvorwürfen und damit der Eskalation bergen.

Es hat sich in vielen Praxisfeldern bewährt, die eigenen Gefühle und Probleme als sogenannte Ich-Botschaften, nicht als Du-Botschaften zu formulieren (Gordon, 1993).

BEISPIEL

Beispiele für Ich- und Du-Botschaften

„Ich"-Botschaften	„Du"-Botschaften
„Ich fühle mich benachteiligt"	„Du bist rücksichtslos"
„Ich fühle mich nicht gut behandelt"	„Du hast keinen Anstand"
„Ich fühle mich zurückgesetzt"	„Du bist ein Egoist"

Selbstverständlich können auch diese Formulierungen der Ich-Botschaften als leicht verdeckte Vorwürfe verstanden werden, aber sie sind keine expliziten Anschuldigungen. Deshalb wird es eher gelingen, auch die Adressaten dieser Botschaften davon abzuhalten, mit Verteidigung, Kritik und Gegenvorwurf zu reagieren, sondern mehr über das Gefühl und das Problem erfahren zu wollen.

Aktives Zuhören. Eine bewährte Methode dazu ist das „aktive Zuhören". Es bedeutet, die Aussage der anderen Seite zu reformulieren (oder zu „spiegeln", wie es oft genannt wird), wobei auch gleich Vermutungen einbezogen sein dürfen, also etwa: „Du fühlst dich *ungerecht* benachteiligt", „Du fühlst dich *durch mich* gekränkt". Aktives Zuhören kommuniziert die Bereitschaft, mehr zu erfahren und lädt dazu ein. Deshalb kann die Antwort z. B. sein: „Ja, als gerecht hätte ich gefunden, dass ..." oder „Ja, durch dich. Du hast ..." und jetzt folgt eine Beschreibung des Verhaltens. Je konkreter und spezifischer diese Beschreibung ist, umso hilfreicher ist die Rückmeldung. Rückmeldungen, die sich auf stabile → Dispositionen oder unveränderliche Zustände des Gegenübers beziehen, sind dysfunktional und daher zu unterlassen (Lohmann, 2000).

Statt zu reformulieren, kann auch nachgefragt werden. „Ist es, weil ich ...?" und jetzt wäre eine Vermutung zu äußern. Wenn die Vermutung zutreffend ist, ist damit das Verständnis (was noch nicht die Akzeptanz bedeutet!) dokumentiert. Auch wenn die Vermutung falsch sein sollte, kann sie korrigiert werden. Wenn die Gegenpartei selbst den Anlass erfragt mit der Absicht, die Gefühle der anderen Partei zu verstehen, ist die Gefahr der Eskalation reduziert.

! Es ist nicht leicht, Konfliktparteien diese Form der Kommunikation nahezubringen. Das rationale Argument, dass man keinen Konflikt beilegen kann, ohne die subjektiven Sichtweisen und Probleme aller Parteien offenzulegen und sicherzustellen, dass sich jede Partei in ihrer Subjektivität von den anderen verstanden weiß, mag grundsätzlich akzeptiert werden. Auch die Gefahr der Eskalation durch Vorwürfe kann rational eingesehen werden. Damit ist aber die Kompetenz zu dieser konstruktiven Kommunikation noch nicht vermittelt.

Es ist ein Vorteil der Mediation gegenüber der Verhandlung der Parteien ohne Vermittler, dass die Klärung der Gefühle und Probleme jeder Partei zunächst in der Kommunikation mit dem Mediator erfolgen kann. Die Parteien erfahren die produktive Wirkung dieser Art der Gesprächsführung (mit der von Rogers (1972) empfohlenen Haltung der Akzeptanz) in der Kommunikation mit dem Mediator an sich selbst (Dulabaum, 1998).

Die Vermittlung der Kommunikationskompetenz wird aber meist nicht allein durch die Modellwirkung der Mediatoren erreicht. Die Parteien müssen sukzessive unter Anleitung des Mediators in die Gespräche einbezogen werden, wobei explizite Vorgaben über die Ziele und die zielführenden Kommunikationsmethoden angezeigt sind. Auch Eingriffe der Mediatoren bei ungeschickten und problemgenerierenden Verhaltensweisen der Parteien können durchaus notwendig werden (vgl. hierzu auch Kapitel 3.2).

6.5 Analyse weiterer Emotionen

Wir haben die Analyse und Steuerung von Empörung ausführlicher dargestellt, weil sie in sozialen Konflikten regelmäßig auftritt und in Fällen erlebter Unterlegenheit und Ohnmacht gegenüber mächtigeren Anderen zu Feindseligkeit oder gar zu Hass wird. Die Emotionen (Feindseligkeit und Hass) haben dieselben Kernelemente wie Empörung, enthalten aber zusätzlich die Wahrnehmung von eigener Machtlosigkeit (Fürntratt, 1974; Hilgefort, 1998; Montada & Boll, 1988). Selbstverständlich gibt es aber weitere Emotionen, die in Mediationsverfahren eine Rolle spielen können, wie in Kapitel 6.3 mit einigen Beispielen belegt ist.

Für die Analyse und Steuerung aller dieser Emotionen gilt dieselbe → Heuristik, wie sie für Empörung konkretisiert wurde (vgl. hierzu auch Montada, 1989, 1992b, 1995b):

- Ein kognitives Gefühlsmodell für jede Emotion entwickeln, das die kognitiven Kernkomponenten für die Emotionsanalyse enthält. Beispiele sind in den Kästen zu Schuld, Neid und Eifersucht dargestellt (z. B. Was ist der Anlass der Emotion? Ist der Anlass ein faktischer Tatbestand oder ein subjektiver Eindruck?).
- Dieses Modell in der Kommunikation mit dem Gefühlssubjekt anwenden, um die Bewertung des Gefühlsanlasses genau zu artikulieren und die Emotion damit selbst zu verstehen und auch der Gegenpartei verständlich zu machen (Woher kommt die Emotion? Wie hat die Gegenpartei dazu beigetragen?).
- Strategien ableiten, um diese Emotion über einzelne Komponenten des Modells zu steuern (Ist die Emotion gerechtfertigt? Was kann/soll die Gegenpartei tun?).

6.5.1 Schuldgefühle

Die Leser werden vielleicht fragen, warum in einem Buch über Konfliktmediation Schuldgefühle behandelt werden, weil für Konflikte zwar Empörung oder Wut auf andere, aber nicht Schuldgefühle typisch sind. Wir haben in Kapitel 4.1 die Unterscheidung von → intrapsychischen und sozialen Konflikten eingeführt und aufgezeigt, wie intrapsychische Konflikte in soziale Konflikte hineinspielen können.

Intrapsychische Konflikte. Schuldgefühle können intrapsychische Konflikte verursachen. Z. B. können ein außereheliches Verhältnis, ein zeitabsorbierendes Hobby, ein hohes berufliches Engagement oder eine Sucht Schuldgefühle gegenüber den Partnern und Familienangehörigen wecken. Eine Vernachlässigung des Berufs wegen Kinderbetreuungspflichten, eine vermeidbare Erkrankung können Schuldgefühle gegenüber dem Arbeitgeber oder Kollegen verursachen. Eine Vernachlässigung der Eltern wegen Anforderungen des Partners oder umgekehrt kann zu Schuldgefühlen diesen gegenüber führen.

In allen intrapsychischen Konflikten, in denen normative Anforderungen verletzt werden können, ist mit Schuldgefühlen zu rechnen: in Konflikten zwischen verschiedenen Pflichten (z. B. beruflichen und familiären), zwischen Pflichten und Neigungen (z. B. familiären Pflichten und der Pflege von Freundschaften, Hobbies oder politischer Anliegen, zwischen partnerschaftlicher Treue und neuer Verliebtheit).

Soziale Konflikte. Intrapsychische Konflikte werden oft zu sozialen, wenn die Erfüllung von Anforderungen der Partner, der Familie, der Freunde, der politischen Gruppe oder des Berufs nicht ohne Schuldgefühle wegen der Verletzung anderer normativer Anforderungen möglich wäre: Die Anforderungen aus dem sozialen Umfeld und dem Beruf werden dann entweder nicht zur Zufriedenheit erfüllt oder zwar erfüllt, aber nicht ohne Schuldgefühle. Das führt zu einer labilen Entscheidungslage mit häufigen Enttäuschungen einer Seite und damit zu sozialen Konflikten. Paradigmatisch ist der über Jahre fortdauernde Entscheidungskonflikt einer Frau zwischen Ehemann und Geliebtem, der zu offenen sozialen Konflikten mit beiden Männern führen kann.

Schuldgefühle gegenüber Dritten. In der Mediation spielen Schuldgefühle gegenüber Dritten eine Rolle, etwa in einer Sorgerechts- und Verkehrsrechtfrage gegenüber den eigenen Eltern, denen man den Kontakt zu ihren Enkelkindern erhalten will. Aus diesem Grunde sind die Anliegen nicht anwesender Dritter, die von einer Partei stillschweigend mitvertreten werden, in der Suche nach einer tragfähigen Lösung bedeutsam. Hierauf kommen wir im Kapitel 8.1.3 nochmals zu sprechen.

Konzessionen aus Schuldgefühlen heraus. Da Schuldgefühle zu Wiedergutmachungen und zu kompensatorischen Leistungen disponieren, ist bei allen Einlassungen auch die Frage zu stellen, ob sie durch Schuldgefühle motiviert sind. Es gibt Konzessionen aus Schuldgefühlen heraus, die insofern problematisch sein können, als sie später bedauert werden, wenn das Schuldgefühl abgebaut ist.

Aus diesen Gründen ist eine Analyse von Schuldgefühlen in der Mediation dringend anzuraten. Dazu kann das Modell zur Entstehung von „Schuldgefühlen“ hilfreich sein:

ÜBERSICHT

Wie kommt es zu „Schuldgefühlen"?

- Das Gefühlssubjekt A nimmt eine Schädigung (Beeinträchtigung, Kränkung, Vernachlässigung, Enttäuschung) einer anderen Person B wahr. Diese Wahrnehmung könnte für sich allein noch zu vielen anderen Gefühlen führen, z. B. Mitleid, Schadenfreude, Stolz, Empörung, Befriedigung, Erleichterung, Angst, Hilflosigkeit. Damit ein Schuldgefühl entsteht, sind noch einige andere Wahrnehmungen oder subjektiv getroffene Einschätzungen notwendig.
- A hält sich selbst für verantwortlich für diese Schädigung von B durch entsprechendes Handeln oder Unterlassen.
- A hält die Schädigung von B für nicht verdient.
- A sieht die eigene Handlungsweise nicht als legitim oder als gerechtfertigt an, z. B. als Strafe, als Notwehr, als Rache, als nach sozial gültigen Regeln des Wettkampfes oder Wettbewerbs erlaubt. Anders ausgedrückt: A hält B nicht für einen Konkurrenten, Gegner oder Feind.

Für die Steuerung von Schuldgefühlen lässt sich hieraus ableiten:

- Die in Schuldgefühlen implizierte Wahrnehmung von Verantwortlichkeit kann reflektiert werden: Waren die Folgen des Handelns oder Nichthandelns wirklich voraussehbar? Sind sie vorausgesehen worden? Waren nicht andere mehr in der Pflicht zu handeln? Hätte das Gefühlssubjekt tatsächlich anders handeln können? Wäre anderes Handeln zumutbar gewesen?
- Weiterhin ist an Rechtfertigungen zu denken, wobei ähnliche Argumente wie bei Empörung in Frage kommen können (vgl. S. 148).
- Schuld kann abgetragen werden durch Wiedergutmachung oder durch prosoziales Handeln gegenüber Dritten.
- Schuld kann vergeben werden, B kann A verzeihen. Eine Bitte um Verzeihung durch A kann helfen.

Eine ausführlichere Analyse findet sich in Boll (1998).

6.5.2 Neidgefühle

Neid ist eine Emotion, die sozial geächtet ist. Deshalb wird sie anders als etwa Ängste oder Empörung selten offen geäußert. Dennoch ist sie existent und kann ein treibendes Motiv sein, auch wenn andere Motive für das eigene Handeln genannt werden. Welche Rolle spielt Neid in Konflikten und in der Mediation?

Man sollte sich vergegenwärtigen, zu welchem Verhalten Neid disponiert. Neid motiviert zu Herabsetzung der beneideten Person, zu Verdächtigungen, ob Leistungen und Besitz auf rechtem Wege erbracht und erworben wurden, ob die erreichte Position nicht mit unlauteren Mitteln erreicht wurde. Es mildert den Neid, wenn man Abwertendes sagen und Gerüchte in Umlauf bringen kann. Neid disponiert auch dazu, eine Koalition gegen die beneidete Person zu bilden, sie sozial zu isolieren, sie zu „mobben". Auch direkte Angriffe sind möglich. Jede vermutete Bevorzugung der beneideten Person in einem sozialen System (einem Betrieb, einer Schule, einer Familie) wird mit Beschwerden über Ungerechtigkeit kritisiert. Der soziale Frieden ist durch Neid gefährdet. Viele Konflikte sind neidmotiviert.

Neid auf einzelne Personen „wächst eher in der Nähe". Man steht in Konkurrenz mit Geschwistern, mit Gleichaltrigen, mit Kollegen oder mit Nachbarn, aber nicht mit Fremden, nicht mit „Größen" in Politik, Medien, dem Showbusiness und dem Sport, wenn man nicht selbst diesen Eliten angehört.

Sozialneid. Der sogenannte Sozialneid, also Neid auf bessergestellte Bevölkerungsgruppen, ist weniger „Neid" im unten genannten Sinne (s. u. „Neid kommt auf"). Sozialneid ist in Gesellschaften mit einer Tradition sozialer Ungleichheit und einer liberalen Verfassung eher selten (vgl. auch Wegener, 1987). Wenn er vorkommt, dann handelt es sich eher um erlebte Ungerechtigkeit, also um Empörung wegen großer Ungleichheit (Martin & Murray, 1986).

Dennoch ist nicht auszuschließen, dass bei sozialen Protesten, in Tarifverhandlungen, in behördlichen Schikanen gegenüber den „Reichen" und auch in kriminellen Akten (Diebstahl, Vandalismus) Neid eine Rolle spielt. Die Jugenddelinquenz wird mit guten Gründen wie folgt gedeutet: Jugendliche beneiden Erwachsene um deren Autonomie und deren Ressourcen. Insbesondere für Jugendliche, die wenig Selbstwertbestätigung durch schulische und berufliche Leistungen erfahren, haben delinquente Akte die Funktion des Protestes gegen die Normen der Majorität, des Renommierens vor der → Peergruppe oder des Erwerbs prestigeträchtigen Besitzes, etwa eines Autos durch Diebstahl (Moffit, 1993).

Alles in allem darf behauptet werden, dass Neid konfliktrelevant ist. Im Folgenden haben wir wieder die grundlegenden Wahrnehmungen und Einschätzungen aufgeführt, die bei Entstehung und Steuerung von Neid eine Rolle spielen und für die Analyse und den Abbau von Neid in der Mediation dienlich sein können:

ÜBERSICHT

Neid flammt auf

- Das Gefühlssubjekt A vergleicht sich mit einer anderen Person B in Bezug auf Besitz, Aussehen, Fähigkeiten, Leistungen, Position usw. und nimmt eine Differenz zugunsten der anderen Person wahr. Diese Wahrnehmung könnte für sich genommen auch zu Bewunderung, Herausforderung, Scham, Stolz, Empörung, Schuld oder Gleichgültigkeit führen.
  Damit Neid entsteht, müssen weitere Einschätzungen und Bewertungen hinzukommen:
- A erlebt die wahrgenommene Differenz als selbstwertmindernd.
- A sieht sich in Konkurrenz zu B.
- A sieht sich nicht in der Lage (z. B. wegen fehlender Kompetenzen oder Ressourcen), die Differenz auszugleichen.
- A sieht den Vorsprung, die Überlegenheit, das Privileg, die Leistung usw. der anderen Person als verdient an (sonst wären Ungerechtigkeitsgefühle zu erwarten).
- A sieht die eigene Unterlegenheit nicht als selbstverschuldet an (sonst wären Scham- oder Schuldgefühle zu erwarten).
- A fokussiert nicht auf Differenzen zu eigenen Gunsten gegenüber der anderen Person, sonst könnte die Unterlegenheit gegenüber B als kompensiert betrachtet werden.

Für die Steuerung von Neidgefühlen lässt sich hieraus ableiten:

- Man kann das „Gut", das die beneidete Person besitzt, oder ihre Erfolge abwerten durch (1) Abstufung in der eigenen Wertehierarchie, durch (2) Anschluss an eine Referenzgruppe, in der dieses Gut oder diese Art von Erfolg belanglos sind, durch (3) Informationen über den Erwerb des Gutes und die Umstände des Erfolges, welche die beneidete Person nicht zu Stolz berechtigen: Auf ein gestohlenes oder durch Betrug erworbenes Gut darf man nicht stolz sein, auch nicht auf eine durch Betrug erzielte Leistung (z. B. durch Doping erreichte sportliche Erfolge).

- Man kann die beneidete Person als unsympathisch und charakterlos abwerten. Wieder kann es hilfreich sein, wenn die eigene Referenzgruppe diese Person auch abwertet.
- Die wahrgenommene Konkurrenzbeziehung zur beneideten Person kann sich ändern. Wenn die neidische Person erfährt, dass sie von der beneideten Person sehr geschätzt wird, kann sich die Beziehung ändern. Geliebten Menschen neidet man ihre Erfolge nicht, man gönnt sie ihnen, man bewundert sie. Wird man wiedergeliebt, kann man sich in den Erfolgen sonnen.
- Personen mit Neidneigung haben ein labiles Selbstwertbewusstsein (Hildebrand, 1990). Die Stabilisierung des Selbstwertbewusstseins kann helfen, Neid zu reduzieren oder zu vermeiden. (Vgl. die entsprechenden Aussagen zu Eifersucht in Kap. 6.5.3.)

6.5.3 Eifersucht

Eifersucht ist in vielen nahen Beziehungen ein Problem und disponiert zu Konflikten. Für Mediatoren ist es wichtig zu wissen, dass nicht alle Emotionen, die häufig in Dreieckskonstellationen bestehen, Eifersucht sind und gegenüber Eifersucht abgegrenzt werden müssen.

ÜBERSICHT

Eifersucht kommt auf

- Das Gefühlssubjekt A glaubt, von einer anderen Person B (z. B. Partner, Vater, Chef, Mitarbeiter, Patient) in herausgehobener Weise geliebt, geschätzt, gebraucht zu werden.
- Diese herausgehobene Wertschätzung durch B hat das Selbstbewusstsein von A gefördert.
- A vermutet nun, dass B eine andere Person (z. B. einen anderen Mann, ein Geschwister, eine Kollegin, einen anderen Vorgesetzten, einen anderen Arzt) in gleichem Maße oder gar mehr liebt, schätzt, braucht.
- A erlebt diese andere Person als Konkurrenz.
- Dies bedroht das Selbstbewusstsein von A.
- A hofft noch, dass die herausgehobene Wertschätzung durch B bestätigt oder wieder gewonnen werden wird.

Andere Emotionen in Dreiecksbeziehungen – unterscheidende Komponenten

Vielfach werden alle belastenden Gefühle, die in Dreiecksbeziehungen entstehen, Eifersucht genannt, obwohl es sich um *Empörung, Neid, Scham, Angst, Kränkung* oder *Trauer* handeln kann:

Empörung:	Schuldhafte Verletzung des Anspruchs von A auf Respektierung der Exklusivität der Beziehung zu B durch B und die andere Person.
Neid:	A beneidet die andere Person um seine/ihre Attraktivität.
Scham:	Die Hinwendung von B zur anderen Person ist für A eine öffentliche Niederlage.

Kränkung: Die Hinwendung von B zu einer anderen Person wird als ungerechtfertigte Abwertung von A durch B erlebt.

Trauer: Die geschätzte Beziehung zu B ist verloren.

Ängste: Eifersucht ist eine spezifische Verlustangst. Es gibt weitere drohende Verlustängste durch Hinwendung von B zu einer anderen Person: Verlust von Ressourcen, Verlust von Kontakten, Verlust von Erlebnis- und Bildungsmöglichkeiten usw.

Für die Steuerung von Eifersucht lässt sich daraus ableiten:

- Die zu Eifersucht führenden Wahrnehmungen können irrig sein. Die Zuwendung des Partners zu einer anderen Person könnte z. B. aus Höflichkeit, aus sachlichem Interesse oder mit dem Hintergedanken erfolgt sein, damit dem Partner eine berufliche Chance zu eröffnen.
- Die bei Eifersucht wahrgenommene Konkurrenzbeziehung muss nicht bestehen bleiben. Wenn die eifersüchtige Person erfährt, dass der vermeintliche Konkurrent sie sehr schätzt oder gerne mit ihr zusammenarbeiten oder Freizeitinteressen verfolgen möchte, ändert dies häufig die Konstellation.
- Zentral ist allerdings das labile Selbstbewusstsein der eifersüchtigen Person A, die auf die herausgehobene Wertschätzung durch B angewiesen ist. Es kann helfen, A eigene Leistungen, soziale Anerkennung durch Dritte, positive Eigenschaften und Fähigkeiten bewusst zu machen. Vielleicht muss aber auch existentiell etwas geschehen, um das Selbstbewusstsein zu stabilisieren; etwa, indem neue Quellen der Selbstachtung erschlossen werden, z. B. durch eine Ausbildung, durch Aufnahme einer Berufstätigkeit, durch soziale Engagements, neue soziale Kontakte usw., den eigenen Potenzialen und Interessen entsprechend.

Eine ausführliche Analyse findet sich in Montada (1995b).

Zusammenfassung

Für andere Emotionen lassen sich ebenfalls spezifische Modelle für die Analyse formulieren, die Ansatzpunkte für eine Steuerung sozial und persönlich belastender Gefühle bieten. Mit diesem Wissen können Mediatoren die Klärung der Gefühle fördern, die subjektiven Sichtweisen der Anlasssituation bewusst machen und den anderen Parteien kommunizieren, so dass die Gefühle und die emotionsauslösenden Anlässe bearbeitet werden können.

Mediatoren sind mit diesem Wissen gegenüber Emotionen nicht hilflos. Sie sind nicht darauf angewiesen, an die Parteien zu appellieren, doch sachlich zu bleiben. Sie können statt dessen aus der Analyse der Emotionen wichtige Erkenntnisse über den Konflikt, über die Parteien und ihre Beziehung gewinnen und diese Erkenntnisse für eine produktive Konfliktbearbeitung nutzen.

7 Kreativität

In diesem Kapitel steht das Konzept der Kreativität im Vordergrund, das in der Mediationsarbeit eine zentrale Rolle spielt. Wir wollen folgende Fragen beantworten:
Was ist Kreativität, und wie lässt sie sich von den verwandten Konzepten abgrenzen (Kap. 7.1)?
Wie lassen sich die Ergebnisse der Kreativitätsforschung zur Erklärung und Steuerung des Mediationsprozesses als kreativer Prozess nutzen, der sowohl auf Seiten der Konfliktpartner als auch der Mediatoren Kreativität in unterschiedlichen Ausprägungen erfordert (Kap. 7.2)?
Welche Kreativitätstechniken (wie Brainstorming, Mindmapping oder Analogietechniken) lassen sich beim Generieren von Lösungsoptionen anwenden? Und welche motivationalen und organisationalen Voraussetzungen sind für eine wirkungsvolle Anwendung dieser Techniken durch die Mediatoren zu schaffen (Kap. 7.3)?
Das Kapitel schließt mit einer zusammenfassenden Beantwortung dieser Fragen ab (Kap. 7.4).

7.1 Was ist Kreativität?

Obgleich die Kreativitätsforschung bereits Anfang der 50er Jahre durch die Arbeiten von Guilford angeregt wurde, blieb sie viele Jahrzehnte hindurch ein eher marginales psychologisches Forschungsfeld (vgl. Sternberg & Lubart, 1999; Von Hentig, 1998). Erst in den letzten Jahren wurde sie wieder entdeckt und gewinnt vor allem durch die anwendungspraktischen Fragestellungen neue Visibilität. Dies sind beispielsweise Fragen nach der „kreativen Persönlichkeit“ oder der Nutzbarkeit sowie der differentiellen Wirksamkeit verschiedener Kreativitätstechniken (vgl. Sikora, 1976; Sternberg & Davidson, 1995; Ulmann, 1973).

Diese Fragen spielen auch bei der Mediationsarbeit eine zentrale Rolle, da die Lösung vieler Mediationsaufgaben und Mediationsprobleme kreatives bzw. divergentes Denken erfordert.

BEISPIEL

Vier Aufgaben, deren Lösung Kreativität erfordert

1. Zwei Männer wollten nahe Koblenz den Rhein überqueren. Ein Boot, das am Ufer lag, bot Platz für eine Person, denn es war so klein, dass es nur einen Menschen tragen konnte. Beide überquerten den Rhein in diesem Boot. Wie konnten sie das tun? (Weisbach, 1997, S. 3).

Vermutlich muss sich der Leser zuerst vom aufkommenden imaginativen Bild lösen, dass die Männer gemeinsam von der gleichen Stelle aus den Rhein überqueren wollen. Verändert (oder „reframed") man dieses Bild, indem man flexible Standorte der beiden in Betracht zieht, so ist die Lösung einfach: Die Männer stehen nicht auf der gleichen, sondern auf gegenüberliegenden Rheinseiten.

2. Ein Viereck ist mit nur einer Geraden in drei Dreiecke zu teilen. Wie lässt sich diese Aufgabe lösen?

Hier ist ebenfalls divergentes Denken notwendig, indem man die geläufige Vorstellung verlässt, dass das Viereck parallele Seiten habe. Zieht man auch andere Formen von Vierecken in Betracht, so kommt man auch hier relativ leicht zu einer Lösung.

3. Alle neun quadratisch angeordneten Punkte in einer 3 × 3-Punktematrix sind ohne abzusetzen durch vier gerade Striche miteinander zu verbinden. Wie ist das möglich?

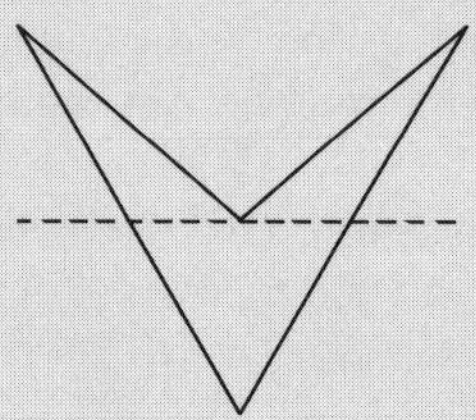

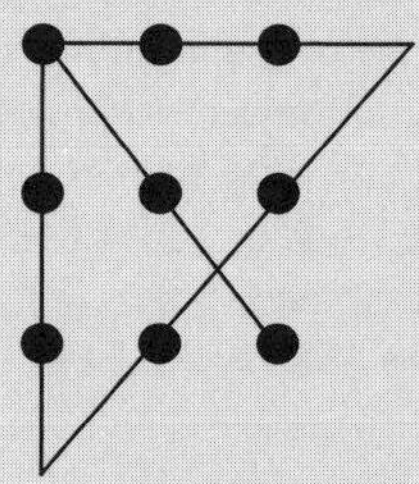

Auch hier wird eine Lösung erst möglich, wenn man den Lösungsraum nicht auf die Figur der Punktematrix beschränkt, sondern ihn ausdehnt. Geht man für die Lösung über diese Figur hinaus, so ergibt sich auch hier eine einfache Lösung.

Darüber hinaus gibt es Lösungsalternativen, die in der Kreativitätsliteratur jedoch interessanterweise nur sehr selten genannt werden. Hierzu gehören beispielsweise die Möglichkeiten, die Punkte durch einen extrem dicken Stift miteinander zu verbinden, der die Räume zwischen den Punkten auffüllt, oder aber das Papier so zu falten, dass die Punkte mühelos mit einem Stift verbunden werden können.

4. Es sollen aus Papier Figuren gemacht werden, die bei einem anschließenden Wettbewerb möglichst weit fliegen. Welche Konstruktion ist dafür am besten geeignet?

Es gibt verschiedene Lösungsalternativen, wobei jedoch die – durch Erfahrung mit Papierfliegern – gebahnten Konstruktionslösungen allesamt suboptimal sind. Entgegen der ersten Intuition zeigt sich, dass ein simpler Papierballen das beste Ergebnis erzielt (vgl. z. B. Schütz, 1999)

Wie ist die zur Lösung dieser Aufgaben benötigte Kreativität theoretisch definiert? Kreativität ist ein schillernder Begriff, der in der Literatur unterschiedliche Verwendung erfährt (vgl. Cropley, 1995; von Hentig, 1998). Häufig werden – im Sinne eines Vier-Komponenten-Modells – die kreative Person, der kreative Prozess, die kreative Umwelt und das kreative Produkt unterschieden (vgl.

Stumpf, 1995). Der übergeordnete Begriff der Kreativität bezeichnet dabei die Fähigkeit „to produce work that is both novel (i.e., original, unexpected) and appropriate (i.e., useful, adaptive concerning task constraints)" (Sternberg & Lubart, 1999, p. 3). Die beiden Elemente der Neuheit und Angemessenheit kreativer Lösungen finden sich als kleinster gemeinsamer Nenner in fast allen Definitionen, wobei als alternativer Begriff zur Angemessenheit auch von „Nützlichkeit" („usefulness"; Mayer, 1999, S. 450) die Rede ist. Um neue oder angemessene Lösungen zu finden, ist – wie eingangs gezeigt – in vielen Fällen divergentes Denken hilfreich.

Kreativität kann als mentales Phänomen sowohl Ausdruck einer zeitlich überdauernden und über verschiedene Aufgaben und Situationen hinweg stabilen → Disposition (also einer Persönlichkeitseigenschaft) oder aber situationsgebundener Ausdruck einer → Zustandsvariable sein. Innerhalb der Kreativitätsforschung wurde zunächst lange Zeit die Dispositionsvariable fokussiert, indem man sich mit der „kreativen Persönlichkeit" befasste (vgl. Csikszentmihalyi, 1996; Runco & Albert, 1990). Aufbauend auf den Ergebnissen wurden mit mäßigem Erfolg Interventionsansätze abgeleitet (z. B. kreativitätsanregende Übungen), die dazu dienen sollten, dispositionale Kreativität zu fördern (vgl. Nickerson, 1999; Schmal, Fritzemeyer, Günster, Hartl, Kärcher, Lux, Mehl & Wallerius, 1999). Weitaus leichter fällt hingegen die Förderung von Kreativität als Zustandsvariable mittels sogenannter Kreativitätstechniken (vgl. Wack, Detlinger & Grothoff, 1998).

Kreativität ist als mentales Phänomen von zwei verwandten Begriffen abzugrenzen: von *Intelligenz* und von *Problemlösen.* Hinsichtlich der Abgrenzung von *Intelligenz* finden sich in der Literatur alle denkbaren Ansätze (vgl. z. B. Sternberg, 1999):

1. Kreativität und Intelligenz sind Teilbereiche, wobei entweder Kreativität als Teilbereich der Intelligenz oder kontrastierend Intelligenz als Untergruppe von Kreativität verstanden wird.
2. Kreativität und Intelligenz sind eigenständige Bereiche, die jedoch überschneidende Merkmalsbereiche besitzen.
3. Intelligenz und Kreativität besitzen keinerlei Überschneidungen (Sternberg & O'Hara, 1999).

Am überzeugendsten erscheint das zweite Konzept der überschneidenden Merkmalsbereiche: „At the very least, creativity seems to involve synthetic, analytical, and practical aspects of intelligence: synthetic to come up with ideas, analytical to evaluate the quality of those ideas, and practical to formulate a way of effectively communicating those ideas and of persuading people of their value" (Sternberg & O'Hara, 1999, S. 269). Die empirischen Befunde stehen mit diesem Konzept der Teilüberlappung in Einklang, da sich zwischen allgemeinen Intelligenz- und Kreativitätsmaßen im Schnitt mittlere Korrelationskoeffizienten ergeben (Nickerson, 1999).

Definitorische Abgrenzung von Kreativität und Problemlösen. Hinsichtlich der Abgrenzung von Kreativität und *Problemlösen* argumentierte Guilford bereits 1964, dass Kreativität und Problemlösen im Wesentlichen dasselbe mentale Konzept beschreiben. Trotz Einigkeit über die enge Verwandtschaft der Konzepte, beschreiben einige Autoren unterschiedliche Abgrenzungsmöglichkeiten (vgl. Nickerson, 1999; Sternberg & O'Hara, 1999). Ein Abgrenzungsvorschlag pointiert beispielsweise unterschiedliche Ziele und Wege: Beim Problemlösen liegt ein spezifisches Ziel vor, das durch eine logische und geordnete Herangehensweise erreichbar ist, während das Ziel beim kreativen Prozess weniger klar definiert ist und durch ungewöhnliche, möglicherweise unlogisch erscheinende Methoden erreicht wird (vgl. Nickerson, 1999; Sternberg & O'Hara, 1999). Eine alternative Abgrenzungsmöglichkeit zielt auf das Bewertungskriterium des Ergebnisses ab: Während dies beim Problemlösen die Korrektheit („correctness") oder die Richtigkeit („rightness") der Antwort ist, bildet die Güte der Lösung („goodness") den Bewertungsmaßstab des kreativen Prozesses. Ergebnisse, die zugleich beide Kriterien erfüllen (Richtigkeit und Güte), bilden den Überschneidungsbereich von Kreativität und Problemlösen (Sternberg & O'Hara, 1999, S. 258).

7.2 Kreativität in der Mediation

Auch die erfolgreiche Mediationsarbeit erfordert Kreativität sowie komplexe Problemlösefähigkeiten, da Mediationsverfahren immer dann zum Einsatz kommen, wenn die Konfliktpartner selbst keine Möglichkeit mehr sehen, den Konflikt ohne fremde Hilfe beizulegen. Dies impliziert, dass es bei der Bewertung des Ist-Zustandes, der Konstruktion des Soll-Zustandes sowie der Überführung von Ist- in Soll-Zustand begrenzte und einseitige Sichtweisen gibt (vgl. z. B. Prutzman, 1994).

BEISPIEL

In vielen Scheidungs- bzw. Familienmediationen tragen die Eltern ihre persönlichen Probleme sowie ihre ehelichen Konflikte über die gemeinsamen Kinder aus (vgl. hierzu z. B. Folberg, 1988; Haynes, 1994): Aus einer fünfzehnjährigen Ehegemeinschaft sind zwei Töchter (10 und 12 Jahre alt) hervorgegangen. Die Ehe war geprägt durch eine dominante herrschsüchtige Haltung des Mannes und hohe Duldungsbereitschaft und Konfliktscheu seitens der Frau. Vor zwei Jahren hat nun die Frau einen neuen Partner kennengelernt, mit dem sie, nachdem sie von zu Hause ausgezogen ist, seit drei Monaten zusammenlebt. Die Eltern streiten sich heftig über die elterliche Sorge und das Aufenthaltsbestimmungsrecht für die beiden Kinder, das beide Elternteile für sich beanspruchen. Es kommt darüber zu heftigen Auseinandersetzungen, wobei der Vater seine Forderungen impulsiv und zum Teil auch aggressiv ausdrückt. Die Mutter reagiert ihrerseits mit Rückzug, aber auch mit dem Vorschlag, gemeinsam einen Mediator aufzusuchen. Die beiden Töchter weisen, wie viele Scheidungskinder, eine ambivalente Haltung zur elterlichen Trennung auf, haben jedoch die weitaus stärkere Beziehung zur Mutter. Dennoch wohnen sie zur Zeit noch beim Vater, da sie zunächst einen Ortswechsel mit den damit verbundenen einschneidenden Veränderungen (wie Wechsel der Schule, Trennung vom Freundeskreis etc.) vermeiden wollten.

Beschränkte man die Bewertung des Ist-Zustandes auf die durch die Eltern vorgetragene Problemsicht, so wäre das primäre und möglicherweise einzige Thema der Streit über die elterliche Sorge und das Aufenthaltsbestimmungsrecht der beiden gemeinsamen Töchter. Die vom Mediator getrennt durchgeführte Exploration der beiden Eltern zeigt jedoch recht schnell, dass der eigentliche Tiefenkonflikt in zwei anderen zentralen Feldern liegt:

1. Das Selbstwertgefühl des Mannes ist äußerst gering, so dass dieser auf die neu eingegangene Partnerschaft seiner früheren Frau mit heftigen Kränkungsgefühlen reagiert, diese aber nicht reflektiert, sondern in verbaler Aggression zum Ausdruck bringt. Auf der anderen Seite ist der Frau die erlebte Verletzung des Vaters nicht bewusst, da sie die Aggressionen nicht als Ausdruck von Kränkung interpretiert. Aufgrund des hohen Aggressionspotentials des Mannes und der stark ausgeprägten Konfliktscheu der Frau, die sich in einem Teufelskreis wechselseitig verstärken, wurden diese Strukturen bislang nicht erkannt.
2. Der Vater hegt die finanzielle Sorge, dass er das gemeinsame Haus, in dem er zur Zeit noch wohnt, verlieren wird, wenn die elterliche Sorge und das Aufenthaltsbestimmungsrecht der Mutter zugesprochen werden. Der eigentliche Grund, weshalb er um diese Rechte streitet, ist daher die Absicht, das ehegemeinschaftliche Haus zu halten. Auch diesbezüglich fand bislang kein Austausch zwischen den Eltern statt.

Eine Aufgabe des Mediators ist es daher, Begrenzungen bei der Bewertung des Ist-Zustandes aufzudecken und auch bei scheinbar offensichtlichen und auf den ersten Blick intuitiv verständlichen Konfliktthemen nach Alternativen Ausschau zu halten und die → Tiefenstruktur des Konflikts offenzulegen. Nur daraus können adäquate Formulierungen des Soll-Zustandes resultieren.

Im genannten Beispiel der Familienmediation bedeutete dies, dass die eigentlichen Konfliktthemen bearbeitet wurden: die Reflexion des geringen Selbstwertgefühls des Vaters und der damit zusammenhängende Teufelskreis in der Kommunikation der beiden Elternteile sowie die Regelung der finanziellen Angelegenheiten. Nachdem dies geklärt war, konnten sich beide Elternteile mühelos darauf einigen, das Aufenthaltsbestimmungsrecht der Mutter zu übertragen und die gemeinsame elterliche Sorge beizubehalten.

! Gleichwohl sei aus der Praxis gesagt, dass eine Reflexion persönlicher Defizite, etwa bei stark ausgeprägtem Neurotizismus, nicht immer im Rahmen eines Mediationsverfahrens geleistet werden kann. Ergänzende psychotherapeutische Behandlungen können hier Entlastung bieten; diese werden jedoch gerade von neurotisch organisierten Menschen abgelehnt, da sie die Verantwortung für die Probleme typischerweise auf den Partner abschieben.

Das Denken in Alternativen ist in allen Bereichen des Konfliktgeschehens und in allen Phasen des Mediationsprozesses notwendig (s. auch Kap. 8). So gewinnt der Mediator „die Rolle des Kreativen, der zugleich den Beteiligten den Rückgriff auf die eigene Kreativität erschließt“ (Spangenberg & Spangenberg, 1997, S. 15), weshalb Kreativität und die Fähigkeit, Kreativität zu wecken, als wesentliche Mediatoreigenschaften auszumachen sind (s. Kap. 9).

Dabei ist sowohl auf Seiten des Mediators als auch auf Seiten der Konfliktpartner Kreativität in vielfältiger Ausprägung notwendig: beispielsweise Kreativität,

- um das Problem auf alternative Weise zu rekonstruieren,
- um Barrieren zwischen Ist- und Soll-Zustand erst zu erkennen und dann zu überwinden (durch Veränderungen der objektiven Bedingungen oder aber ihrer subjektiven Wahrnehmung),
- um Strategien zur Lösungsfindung und -bewertung anzuwenden, die den verengten Lösungsraum erweitern und so bislang nicht erkannte Lösungsalternativen in Betracht ziehen, und schließlich
- um förderliche Faktoren (wie personale oder situative Ressourcen) zur Lösung auszumachen.

Um diese und weitere Zwischenziele des Mediationsprozesses (s. Kap. 8.1 und 8.2) zu erreichen, müssen auf Seiten der Konfliktpartner Bedeutungszusammenhänge, etwa von Äußerungen des Konfliktpartners, in einen neuen Kontext gestellt werden („context reframing“). Um eigene Gefühle wie Empörung zu überwinden sowie Verständnis oder sogar Sympathie zu bilden, muss die eigene Erlebnissphäre verlassen werden, indem u. a. Äußerungen und Verhaltensweisen der Gegenpartei neu bewertet werden (vgl. Kap. 6.4). Die Konfliktpartner müssen sich zudem von der jeweils mitgebrachten eigenen Ideallösung, von der sie sich die häufig bereits ein sehr festes Bild gemacht haben, frei machen und alternative Lösungsmöglichkeiten generieren, wenigstens aber in Betracht ziehen.

BEISPIEL

Wesentliche Barrieren der erfolgreichen Mediation des oben geschilderten Scheidungs- und Sorgerechtsfalles (vgl. S. 162 f.) sind die narzisstischen Kränkungsgefühle des Mannes sowie seine Eifersucht wegen des neuen Partners seiner Frau. Diese Gefühle äußern sich im Verlaufe des Mediationsprozesses vordergründig als Empörung gegenüber der Frau, die ►

sich – laut Aussage des Mannes – „seit ihrer neuen Partnerschaft stark verändert hat, sich mit ihrem neuen Partner gegen ihn verschworen hat und mit allen Mitteln, einschließlich der offenen sowie verdeckten Manipulation der gemeinsamen Töchter versucht, sich an das Haus heranzumachen". Diese Deutungssphäre zu verlassen und damit die Empörung abzubauen, ließe sich über verschiedene Fragen anregen, etwa:

- „Das Verhalten Ihrer Frau ist Ihnen ganz offensichtlich nicht gleichgültig, wobei Empörung ein besonders starkes und engagiertes Gefühl ist. Was genau ist der Anlass für Ihre Empörung? Aus welchen Aussagen welcher Beteiligten schließen Sie, dass ihre Frau vor allem an dem Haus interessiert ist?"
- „Müssen die von Ihnen zitierten Wünsche der beiden Töchter, auch in Zukunft im Haus wohnen zu bleiben, wirklich als Manipulationsversuche der Mutter interpretiert werden? Gäbe es alternative Interpretationen? Könnte es sein, dass Ihre Töchter über die Beibehaltung der bisherigen Wohnumgebung Sicherheit suchen, die durch die Auflösung der Familienstruktur bedroht ist? Ließen sich die Wünsche beispielsweise als Kompliment ihrer gemeinsamen Familienarbeit verstehen, da sich beide Töchter augenscheinlich recht wohl in ihrem Elternhaus gefühlt haben?"
- „Was haben Sie dazu beigetragen, dass die Töchter sich so wohlgefühlt haben? Was war der Beitrag ihrer Frau?"
- „Wie verändert sich Ihr Gefühl bei der Vorstellung, dass Sie in diesem Haus allein weiterleben würden, die Tür aber immer für Ihre Töchter offensteht, sie regelmäßig zu Ihnen zu Besuch kämen und Sie ihren väterlichen Kontakt fortsetzen, ohne dass dieser jedoch durch eheliche Konflikte mit der Mutter belastet würde?"

In ähnlicher Weise, wie sich die Konfliktpartner von festgefahrenen Vorstellungen lösen müssen, benötigen auch Mediatoren zur Erreichung der Ziele Kreativität: Sie müssen in verfahrenen Situationen flexibel und kreativ genug sein, um die Bedingungen zu schaffen, dass neue kreative Lösungen überhaupt entwickelt werden können. Wie bereits diskutiert (vgl. Kap. 3.2), umfasst dies auch die Möglichkeit, dass sie selbst kreative Lösungen entwickeln und in die Diskussion einbringen. Sie müssen den Konfliktpartnern bei der Veränderung ihrer einengenden Bewertungen und Gefühle kognitive, erlebnismäßige und motivationale Hilfestellungen geben und sie dazu anregen, neue kreative Sichtweisen und Handlungsalternativen zu erproben.

Wie erreichen Mediatoren und Konfliktpartner diese unterschiedlichen Ausdrucksformen von Kreativität? Es ist wünschenswert, dass Mediatoren bereits eine hohe → dispositionale Kreativität mitbringen. Schön wäre, wenn dies auch bei den Konfliktpartnern der Fall wäre. Eine Förderung ihrer Kreativität als Personendisposition ist leider jedoch nicht kurzfristig zu erreichen; dies sprengt den Rahmen von Mediationsverfahren. Es ist jedoch immer möglich, bei allen Beteiligten an der Kreativität als → Zustandsvariable anzusetzen, um Kreativität situationsgebunden zu wecken. Dazu bietet die Kreativitätsforschung ein reichhaltiges Methodenrepertoire in Form sogenannter „Kreativitätstechniken" an, die zumeist zu raschem Erfolg führen und daher nachfolgend beschrieben werden.

7.3 Kreativitätstechniken sinnvoll anwenden

7.3.1 Voraussetzungen

Kreativitätstechniken lassen sich in so gut wie jeder Phase des Mediationsprozesses anwenden. Um diese Techniken jedoch erfolgreich werden zu lassen, müssen Mediatoren bestimmte personale und situative Voraussetzungen schaffen.

Welche Bedingungen fördern kreative Einfälle und Ideen? Die Antwort der Kreativitätspsychologie auf diese Frage ist vielschichtig: Es existieren komplexe Interaktionen zwischen den Kontexten einer Aufgabe (hier: das Finden einer Lösung)und den Eigenschaften einer Person, z. B. Schüchternheit, Erfahrungen mit Kreativitätstechniken, Glaubenssätzen, Werten, Wissensbeständen, intellektuellen Fähigkeiten etc. (vgl. Collins & Amabile, 1999; Nickerson, 1999; Sternberg & Lubart, 1991).

Die meisten der persönlichen Eigenschaften sind zeitlich weitgehend stabil und daher – ebenso wie die Kreativität als → Dispositionsvariable – in der Mediationssituation kaum veränderbar. Eine Ausnahme bildet das Wissen, das notwendig ist, um sich an einer Kreativitätsübungen sinnvoll beteiligen zu können (vgl. Runco & Sakamoto, 1999; Sternberg & Lubart, 1991). Daher ist es notwendig, vor Durchführung der Übungen zu gewährleisten, dass die Teilnehmer über das jeweils notwendige Sachwissen verfügen, um die Problemstellung zu bearbeiten.

Der Kontext der Mediation ist per definitionem variabel und daher leichter in gewünschte Richtung zu gestalten. Leider sind jedoch die empirischen Aussagen nicht einheitlich, was denn nun der Kreativität förderliche Bedingungen sind; dennoch sei eine grundlegende Aussage zitiert: „Eines können wir mit Sicherheit feststellen: Freude an der Arbeit ist vorteilhaft für Kreativität. Weiterhin können wir mit Sicherheit sagen, dass Kreativität leidet, wenn äußere Faktoren von dieser Freude an einer Aufgabe ablenken oder diese vermindern.“ (Collins & Amabile, 1999, S. 308, Übersetzung d. Autoren).

Freude an der Arbeit bildet also die Grundlage für eine innere Motivation, die für die Mediation unentbehrlich ist. Wer nicht gewillt ist, von sich aus aktiv mitzuarbeiten, ist mit einer Mediation schlecht bedient. Ein solcher innerer Antrieb ist definiert „as the motivation to engage in an activity primarily for its own sake, because the individual perceives the activity as interesting, involving, satisfying, or personally challenging; it is marked by a focus on the challenge and the enjoyment of the work itself“ (Collins & Amabile, 1999, S. 299). Im Gegensatz dazu wird die extrinsische Motivation, also die Motivation von aussen durch Anreize oder Zwecke aufrechterhalten, die jenseits der eigentlichen Tätigkeit liegen, wie z. B. die Rückmeldungen über den Erfolg der Tätigkeit von außen (Collins & Amabile, 1999).

Bezogen auf die Mediationsarbeit bedeutet dies, dass vor allem der innere Antrieb der Teilnehmer zu stärken ist. Dies kann geschehen, indem ihre Identifikation mit der Mediationstätigkeit gestärkt werden. Dazu stehen unterschiedliche Mittel bereit. Ein zentraler Ansatzpunkt ist dabei sicherlich die angemessene Gestaltung der Mediationssitzungen. Diese sollten nicht nur inhaltlich anregend sein, sondern auch in einer möglichst entspannten Atmosphäre ablaufen (vgl. Lohmeier, 1989). Zwar wird die Frage kontrovers beantwortet, in welcher Form sich die Stimmung auf unterschiedliche Kreativitätsparameter auswirkt (z. B. auf die Quantität versus Qualität der generierten Lösungen), jedoch bestehen keine Zweifel darüber, dass zumindest die Quantität, also die reine Anzahl generierter kreativer Ideen steigt, wenn die Personen in einer guten Stimmung sind (vgl. Vosburg, 1998). Ebenso konnte experimentell nachgewiesen werden, dass Kreativität durch Entspannungsübungen kurzfristig gefördert werden kann (vgl. Krampen, 1997). Auch zahlreiche qualitative Daten sprechen für die hohe Bedeutung angenehmer äußerer Bedingungen, die entspannen und die intrinsische Motivation erhöhen (vgl. Kap. 8.3). Beispielsweise urteilt Csikszentmihalyi: „In dieser Hinsicht können wir viel von kreativen Menschen lernen, die im allgemeinen große Anstrengungen darauf verwenden, unter angenehmen Bedingungen und ungestört zu arbeiten ... Das Entscheidende ist, dass man einen speziellen, auf die eigenen Bedürfnisse zugeschnittenen Raum hat, der ein Gefühl der Kontrolle und des Wohlbehagens vermittelt“ (Csikszentmihalyi, 1997, S. 203).

Kreativitätstechniken erfolgreich einsetzen

In Mediationssituationen liegt oftmals eine Kluft zwischen Erfordernissen und Gegebenem vor, da statt einer entspannten Atmosphäre ein *Teufelskreis* entsteht: Die Konflikte führen zu Spannungen, welche die Kreativitätsperformanz der Teilnehmer senken. Dies führt zu einer weiteren Einschränkung der Problemsichten und des Lösungsraumes, wodurch sich der Konflikt weiter verschärft. Um die Kreativitätspotenziale, etwa durch Einsatz entsprechender Kreativitätstechniken, nutzen zu können, sind daher zunächst die entsprechenden Voraussetzungen zu schaffen. Der Versuch eines Mediators, gleich zu Beginn des Prozessgeschehens eine Kreativitätsübung zur erweiterten Problemkonstruktion durchzuführen, dürfte daher mit hoher Wahrscheinlichkeit zum Scheitern verurteilt sein. Zunächst sind die Spannungen zu reduzieren, etwa indem auf der Basis von Rogers Variablen der Gesprächsführung eine De-Eskalationstechnik eingesetzt wird (s. Kap. 8.4).

Regelwerk

Zentral ist darüber hinaus, sich vor der Durchführung von Kreativitätstechniken auf ein klares Regelwerk zu einigen. Die spezifischen Regeln sind von der jeweils eingesetzten Technik, von den inhaltlichen Zielen und den jeweiligen Gruppenvariablen abhängig.

ÜBERSICHT

West (1999) nennt exemplarisch folgende sechs „typischen" Grundregeln für kreative Teamsitzungen:

- „Fassen Sie sich kurz.
- Zeigen Sie Interesse und Anerkennung.
- Notieren Sie alle abweichenden Gedanken.
- Urteilen Sie zunächst nicht.
- Sagen Sie „Ja, und ..." und nicht „Ja, aber ...".
- Gehen Sie Risiken ein – akzeptieren Sie auch Ungewöhnliches und Unbekanntes." (West, 1999, S. 95).

Diese Regeln sollten gemeinsam festgelegt und während der Sitzungen für alle sichtbar sein. Es ist Aufgabe der Moderatoren – über die organisatorische Leitung der Sitzung hinaus – auf die Einhaltung dieses Regelwerks zu achten.

Um den kreativen Ideenfluss nicht vorzeitig durch Kritik zu blockieren, betrifft die wichtigste Regel die strikte Trennung von Ideengenerierung und -bewertung. Zur eigentlichen Bewertung der gesammelten Ideen werden in der Literatur vor allem die Methoden der *Punkteabfrage* sowie der *Lösungsmatrix* diskutiert (vgl. Schmal et al., 1999). Dabei ist zweifelsfrei in den hier betrachteten Konfliktfällen die Auseinandersetzung über Bewertungskriterien das problematische Unterfangen, das daher bereits eine eigenständige Fragestellung für eine Kreativitätssitzung sein kann.

Schließlich ist es hilfreich, auch die äußeren Bedingungen so angenehm wie möglich zu gestalten. Es könnte beispielsweise Sinn machen, zur Durchführung von Kreativitätsübungen in einen speziellen, besonders behaglich ausgestatteten Raum zu wechseln, der nur für diese Übungen, nicht aber für Klärungs- und Verhandlungsphasen genutzt wird und so „positiv besetzt" ist.

Durch die Förderung der intrinsischen → Motivation, der positiven Gruppenatmosphäre unter angenehmen Rahmenbedingungen sowie der Einhaltung eines klaren Regelwerks werden insgesamt die Voraussetzungen für die erfolgreiche Anwendung von Kreativitätstechniken geschaffen.

7.3.2 Techniken

Im Mediationsprozess stellen sich zahlreiche Einzelaufgaben, wie die Generierung alternativer Sichtweisen der Ausgangslage oder die Generierung von Lösungsalternativen einschließlich der Frage nach den richtigen Ziel- und damit

Bewertungskriterien. Alle Aufgaben sollen einen eingeschränkten Horizont durch divergentes Denken zu erweitern versuchen. Um dieses Ziel zu erreichen, existieren mittlerweile mehr als 100 Einzeltechniken, die sich, wie etwa das bekannte Brainstorming, flexibel auf unterschiedliche Aufgaben anwenden lassen (vgl. Bamsey, Barrenstein, Born, Kobus, Kowalewski, Närger, Ritter & Willer, 1992; Linneweh, 1981; Schmal et al., 1999; Sikora, 1976). Wack und Mitarbeiter (1998) unterscheiden vier Methodencluster (vgl. auch Linneweh, 1981; Schmal et al., 1999):

- Assoziationstechniken,
- Methoden der Bedingungsvariation,
- Analogietechniken und
- Reizwortmethoden.

Fast alle Techniken sind Varianten dieser Basismethoden, die nachfolgend vorgestellt werden.

Assoziationstechniken

Brainstorming. Die bekannteste *Assoziationstechnik* ist das Brainstorming, das zugleich die Literatur zu Kreativitätstechniken dominiert. Es geht auf Osborn (1963) zurück und verfolgt das Ziel, in möglichst kurzer Zeit viele unterschiedliche Ideen zu generieren. Dabei ist unkonventionelles Denken ebenso wie das Aufgreifen und die Fortführung bereits geäußerter Ideen anderer (das sogenannte „Hitch-hike“ oder auch „Piggy-backing“) explizit erwünscht (West, 1999). Die zugerufenen Ideen werden in der Praxis zumeist durch Helfer stichwortartig gut sichtbar aufgeschrieben, z. B. auf Karteikarten, die an einer Metaplanwand befestigt werden.

Um die Teilnehmer zu motivieren, an dem Brainstorming teilzunehmen und auch nicht durchdachte Ideen spontan zu äußern, wurde die zentrale Regel der Kritikfreiheit eingeführt. Sie besagt, dass jegliche Kritik oder Bewertung von Ideen oder Äußerungen – sei sie verbal oder nonverbal kommuniziert – tabu ist. Es dürfen lediglich positive Äußerungen der Zustimmung und Anerkennung gemacht werden. Die Regel der Kritikfreiheit erstreckt sich auch auf die eigenen Ideen: Auch diese sollten nur geäußert und in den Raum gestellt, aber nie verteidigt oder gerechtfertigt werden und auch nicht durch eine Vorzensur unterdrückt werden.

BEISPIEL

Nachdem im eingangs beschriebenen Fallbeispiel der Familienmediation die genannten Rahmenbedingungen durch Führen von Einzel- und Zweiergesprächen geschaffen worden sind und das Aufenthaltsbestimmungsrecht der Mutter zugesprochen wurde, ist es sinnvoll, die Eltern sowie die beiden Töchter zusammen an einen Tisch zu bringen und Lösungsalternativen zur Ausgestaltung des Umgangsrechts zu entwickeln.

Die Frage für eine Brainstorming-Sitzung könnte hierbei lauten: „Wie können Sie als Vierer-Gruppe sicherstellen, dass die beiden Töchter regelmäßigen und guten Kontakt zu ihrem Vater haben?“ Wesentliches Ziel dieses Brainstormings ist die Generierung kreativer Lösungen, die es über strenge und unflexible Absprachen über Besuchszeiten hinaus ermöglichen, dass Töchter und Vater ihre Beziehung weiterhin pflegen und ausbauen können. Darüber hinaus hat es wichtige positive Nebeneffekte: Eine Lösung gemeinsam zu erarbeiten, macht den beiden Elternteilen ihre gemeinschaftliche Verantwortung gegenüber ihren Töchtern bewusst. Zudem steigt die Wahrscheinlichkeit, dass sich Eltern und Töchter nicht nur aus äußerem Zwang, sondern auch aus innerer Motivation verpflichten, diese gemeinschaftlich erarbeitete Lösung einzuhalten und umzusetzen.

Hinsichtlich der praktischen Durchführung des Brainstormings existieren einige offene Fragen, die in der Literatur unterschiedlich beantwortet werden (vgl. Amabile, 1983; Kuhlmei, 1991; West, 1999). Hierzu gehören beispielsweise die folgenden vier Fragen.

Sollte beim Brainstorming ein zeitliches Limit gesetzt werden? Diese Frage wird unterschiedlich beantwortet, da einerseits die Sitzung erst dann abgeschlossen werden sollte, wenn der Ideenfluss versiegt. Andererseits führen bei einigen Personen Zeitdruck und andere Stressbedingungen durchaus zu einer Erhöhung ihrer Kreativität.

Wie systematisch sollte die Ideenäußerung beim Brainstorming organisiert sein? Die Ideenäußerung kann unsystematisch per Zuruf, ohne Rednerreihenfolge und ohne Limitierung der pro Teilnehmer jeweils geäußerten Beiträge erfolgen. Dies hat den Vorteil, dass zumeist rasch eine entspannte und damit kreativitäts- bzw. ideenförderliche Atmosphäre entsteht. Der Nachteil liegt in der Gefahr der Dominanz einzelner Teilnehmer. Stillere Mitglieder werden oftmals nicht zum Mitmachen motiviert. Daher gibt es die alternative Sammlung von Ideen nach einer vergleichsweise strengen Struktur: Jeder Teilnehmer wird der Reihe nach zu einer Äußerung aufgefordert, die jeweils nur eine einzige Idee umfassen sollte.

Im Falle der genannten Familienmediation ist es beispielsweise sinnvoll, weder ein zeitliches Limit zu setzen noch die Ideenäußerung zu systematisch zu gestalten. Wichtig ist jedoch, dass der Mediator darauf achtet, dass alle Beteiligten den gleichen Raum einnehmen können und einzelne Personen – im geschilderten Falle ist dies vermutlich der Vater – nicht zu stark dominieren.

Optimale Gruppenzusammensetzung bei größeren Mediationsgruppen? Bringen die Konfliktpartner unterschiedliche Hintergründe und Erfahrungen mit, so können diese gerade hier optimal genutzt werden, denn es ist sinnvoll, wenn die Gruppe diesbezüglich heterogen zusammengesetzt ist. Allerdings ist es zumeist hinderlich, wenn – etwa bei einem betrieblichen Mediationsfall – Vertreter verschiedener Hierarchieebenen an der gleichen Brainstorming-Sitzung teilnehmen, da mit unerwünschten Effekten und Dynamiken zu rechnen ist, wie z. B. → Ankereffekte (s. a. S. 206) durch Äußerungen hierarchisch höherstehender Personen.

Welche Funktion nehmen Mediatoren beim Brainstorming ein? Mediatoren können unterschiedliche Funktionen bei der Leitung des Brainstormings übernehmen. Es steht vor allem die Frage an, ob sie auch selbst Ideen einbringen dürfen oder sich besser inhaltlich aus dem Prozess der Ideengenerierung heraushalten sollten. Für Mediationsverfahren lässt sich diese Frage eindeutig beantworten: Mediatoren sollten nicht zu reinen Moderatoren werden und daher auch eigene Ideen und neue Denkrichtungen in die Brainstorming-Sitzung einbringen (vgl. auch Kap. 3.2). Vor allem sollten sie den Ideenfluss neu anregen, wenn dieser zu versiegen droht.

Kritik am Brainstorming. Die Anwendung des Brainstormings ist in der Literatur durchaus umstritten, da empirisch nicht eindeutig ist, inwieweit diese Gruppentechnik tatsächlich kreativitätsfördernd und die so erbrachte Gruppenleistung den Einzelleistungen überlegen ist. So urteilt beispielsweise Nickerson, dass es fraglich sei, ob Brainstorming tatsächlich die Kreativität erhöht oder nur den eigenen Standard senkt, was man als Idee von sich gibt (Nickerson, 1999, S. 401).

Als Folge dieser Kritik wurden zahlreiche Varianten des klassischen Brainstormings entwickelt, welche die Qualität der hervorgebrachten Ideen steigern sollen. Dies geschieht vor allem durch schriftliche, statt mündlicher Ideensammlung und durch Integration von Kleingruppenarbeit. Hinsichtlich der schriftlichen Ideensammlung ist es zunächst möglich, dass die Ideen nicht spontan generiert und mündlich geäußert, sondern zunächst in Ruhe durch die einzelnen Teilnehmer überlegt und schriftlich fixiert werden. In Minimalform geschieht dies, indem die Teilnehmer zunächst Gelegenheit haben, die Ideen für sich alleine zu entwickeln und aufzuschreiben, bevor sie die Ideen in die größere Gruppe tragen. Einige Daten sprechen dafür, dass bereits durch diese einfache Variation des klassischen Brainstormings unerwünschte Gruppeneffekte eingedämmt werden können, wie eine einseitige Ideenentwicklung in der Gruppe (vgl. West, 1999) oder Blockadeeffekte (Diehl & Stroebe, 1987).

Brainwriting. Die stärkste Variation findet sich bei den schriftlichen Formen des Brainstormings, dem sogenannten *Brainwriting*, etwa der populären Methode

„635“. Der Name der Methode begründet sich aus folgender Ursprungsstruktur: Jeweils sechs Teilnehmer bilden eine Kleingruppe, wobei jeder Teilnehmer zu einer spezifischen Fragestellung ein Ideenraster mit drei Ideenfeldern ausfüllt. Dazu stehen ihm fünf Minuten Zeit zur Verfügung. Nach Ablauf der Zeit werden die Ideenbogen innerhalb der Kleingruppe an den Nachbarn weitergegeben, der sich – genau wie im klassischen Brainstorming – durch diese Ideen inspirieren lässt und in den nächsten Ideenfeldern fortschreibt (vgl. Bamsey et al., 1992; Schmal et al., 1999). Diese Methode lässt sich jedoch nur in großen Mediationsrunden einsetzen.

Mindmapping. Eine weitere Variante des schriftlichen Brainstormings ist das *Mindmapping*, bei dem sich Gruppeneffekte vollkommen ausschließen lassen, weil die Ideensammlung jeweils getrennt durch die einzelnen Teilnehmer erfolgt. Dies geschieht, indem zu einem Schlüsselwort Ideen und Assoziationen in Form eines Ideennetzwerks gesammelt und graphisch angeordnet werden (vgl. Schmal et al., 1999). Für viele Mediationen mit wenigen Teilnehmern ist dies eine erwägungswerte Variante.

BEISPIEL

Die Methode des Mindmappings ließe sich auch bei der beschriebenen Familienmediation verwenden, wobei jedoch die beiden zehn- und zwölfjährigen Töchter möglicherweise Hilfe und Anleitung durch den Mediator benötigen. Die Vorteile des Mindmappings sind hier, dass kein Familienmitglied bei der Ideengenerierung dominieren kann, dass sich die emotionale Situation besser steuern lässt und dass Manipulationsmöglichkeiten der Eltern auf die Ideenbildung der Töchter (etwa indem sie durch eigene Aussagen Anker setzen oder erwünschte Antworten besonders stark bekräftigen) in dieser Situation vermieden werden.

Methoden der Bedingungsvariation

Die zweite Gruppe von Kreativitätstechniken wird in der Literatur unterschiedlich als Methoden der Bedingungsvariation oder auch als Methoden der Suchfeldauflockerung bezeichnet. Diesen Methoden liegt die Idee zu Grunde, dass sich durch die Aufnahme bislang nicht beachteter Informationen und durch neue Anordnung bereits bekannter Informationen alte Denkmuster aufbrechen und weitere Ideen generieren lassen (vgl. Linneweh, 1981).

Die Methoden der Bedingungsvariation bzw. der Suchfeldauflockerung werden häufig zur Klärung bzw. Umdeutung der Problemdefinition verwendet. Beispielsweise kann man versuchen,

- die Problemdefinition in ihr Gegenteil umzukehren,
- das Problem in eine fremde Sprache zu übersetzen und durch eine zweite Person rückübersetzen zu lassen,

- das Problem einer fachfremden Person darzulegen, die das Problem dann mit eigenen Worten wiedergeben muss,
- das Problem aus verschiedenen Funktions- oder Betroffenheitsperspektiven zu betrachten oder
- das Problem grafisch darzustellen (vgl. Bamsey et al., 1992).

Osbornsche Checklisten. Grundsätzlich können die Methoden der Bedingungsvariation jedoch auch auf alle anderen Aufgabenfelder der Mediation angewendet werden. Als Beispiel können die Osbornschen Checklisten (Osborn, 1963) dienen. Sie sind die vermutlich bekannteste Technik der Bedingungsvariation und umfassen folgende neun Kernelemente: andere Verwendung, Adaption, Modifikation, Vergrößerung und Verkleinerung, Substitution, Umstellung, Umkehrung sowie Kombination (vgl. Linneweh, 1981).

BEISPIEL

Diese Kategorien lassen sich beispielsweise auf die generierte Konfliktlösung des Umgangsrechts im Falle der beschriebenen Familienmediation anwenden: So wäre ein typisches Umgangsrecht, dass die Töchter ihren Vater jedes zweite Wochenende von Freitag Abend 18.00 Uhr bis Sonntag Abend 18.00 Uhr besuchen sowie jeden zweiten hohen Feiertag, als auch die Hälfte der Ferienzeit mit ihm verbringen. Diese in der Praxis übliche, jedoch sehr starre und unflexible Regelung ließe sich im Rahmen eines Mediationsverfahrens mittels folgender Fragen optimieren:

- Kann die generierte Lösung auch *anders verwendet* werden, etwa bei einem anders gearteten Konflikt? In welchen Merkmalen unterscheidet sich der aktuelle von diesem zweiten Konflikt? Was wäre beispielsweise anders, wenn die Töchter beim Vater lebten und die Mutter regelmäßig besuchen würden?
- Wie ließe sich die Lösung an die Situation *adaptieren*? Welche Lösungselemente müssten adaptiert werden? Gibt es in der Vergangenheit Parallelbeispiele? Ist der kindliche Wille ausreichend berücksichtigt? Wie haben sich die bisherigen Kontakte von Eltern und Töchtern gestaltet? Gab es Unterschiede je nach Ort des Treffens (z. B. Treffen im Haus oder an einem neutralen Platz)?
- In welcher Form ließe sich die Lösung *modifizieren*? Ließe sich ihr Zweck, die beteiligten Personen, ihr zeitlicher Rahmen etc. verändern? Was wäre beispielsweise anders, wenn die Töchter älter oder jünger wären, wenn die Mutter keinen neuen Partner hätte, wenn der Vater in Zukunft eine neue Partnerin finden würde etc.? Vor allem: Wie werden sich die Bedürfnisse der beiden Töchter im weiteren Verlauf der Pubertät verändern, etwa durch den größer werdenden Wunsch nach Freiheit und emotionaler Unabhängigkeit von den Eltern oder durch Erwerb der spezifischen Geschlechtsrolle?
- Welche Möglichkeiten des *Ausbaus* der Lösung gibt es? Welche Lösungselemente sind hinzuzufügen? Muss man mehr Zeit auf die Lösung verwenden? Die Lösung vielleicht widerstandsfähiger machen? Mit welchen Widerständen ist durch welche Beteiligten zu rechnen? Wird die Mutter beispielsweise versuchen, die Besuche seltener stattfinden zu lassen? Welche Rolle wird der neue Partner der Mutter einnehmen? Mittels welcher

Absprachen und Sanktionsmöglichkeiten kann man die Umsetzung dieser Regelung gewährleisten?

- Und umgekehrt: Welche Möglichkeiten zur *Vereinfachung* der Regelung gibt es? Was ist an diesem Lösungsansatz entbehrlich? Was kann kompakter gefasst werden? Ist es beispielsweise notwendig, die Besuchszeiten für alle schulfreien Tage der Töchter so starr zu regeln? Wäre es möglich, die Regelung zu den Ferienzeiten sowie Feiertagen aus der starren Absprache herauszulassen?
- Was lässt sich *ersetzen*? Lassen sich einzelne Lösungselemente, die beispielsweise nur mit hohen finanziellen oder psychologischen Kosten realisierbar sind, durch andere ersetzen? Wen oder was könnte man alternativ an welche Stelle setzen? Ist es beispielsweise möglich, dass die Häufigkeit der Besuche flexibler gestaltet wird, indem beispielsweise die Urlaubszeiten gegen die Wochenendzeiten verrechnet werden können? So wäre es möglich, dass ein Elternteil auch einmal die gesamten Ferien mit den Töchtern für eine gemeinsame Fernreise verwenden könnte, wofür der andere Elternteil, der vielleicht finanziell weniger günstig gestellt ist, im Gegenzug mehr Wochenenden mit den Kindern verbringen könnte.
- Lässt sich die Lösungsalternative *umformen*? Welche Lösungsbestandteile lassen sich neu gruppieren oder neu festlegen? Kann man ihre Reihenfolge ändern oder neue Elemente dazunehmen? Ist damit zu rechnen, dass einer der beiden Elternteile mit dieser Besuchsregelung in der Praxis doch nicht einverstanden ist? Wird sie versuchen, die Besuche zu boykottieren, und er hingegen bestrebt sein, die Besuchszeiten auszudehnen? Ist es daher notwendig, einen Umgangspfleger zu bestellen, der zwischen den Parteien vermittelt und die Kinder gerade anfangs bei ihren Besuchen begleitet und unterstützt?
- Wie lässt sich die Lösung *in ihr Gegenteil verkehren*? Mit welchen Lösungselementen ließe sich das Gegenteil erreichen? Wie könnte man das Obere nach unten, das Dominante in eine untergeordnete Position bringen? Sind dazu Rollen zu vertauschen? Bei der jetzigen Lösung steht die strenge Absprache vor Flexibilität. Wie sähe die zukünftige Praxis der Besuche aus, wenn beispielsweise lediglich festgelegt würde, dass die Töchter im Schnitt etwa ein Fünftel ihrer Zeit beim Vater verbringen und man jeden Monat die jeweiligen Besuchstage flexibel miteinander abspricht? Wie förderlich wirkte diese flexible Regelung auf die Beziehung von Eltern und Töchtern?
- Gibt es *Kombinationsmöglichkeiten*? Wenn ja, welche Lösungselemente lassen sich in welcher Form kombinieren? Lässt sich die Lösung mit einem Verbund, einer Auswahl, einer Gruppierung versuchen? Wäre beispielsweise eine feste Regelung für eine festgelegte Anfangszeit sinnvoll, damit Vertrauen sowie Routinen im Kontakt und im Umgang miteinander entstehen, bevor nach etwa einem halben Jahr eine flexiblere Absprache in Kraft tritt?

Analogietechniken

Die dritte Gruppe von Kreativitätstechniken zur Ideengenerierung sind die Analogietechniken. Hierbei erfolgt die Förderung kreativer Prozesse über Analogien oder bildhafte Vorstellungen (vgl. Schmal et al., 1999; Wack et al., 1998). Als exemplarische Techniken lassen sich die Synektik sowie die Bionik (vgl. Lohmeier, 1985, 1989) anführen, deren Grundideen auf Gordon (1993) zurückgehen. Die beiden Prinzipien lauten: „Das Fremde vertraut machen. Das Vertraute fremd machen“ (Linneweh, 1981, S. 100). Dies geschieht, indem das eigentliche Problem auf einen anderen Wirklichkeitsbereich mit ähnlichen Verhältnissen übertragen wird. Diese Ablösung vom Ursprungsproblem soll zur Lockerung festgefahrener Denkstrukturen und zur Generierung neuer Sichtweisen führen (vgl. Lohmeier, 1989; Schmal et al., 1999). Obgleich Analogietechniken in der Literatur als eigenständiges Cluster behandelt werden (vgl. Wack et al., 1998), stellen sie im Grunde einen Spezialfall der Methoden der Bedingungsvariation dar.

Im Falle der Familienmediation könnte die aktuelle, emotional sehr belastende Situation der Trennung der Töchter vom Vater beispielsweise in einem Gedankenspiel auf andere Ursachen zurückgeführt werden: Was wäre, wenn die Kinder nicht vom Vater getrennt lebten, weil die Eltern sich getrennt haben, sondern weil gemeinsam entschieden wurde, die Kinder in einem weiter entfernten Internat anzumelden? Was wäre, wenn der Trennungsanlass der Außendiensteinsatz des Vaters wäre, der es ihm nicht ermöglicht, regelmäßig nach Hause zu kommen? Noch stärker verfremdet würde die Situation, wenn man als Analogie die Situation eines Paares heranzöge, das getrennt voneinander leben muss, weil beide in weit entfernten Orten arbeiten. In all diesen Fällen wird durch die verfremdete Situation der eigene emotionale Bezug geringer, wodurch leichter Lösungsalternativen auftauchen können.

Reizwortmethoden

Die vierte Methodengruppe wird von Wack et al. (1998) als Reizwortmethoden bzw. als Methoden der Zufallsanregung bezeichnet. Dabei wird abermals eine Loslösung vom Ursprungsproblem vorgenommen, und es werden zunächst Begriffe nach einem Zufallsprinzip zusammengestellt. Anschließend wird die Beschreibung der Begriffe oder die Assoziationen zu ihnen wieder mit dem Ursprungsproblem in Zusammenhang gesetzt, um so Anregungen für Lösungsideen zu gewinnen (Wack et al., 1998). In der Mediationspraxis spielen Reizwortmethoden jedoch so gut wie keine Rolle.

Komplexe Kreativitätsmethoden

Schließlich existieren eine Reihe komplexer Kreativitätsmethoden, die meist aus der Praxis erwachsen sind und die verschiedene Techniken der Ideengenerierung und ihrer anschließenden Bewertung integrieren. Bei vielen dieser Techniken werden überschaubare Kleingruppen gebildet, um so die Gruppendynamik besser steuern zu können und die inhaltlichen Vorschläge der Gruppen zu verbessern. Die Kleingruppen arbeiten zumeist an der gleichen Fragestellung und werden angeleitet, unterschiedliche Kreativitätstechniken und andere Hilfstechniken, wie z. B. Expertenbefragungen, in kürzester Zeit zu kombinieren (vgl. Bamsey et al., 1992). Beispiele sind der Meta-Plan, die Delphi-Prognose-Befragung, die morphologische Matrix, die progressive Abstraktion, das Funneling, die Fast Networking Technique, die Nominal Group Technique oder die SIL-Methode (vgl. Bamsey et al., 1992).

SIL-Methode. Aus der Vielfalt dieser komplexen Methoden sei die *SIL-Methode* exemplarisch erläutert. SIL steht für „Sukzessive Integration von Lösungselementen". Bei dieser Methode erfolgt zunächst die Entwicklung eines eindeutigen Kriteriumskatalogs zur Bewertung von Ideen- oder Lösungsansätzen. Anschließend werden Kleingruppen gebildet, innerhalb derer zunächst jedes Gruppenmitglied in Einzelarbeit einen Lösungsansatz entwickelt. Ein Teilnehmer beginnt mit der Präsentation seiner Lösungsidee, wobei die wichtigsten Lösungselemente herausgearbeitet, hinsichtlich ihrer Passung mit den vorab vereinbarten Bewertungskriterien eingestuft und für alle sichtbar festgehalten werden. Nachdem der nächste Teilnehmer seine Lösung zunächst ohne Bezugnahme auf diese Diskussion erläutert hat, werden auch aus diesem Ansatz die wichtigsten Lösungselemente herausgefiltert, damit die Gruppe aus beiden Ansätzen eine dritte Lösungsvariante erarbeiten kann, welche die wichtigsten Lösungselemente und damit die Vorzüge beider Einzellösungen möglichst umfassend integriert. Diese Lösungsvariante bildet die Basis zur Diskussion des Lösungsvorschlags des dritten Teilnehmers. Präsentiert ein Teilnehmer eine Lösung, die in allen Bewertungspunkten besser ist als die bis dahin gemeinschaftlich erarbeitete Lösungsvariante, so wird diese neue Lösung vollständig übernommen.

Die SIL-Methode setzt ein hohes Reflexionsniveau voraus, sodass sie in der Familienmediation mit jüngeren Kindern nicht gut geeignet ist. Ihre Anwendung hat sich jedoch in vielen politischen Konfliktfällen bewährt, etwa bei Diskussionen um Standortkonflikte oder den Bau von Straßen.

7.4 Bewertung von Kreativität in der Mediation

Wendet man das eingeführte *Vier-Komponenten-Modell* der Kreativität (vgl. S. 160) auf die Mediationsarbeit an, so lässt sich folgendes Ziel ableiten: Mediator und Konfliktpartner arbeiten gemeinsam als kreative Personen an einem kreativen Mediationsprozess, um – unterstützt durch eine kreativitätsförderliche Umgebung – miteinander zu einer konstruktiven Lösung des Konflikts zu gelangen. Um ein Mediationsverfahren erfolgreich abschließen zu können, ist somit sowohl auf Seiten des Mediators als auch seitens der Konfliktparteien ein Grundstock an Kreativität im Sinne einer Personenvariable notwendig. Nur dann kann das Mediationsverfahren zum kreativen Prozess werden (vgl. Hussy,

1993). Allerdings sprengt der Einsatz von Methoden zur Förderung von → dispositionaler Kreativität (vgl. z. B. Hany, 1993; Schütz, 1999) den Rahmen von Mediationsverfahren. Daher wurden in diesem Kapitel nur jene Techniken und Methoden vorgestellt, die den konkreten Ausdruck von Kreativität bezogen auf die Lösung des Konflikts fördern.

Doch ist auch die Anwendung der hier vorgestellten Kreativitätstechniken in Mediationsfällen kein unproblematisches Unterfangen, da diese Techniken nur unter bestimmten Voraussetzungen kreative Lösungen hervorbringen. Zu diesen Voraussetzungen zählen u. a. eine hohe Motivation sowie eine positive Gruppenatmosphäre. Entsprechend wurde die Wirksamkeit der genannten Techniken in der empirischen Kreativitätsforschung diesen förderlichen Bedingungen untersucht. So urteilt Hare, dass die meisten Forschungsbefunde im Bereich der Kreativität sich auf gut motivierte und nicht-konformistische Personen stützt, die in einer Guppensituation arbeiten, die kreativen Austausch fördert (Hare, 1987, S. 21). Das Problem ist jedoch, dass diese Bedingungen in vielen Mediationsphasen (noch) nicht gegeben sind.

Stattdessen gibt es häufig noch Störungen durch starke negative Emotionen, die sich z. B. in Ärger über den anderen äußern. Dies zeigt, dass die eigenen Ressourcen noch nicht frei sind, um sie auf die kreative Lösung der gestellten Aufgabe zu richten.

Daher sind, wie in diesem Kapitel erläutert, vor Einsatz der Kreativitätstechniken zunächst die entsprechenden situativen und motivationalen Voraussetzungen zu schaffen, auch indem negativ erlebte Emotionen geklärt werden.

Darüber hinaus ist es während der Durchführung der Kreativitätsübungen unerlässlich, die motivationalen Voraussetzungen aufrecht zu erhalten. Dies wird u. a. durch Einhaltung des für die jeweilige Übung aufgestellten Regelkatalogs gewährleistet. Neben der Kritikfreiheit ist die zweite zentrale Regel die strikte Trennung von Ideengenerierung und -bewertung. Sollten während der Übung heftige emotionale Regungen und andere Arten von Störungen aufkommen, so ist ihrer Klärung Vorrang zu geben.

> **!** Es stellt sich abschließend die Frage, welche Technik am besten geeignet ist, um das Mediationsverfahren zu einem kreativen Prozess werden zu lassen. Auf diese Frage hilft die Analyse der empirischen Befunde zum Vergleich von Kreativitätstechniken kaum weiter, da die laborexperimentellen Befunde (vgl. z. B. Butler & Kline, 1998) nicht auf jene konflikthaften Situationen übertragbar sind, mit denen wir es in Mediationsverfahren zu tun haben. Dennoch ist zweifelsfrei: Jedes Mediationsverfahren und jede Mediationssituation sind unterschiedlich, weshalb die Kreativitätstechnik der Situation entsprechend auszuwählen und anzupassen ist. Daher bewährt sich auch in diesen Fällen die in diesem Buch schon oft bemühte Regel zur Notwendigkeit des Denkens in Alternativen.

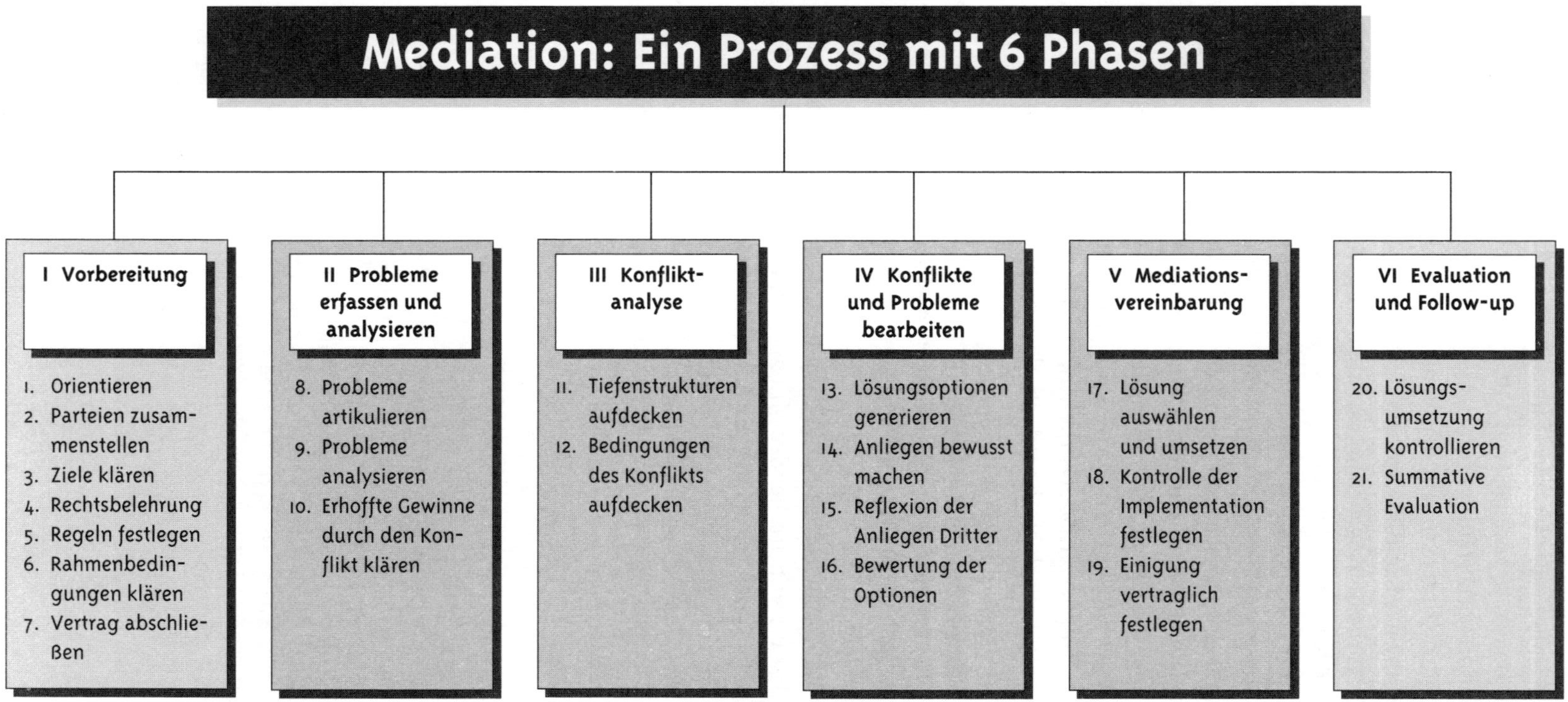
Mediation: Ein Prozess mit 6 Phasen
I Vorbereitung
1. Orientieren
2. Parteien zusammenstellen
3. Ziele klären
4. Rechtsbelehrung
5. Regeln festlegen
6. Rahmenbedingungen klären
7. Vertrag abschließen
II Probleme erfassen und analysieren
8. Probleme artikulieren
9. Probleme analysieren
10. Erhoffte Gewinne durch den Konflikt klären
III Konfliktanalyse
11. Tiefenstrukturen aufdecken
12. Bedingungen des Konflikts aufdecken
IV Konflikte und Probleme bearbeiten
13. Lösungsoptionen generieren
14. Anliegen bewusst machen
15. Reflexion der Anliegen Dritter
16. Bewertung der Optionen
V Mediationsvereinbarung
17. Lösung auswählen und umsetzen
18. Kontrolle der Implementation festlegen
19. Einigung vertraglich festlegen
VI Evaluation und Follow-up
20. Lösungsumsetzung kontrollieren
21. Summative Evaluation

8 Ablauf und Phasen der Mediation

Obgleich Mediationsverfahren je nach Anwendungsfeld und Kontext ihre Spezifika haben, lässt sich ein **idealtypisches Ablaufschema** eines vollständigen Mediationsverfahrens beschreiben, das in unterschiedlichen Mediationsfeldern (wie Familienmediation, Wirtschaftsmediation, Umweltmediation etc.) Gültigkeit besitzt. Es umfasst sechs Abschnitte mit insgesamt 21 Schritten oder Phasen.
Innerhalb jedes Mediationsabschnitts werden Hinweise für eine produktive Bearbeitung der Konflikte sowie Hinweise auf spezifische Fallstricke, die den Erfolg des Verfahrens gefährden können, als Checklisten zusammengestellt (Kap. 8.1).
Darüber hinaus existieren phasenübergreifende Kommunikationsfallen, wie Verletzungen von Verfahrensregeln, destruktive „Sende- und Empfangsgewohnheiten", Eskalation von Emotionen, Drohgebärden, Verfahrensabbruch usw. Diese müssen als Probleme erkannt, anhand eines Problemlösungsschemas analysiert und bearbeitet werden. Die Anwendung dieses Problemlöseschemas wird im letzten Abschnitt des Kapitels am Beispiel der Eskalation im Umgang der Konfliktpartner miteinander illustriert (Kap. 8.2).

8.1 Zielanalyse und Kommunikationsanalyse

Wir gliedern den Mediationsprozess in insgesamt 21 Phasen, die wir einzeln betrachten. Dabei werden zunächst ihre Inhalte und Zielsetzungen, anschließend bei passender Gelegenheit spezifische kommunikationspsychologische Chancen und Fallstricke beschrieben. Die Erläuterung jedes Mediationsabschnittes schließt mit einer Zusammenfassung der phasenspezifischen Aufgaben in Form einer Checkliste ab.

8.1.1 Vorbereitung

Über das Konfliktfeld orientieren (1. Schritt)
Die erste Phase dient der Vorarbeit, spezifisch der inhaltlichen Einarbeitung des Mediators und der Aneignung grundlegender Fachkenntnisse im jeweiligen Mediationsfeld.

Bei Organisationskonflikten wäre dies beispielsweise Wissen über Organisationsaufgaben, -strukturen oder -entwicklungen; bei Umweltkonflikten je nach

Übersicht 8.1.1

Phase I: Vorbereitung

1. Über das Konfliktfeld orientieren
2. Parteien für die Mediationsarbeit zusammenstellen
3. Ziele klären
4. Rechtsbelehrung (nur bei justiziablen Fällen)
5. Über Regeln in der Mediation informieren
6. Formale Rahmenbedingungen festlegen
7. Mediationsvertrag abschließen

Fall relevantes Grundwissen über technische, biologische, chemische, geographische, klimatische oder weitere Abläufe; bei Scheidungskonflikten ehe- und familienrechtliches sowie psychologisches Wissen usw.

Auch die Einarbeitung in das inhaltliche Problemfeld des spezifischen Mediationsfalles ist notwendig. Dabei sollten möglichst unterschiedliche Informationsquellen genutzt werden, wie Vorgespräche mit den Konfliktparteien (falls dies Gruppen oder juristische Personen wie Organisationen, Betriebe, Institutionen, Staaten sind: mit verschiedenen Vertretern der Konfliktparteien), mit den Auftraggebern, falls diese nicht die Konfliktparteien selbst sind, was etwa in Umweltkonflikten häufig ist, mit unbeteiligten Dritten, die über den Konflikt informiert sind. Darüber hinaus sollten möglicherweise vorhandene Berichte oder Akten oder eventuell vorliegende Medien- und Pressemitteilungen studiert werden.

Problematisch werden kann die Unterschätzung der Abhängigkeit vom Auftrag- bzw. Geldgeber. Die Ziele des Mediationsverfahrens und die Lösungsspielräume sind daher genau zu erkunden. Ist das Verfahren tatsächlich lösungs- bzw. entscheidungsoffen oder ist der Entscheidungsspielraum begrenzt? Ist beispielsweise vorentschieden, dass eine Müllverbrennungsanlage in der Region zu bauen ist und geht es nur noch um den Standort, oder sind auch alternative Müllentsorgungsoptionen und Standorte außerhalb der Region möglich? Besteht Freiheit in der Ausgestaltung des Mediationsverfahrens oder gibt es Vorgaben von Seiten der Auftrag- bzw. Geldgeber, z. B. bezüglich Fristen oder Kosten einer Lösung?

Parteien für die Mediationsarbeit zusammenstellen (2. Schritt)
Eine Hürde, die in dieser ersten Mediationsphase zu nehmen ist, besteht in komplexen Mediationsverfahren in der richtigen Zusammenstellung der Teilnehmer. Häufig scheitern Mediationsverfahren daran, dass wichtige Personen oder Instanzen übersehen werden, die in das Mediationsverfahren einzubinden wären. Dies sind – etwa bei politischen Konflikten – Entscheidungsträger, die nicht Partei im Konflikt sind. Deren Einbindung in das Mediationsverfahren ist von hoher Bedeutung. Haben die Konfliktparteien eine einvernehmliche Lösung entwickelt, werden die Entscheidungsträger nur dann sicher bereit sein, diese umzusetzen, wenn sie in das Verfahren eingebunden waren und die Lösung mittragen (vgl. Zilleßen, Dienel & Strubelt, 1993).

Die Zusammensetzung sollte auf der Basis der vorab gesammelten Informationen geschehen. Wichtig ist, Entscheidungen über die Auswahl von Personen offenzulegen und bei allen Beteiligten explizit zu begründen.

Dass Vertretung einer Konfliktpartei durch Repräsentanten oder Funktionäre problematisch sein kann, haben wir bereits in Kap. 4.4.4 (vgl. S. 75f.) besprochen. Für eine produktive und effiziente Mediation ist es wichtig, dass die Repräsentanten das Vertrauen ihrer Auftraggeber oder ihrer Basis haben, weil sie nur dann Entscheidungsspielraum und das Mandat haben, Vereinbarungen zu treffen (vgl. auch Rubin & Sander, 1988).

EXKURS

Konfliktparteien und vom Konflikt Betroffene
In vielen Konflikten gibt es mehr Betroffene als unmittelbar Beteiligte. Von Scheidungskonflikten sind nicht nur die Ehepartner betroffen, sondern gegebenenfalls auch Kinder, Angehörige, Freunde und das berufliche Umfeld. Von einem Bürgerkrieg sind viele betroffen, die nicht Partei in diesem Konflikt sind, sondern vielleicht Partei gegen den Fanatismus in dieser Auseinandersetzung. Von den Konflikten der Tarifparteien sind viele betroffen, die von deren Verhandlungen und Auseinandersetzungen ausgeschlossen sind: Je nach Ergebnis gehen beispielsweise Arbeitsplätze verloren, werden die Sozialversicherungssysteme und damit die Allgemeinheit belastet.
Ideal wäre der Einbezug aller Betroffenen. Das ist allerdings unrealistisch, weil nicht alle Betroffenen bekannt sind, zu Mitarbeit motiviert sind oder verfügbar sind (auch künftige Generationen können von Konflikten betroffen sein). Vor allem aber: Die Konfliktparteien selbst mögen die Anliegen einiger Betroffener, denen sie nahe stehen, mitvertreten. Oder aber sie sind nicht motiviert und bereit, alle Betroffenen an der Bearbeitung „ihres" Konflikts zu beteiligen.
Es kann die Aufgabe des Mediators sein, in der Konfliktbearbeitung die Anliegen weiterer Betroffener ins Bewusstsein zu rufen und so den Rahmen für eine produktive Lösungssuche zu erweitern. Zu erwähnen ist, dass in idealen Diskursen über ethische Probleme die Anliegen aller Betroffenen bedacht und berücksichtigt werden (Apel, 1976; Habermas, 1983). Mediatoren werden den Konfliktparteien Vorrang in der Beilegung „ihres" Konflikts

einräumen, aber sie sollten durchaus darauf achten, ob Dritte vom Konflikt und von der Lösung des Konfliktes betroffen sind. Sie haben mindestens drei Rechtfertigungen hierfür:

1. Es entspricht einem allgemeinem Prinzip der Ethik, abträgliche Folgen des eigenen Tuns oder Lassens für Dritte zu vermeiden. Diese Regel sollen Mediatoren den Parteien mitteilen, wenn es angebracht ist. Und sie müssen diese Regel selbst beachten.
2. Die Einbeziehung der Anliegen Dritter erweitert das Betrachtungsfeld der Konfliktparteien, was durchaus günstig sein kann in der Suche nach Lösungen.
3. Die Chance, eine nachhaltige Lösung des Konfliktes zu erreichen, wird größer, wenn durch die Einigung betroffene Dritte nicht geschädigt, sondern günstiger gestellt werden.

Es ist jedoch möglich, dass eine oder mehrere Konfliktparteien ihre Kooperation verweigern. Bei → justiziablen Konflikten ist eine wichtige Motivationsquelle zur Teilnahme, dass der Gerichtsweg nicht ausgeschlossen wird, sondern allen Konfliktparteien offen steht.

Als Beispiel sei der US-amerikanische Mediationsansatz in Umweltkonflikten erwähnt. Für die Situation dort wird gesagt, dass die Rechtsprechung so heterogen ist, dass der Ausgang eines gerichtlichen Verfahrens nur schwer prognostizierbar ist. Dadurch haben die Konfliktparteien echtes Interesse daran, den Konflikt einvernehmlich beizulegen, und der alternative außergerichtliche Mediationsansatz gewinnt an Attraktivität (Renn, 1999).

Die freiwillige Einlassung auf ein Mediationsverfahren im Bewusstsein der Alternative, vor Gericht gehen zu können, erfordert eine subjektive Begründung und Rechtfertigung dieser Entscheidung vor sich selbst und eventuell auch gegenüber anderen. Wir wissen aus der sozialpsychologischen Forschung, etwa der Einstellungsforschung, dass solche Begründungen und Rechtfertigungen die Entscheidung stabilisieren, wenn sie nicht aus rein opportunistischen Argumenten (z. B. das Vermeiden höherer finanzieller Kosten) bestehen, sondern persönliche Einstellungen zum Verfahren ausdrücken.

Anders stellt sich die Situation in nichtjustiziablen Fällen dar, etwa bei den meisten Konflikten in Schulen oder Betrieben. Hier müssen alle Konfliktparteien motiviert werden, sich auf ein Mediationsverfahren einzulassen. Bei denjenigen Parteien, die sich als „Opfer“ sehen, ist die Problembelastung, der Leidensdruck oder die Empörung meist ohnehin ausreichend hoch. Anders mag es sich bei jenen Personen verhalten, die eher als „Täter“ anzusehen sind. Wenn keine Schuldgefühle vorhanden sind, könnte sozialer Druck oder Gegenmaßnahmen der „Opfer“ motivieren, sich auf den Mediationsprozess einzulassen. In Fällen ungleich hoher Problembelastung durch den Konflikt könnte die Einsicht in die Konsequenzen anhaltender Konflikte dazu führen, einer Mediation zuzustimmen.

Ziele klären (3. Schritt)

Die nächste Phase betrifft die Zielklärung. Es gibt sowohl allgemeine Ziele der Mediation als auch fallangemessene Spezifikationen. Häufig gibt es mehrere Konfliktgegenstände, z. B. zwischen Arbeitgebern und Betriebsräten über das Lohnniveau, über Zulagen oder Sachleistungen, über Betriebszeiten, über Sonderschichten, Kurzarbeit oder Überstunden. Es kann nun als Ziel formuliert werden, dass alle Konfliktthemen eingeschlossen oder einige ausgeschlossen werden. Es können Kriterien vereinbart werden, die bei einer Lösung zu berücksichtigen sind: Beispielsweise keine betriebsbedingten Entlassungen vorzunehmen oder die Wettbewerbsfähigkeit des Betriebs auf den globalen Märkten zu stärken.

Auch muss geklärt werden, ob alle Schritte des Mediationsprozesses vollständig durchlaufen werden und das Verfahren mit einer summativen Evaluation des Prozesses und der Lösungsimplementation abschließen soll oder ob beispielsweise die Auswahl und Fixierung einer gemeinsamen Lösung als ausreichend erachtet wird und somit als abschließendes Mediationsziel festgelegt werden soll.

> **!** Es ist Mediatoren anzuraten, die Zielsetzungen nach Möglichkeit auf einem allgemeinen, abstrakten Niveau zu beschreiben, also z. B. eine allseits günstige Lösung anzustreben. Dies eröffnet Gestaltungsmöglichkeiten, während zu enge Konkretisierungen sich oft als Einengung der Spielräume erweisen. Vielleicht sind folgende allgemeine Ziele akzeptabel:
>
> 1. Erarbeitung einer für alle Parteien unter Berücksichtigung ihrer wichtigen Anliegen vorteilhaften Lösung, die als Vertrag vereinbart wird. Die Parteien sind völlig frei, einen solchen Vertrag zu schließen.
> 2. Die Vereinbarung sollte langfristig von den Parteien akzeptiert werden. Das setzt voraus, dass sie von allen Parteien als fair bewertet wird.
> 3. Die Mediation sollte die Beziehungen zwischen den Parteien verbessern; dies wird schon durch das bessere gegenseitige Verständnis erreicht, aber auch durch die gemeinsame Bemühung um eine faire Vereinbarung.

Rechtsbelehrung (nur bei justiziablen Fällen) (4. Schritt)

Im Falle → justiziabler Konfliktfälle sind die Konfliktpartner über ihre Rechtsansprüche und -pflichten aufzuklären. Diese Rechtsbelehrung stellt einerseits sicher, dass die Konfliktpartner sich zu einer gemeinsamen Lösungssuche verpflichten, im Wissen um ihre rechtlichen Ansprüche und Pflichten, die möglicherweise bei Gericht durchsetzbar wären. Damit wird vermieden, dass eine Konfliktpartei – zu einem späteren Zeitpunkt über ihre Rechtsansprüche informiert – sich durch die Mediationsvereinbarung übervorteilt fühlt und doch noch ein Gerichtsverfahren anstrengt. Andererseits dient diese Rechtsbelehrung der freiwilligen Einlassung der Teilnehmer auf die Mediation, da dadurch deutlich wird, dass der Rechtsweg immer als Alternative offen ist.

Über Regeln in der Mediation informieren (5. Schritt)

Besonders wichtig ist die gründliche mündliche und schriftliche Information und Erläuterung der Regeln für das Mediationsverfahren, wie sie in der nachfolgenden Übersicht über „Basisprinzipien der Mediation" zusammengestellt werden. Es ist sehr wichtig, diese Regeln vorab zu formulieren, damit sich der Mediator im Verlauf darauf berufen kann.

ÜBERSICHT

Information über Basisprinzipien der Mediation

- Selbstverantwortlichkeit der Parteien für Entscheidungen.
- Selbstverpflichtung der Parteien, sich gegenseitig zuzuhören und die Gegenseite verstehen zu wollen.
- Selbstverpflichtung der Parteien, auf dieser Basis eine faire und für alle Seiten gute Lösung des Konflikts anzustreben.
- Selbstverpflichtung zur Einhaltung der formalen Absprachen (vgl. Schritt 6, S. 185).
- Führung des Verfahrens durch den Mediator.
- Prinzip der Allparteilichkeit von Mediatoren, das verlangt, dass Mediatoren die Parteien unterstützen, ihre Positionen und Anliegen verständlich zu machen und ihre wichtigen Anliegen zu verfolgen. Sollte eine Partei dabei mehr Unterstützung benötigen als andere, ist das kein Verstoß gegen das Prinzip der Allparteilichkeit.

Spezifische Aufgaben von Mediatoren

- Konflikte klar herausarbeiten und, wenn nötig, Formulierungsvorschläge unterbreiten.
- Komplexe Konflikte strukturieren.
- Probleme und Belastungen, die durch die Konflikte entstehen, herausarbeiten.
- Verständnis für die Positionen und Anliegen aller Parteien vermitteln.
- Nach betroffenen Dritten fragen und die Anliegen Dritter vertreten.
- Die → Tiefenstruktur von Konflikten aufdecken, d. h. die hinter oder unter dem vorgetragenen Konflikt liegenden, oftmals eigentlichen Anliegen ermitteln.
- Den Blickwinkel der Parteien erweitern, indem alle persönlichen Anliegen bewusst gemacht werden.
- Die Zahl der Lösungsoptionen erweitern, um Gewinner-Verlierer-Lösungen zu vermeiden und → Gewinner-Gewinner-Lösungen erzielen zu können. Dabei ist zu beachten: Mediatoren sind keine → Schiedsleute, d. h. sie setzen keine Lösungen durch. Vorschläge von Mediatoren sind als Angebote an die Parteien, als mögliche Optionen zu verstehen. Die Parteien sind frei, diese zu bedenken, aufzugreifen oder nicht.
- Manipulative Strategien unterbinden: Konfliktparteien benutzen häufig Manipulationsstrategien, um sich durchzusetzen, z. B. Berufung auf Experten, Einschüchterung, Drohung mit Abbruch, Angebot nicht unterschreitbarer „letzter Angebote", → die „*Fuß-in-die-Tür*-Technik", in der zunächst wenig, danach bei Einlassung der anderen Partei mehr gefordert wird, die „*Kontrasttechnik*", in der zunächst eine völlig überhöhte Forderung gestellt wird, damit die andere Partei erleichtert auf eine niedrigere Forderung eingeht u. v. a. m. Mediatoren müssen solche Strategien aufdecken und unterbinden.

Formale Rahmenbedingungen festlegen (6. Schritt)

Ist das gemeinsame Ziel vereinbart, so sind formale Absprachen über das weitere Prozedere zu treffen. Dies betrifft Absprachen über Beginn und Dauer des Mediationsverfahrens, die Häufigkeit, den Zeitpunkt und den Ort gemeinsamer Treffen, aber auch die Frage, in welcher Form Entscheidungen festgehalten werden sollen (z. B. mittels allseitig unterschriebenen Protokollen) und was getan werden soll, wenn Parteien Absprachen nicht einhalten.

Dauer des Mediationsverfahrens. Es hat sich in der Praxis bewährt, bereits zu Beginn eine maximale Dauer festzulegen. Dies motiviert, die vereinbarte Zeit effektiv zu nutzen, und hilft zugleich, Motivationsflauten zu überwinden.

Ort und Zeit. Die weiteren zeitlichen und räumlichen Absprachen betreffen Ort und Zeit der regelmäßigen Treffen. Diese Rahmenbedingungen sind so festzulegen, dass alle Beteiligten die gleichen Möglichkeiten haben, am Verfahren aktiv teilzunehmen. Je größer die Zahl der Beteiligten ist, desto schwieriger ist es, gemeinsame Termine und allseits akzeptierte Treffpunkte zu vereinbaren. Diese Schwierigkeit ist jedoch zugleich auch Ausdruck eigener Prioritätenbildung: Je höher die Motivation zur Mitarbeit ist, desto mehr Priorität wird den Treffen eingeräumt und desto einfacher ist die gemeinsame Termin- und Ortsfindung. Ein expliziter Hinweis auf diesen psychologischen Mechanismus kann hilfreich sein.

Mediationsvertrag abschließen (7. Schritt)

In der Praxis hat sich eingebürgert, die Ziele des Mediationsverfahrens schriftlich zu fixieren (s. unten „Die Schriftform von Vertrag, Regeln und Absprachen"), wobei alle Konfliktpartner diesen Mediationsvertrag unterschreiben (Flechsig, Ponschab & Schweizer, 1999). Für den Fall des Vertragsbruchs – üblicherweise Abbruch der Mediation ohne triftigen Anlass – können vorab gemeinsam Sanktionen festgelegt werden, etwa Übernahme der angefallenen Kosten.

Primärer Sinn und Zweck dieser Verträge ist jedoch nicht ihre gerichtliche Einklagbarkeit, sondern ihre interne Verbindlichkeit. Mit der Diskussion über diesen Vertrag und seinem gemeinsamen Aufsetzen wird eine explizite Zielfestlegung gewährleistet. Zudem werden alle Konfliktpartner dazu angeregt, über ihre Konfliktlösebereitschaft nachzudenken und etwaige Widerstände zu äußern und zu bearbeiten, wodurch die Kooperationsbereitschaft gestärkt wird. Durch die Unterschrift des Mediationsvertrages wird in einem symbolischen Akt die Bereitschaft zur Kooperation vor sich selbst und nach außen bekundet und zugleich aktenkundig. Einmal unterschrieben, haben die Verträge moralische Geltung und motivieren, den Mediationsprozess auch abzuschließen. Daher ist die Einigung auf ein gemeinsames Ziel bereits als ein erster inhaltlicher Erfolg des Mediationsprozesses zu bewerten.

> **!**
>
> **Die Schriftform von Vertrag, Regeln und Absprachen**
>
> Ähnlich der schriftlichen Fixierung der Mediationsziele ist es sinnvoll, wesentliche Absprachen und Zwischenergebnisse schriftlich zu fixieren, und zwar in Form allseitig unterschriebener Verlaufs- oder Ergebnisprotokolle. Dies dient nicht nur der Sicherung eines gemeinsamen Informationsstandes, sondern auch der Motivation zur Weiterarbeit und Einhaltung von Absprachen.
>
> Gleichzeitig können anhand der Protokolle etwaige Erinnerungsverzerrungen über frühere Situationen oder Äußerungen im Rahmen des Mediationsverfahrens leichter erkannt und genutzt werden. Denn solche Verzerrungen haben immer einen diagnostischen Wert, aus dem sich hilfreiche Interventionen ableiten lassen. Wenn die Verzerrungen sich beispielsweise auf positive Entwicklungsverläufe zurückführen lassen, etwa auf eine gestiegene Kooperationsbereitschaft, die dazu führt, dass sich Konfliktpartner von eigenen früheren negativen Äußerungen distanzieren ist es sinnvoll, diese Ursachen der Verzerrungen den Konfliktpartnern mitzuteilen.
>
> Die Protokolle und Vereinbarungen sollten jedoch genau wie der Mediationsvertrag so wenig wie möglich zu Sanktionszwecken benutzt werden, weder von Mediatoren noch von den Konfliktparteien.
>
> Die psychologische Wirksamkeit aller Absprachen ist optimal, wenn diese über gerechte Verfahren realisiert werden. Je höher die wahrgenommene Verfahrensgerechtigkeit ist, umso eher sind die Konfliktpartner bereit, das Mediationsergebnis – auch wenn große Kompromisse zu leisten waren – zu akzeptieren. Daher wurde die Verfahrensgerechtigkeit in Kapitel 5 ausführlicher behandelt (vgl. S. 117 ff.).

ZUSAMMENFASSUNG

Der Vorbereitungsabschnitt

Der Vorbereitungsabschnitt ist in sieben Phasen gegliedert:

1. Die Einarbeitung des Mediators in relevante Wissensbereiche, z. B. bei politischen Konflikten in die historische Entwicklung eines Konflikts oder bei justiziablen Konflikten in die relevanten Rechtsgebiete, bildet den ersten Schritt.
   Gegebenenfalls ist auch im Vorhinein zu erkunden, welche Parteien, die in einen Konflikt involviert sind, an einem Mediationsverfahren zu beteiligen sind, um zu vermeiden, dass die Verfahrensergebnisse von einer nicht beteiligten Partei angefochten werden. In typischen Umweltkonflikten sind z. B. mehrere Gruppierungen mit je spezifischen Ansprüchen und Zielen involviert (S. 179 f.).
2. Hieran schließt sich in größeren Verfahren mit vielen Beteiligten die Zusammenstellung der Parteien bzw. ihrer Repräsentanten und der Mediatorgruppe an. Dies erfordert häufig umfangreiche Verhandlungen. In Verfahren mit nur zwei Konfliktparteien ist dies meist kein Problem (S. 180).
3. Wenn Parteien und Mediator zusammengefunden haben, sind zunächst die allgemeinen Mediationsziele, in Unterscheidung zu anderen Verfahren der Konfliktbeilegung zu ►

klären: die intensive Verständigung über die existierenden Konflikte, die Suche nach → Gewinner-Gewinner-Lösungen und eine nachhaltige Verbesserung der Kommunikation und der Beziehungen zwischen den Parteien. Sodann sind fallspezifische Mediationsziele festzulegen (S. 183).

4. Parallel hierzu sollte in Konflikten mit → justiziablen Ansprüchen einer Partei eine *Rechtsberatung* dringend angeraten werden (S. 183).
5. Daran anschließend wird über Regeln der Mediation informiert: über Regeln der Kommunikation zwischen den Parteien, der produktiven Mitarbeit, über Fairnessregeln. Die Verfahrensführung durch den Mediator wird besonders betont. In dieser Phase informiert der Mediator auch über die Regeln der Verfahrensführung: die Allparteilichkeit, das Eingreifen bei unfairem Handeln einer Partei, das steuernde Eingreifen bei drohender Eskalierung usw. (S. 184).
6. Auch ein Zeit- und ein Kostenrahmen und weitere formale Aspekte wie Treffpunkte und Sitzordnungen müssen gegebenenfalls abgesprochen werden (S. 185).
7. Auf der Basis dieses Austauschs kann dann ein Mediationsvertrag, vorzugsweise in schriftlicher Form, abgeschlossen werden (S. 185).

Checkliste zum Vorbereitungsabschnitt

✓ Verfügt der Mediator über genügend grundlegende Fachkenntnisse im jeweiligen Mediationsfeld?
✓ Wurde die Einarbeitung in das inhaltliche Problemfeld des spezifischen Mediationsfalles geleistet?
✓ Wurden die grundlegenden Ziele sowie die Lösungsspielräume des Mediationsverfahrens geklärt und mit den Auftrag- bzw. Geldgebern abgestimmt?
✓ Ist geklärt, wer am Mediationsverfahren teilnimmt?
✓ Wurden alle wichtigen Personen (z. B. die Entscheidungsträger) eingebunden?
✓ Sind die Anliegen betroffener Dritter ausreichend repräsentiert?
✓ Was sind – neben dem bereits festgelegten Oberziel – spezifische Unterziele des Mediationsverfahrens? Ist es zur Erreichung dieser Ziele notwendig, den Mediationsprozess vollständig zu durchlaufen, oder können Abschnitte des Prozesses ausgeschlossen werden?
✓ Wurden die Teilnehmer justiziabler Konfliktfälle über ihre Rechtsansprüche und -pflichten aufgeklärt?
✓ Sind alle über die Regeln in der Mediation informiert (wie selbstverantwortliche Entscheidungsbildung)?
✓ Liegen die formalen Rahmenbedingungen der Zusammenarbeit fest (wie Dauer, Ort und Zeitpunkt zukünftiger Treffen)?
✓ Wurde ein gemeinsamer Mediationsvertrag abgeschlossen?

8.1.2 Probleme erfassen und analysieren

Übersicht 8.1.2

Phase II: Probleme erfassen und analysieren

8. Probleme artikulieren

9. Probleme analysieren

10. Durch den Konflikt erhoffte und erzielte Gewinne artikulieren

Wie bereits in Kapitel 4.3 (vgl. S. 68ff.) ausführlich besprochen, verursachen Konflikte einseitig oder wechselseitig Probleme. Die entstandenen und drohenden Probleme zu erfassen und zu analysieren, ist das Ziel dieses Mediationsabschnitts.

Probleme artikulieren (8. Schritt)

Zunächst sollten alle Probleme – die bereits entstandenen, die erwarteten und die möglichen – artikuliert werden, d. h. sprachlich klar und eindeutig gefasst werden. Damit wird die existentielle, soziale und/oder psychologische Bedeutung des Konflikts für die Parteien offenkundig und geklärt (vgl. auch Piontkowski, 1988).

In Kapitel 4.3 haben wir verschiedene Problemtypen unterschieden (vgl. S. 68ff.), die als → Heuristik für diese Aufgabe dienen können. Die Frage an die Betroffenen lautet: Welche Anliegen erleben Sie durch den Konflikt als beeinträchtigt, beschädigt, bedroht? Welche Verluste haben Sie erlitten oder erwarten Sie? Was ist durch den Konflikt erschwert?

Die Parteien werden veranlasst, über Wünsche, Hoffnungen und Ziele nachzudenken, mit denen der bestehende Konflikt kollidiert, sowie über Verluste, Belastungen, Nachteile, die er verursacht hat oder noch verursachen könnte. Die Parteien sollen darlegen, inwiefern sie durch den Konflikt betroffen sind, oder genauer: welche ihrer Anliegen betroffen sind. Sie werden sich in der Bearbeitung dieser Aufgabe wichtiger eigener Anliegen bewusst und teilen diese mit. Die Anliegen können ganz unterschiedliche Bereiche betreffen: existentielle, soziale und psychische. Eine Taxonomie können wir nicht zitieren und hier auch nicht generieren. Das Spektrum soll lediglich durch wenige Beispiele umrissen werden.

BEISPIEL

Welche Anliegen sind bei den Konfliktparteien durch den Konflikt betroffen?

- In dem in Kapitel 3.1 skizzierten Mobbing-Konflikt (vgl. S. 39) ist der Arbeitsplatz des „Opfers“ bedroht, die Arbeitszufriedenheit ist stark beeinträchtigt, das soziale Ansehen in der Firma ebenfalls; die Hoffnungen der neuen Mitarbeiterin auf gute kollegiale Beziehungen und auf Aufstiegschancen sind bedroht; die erlebten psychischen Belastun- ▶

gen sind groß, und gesundheitliche Beeinträchtigungen sind zu befürchten; die Belastungen am Arbeitsplatz beeinträchtigen auch bereits die Partnerschaft und das Familienklima, wie das für Mobbing beschrieben ist (Brinkmann, 1995; Hilgefort, 1998; Leymann, 1993).

Eine Problembelastung der „Täterinnen" ist nicht anzunehmen, wenn diese den Konflikt ohne Anlass boshaft herbeigeführt haben. Es könnte allerdings sein, dass sie die kompetente und gut arbeitende neue Kollegin als Konkurrentin erleben und ein nicht ausgesprochener Konflikt um die Gunst des Vorgesetzten, um die Rangordnung oder um die Beliebtheit bei Kollegen der Ausgangspunkt war. In diesem Falle ließen sich auch bei den „Täterinnen" Probleme feststellen, allerdings durch einen anderen Konflikt.

- In einem Konflikt zwischen Eltern und ihrer 15jährigen Tochter geht es um „anständige" Kleidung, Abfall der Schulleistungen, Ausgehen am Abend.

  Die Probleme der Eltern sind, dass der Ruf der Familie gefährdet ist, dass die Entwicklungs- und Berufschancen der Tochter sinken, sind das Risiko einer Schwangerschaft, die Missachtung der elterlichen Autorität und die erlebte Feindschaft der Tochter, die sie lieben. Die Probleme der Tochter sind die Beschränkungen ihrer Autonomie durch die Eltern, die sie als Anmaßung ansieht, ihre wirtschaftliche Abhängigkeit und das Gespött in ihrer Peergruppe, wenn sie sich den Wünschen der Eltern beugen würde. Die ständige Nörgelei und Bevormundung erlebt sie als Abwertung durch die Eltern.

- In einem Bürgerkrieg kämpft eine Gruppe einer ethnischen Minorität um die Autonomie einer Provinz, in der diese Volksgruppe die Majorität bildet. Die Regierung des Staats unterbindet alle Bestrebungen und verfolgt die Aktivitäten der Gruppe, nicht nur die Gewaltakte, als Terrorismus.

  Die Probleme der Gruppe sind der Verlust von Freunden im Kampf, die Folterung gefangengenommener Mitglieder durch die Polizei, Gefährdung der Freiheit und des Lebens durch den Staat, die gefühlsmäßigen Belastungen, weil sie dafür verantwortlich sind, dass der Staat unbeteiligte Mitglieder ihrer Volksgruppe benachteiligt, und weil sie für die Angst und Sorge der eigenen Angehörigen verantwortlich sind.

  Die Probleme der Staatsorgane sind Furcht vor Verlust eines Staatsgebiets und vor allem Furcht davor, vom Staatsvolk hierfür verantwortlich gemacht zu werden, Verantwortung für den Schutz der Minorität der Angehörigen des Staatsvolkes in dieser Provinz, die Kritik aus der politischen Opposition wegen ausbleibender militärischer Erfolge gegen die Aufständischen und die Kritik aus dem Ausland wegen der fehlenden Beilegung des Konfliktes.

Der Konflikt selbst kann als Problem, d. h. als unerwünschter Ist-Zustand, gesehen werden. Parteien finden sich also durch den Konflikt belastet, unabhängig davon, welche weiteren Probleme damit verbundenen sind. Eine Beilegung des Konflikts wird als erwünschter Soll-Zustand angesehen. Besonders in nahen Beziehungen dürfte dies häufig sein.

Probleme analysieren (9. Schritt)

In der Problemanalyse wird versucht, Bedingungen zu identifizieren, die zur Entstehung und zur Aufrechterhaltung des Problems beitrugen und beitragen;

weiterhin sollen Barrieren identifiziert werden, die eine Lösung des Problems verhindern.

In der Mediation sind konfliktabhängige Probleme zu analysieren. Die Parteien führen ihre Probleme auf den sozialen Konflikt zurück, spezifischer: Sie schreiben ihre Probleme dem Verhalten der Gegenseite im Konflikt zu. Müller-Fohrbrodt (1999) hat herausgestellt, wie häufig Parteien nicht einen Konflikt als Quelle für ihre Probleme sehen, sondern nur die Gegenseite verantwortlich machen. So mögen die Eltern ihre Tochter und die Tochter mag die Eltern verantwortlich machen, was bedeutet, dass der Konflikt als solcher gar nicht voll erfasst wird. Denn am Konflikt sind mindestens zwei Parteien beteiligt. Wenn die Eltern ihre eigenen Anliegen revidieren oder das Verhalten der Tochter nicht als Gefährdung ihrer Anliegen sehen würden, gäbe es keinen Konflikt und keine Probleme.

Bei konfliktinduzierten Problemen gibt es zwei mögliche Barrieren gegen die Lösung der Probleme: Keine Partei will ihre Anliegen aufgeben oder keine Partei will ihre Sicht relativieren, dass die Gegenpartei für die erlebten Beeinträchtigungen oder Bedrohungen verantwortlich sei. Die Staatsorgane im obigen Beispiel halten an ihrem Anliegen fest, das Staatsterritorium in den gegenwärtigen Grenzen zu bewahren, und werten die Aktionen und Ziele der Minorität insofern als staatsgefährdend. Sie reflektieren vielleicht nicht, dass die Provinz, um die es geht, früher selbständig war und erobert wurde, und sie reflektieren nicht die Möglichkeiten, vielfältige und gedeihliche Austauschbeziehungen mit einer autonomen Provinz zu pflegen.

Es ist in jeder Mediation zentral, den Konfliktparteien die eigenen Beiträge zum Konflikt und damit zu den konfliktinduzierten Problemen bewusst zu machen. Das gilt auch für den skizzierten Fall von Mobbing durch Kolleginnen am Arbeitsplatz. Die neue Mitarbeiterin hat vielleicht zu der Konkurrenzbeziehung zu ihren Kolleginnen beigetragen, z. B. durch auffallenden Chic der Kleidung, Beflissenheit gegenüber Vorgesetzten, fehlende Fragen nach den „Üblichkeiten“ und der informellen Rangordnung in der Abteilung. Sie hat zur Aufrechterhaltung des Konflikts beigetragen, indem sie nicht früher eine Aussprache herbeigeführt, Beschwerde eingelegt oder um Versetzung nachgesucht hat. Sie hält an der jetzigen Position fest und wechselt nicht zu einem anderen Arbeitgeber, wofür ihr vielleicht das Zutrauen in die eigenen Kompetenzen fehlt, vielleicht aber auch die Haltung im Wege steht, nicht als Verlierer dastehen zu wollen.

> **!** Das wichtigste Ziel in dieser Phase der Mediation ist es, zwei Einsichten zu vermitteln: Die Probleme resultieren aus einem Konflikt, und das bedeutet, nicht nur die Gegenseite ist verantwortlich für die Probleme. Jede Partei ist mitverantwortlich für den Konflikt, für seine Entstehung, für seine Aufrechterhaltung und/oder für seine Eskalation.

Durch den Konflikt erhofften und erzielten Gewinn artikulieren (10. Schritt)
In Kapitel 4.6 haben wir gesagt, dass viele Konflikte nicht „naturwüchsig" entstehen, sondern von einer Seite bewusst initiiert, aufrechterhalten oder verschärft wurden, weil diese sich hiervon Gewinne versprochen hat (vgl. S. 85). In privaten und beruflichen Bereichen werden Konflikte initiiert, zumindest aber in Kauf genommen, wenn Ansprüche, Normen und Grenzen deutlich kommuniziert werden sollen. In politischen Feldern geht es auch um Ansprüche, z. B. auf Positionen, auf Einfluss oder um Wertorientierungen. Aufstände haben das Ziel einer Veränderung der Herrschaftsverhältnisse. Kriege haben das Ziel der Erweiterung des Herrschaftsbereichs, der Verfolgung wirtschaftlicher Interessen, der Sicherung des Landes usw.

In vielen Fällen wird die Frage, wer den Konflikt begonnen hat, einen neuen Konflikt entfachen, denn meist handeln diejenigen, die „anfangen", nicht ohne subjektiv gute Gründe und Anlässe. Dem augenscheinlichen Beginn eines Konfliktes können Beeinträchtigungen, Benachteiligungen oder strukturelle Gefährdungen vorausgegangen sein; bei Aufständen beispielsweise eine Benachteiligung einer ethnischen oder religiösen Minorität; in privaten Bereichen eine lange bestehende subjektive Unausgewogenheit der Austauschbeziehungen; im beruflichen Bereich eine relative Benachteiligung bezüglich Lohn, Arbeitslast oder Arbeitszeiten. So kann ein nichtiger Anlass zur Entscheidung führen, es zum Konflikt kommen zu lassen.

> **!** Das heißt, wir müssen zwischen offenen und latenten Konflikten unterscheiden. Mediatoren sollten die Konfliktanalyse nicht vermeiden, ganz im Gegenteil. Zu dieser kann übergeleitet werden durch die Frage nach den erhofften und erzielten Gewinnen.

Auch die Selbstachtung und die Achtung in der Referenzgruppe kann dadurch (zurück-)gewonnen werden, dass eine Partei sich „zur Wehr setzt" und sich gewisse „Zumutungen" nicht mehr bieten lässt.

Wenn Konflikte begonnen, aufrechterhalten oder intensiviert werden, kann dies spontan und emotional gesteuert oder strategisch und kühl kalkuliert sein. In beiden Fällen ist es unsicher, ob die erhofften Gewinne realisiert werden und ob insgesamt die Gewinn-Verlust-Bilanz positiv oder negativ ist (Zuschlag & Thielke, 1998).

ZUSAMMENFASSUNG

Der erste Mediationsabschnitt: Erfassung und Analyse der Probleme
Der erste Mediationsabschnitt dient der Erfassung und Analyse der Probleme, die durch die Konflikte entstanden sind bzw. drohen. Er umfasst drei Schritte:

8. *Artikulation der Probleme*, die allen Parteien entstanden sind oder erwartet werden. Dies gilt auch für die Probleme Dritter, für deren Vermeidung oder Behebung sich eine Partei einsetzen will, etwa in Umweltkonflikten die Risiken künftiger Generationen (S. 188 f.).

9. *Problemanalyse:* Analyse der Bedingungen, die zur Entstehung und Aufrechterhaltung der Probleme beitragen; Analyse der Barrieren und Schwierigkeiten der Problembehebung (S. 188).
   Besonderes Augenmerk ist auf die Zuschreibung von Verantwortlichkeiten für die Entstehung bzw. die Behebung von Problemen zu legen (S. 190).
10. *Analyse der erhofften und erzielten Gewinne durch den Konflikt:* Konflikte schaffen nicht nur Probleme. Sie werden auch initiiert, aufrechterhalten oder verschärft, weil sich eine Partei einen Gewinn oder eine bestimmte Lösung davon verspricht (S. 191).

Checkliste zum ersten Mediationsabschnitt: Probleme erfassen und analysieren, die durch Konflikte entstanden sind oder drohen

✓ Wurden die aktuellen sowie die erwarteten Probleme sprachlich klar und eindeutig gefasst?
✓ Wessen und welche Anliegen werden aufgrund des Konflikts als beeinträchtigt, beschädigt oder bedroht erlebt?
✓ Wer erlitt bereits welche Verluste bzw. erwartet solche in Zukunft?
✓ Sind die Bedingungen ausgemacht, die zur Entstehung und zur Aufrechterhaltung des Problems beigetragen haben und zur Zeit noch beitragen?
✓ Sind die Barrieren identifiziert, die eine Lösung des Problems und damit die Überführung vom Ist- in einen Soll-Zustand erschweren?
✓ Sind den Konfliktparteien die eigenen Beiträge zur Entstehung und Aufrechterhaltung des Konflikts bewusst?
✓ Welche (sekundären) Gewinne erzielten bzw. erhoffen die Parteien durch Initiierung bzw. Aufrechterhaltung des Konflikts? Sind diese Gewinne den Konfliktparteien auch bewusst?

8.1.3 Konfliktanalyse

Übersicht 8.1.3

Phase III: Konfliktanalyse

11. Tiefenstrukturen des Konflikts aufdecken
    ► Introspektion: Eigene betroffene Anliegen bewusst machen
    ► Information der Gegenseite über betroffene eigene Anliegen
12. Weitergehende Bedingungsanalyse des Konflikts
    ► Analyse aktueller Bedingungen, die zur Entstehung des Konflikts beitragen
    ► Analyse der Bedingungen, die zur Aufrechterhaltung des Konflikts beitragen
    ► Analyse zurückliegender Bedingungen, die zur Entstehung und Aufrechterhaltung des Konflikts beigetragen haben
    ► Analyse von Handlungen der Parteien, die zur Eskalation führen

Wir können die Erörterung dieses Mediationsabschnitts kürzer halten, da einiges bereits in Kapitel 4.5 und 4.6 dargestellt wurde (vgl. S. 72–85). Wir empfehlen, die Konfliktanalyse in zwei Schritten vorzunehmen:

1. Die Aufdeckung der → Tiefenstruktur hinter den konfligierenden Positionen der Parteien, den offenkundigen Unvereinbarkeiten des Konflikts. Die Tiefenstruktur umfasst die unvereinbaren Anliegen, die nicht immer geäußert werden, aber die den Parteien auch nicht immer klar und bewusst sind.
2. Weitergehende Analyse von Konfliktbedingungen.

Dies entspricht strukturell auch der Empfehlung im → Harvard-Modell, Positionen und Interessen der Parteien zu unterscheiden (Fisher, Ury & Patton, 1998).

Die Arbeit des Mediators ist unterschiedlich schwierig, je nach Erscheinungsform der Konflikte. Sind die Konflikte artikuliert oder diffus, offen oder verdeckt? Operieren die Parteien argumentativ oder manipulativ, sachlich oder emotional? Zeigen sie sich konfrontativ oder lösungsorientiert, konstruktiv oder defensiv, friedlich oder feindselig? – um nur einige der relevanten Gegensatzpaare zu nennen (vgl. auch Glasl, 1999). Von Bedeutung ist auch die Haltung Dritter. Werden die Parteien von wichtigen Bezugspersonen oder -gruppen zu einer harten konfrontativen Haltung gedrängt oder beschwichtigt? Gibt es Dritte, die spezifische Interessen an einer Aufrechterhaltung des Konfliktes haben?

Tiefenstruktur des Konflikts aufdecken (1. Schritt)

Die Konfliktanalyse erfordert es wegen der Vielfalt unterschiedlicher Konflikttypen, viele Konflikthypothesen zu bilden und zu prüfen. Dabei können durchaus unterschiedliche Sichtweisen der Konfliktparteien über ihren Konflikt entdeckt werden. Diese wie auch die ermittelten Konfliktgegenstände sollten als subjektive Wahrheiten und Realitäten nicht bewertet werden, sondern sind in dieser Phase zunächst unbewertet nebeneinander stehen zu lassen.

Konflikte unterscheiden sich durch ihre Gegenstände (vgl. Kap. 4.5): Sie können sich erstrecken auf Meinungen über Sachverhalte, auf Werturteile (moralische, personale, geschmackliche, wirtschaftliche Werte), auf Wünsche und Ziele und deren Prioritäten, auf Meinungen über Wege oder adäquate Mittel zur Erreichung dieser Ziele, auf Glaubensinhalte und religiöse Normen, auf rechtliche, konventionelle oder sittliche Normen und Werturteile, auf Ressourcen, auf Freiheit, Einfluss, Selbstbestimmung, auf Leistungen anderer oder Haltungen anderer wie Respekt oder Liebe, auf Rechte und Pflichten, auf Interessen etc. Daher ist es entscheidend, den Mythos von der alleinigen oder dominanten Bedeutung von Eigeninteressen zu überwinden, da der Konflikttyp „Verfolgung konkurrierender Eigeninteressen“ nur einer unter sehr vielen ist.

Introspektion: Eigene betroffene Anliegen bewusst machen. Die Konfliktparteien sind sich zu Beginn des Mediationsprozesses bei weitem nicht immer über ihre eigenen Anliegen im Klaren, die durch den Konflikt beeinträchtigt oder bedroht werden. Manchmal dringt diese Erkenntnis nicht in das Bewusstsein, weil die Anliegen sozial unerwünscht sind oder weil sie dem eigenen Selbstbild nicht entsprechen. Daher ist der erste Schritt, dass sich die Konfliktpartner der betroffenen Anliegen bewusst werden. Die Psychologie bietet Möglichkeiten, wie eine solche Bewusstmachung durch Introspektion angeleitet werden kann: durch Fragen nach entstandenen Problemen, nach Wünschen und Zielen, durch vorgegebene Beispiele aus anderen Mediationsfällen. Solche Beispielfälle sollten auch sozial diskreditierte Interessen und Ziele enthalten, um der Tendenz entgegenzuwirken, sich positiv darzustellen und die eigentlichen Anliegen zu verschweigen. Es ist auch sinnvoll, diese Introspektion zunächst verdeckt durchführen zu lassen, d. h. die Parteien beantworten die Fragen nicht offen, sondern erst nur für sich selbst.

Mediatoren können sich der in Kapitel 4.5 (vgl. S. 76ff.) dargestellten Kategorien von Anliegen und Konflikten als → Heuristik bedienen. Es geht zunächst darum herauszuarbeiten, welche Anliegen der Parteien in Konflikt stehen, um die Struktur des Konflikts in klare sprachliche Formulierungen zu fassen.

Es geht sodann um die Verantwortlichkeitszuschreibungen. In Kapitel 4.2.4 (vgl. S. 66ff.) haben wir dargelegt, dass ein Konflikt erst etabliert ist, wenn beiden Parteien die konfligierenden Anliegen bewusst sind, aber keine Partei auf die Verfolgung ihrer Anliegen verzichten will, und wenn die Parteien den Konflikt nicht auf ein Missverständnis zurückführen. Zum Beispiel wird sich ein Eifersuchtskonflikt nicht etablieren, wenn die wahrgenommene Hinwendung des Partners zu einer anderen Frau bei einer Einladung glaubhaft als Geste der Höflichkeit aufgeklärt wird.

Es ist auch zu klären, aus welchen Gründen der Konflikt bislang nicht beigelegt wurde, d. h. was die Barrieren gegen eine Beilegung waren. Sind die beeinträchtigten oder bedrohten Anliegen so wichtig? Geht es darum, das Gesicht zu wahren? Geht es um die Vergeltung früheren Unrechts? Gibt es die Verpflichtung gegenüber Dritten, in diesem Konflikt hart zu bleiben?

Information der Gegenseite über betroffene eigene Anliegen. Erst im zweiten Schritt werden die Ergebnisse der Introspektion offen mitgeteilt.

Doch zwischen den Schritten, sich die eigenen Anliegen bewusst zu machen und sie mitzuteilen, können Barrieren liegen. Solche Barrieren können z. B. die Tendenz sein, sich sozial respektabel oder erwünscht darzustellen oder die eigenen Anliegen aus strategischen Gründen zu verschweigen. Man äußert nicht gerne Anliegen, von deren Legitimität und Angemessenheit man nicht voll überzeugt ist. Und man gibt sein Inneres nicht preis, wenn man fürchtet, der Gegner könnte einen Vorteil daraus ziehen. Verfälschungen kommen vor, etwa aus dem Motiv, moralische Überlegenheit zu gewinnen oder nicht als unmodern dazustehen. Die Aufgabe des Mediators ist es, diese Barrieren zu senken und zu überzeugen, dass es Voraussetzung für eine gemeinsame Lösungssuche ist, die Anliegen mitzuteilen. Gelegentlich wird man sogar feststellen, dass die betroffenen Anliegen der Parteien nicht unvereinbar, sondern gut zu vereinbaren sind, wie beim Streit um die Zitrone, von der die eine Partei die Schale zum Kuchenbacken, die andere den Saft für einen Drink will (Fisher, Ury & Patton, 1998).

Ziel ist die Anerkennung der konvergierenden sowie divergierenden Anliegen durch alle Mediationsteilnehmer, ohne die Wahrheit der offengelegten Anliegen in Frage zu stellen. Durch die Akzeptierung der Anliegen der Gegenseite werden die eigenen Ansprüche relativiert, während Zweifel an der Wahrheit der geäußerten Anliegen oder an ihrer Legitimität zur Konfliktverschärfung führen, die es zu vermeiden gilt.

Der Austausch über die dem Konflikt zugrundeliegenden und betroffenen Anliegen ist wichtig. So urteilt beispielsweise Grzelak aufgrund experimenteller Befunde, „dass die Partner mit um so größerer Konstruktivität und gegenseitiger Kooperation reagieren, je mehr Gelegenheit besteht, etwas über Absichten und Einstellungen des Partners zu erfahren“ (Grzelak, 1992, S. 313 f.).

Die nicht-wertende Akzeptanz ist in dieser Phase des Austauschs strategisch sinnvoll, da zunächst die verschiedenen Sichtweisen zu klären sind, bevor Positionsannäherungen versucht werden können, z. B. Relativierung unangemessener Bewertungen. Um Akzeptanz zu erreichen, ist ein nicht-wertendes Klima zu schaffen, das von Empathie und der Absicht geprägt ist, sich besser verstehen zu wollen. Dazu ist sowohl Vertrauen zwischen den Konfliktpartnern als auch zwischen ihnen und dem Mediator zu schaffen.

> **!** Zur Verbesserung der Kommunikation zwischen den Konfliktpartnern stehen hier und bei den folgenden Mediationsphasen zahlreiche **Kommunikationshilfen** zur Verfügung, z. B.
>
> - Information und Anwendungstraining zu den → vier Seiten einer Nachricht (Sach-, Appell-, Selbstoffenbarungs- und Beziehungsinformation; vgl. Schulz von Thun, 1985),
> - die Regel, die eigene Sicht als Ich-Botschaft zu formulieren (vgl. Kap. 6.4.3, S. 149 ff.),
> - die Anwendung des kontrollierten Dialogs, indem man zunächst die Sichtweise der Konfliktpartner reformuliert, bevor man die eigene Sicht darlegt,
> - die Förderung von Sympathieerleben, indem beispielsweise Ähnlichkeiten in den Positionen der Konfliktpartner betont werden, bevor Unterschiede herausgearbeitet werden,

- die Förderung der Verpflichtung gegenüber dem Mediationsprozess, indem auf das gemeinsame Anliegen einer kooperativen Konfliktbeilegung verwiesen wird oder das Erreichen eines Zwischenziels als gemeinsamer Erfolg interpretiert wird,
- die positive Verstärkung, wenn die Partner einander aktiv zuhören oder andere Kommunikationsregeln einhalten,
- die Orientierung an Möglichkeiten und Stärken der Konfliktpartner statt an Mängeln, bezogen auf ihre Kommunikations- und Konfliktlösefähigkeiten, ihre sozialen Kompetenzen, ihre emotionale Intelligenz etc.

Weitergehende Bedingungsanalyse des Konflikts (12. Schritt)
Eine → Bedingungsanalyse eines Konflikts wird man nicht in allen Mediationsverfahren benötigen, man wird sie auch nicht leisten können. Sie kann jedoch notwendig werden, wenn die Parteien, statt lösungsorientiert zu kooperieren, auf den Konflikt selbst fokussiert bleiben. Werden die Bedingungen des Konfliktes aufgeklärt, ist zu hoffen, dass sich die Barriere gegen lösungsorientierte Kooperation abbauen lässt. Deshalb seien zur Bedingungsanalyse der Konflikte einige Hypothesen formuliert.

Analyse aktueller Bedingungen, die zur Entstehung des Konflikts beitragen. Wir haben bisher nur die Bedingung genannt: „Wichtige Anliegen der Parteien sind unvereinbar“. Aber weitere Bedingungshypothesen für die Entstehung von Konflikten sind möglich. Wir wollen einige Beispiele geben:

- Es gibt *Persönlichkeitsmerkmale*, die zu Konflikten disponieren. Menschen unterscheiden sich auf den Dimensionen Autoritarismus, Dogmatismus (Easterbrook, 1978) und in ihrer Tendenz zu assertorischem Urteilen (Bernhardt, 2000), d. h. sie wollen bestimmen, sind rigide oder starr in ihren Urteilen, wollen recht haben und erzeugen bei anderen damit → Reaktanz, womit Konflikte vorprogrammiert sind.
  Menschen unterscheiden sich auch in ihrer Sensibilität für erfahrene Ungerechtigkeit (Schmitt, Neumann & Montada, 1995): Manche fühlen sich häufiger als andere und bei mehr Gelegenheiten ungerecht behandelt und benachteiligt. Sie sind dadurch häufiger zu Konflikten disponiert (Mohiyeddini, 1998).
- Die Unfähigkeit einer Partei, ihre Anliegen auf anderen Wegen zu verfolgen. Diese Unfähigkeit, seine eigenen Anliegen, auch die eigenen Ansprüche, klar und sachlich mitzuteilen, ist oft mit der Erwartung verknüpft, andere müssten diese kennen. In diesen Fällen führt die Verantwortung für das Nicht-Eingehen anderer auf die eigenen Ansprüche zu Empörung und Aggression.
- Viele Konflikte sind bedingt durch → Vorurteile gegenüber anderen. Wer eine Kollegin für intrigant und egoistisch hält, interpretiert deren Verhalten

im Sinne seines Vorurteils, was dann Konflikte schaffen kann. Wer ein Vorurteil gegen eine ethnische Minorität hat, wird Verhaltensweisen von Angehörigen dieser Minorität im Sinne des Vorurteils selektiv wahrnehmen und auch (miss-)verstehen, was zu Konflikten führen kann.

Analyse der Bedingungen, die zur Aufrechterhaltung des Konflikts beitragen. Auch hierzu seien einige Hypothesen genannt:

- Fehlendes Selbstwertbewusstsein lässt eine erlebte Benachteiligung oder Kränkung länger virulent bleiben und motiviert zum Durchfechten der eigenen Position.
- Konfliktstabilisierend wirken auch „sekundäre“ Gewinne, im Sinne von positiven Funktionen des Konflikts, für eine oder mehrere Konfliktparteien (etwa in Form erhöhter Zuwendung durch Familie und Freunde).
- Auch Erwartungen über den weiteren Konfliktverlauf können stabilisierende und eskalierende Wirkungen haben. Häufig wird eine Eskalation des Konflikts erwartet; die Erwartung, dass sich Konflikte von allein auflösen, ist weniger häufig anzutreffen. Diese Laienhypothese entspricht den Ergebnissen empirischer Konfliktforschung. Wenn es keine sozialen Normen oder andere Schranken gibt, die dieses Phänomen ausgleichen, haben Konflikte eine inherente Tendenz, sich aufzuschaukeln und sich in Streitereien auszudrücken, d. h. zu eskalieren (Pruitt & Rubin, 1986, S. 69).
- Schließlich können auch Erwartungshaltungen anderer Personen zur Stabilisierung des Konflikts beitragen. Beispielsweise kann von der Öffentlichkeit oder durch Medien Druck ausgeübt werden, die es den Parteien erschweren, einen Schritt aufeinander zuzugehen, weil beide dadurch einen Gesichtsverlust befürchten.

Analyse zurückliegender Bedingungen, die zur Entstehung und Aufrechterhaltung des Konflikts beigetragen haben. Hier sind beispielsweise die historischen, die sozialen und gesellschaftspolitischen Bedingungen von Konflikten zu ermitteln. Für jegliche Form der politischen Mediation reicht es beispielsweise nicht aus, lediglich aktuelle Bedingungsfaktoren des Konflikts zu betrachten, sondern es sind auch die historischen Verhältnisse einzubeziehen, die die Erfahrungen und die Einstellungen der Parteien geprägt haben.

Auch zurückliegende personenspezifische Bedingungen sind in Rechnung zu stellen, beispielsweise erfahrene Kränkungen oder erlittene Benachteiligungen, die die Interpretation der aktuellen Konflikte erst verständlich machen. Auch dazu einige Beispiele:

- Ein erfahrener Treuebruch sensibilisiert für diesbezügliche Erfahrungen, sodass bei geringstem Verdacht ein Konflikt entsteht.

- Eine erlittene Benachteiligung im Beruf kann zum Vorsatz führen, dass sich dies nie mehr wiederholen wird; so wird eine ständige Kampfbereitschaft zur Verteidigung der eigenen Rechte aufgebaut.
- Eine schlechte Erfahrung mit einer Behörde kann zu einer generalisierten negativen Einstellung gegenüber Behörden und einer generalisierten Kritikbereitschaft führen, die Konflikte wahrscheinlich macht. Oft – wie bei sozialen Vorurteilen – sind die Erfahrungen nicht einmal selbst gemacht, sondern werden als soziales Wissen überliefert.

Analyse von Handlungen der Parteien, die zur Eskalation führen. Ein weiteres Ziel der Konfliktanalyse ist es, die auf Eskalation gerichteten Handlungen der Parteien zu erklären. Erfolgen sie zielorientiert, oder sind sie provoziert worden durch Verhaltensweisen der Gegenseite? Welche Ziele wurden damit verfolgt bzw. wodurch fühlte sich die Partei provoziert? Beruhte eine Eskalation auf stereotypen Bildern von der Gegenseite?

Eskalationen basieren oft auf einer → Stereotypisierung der Gegenseite (z. B. als feindselig oder betrügerisch), die im Sinne von → sich selbsterfüllenden Prophezeiungen dazu führen, dass negative Erwartungen zu negativem Verhalten führen, das gemäß der Faustregel sozialer Interaktionen (Deutsch, 1973) zu einer gleichartigen Erwiderung führt (vgl. Bierhoff, 1998 a). Damit ist der Teufelskreis geschlossen.

Schriftliche Fassung der Struktur des Konflikts. Es empfiehlt sich, auch die herausgearbeitete Struktur des Konfliktes bzw. die Strukturen der Konflikte schriftlich zu fassen, sodass man sich im weiteren Verlauf darauf beziehen kann. Spätere Korrekturen, Differenzierungen und Ergänzungen sind selbstverständlich immer möglich.

ZUSAMMENFASSUNG

Der zweite Mediationsabschnitt: Konfliktanalyse

Der zweite Mediationsabschnitt dient der *Konfliktanalyse* und gliedert sich in zwei Schritte

11. Offenlegung und Austausch über die konfligierenden Positionen der Konfliktparteien und über die zugrundeliegenden Anliegen, also die Aufdeckung der → Tiefenstruktur (S. 193 ff.).
12. Weitergehende Bedingungsanalysen, die sich auf die Entstehung und Aufrechterhaltung des Konfliktes beziehen (S. 196 ff.).

Checkliste zum zweiten Mediationsabschnitt

- ✓ Wurde die Tiefenstruktur geklärt, die hinter den konfligierenden Positionen der Parteien und damit hinter den offenkundigen Unvereinbarkeiten des Konflikts stehen?
- ✓ Sind den Konfliktpartnern die betroffenen eigenen Anliegen bewusst?
- ✓ Wurden die jeweils anderen Parteien über die betroffenen eigenen Anliegen informiert?

✓ Ist eine weitergehende Bedingungsanalyse des Konflikts notwendig, und wurde sie im Bedarfsfall geleistet? Dazu ist zu klären:
✓ Welche aktuellen Bedingungen haben zur Entstehung des Konflikts beigetragen (Persönlichkeitsmerkmale, Vorurteile und Voreingenommenheiten, mangelnde Fähigkeiten zur Konfliktminderung etc.)?
✓ Welche Bedingungen stabilisieren den Konflikt und halten ihn dadurch aufrecht (z. B. mangelndes Selbstwertbewusstsein, ungünstige Erwartungshaltungen oder „Anstachelung“ des Konflikts durch Dritte)?
✓ Welche zurückliegenden personenspezifischen, historischen, sozialen und gesellschaftspolitischen Bedingungen haben zur Entstehung und Aufrechterhaltung des Konflikts beigetragen?
✓ Was hat welche Partei zur Eskalation des Konflikts beigetragen?
✓ Wurden die Antworten auf all diese Fragen zur Konfliktanalyse schriftlich fixiert?

8.1.4 Konflikte und Probleme bearbeiten

Übersicht 8.1.4

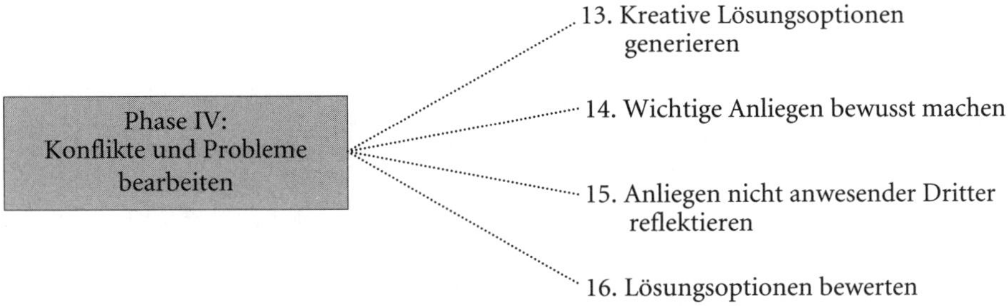

Zu diesem Mediationsabschnitt sind eine Reihe von Vorbemerkungen notwendig, bevor die Schritte 13–16 behandelt werden. Zunächst stellen wir *fünf mögliche Ergebniskategorien von Mediation* dar, wobei wir auf → Gewinner-Gewinner-Lösungen besonders eingehen. Wir erklären, was wir unter „Ausweitung des Betrachtungsraumes für Konfliktlösungen“ verstehen und besprechen → kognitive Schemata, die einer produktiven Konfliktbearbeitung im Wege stehen können.

Ergebniskategorien von Mediation

Die Ergebnisse von Mediationen können grundsätzlich einer von fünf Kategorien zugeordnet werden:

1. **Sieg einer Partei.** Eine Partei erzielt ein viel vorteilhafteres Ergebnis als die andere(n). Dies ist die typische Gewinner-Verlierer-Lösung.

2. **Einfache Kompromisse.** Das Ergebnis liegt etwa in der Mitte der Ausgangsforderungen oder der ursprünglichen Verhandlungsziele der Parteien. Problematisch könnte bei den Ausgangsforderungen sein, dass die Forderung

einer Partei „überzogen“, die der anderen Partei gemäßigt waren. Es verliert dann beim einfachen Kompromiss die Partei mit der gemäßigteren Ausgangsforderung. Die Ausgangsforderungen sind nicht identisch mit den Verhandlungszielen, wenn man die Ziele als das positiv bewertete und erhoffte Verhandlungsergebnis ansieht. Typischerweise geben die Parteien ihre Ziele nicht bekannt, sondern verhandeln auf die Realisierung dieser Ziele hin. Einfache Kompromisse sind im Rahmen von Nullsummenspielen vielleicht faire Lösungen, meist aber nicht die bestmögliche Lösung, etwa verglichen mit Gewinner-Gewinner-Lösungen.

3. **Gewinner-Gewinner-Lösung.** Beidseitig bzw. allseitig überwiegen die Vorteile, keine Partei hat mehr Nachteile als Vorteile. Zur Erzielung von → Gewinner-Gewinner-Lösungen muss man häufig den Verhandlungsraum ausweiten und weitere Anliegen einbeziehen, sodass die Möglichkeit besteht, auch Kompensationen für geleistete Konzessionen anzubieten, die nicht für den Konflikt spezifisch sind: Das sind Konzessionen in Bezug auf andere Gegenstände oder in anderen Interaktionsfeldern (s. u. S. 208 f.).

> **!** **Was sind Gewinner-Gewinner-Lösungen?**
> Es sei zunächst gesagt, was Gewinner-Verlierer-Lösungen sind: Was eine Partei bekommt, verliert die andere. Spieltheoretisch sind das Null-Summen-Spiele. Typische Beispiele sind:
>
> - Preisverhandlungen um eine Ware: Was der Käufer heraushandelt, verliert der Verkäufer.
> - Wetten: Was die einen verlieren, gewinnen die anderen.
> - Wettbewerb auf dem Markt: Die Marktanteile, die ein Unternehmen gewinnt, verlieren andere (was freilich nicht so sein muss).
>
> Viele Konflikte werden so entschieden. Im familiären Bereich bei Entscheidungskonflikten über Anschaffungen, Urlaubsorte, Wohnungen; im unternehmerischen Bereich, wenn es um Einstellungen, Produkte oder Werbemaßnahmen geht; im politischen Bereich und allen anderen Lebensfeldern: Eine Partei setzt sich durch, die andere verliert, oder es gibt einfache Kompromisse, wenn das möglich ist: Beide geben etwas nach, verlieren und gewinnen ein bisschen. Nicht immer sind einfache Kompromisse möglich: Man muss sich für eine Anschaffung, einen Urlaubsort (wenn der Urlaub gemeinsam verbracht werden soll), eine Wohnung oder eine Produktion entscheiden.
> Gewinner-Verlierer-Lösungen sind aber nicht in allen genannten Fällen unvermeidbar. Voraussetzung ist eine Veränderung, eine Ausweitung des Betrachtungsfeldes wie im oft bemühten Paradigma des „Streits um die Zitrone“ (vgl. S. 195). Dazu einige Beispiele:
>
> - Der Streit um den Urlaubsort wird oft um konkrete Orte geführt. Hier ist es hilfreich zu fragen, wegen welcher Anliegen die Orte präferiert werden. Der Mann will vielleicht Berge sehen, fischen und Ruhe genießen, die Frau will baden, gelegentlich städtisches Leben und einen Ort, wo die fünfjährige Tochter Spielkameraden hat. Wahrscheinlich gibt es Orte, an denen alle Wünsche erfüllt sind, andernfalls kann man eine gemeinsame ►

Lösung versuchen, indem beide einen ihrer Wünsche zurückstellen. Dasselbe Verfahren könnte bei der Wohnungssuche helfen.

- Auch bei Einstellungen muss nicht über Personenpräferenzen gestritten werden. Zunächst sollten die Kriterien offengelegt und ausgetauscht werden. Dann sind die Kriterien an die Bewerber anzulegen. Hier kann es zu Bewertungsunterschieden kommen, aber der Konflikt versachlicht sich, auch weil es mutmaßlich einige Gemeinsamkeiten bei den Kriterien gibt.
- Eine andere Strategie besteht darin, nicht nur auf die anstehende Entscheidung zu fokussieren, sondern weitere Entscheidungen in die Betrachtung miteinzubeziehen, was gegenseitige Konzessionen ermöglicht. Im Parlament werden oft bereits Mehrheiten dadurch möglich, dass die Regierungsfraktionen in einem Politikfeld (etwa der Rentenpolitik) den Oppositionsfraktionen Zugeständnisse machen und diese ihrerseits wiederum Zugeständnisse in einem anderen Politikfeld (bspw. der Steuerpolitik) machen.

4. **Abbruch ohne Ergebnis.** Es wird keine Übereinkunft (kein Vertrag) geschlossen, weil die Verhandlung oder Mediation einseitig oder allseitig abgebrochen wird. Dies ist dann eine *Verlierer-Verlierer-Lösung*, wenn eine Übereinkunft im Sinne eines einfachen Kompromisses für beide Parteien günstiger gewesen wäre als ihre jeweils beste Alternative zu einer Verhandlungslösung.

Der Abbruch kann unterschiedlich nachteilig für die Beteiligten sein. Fisher und Ury (1981) diskutieren ausführlich das *Konzept der besten Alternative* zu einer Übereinkunft (englisch: best alternative to a negotiated agreement oder BATNA), unter anderem am Beispiel von Lohnverhandlungen oder Preisverhandlungen für eine Immobilie. Parteien machen einen gravierenden Fehler, wenn sie die beste Alternative zu einer Übereinkunft nicht konkret formulieren und sich Illusionen hierüber machen. In diesem Falle brechen sie die Verhandlung zu früh ab. Das Grundmodell in dieser Diskussion ist am ökonomischen Eigennutz der Parteien orientiert. Wenn es andere Motive für einen Abbruch gibt als ökonomische, z. B. Feindseligkeit und Aversionen gegenüber der Gegenseite, Wahrung von Gesicht und Status u. a. m., wird der Abbruch sowie seine Gründe in diesem Modell als irrational abgetan. Neben der ökonomischen Rationalität gibt es selbstverständlich auch eine psychologische, d. h. an psychologischen Wertungen orientierte Rationalität, die sehr einflussreich sein kann.

5. **Verlierer-Verlierer-Ergebnis.** Ein Verlierer-Verlierer-Ergebnis liegt dann vor, wenn beide Parteien eine bessere Alternative als den Abschluss eines Vertrages hatten, z. B. beim Kauf einer Immobilie, die für die Bedürfnisse des Käufers nicht wirklich geeignet ist und für die der Verkäufer einen höheren Preis hätte

erzielen können, wenn er auf Käufer gewartet hätte, für welche die Immobilie ideal gewesen wäre. Also nicht immer ist eine Übereinkunft ein gutes Ergebnis im Sinne des ökonomischen Modells.

Es gibt selbstverständlich auch Verlierer-Verlierer-Übereinkünfte auf der Basis von anderen als ökonomischen Bewertungen. Beispielsweise kann ein Ehepaar entscheiden, die hinfällig gewordene Mutter des Ehemannes in die eigene Familie aufzunehmen, trotz der Überzeugung, dass dies zu großen Belastungen führen wird. Der Ehemann plädiert für diese Entscheidung, weil er Schuldgefühle gegenüber der Mutter hat und die Ehefrau willigt ein, weil sie andernfalls Schuldgefühle gegenüber ihrem Mann hätte. Bessere alternative Unterbringungen der Mutter außerhalb der eigenen Familie, welche die Übernahme von partieller Verantwortlichkeit durchaus ebenfalls ermöglicht hätten, wurden wegen dieser Schuldgefühle gar nicht in Betracht gezogen.

Ausweitung des Betrachtungsraumes für die Konfliktlösung

Eine produktive Bearbeitung des Konflikts wird in aller Regel erleichtert, wenn die Perspektive oder der Betrachtungsraum ausgeweitet wird. Dadurch wird in vielen Fällen die subjektive Bedeutung des Konfliktes relativiert, wodurch sich neue Chancen für eine Beilegung zu allseitiger Zufriedenheit ergeben.

Wie bereits an anderer Stelle gesagt (vgl. Kap. 8.1.2, S. 190), führt ein Konflikt häufig dazu, dass die Parteien auf ihre Positionen fixiert sind, dass sie nur die „Schuld" der Gegenseite sehen, nicht ihren eigenen Beitrag zum Konflikt und dass sie durch den Konflikt gegebene Probleme eher dramatisieren. Die Durchsetzung der eigenen Position und die Bestrafung der Gegenseite werden zu wichtigen neuen Anliegen, denen oft höhere Bedeutung beigemessen wird als den eigentlich inhaltlich und normalerweise wichtigen Anliegen: „Siegen" wird wichtiger als eine angemessene Problemlösung und eine nachhaltige Bereinigung der Beziehung.

Diese Prioritätensetzung und die „mentale Einengung" sind für eine konstruktive Konfliktbearbeitung suboptimal. Weshalb? Die durch den Konflikt induzierte Prioritätensetzung schafft einen „Ausnahmezustand". Die Konfliktparteien sind nicht mehr die Personen, die sie zuvor waren mit ihren Anliegen und Wertvorstellungen, und sie sind nicht mehr in der Lage, intelligent, klug und weise nach Problemlösungen zu suchen, die dem Spektrum ihrer Anliegen entsprechen würden.

Folglich geht es darum, die Prioritätensetzungen wieder zu normalisieren und die mentalen Einengungen aufzuheben, um das zu erreichen, was Pruitt und Carnevale (1993) wohl mit Problemlöseorientierung im Unterschied zu Streit- und Durchsetzungsorientierung meinen.

! Vier mögliche Strategien zur Ausweitung des Betrachtungsraums für Konfliktlösungen

1. Die Bewusstmachung aller wichtigen eigenen Anliegen, nicht nur der durch den Konflikt betroffenen, wodurch die Festlegung auf die konfliktinduzierten Anliegen des „Siegens" und des „Bestrafens" an Priorität verlieren;
2. die Bewusstmachung der Anliegen wichtiger dritter Personen, die durch den Konflikt betroffen sind oder durch eine Lösung des Konflikts betroffen sein könnten;
3. eine Suche nach Lösungsoptionen unter möglichst optimalen Bedingungen für Kreativität;
4. eine Bewertung von Lösungsoptionen im Hinblick auf alle wichtigen Anliegen der Parteien selbst und im Hinblick auf die Anliegen dritter Personen, die den Parteien wichtig sind.

Mit diesen Strategien ist es möglich, → Gewinner-Gewinner-Lösungen zu finden.

Kognitive Schemata, die einer produktiven Konfliktbearbeitung hinderlich sind
Eine produktive Bearbeitung von Konflikten wird beeinträchtigt durch häufig anzutreffende → kognitive Schemata, die zu einer ungünstigen Einschränkung des Betrachtungsfeldes oder zu spezifischen Voreingenommenheiten führen. Diese sollten Mediatoren bekannt sein, und die Mediatoren sollten die Parteien bei gegebenen Anlässen hierüber informieren

Die Parteien sind „*kognitive Geizhälse*", wie Fiske und Taylor (1991) den generellen Trend zu einer mentalen Ökonomie bezeichnet haben. Die Benutzung von → Heuristiken und vereinfachenden Schemata, die eine Simplifizierung der Komplexität der Realität ermöglichen, wurde prominent von Tversky und Kahneman (1974) dargestellt (für neuere theoretische Analysen, vgl. Gigerenzer, Todd & the ABC-Research Group, 1999).

Schemata enthalten Informationen über Aspekte einer spezifischen Situation (Konstellation), die aus früherer Erfahrung (Taylor & Crocker, 1981) stammen mögen und dem Verständnis der subjektiven Konstruktion einer Situation dienen (Markus & Zajonc, 1985). Sie leiten die Informationsverarbeitung, die Aufmerksamkeit sowie das Behalten und die Interpretation von Informationen. Insofern sind die Schemata selbststabilisierend wegen ihres Effektes der selektiven Wahrnehmung und des selektiven Behaltens (z. B. Hastie, 1981).

Es gibt Schemata für die Wahrnehmung der sozialen Realität, z. B. der Intentionen, Haltungen und Überzeugungen der Interaktionspartner (Deutsch, 1982; Ross & Nisbett, 1981), und es gibt Schemata für die Wahrnehmung oder Klassifikation von Situationen, z. B. als Spiel, als Wettbewerb, als eine Gemeinschaftsaufgabe usw. Kurz: Schemata leiten die Interpretation des Kontextes, der Gegenstände und der Verhandlungsziele.

Für die Mediation bedeutsam sind etwa folgende empirisch nachgewiesene Schemata:

- *Überschätzung von Eigennutz* als Motiv (Plous, 1985), worauf wir bereits mehrfach hingewiesen haben.
- Die *fixed-pie-Annahme* (Thomson, 1990a, 1990b), also die Annahme, dass es sich bei Verhandlungen um Nullsummenspiele, also Gewinner-Verlierer-Spiele handelt (vgl. auch Follett, 1940; Pruitt, 1981), die man übrigens bei kompetenten erfahrenen Verhandlern weniger häufig als bei Novizen gefunden hat (Neale & Northcraft, 1986).
- *False consensus* (Dawes, 1989): Hier handelt es sich um Projektionen, dass die anderen Parteien dieselben Interessen verfolgen wie man selbst, also um eine Überschätzung der Generalität der eigenen Motive und Präferenzen.
- *Simple Gerechtigkeitsvorstellungen*: Vielfach gibt es simple Vorstellungen über Gerechtigkeit, etwa dass ein einfacher Kompromiss die gerechteste Lösung wäre (einfacher Kompromiss als Halbierung der Differenz von Ausgangspositionen) oder dass Nachgeben mit reziproken Konzessionen der anderen Seite zu beantworten sei.
- *Illusionärer Konflikt:* Die Annahme, dass es zwischen Konfliktgegnern Meinungsverschiedenheiten zu allen möglichen Gegenständen geben müsse. Dies kann im Übrigen auch strategisch ausgenutzt werden, wenn ein Beteiligter das durchschaut. Er kann dann – den Konflikt strategisch missinterpretierend – scheinbar Zugeständnisse machen, wo es sich gar nicht um ein Zugeständnis handelt, um im Gegenzug Zugeständnisse zu verlangen in für ihn wichtigen und wirklich strittigen Fragen (Raiffa, 1982; Thomson, 1990b).
- *Reaktive Abwertung:* Die Abwertung eines Vorschlages, nur weil er von der Gegenseite kommt, wobei unterstellt wird, dass er für einen selbst nachteilig sein muss (Stillinger et al., 1991).
- *Verhandlungsskripts auf der Basis intuitiver Theorien* (Abelson, 1981): Hier sind z. B. Vorstellungen über faires Verhalten zu nennen oder bestimmte attributionale Voreingenommenheiten. Baron (1985, 1988) hat festgestellt, dass eine harte konfrontierende Verhandlungsposition weniger häufig zu entsprechenden Gegenzügen disponiert, wenn angenommen wird, dass die Gegenseite eine prinzipiengestützte, subjektiv ehrliche Überzeugung vertritt und nicht einen strategischen Schachzug führt.
- Die *Verfügbarkeitsheuristik*: Tversky und Kahneman (1974) haben die mentale Verfügbarkeit von Informationen als Basis für die Urteilsbildung eindrucksvoll nachgewiesen. Menschen benutzen die ihnen mental verfügbaren Informationen für ihre Urteilsbildung und ihre Entscheidungen und Handlungen, anstatt zuvor systematisch nach weiteren relevanten Informationen zu suchen. Die Verfügbarkeitsheuristik kann auch herangezogen werden, um das Urteilen in Analogien zu erklären.

EXKURS

Die Verfügbarkeitsheuristik

Denken ist Arbeit, und unsere Denkleistung ist eine Ressource; wie ein PC wollen wir unsere „Rechenkapazität" nicht verschwenden und gehen eher sparsam mit unserem geistigen Kapital um. Eines der Hilfsmittel, die wir dabei verwenden, ist die Verfügbarkeitsheuristik (Tversky & Kahneman, 1974).

Stellen Sie sich folgende Aufgabe vor: Sie sollen beurteilen, ob es mehr Wörter mit einem K als erstem Buchstaben oder mit einem k als drittem Buchstaben gibt. Eine anstrengende Methode wäre, ein Wörterbuch zu nehmen und anfangen zu zählen. Statt dessen überlegen wir nur kurz, wie viele Wörter uns denn zu jeder Kategorie einfallen, d. h. verfügbar sind. Nach dieser Methode gibt es ganz klar mehr Wörter, die mit K anfangen. Aber man ahnt es schon, diese „Daumenregel" – was verfügbar ist, muss auch häufig sein – führt in die Irre und tatsächlich gibt es mehr Wörter, die k als dritten Buchstaben haben. Ein ähnliches Phänomen kann man erzeugen, wenn beurteilt werden soll, was denn die häufigste Todesursache ist. Sofort in den Sinn kommen: Krebs, Aids oder Autounfälle. Tatsächlich sind aber schlichte Herzerkrankungen immer noch die häufigste Todesursache. Meistens führt die Verfügbarkeitsheuristik zu vernünftigen Schlüssen. Sind aber die falschen Informationen leicht verfügbar (z. B. Stereotype oder Vorurteile), sollte es eine Aufgabe des Mediators sein, die Parteien zu motivieren und sich nicht immer sofort mit der einfachsten und am leichtesten verfügbaren Information zufriedenzugeben, sondern ein wenig mehr „Rechenkapazität" aufzuwenden.

Wem z. B. in der Bewertung internationaler Konflikte die Beschwichtigungspolitik Englands und Frankreichs 1938 gegenüber den Forderungen Hitlers präsent ist, die Hitler eher ermutigt als abgeschreckt hat, seine Expansionspolitik zu betreiben, der neigt dazu, eine Politik der Konzessionen in internationalen Konflikten abzulehnen.

Mit der Verfügbarkeitsheuristik werden auch die häufigen Überschätzungen der eigenen Leistungen bzw. die eigenen Benachteiligungen in einer Partnerschaft erklärbar: Egozentrische Parteien halten eigene positive Leistungen und fremde negative Handlungen mental präsent – auch weil sie immer wieder darüber reden –, während sie Leistungen der Gegenpartei und selbst verursachte Ungerechtigkeiten nicht memorieren. Deshalb werden fremde und eigene Leistungen in einem Konflikt ungleich berücksichtigt und die Ausgewogenheit der Beziehung in Frage gestellt. Mediatoren sollten die Wirkung der Verfügbarkeitsheuristik nicht nur kennen, um parteiische und stereotype Urteile der Konfliktbeteiligten zu verstehen und darüber aufzuklären. Sie können die Verfügbarkeitsheuristik auch für eigene strategische Ziele nutzen. Objektive oder externe Informationen über Mediationserfolge helfen, positive Erwartungen zu wecken.

- *Ankerbildung:* Tversky und Kahneman (1974) betonen, dass die erste Information als Anker benutzt wird und in besonderer Weise die Urteilsbildung prägt. In einer Verhandlung ist z. B. die erste Forderung der Gegenpartei der Anker für eigene Forderungen und Konstellationen. In psychologisch gleicher Weise beeinflusst der frühere Preis eines Gegenstandes die Wertermittlung von Experten (Northcraft & Neale, 1987). Auch der Status quo kann als Anker dienen und Konzessionen erschweren. In Lohnverhandlungen werden die bisher vom früheren Arbeitgeber bezahlten Löhne von neuen Arbeitgebern als Anker benutzt, oft auch von der fordernden Gegenseite, wenn diese nicht einen anderen Anker gebildet hat, z. B. höhere Vergleichslöhne an anderen Orten. Typischerweise hat der erste Tarifabschluss eines Jahres Ankereffekte, nicht nur in der selben Branche, sondern für alle Branchen.

EXKURS

Ankereffekte

Woran orientieren wir uns in der sozialen Welt? Woher kommen unsere Maßstäbe? Woher wissen wir, was ein „hohes Gehalt" oder eine „gute Leistung" ist? Wir brauchen Vergleichspunkte, Anker, an denen wir solche Urteile fest machen. Um dies zu demonstrieren, ein kleines Beispiel: Wir fragen Sie: Ist der Nil kürzer oder länger als 1000 km? Wahrscheinlich werden Sie sagen: Länger! Gut, wie lang ist der Nil denn wohl? Ihre Schätzung wird vermutlich zwischen 1000 und 2000 km liegen. Tatsächlich ist der Nil 5584 km lang.

Durch die Frage „Kürzer oder länger als 1000 km?" haben wir einen Anker vorgegeben, den Sie, wenn Sie nicht genaue Kenntnisse haben, wahrscheinlich genutzt haben. Fragen Sie jemanden zunächst einmal, ob der Nil kürzer oder länger als 10000 km ist, und danach, wie lang der Nil wohl tatsächlich ist, und Sie haben die Stärke von Ankereffekten demonstriert (Tversky & Kahneman, 1974).

In der Mediation entstehen auch leicht Ankereffekte: Es gibt ja keine festen Kriterien, was denn nun eine gute Lösung für alle Konfliktparteien sei. Mediatoren müssen nun darauf achten, dass solche Anker in den ursprünglichen oder ersten Forderungen der Parteien realistisch gesetzt werden, da sonst die Partei, die den „Ausgangswert" (d. h. 1000 oder 10000 km) zu sehr in ihre Richtung ziehen kann, im Vorteil ist.

In simulierten medizinischen Haftungskonflikten konnte nachgewiesen werden, dass die Einschätzung von Anwälten bezüglich der Gewinnaussichten einer Klage vor Gericht als Anker dafür diente, wie die außergerichtliche Verhandlung als Einigungschance bewertet wurde. Je ungewisser die Erfolgschancen einer Klage vom Anwalt dargestellt werden, umso größer ist die Bereitschaft, zu einer Verhandlungsübereinkunft zu kommen (Fobian & Christensen-Szalanski, 1993).

- *Frames*, d. h. die verbale Fassung/Formulierung eines Gegenstandes: Die sprachliche Fassung einer Konstellation ist hochbedeutsam für die emotionale Bewertung. Tversky und Kahneman (1991) betonen die Bedeutung der Formulierung in Gewinn- oder in Verlusttermen, wobei sie auf eine verbreitete Verlustaversion hinweisen. Die Menschen versuchen, Gewinne zu maximieren und Verluste zu vermeiden (De Dreu, Emans, & Van de Vliert, 1992; Kramer, 1989; Tyler 1991). Es ist deshalb bedeutsam, ob ein Verhandlungsergebnis als Verlust, als Gewinn oder als ein Ergebnis ohne Gewinn und Verlust formuliert wird. Von der ersten Forderung, vielleicht auch von den subjektiven Verhandlungszielen aus gesehen, sind die meisten kompromisshaften Einigungen Verluste. Vom Anker der besten Alternative im Falle einer fehlschlagenden Mediation (Best Alternative to a Negotiated Agreement oder BATNA, Fisher, Ury & Patton, 1998) aus betrachtet, sind die meisten Einigungen durchaus als Gewinn zu formulieren.

Deshalb ist es wichtig, dass sich die Parteien als Anker ihre besten realistischen Alternativen zu einer Einigung (BATNA) bewusst machen, damit ein kompromissartiges Ergebnis als Gewinn gesehen werden kann. Noch besser ist es freilich, von vornherein Gewinner-Gewinner-Lösungen anzustreben, was eine Ausweitung über die im Konflikt verengte Formulierung der Positionen hinaus erfordert. Die Verlustaversion macht Gewinner-Gewinner-Lösungen attraktiv.

EXKURS

Auf die Frage kommt es an! – Das „Asian Disease"-Problem

„Wer die Frage stellen darf, gewinnt das Plebiszit." So lautete schon im alten Athen eine Regel. Dass die Art, wie eine Frage gestellt wird, tatsächlich entscheidenden Einfluß auf die Antwort hat, zeigt die Forschung zum Problem der „Asian Disease".

Stellen Sie sich vor, dass 600 Menschen mit einer „asiatischen Krankheit" infiziert sind, die zum Tode führt. Sie können nun finanziell ein Medizin-Programm A unterstützen, bei dem mit 33,3 % Wahrscheinlichkeit alle gerettet werden. Oder Sie können ein Programm B unterstützen, bei dem von den 600 nur 400 sicher sterben werden. Wahrscheinlich werden sich viele für Programm A entscheiden, obwohl die Alternativen äquivalent sind. Bei Programm A werden nämlich mit 66,6% Wahrscheinlichkeit alle sterben, was den 400 sicheren Toten in Programm B entspricht. Fast alle Menschen entscheiden sich so. Dreht man die Frage um, mit 66,6 % Wahrscheinlichkeit sterben alle oder 200 werden gerettet, entscheiden sich die meisten für die zweite Alternative. Es ist also nicht nur eine Frage des Formats der Frage, sondern auch, ob ich in Gewinnen oder Verlusten denke. Diese Forschung hat viele direkte Anwendungen, z. B. im medizinischen Kontext, ob risikoreiche Operationen durchgeführt werden sollen oder nicht. Bietet man dem Patienten die Erfolgschancen oder die Misserfolgschancen als Kriterium an?

Ein Mediator muss also sehr genau darauf achten, wie Lösungsalternativen formuliert werden und dass Gewinne und Verluste gleichmäßig repräsentiert werden. Im Asian-Disease-Beispiel wäre also darauf hinzuweisen, daß mit 66,6% Wahrscheinlichkeit auch alle sterben können und dass es für die 400 Toten auch 200 Überlebende gibt.

Spezifische und unspezifische Konzessionen

Eine Möglichkeit zur Lösung besteht in einem gerechten Austausch von Konzessionen. Zunächst muss in Erfahrung gebracht werden, welche Wichtigkeit/Priorität bestimmte Streitpunkte für die Parteien haben. Es ist meist so, dass die Rangreihe der Wichtigkeiten bei Parteien nicht gänzlich parallel ist. Es fällt leichter und ist produktiv, in einem Punkt nachzugeben, der einem selbst weniger, der anderen Partei aber sehr wichtig ist. Im Gegenzug konzediert die andere Partei etwas, was einem selbst wichtig ist, ihr hingegen nicht. Das wird gelegentlich „tradeoffs" genannt (Austausch von Konzessionen).

Dazu kann es notwendig – zumindest aber hilfreich – sein, den Streitgegenstand „aufzuschnüren", um Möglichkeiten spezifischer Kompensationen zu schaffen und zu präzisieren. Spezifische Kompensationen fordern Information darüber, welche Ziele, Forderungen, Anliegen der Parteien bei einer konkreten Entscheidungsoption nicht ausreichend berücksichtigt sind, und was diese zum Widerstand gegen die Option motiviert.

BEISPIEL

Spezifische Konzessionen

In einer Fakultät gab es Streit um eine Berufungsliste. Eine Gruppe favorisierte eine Bewerberin, die von einer anderen Gruppe heftig abgelehnt wurde. In einem Berufungsverfahren geht es um die wissenschaftliche Qualifikation, um Leistungen in Forschung und Lehre, um die inhaltliche und methodische Ausrichtung, um die Erwartung wissenschaftlicher Zusammenarbeit, um Ausstattungsansprüche (Personalstellen, Sachmittel, Räume), auch um die Frage, ob es Überlappungen mit den Arbeitsfeldern anderer Mitglieder der Fakultät gibt (was sich manche Fakultätsmitglieder aus Gründen der Zusammenarbeit wünschen, während es andere als Konkurrenz erleben und abwehren). Der Widerstand gegen die Bewerberin war motiviert durch den Tatbestand, dass sie fachlich große Nähe zu einer Gruppe der Fakultät aufwies, sodass diese Arbeitsrichtung durch den neuen Lehrstuhlbereich weiter ausgebaut worden wäre, während andere Bereiche bereits seit längerem personell unterbesetzt waren. An ihrer Qualifikation zweifelte niemand. Die Aufschlüsselung des Konfliktes machte eine Lösung dadurch möglich, dass eine Mitarbeiterstelle der neuen Professur als Dozentenstelle für einen anderen Bereich abgezweigt und gesondert ausgeschrieben wurde. Diese spezifische Kompensation der Wünsche der Gegner machte eine Lösung möglich.

Auch *unspezifische Kompensationen* erlauben die Lösung eines Konflikts. Alle Beteiligten haben viele Ziele und Anliegen, die nichts mit dem konkreten Konfliktfall zu tun haben. Wenn diese bekannt sind, kann der Erwägungs- und Verhandlungsraum über den konkreten Konfliktfall hinaus erweitert werden. Dadurch ist es möglich, Kompensationen für ein Nachgeben der Gegenpartei dadurch zu schaffen, dass andere Anliegen und Ziele der Gegenpartei gefördert werden. Möglicherweise haben diese Anliegen und Ziele für diese Partei sogar eine höhere Wichtigkeit als die vom aktuellen Streitfall betroffenen. Der Gegenstand der unspezifischen Kompensation ist im eigentlichen Konflikt nicht thematisiert. Er muss daher aus weiteren Kenntnissen über die Anliegen der anderen Seite generiert werden (Neale & Bazerman, 1991).

BEISPIEL

Unspezifische Konzessionen
Ein Hausbesitzer möchte eine Garage bauen und zwar auf die Grenze zum Nachbargrundstück. Die Nachbarn leben wegen diverser Streitpunkte in einem angespannten Verhältnis. Das Anliegen des Hausbesitzers wird folglich von den Nachbarn abgelehnt. Eine unspezifische Kompensation könnte darin bestehen, dass der Hausbesitzer den Nachbarn einen Grundstückszwickel abtritt, auf dem er zum Leidwesen der Nachbarn einen deren Aussicht verstellenden Baum gepflanzt hatte.

Solch ein „Kuhhandel" erfreut sich nicht generell positiver Bewertung. Die Ausweitung des Spektrums der Anliegen der Parteien bedeutet jedoch eine Erweiterung des Verhandlungsfeldes, was produktive Gewinner-Gewinner-Lösungen oft erst möglich macht. Es muss nicht ein „Kuhhandel" werden.

Den Kuchen vergrößern, der zu verteilen ist

Absolut kann eine Vergrößerung des Kuchens durch Anreicherung der Ressourcen, relativ durch eine Verringerung der Kosten spezifischer Forderungen (oder Entscheidungsoptionen) geschehen. Für die Vergrößerung des Kuchens muss man zunächst nicht mehr kennen als die Forderungen bzw. die Verhandlungsziele der Parteien. Man schaut nach zusätzlichen Ressourcen zur Erfüllung dieser Forderungen und Ziele bzw. nach Kosteneinsparungen der anstehenden Entscheidungsoptionen.

BEISPIEL

Es geht um die Vereinbarkeit von Beruf und Familie einer Frau, die nach der Geburt des ersten Kindes ihre Berufstätigkeit aufgegeben hatte und den Großteil der Familienpflichten übernommen hatte, jetzt aber – nachdem das Kind in den Kindergarten geht – in den Beruf zurück möchte. Es geht ihr um eine neue Aufteilung der Pflichten zwischen ihr und ihrem Mann, was Konflikte verursacht.

Es handelt sich zunächst einmal um die Ressource „Zeit" der beiden Partner. Der verplanbare Zeitkuchen kann erweitert werden, wenn Hilfen für Haushalt und Kinderbetreuung gewonnen werden, entweder Bekannte, die bezahlt werden müssen, oder die Großeltern, die diese Hilfe unentgeltlich und gerne leisten. Weiter könnte überlegt werden, bei welchen Tätigkeiten Zeit eingespart werden kann. Vielleicht könnte die aufwendige Zubereitung von Mahlzeiten durch den Wechsel auf tiefgefrorene Fertiggerichte während der Woche reduziert werden, vielleicht könnten die beruflichen Fahrtwege durch Umzug in eine günstiger gelegene Wohnung verkürzt werden, vielleicht könnten beide Partner eine Reduzierung ihrer beruflichen Arbeitszeit erreichen u. a. m.

Tiefenstruktur eines Konfliktes berücksichtigen

Ohne valide Kenntnis der → Tiefenstruktur eines Konfliktes bleibt die Generierung angemessener Lösungsoptionen dem Zufall überlassen. Streitgegenstände haben häufig nur eine symbolische Bedeutung. Was sie symbolisieren, muss in Erfahrung gebracht werden. Häufig gibt es auch eine Transformation des Streites. Was als Meinungsdivergenz einer Sachfrage beginnt, kann sich rasch zu einem Beziehungsproblem, zu einem Problem von Anerkennung und Sozialstatus oder zu einem Problem der Verteidigung von Prinzipien wandeln (Burton, 1984).

Zur Offenlegung der Tiefenstruktur ist an das ganze Spektrum menschlicher Anliegen zu denken. Sie können die Streitgegenstände, die Beziehung, die eigene private und öffentliche Identität und den Prozess der Auseinandersetzung betreffen. Nur wenn diese Tiefenstrukturen bekannt werden, kann eine angemessene Lösung gefunden werden. Oft lassen sich die zugrunde liegenden Anliegen sogar vergleichsweise leicht lösen.

BEISPIEL

Tiefenstruktur eines Konfliktes

Drei Geschwister haben von ihrer Mutter, die seit vielen Jahren verwitwet war, ein Reihenhaus mit Einrichtung in einer Vorstadt, ein Sparbuch mit knapp 30.000 Euro, eine Briefmarkensammlung vom Vater, deren Wert nicht bekannt war, sowie einige bescheidene Schmuckstücke geerbt. Außerdem hinterließ sie Fotoalben und anderes von Erinnerungswert. Ein Testament lag nicht vor. Die Mutter wurde in den letzten Jahren vor allem von der älteren Tochter betreut, die alleinstehend in derselben Stadt wohnt und die Mutter zuletzt täglich aufsuchte, die Einkäufe erledigte, sie zum Arzt brachte, Geburtstage und Feiertage organisierte u. v. a. m. Der Sohn und die jüngere Tochter haben Familien, leben an anderen Orten und besuchten die Mutter mit ihren Familien zu den Geburtstagen und immer seltener an Feiertagen. Die Mutter liebte ihre drei Enkelkinder, die als Heranwachsende nur noch selten von sich hören ließen.

Nach der Beerdigung fragte die Frau des Sohnes nach einem Testament. Nachdem geklärt war, dass es keines gab, machte sie den Vorschlag, das Haus und die Briefmarkensammlung zu verkaufen und den Erlös zusammen mit dem Sparbuch durch drei zu teilen, die Schmuckstücke, die ja von geringerem Wert waren, auf die beiden Enkelinnen zu verteilen und das Inventar, wenn es niemand haben wolle, am besten gleich auf den Sperrmüll zu geben.

Die ältere Tochter reagierte mit einem Tränenausbruch und verließ wortlos den Raum. Der Rest der Familie war betroffen, der Bruder suchte die Schwester auf und fragte sie nach dem Grund der Tränen, bekam aber nur zu hören, so ginge das nicht. Zurück im Familienkreis konnte er den Gefühlsausbruch nicht weiter erklären. Man schrieb ihn den Anstrengungen der letzten Tage zu und bestärkte sich in der Ansicht, dass der vorgeschlagene Modus der Teilung des Erbes vernünftig sei.

In der Folge verweigerte die ältere Tochter ihre Zustimmung zu den angestrebten Verkäufen, ohne eine weitere Erklärung.
Um eine Eskalation zu vermeiden, suchte der Mann der jüngeren Schwester, der die Schwägerin schätzte, sie wegen einer Aussprache auf. Ihm erzählte sie, dass sie nicht nur die Art und Weise, wie über das Erbe gesprochen wurde, als pietätlos empfunden habe, sondern dass sie es darüber hinaus als völlig unangemessen angesehen habe, dass ihre Schwägerin hier mit Vorschlägen aufgewartet habe: Es sei doch gewiss nicht deren Aufgabe, über das Erbe der Mutter zu befinden. Schließlich bekannte sie, tief verletzt zu sein, dass niemand ihren jahrelangen Einsatz für die Mutter eines Wortes oder einer Überlegung wert gehalten habe. Sie habe der Mutter hundertmal mehr Zeit und Kraft geopfert als die gesamte übrige Familie. Selbstverständlich wüsste sie auch ohne Testament über den letzten Willen ihrer Mutter aus vielen Gesprächen Bescheid. Die Mutter wollte ihr das Haus übertragen, wohlwissend, dass sie dieses Erbe nicht für sich selbst behalten würde, sondern sinnvoll und zu einem angemessenen Zeitpunkt an die Enkel weitergeben würde. Die Mutter habe gut gefunden, es ihr zu überlassen, eine gute und sinnvolle Aufteilung und einen guten Zeitpunkt zu finden. Sie selbst wolle außer ein paar Erinnerungsstücken nichts für sich behalten, aber sie so zu übergehen, wenn es darum ginge, den Willen der Mutter zu verwirklichen, das fände sie ungeheuerlich. Wenn es nach den Verdiensten um die Mutter ginge, dann sei sie jedenfalls die Haupterbin und nochmal: Sie beanspruche das Erbe nicht als dauerhaften Besitz für sich, sehe sich aber als die Sachwalterin des letzten Willens der Mutter.
Der Schwager machte sie auf die Schwierigkeiten aufmerksam, den nicht schriftlich gefassten letzten Willen der Mutter nachzuweisen, sagte aber zu, dass er sich dafür einsetzen wolle, dass sie nun eine Aufteilung des Erbes im Sinne der Mutter vornehmen würden. Sie solle konkrete Vorschläge machen und er wolle sich für deren Verwirklichung auch einsetzen.
Nach einer Entschuldigung der Schwägerin für ihr unbedachtes Vorpreschen konnte eine einvernehmliche Lösung auf der Basis der Vorschläge der älteren Tochter erreicht werden: Den Verkauf des Hauses und eine Aufteilung des Erlöses auf die drei Geschwister, die ihrerseits ihre Erbanteile für die Ausbildung der drei Enkelkinder in Wertpapieren anlegten. Der Rest des Erbes fiel der älteren Schwester zu, ohne dass diese in der Verwendungsfreiheit eingeschränkt gewesen wäre.

Es gibt allerdings durchaus Gewinner-Gewinner-Lösungen ohne Aufdeckung der Tiefenstrukturen. Wenn konkrete Forderungen etwa durch absolute Erhöhung der Ressourcen oder durch eine Verringerung der Kosten von Optionen zu erfüllen sind, muss nicht notwendigerweise weiter nach tieferen Motivschichten gebohrt werden. Für eine nachhaltige Konfliktreduktion in fortlaufenden sozialen Beziehungen ist jedoch Wissen über die wichtigen Anliegen ebenso wie Wissen über individuelle Sichtweisen und Deutungsmuster der Beteiligten hilfreich.

Nach diesen vielen grundsätzlichen Hinweisen, kommen wir zurück auf den Ablaufplan, der für diesen Mediationsabschnitt vier Schritte vorsieht (vgl. S. 199).

Kreative Lösungsoptionen generieren (13. Schritt)

Bei diesem Teilschritt ist es entscheidend, in einer möglichst großen Zahl von Lösungsalternativen zu denken. Zur Generierung dieser Lösungen kann auf die vielfältige Kreativitätsforschung zurückgegriffen werden, die konkrete Techniken zur Generierung kreativer Ideen anbietet (vgl. Kap. 7).

> **!** Grundregel: Die Generierung kreativer Lösungsideen erfolgt ohne kritische Bewertung der Einfälle. Viele der generierten Optionen werden aus unterschiedlichen Gründen in der späteren Bewertung verworfen. Sie haben aber die Funktion,
> - dass die mentale Einengung auf die Positionen im Konflikt aufgehoben wird,
> - dass die eigenen Anliegen anhand der Optionen geklärt werden können und
> - dass in der Bewertung von Optionen viele Gemeinsamkeiten zwischen den Parteien offenkundig werden, was die konfrontative Beziehung lockert.

Wichtige persönliche Anliegen bewusst machen (14. Schritt)

Wie oben bereits gesagt, sind die Parteien im Konflikt oft in einem Ausnahmezustand, in dem ihr Horizont verengt und das Bewusstsein für das ganze Spektrum ihrer Anliegen verloren gegangen ist. Es relativiert den Konflikt und es öffnet den Blick für konstruktive Lösungen, wenn sich die Parteien ihrer selbst wieder bewusst werden. Dies sollten Mediatoren formulieren.

Das kann angeregt werden durch einen Blick in den Spiegel, wie Wicklund und Duval (1971) in ihrer Theorie der Selbstaufmerksamkeit empirisch belegt haben (vgl. auch Wicklund, 1979), durch direkte Fragen des Mediators nach persönlich wichtigen Lebenszielen und Haltungen, nach thematischen Interessen und Aktivitätsinteressen, nach wichtigen Beziehungen usw.

Es geht aber nicht nur um die Bewusstmachung der eigenen Anliegen. Diese sollten darüber hinaus auch ausgetauscht werden, sodass die spätere Bewertung von Optionen auch im Wissen über die Anliegen der Gegenseite vorgenommen werden kann. Es ist hilfreich, dieses Analyseergebnis visuell festzuhalten (Flip Chart, Schaubild etc.) und dabei auf Gemeinsamkeiten der Anliegen hinzuweisen.

Mediatoren sollten auch das Interesse der Parteien an den Anliegen der Gegenseite wecken: Es gibt allerdings Gründe, die Anliegen der Gegenseite nicht zu akzeptieren. Dies ist aber eine Voraussetzung, den Konflikt als solchen zu begreifen und zu bearbeiten, statt der Gegenseite nur Vorwürfe wegen der entstandenen Probleme zu machen. Um die notwendige Akzeptanz zu erreichen, ist es wichtig, eine offene Atmosphäre zu schaffen. Dabei ist es hilfreich, dass Mediatoren die Basisvariablen der Kommunikation nach Rogers (Echtheit, Empathie und Wertschätzung) selbst auch vorleben (vgl. Kap. 3.2) und darüber hinaus den Mythos der hohen Bedeutung von Eigeninteresse reflektieren und über die Gefahren des Mythos aufklären (vgl. Kap. 3.4).

! **Wie erwirbt man Wissen über die Anliegen der anderen Parteien?**

Oft wird bei der Frage, wie man Wissen über die Anliegen anderer gewinnt, auf Empathie verwiesen (vgl. auch Pruitt & Carnevale, 1993). Empathie wird als Bereitschaft und/oder Fähigkeit definiert, die Gefühle und Gedanken anderer Menschen zu erfassen und nachzuvollziehen und damit auch die Fähigkeit, die Perspektive anderer Menschen einzunehmen und von deren Standpunkt aus die Dinge zu sehen und zu beurteilen.

Die Fähigkeit, Gedanken und Gefühle anderer zu verstehen, klingt nach parapsychologischen Fähigkeiten. Solche sind aber gewiss nicht nötig, um andere Menschen zu verstehen. Es reicht völlig aus, auf Anzeichen emotionalen Ausdrucks in Mimik, Stimme, Gestik, Haltung, Verhalten und selbstverständlich im Sprechen zu achten; sich zu fragen, welche Gefühle, Anliegen, Sichtweisen die andere Partei wohl hat und Hypothesen hierüber zu bilden. Oft wird man informative Antworten bekommen, wenn man die andere Person direkt fragt. Durch → aktives Zuhören können Missverständnisse vermieden und das Verständnis verbessert werden. Es mag helfen, über die eigenen Emotionen, Motive, Sichtweisen und Wertungen zu reden. Oft erreicht man damit eine reziproke Selbstoffenbarung der anderen Seite. Es mag auch helfen, nach den Präferenzen der anderen Partei für eine Reihe von Optionen zu fragen, um dann nach den Motiven, Zielen, Wertungen weiter zu fragen, die diesen Präferenzen zugrunde liegen.

Für all dies ist die Bereitschaft erforderlich, die Perspektiven der anderen Partei zu erfahren. Dies kann natürlich ausschließlich zur Gewinnung strategisch verwertbaren Wissens benutzt werden, ohne die Bereitschaft, sich auf die Perspektive der anderen Person einmal innerlich einzulassen. Zu Letzterem ist eine grundsätzliche Bereitschaft erforderlich, die allerdings weitgehend einer willentlichen Kontrolle unterliegt, also durch Selbstaufforderung herstellbar ist.

Wir wissen, was diese Bereitschaft blockiert: Eine feindselige Haltung gegenüber der anderen Partei, eine egozentrische Konzentration auf die eigenen Ziele, Wünsche und Befürchtungen oder ein stereotypes rigides Bild von der anderen Partei. Starke Emotionen der Empörung, der Enttäuschung, des Gekränktseins, der Angst vor Niederlagen und Verlusten interferieren mit dieser Bereitschaft zur Perspektivenübernahme. Mediatoren sollten solche Barrieren nicht kritisch, sondern einfühlend thematisieren. Sie sollten darüber hinaus die impliziten Kognitionen in diesen Barrieren reflektieren. Erfahrungsgemäß verringert dies die Dominanz der Barrieren, so dass stattdessen Informationen über die Gefühle, Sichtweisen und Anliegen der anderen Seite erfragt und vermittelt werden können.

Anliegen nicht anwesender Dritter reflektieren (15. Schritt)

Für eine gute Konfliktlösung sind nicht nur die Anliegen der Konfliktparteien entscheidend. Auch Dritte sind betroffen. Ihre Anliegen sollten in eine Lösungsfindung einbezogen werden. Aber je nach Fall sind auch Entscheidungsträger und Auftraggeber zu berücksichtigen. Deshalb ist es wichtig, danach zu fragen (vgl. dazu die Ausführungen in Kapitel 4.4.4, S. 75 f.).

Lösungsoptionen bewerten (16. Schritt)
Die Lösungen bzw. Lösungswege lassen sich nach unterschiedlichen Kriterien bewerten, vor allem aber wie sie zu den wichtigen Anliegen der Parteien und Dritter passen. Wie viele Interessen und Motive der Kontrahenten und Dritter werden in einer Option gleichzeitig berücksichtigt? Schließt eine Lösung bestimmte Anliegen vollständig aus? Inwiefern löst eine Option die spezifische Konfliktkonstellation? Inwiefern berücksichtigt sie die auslösenden und aufrechterhaltenden Bedingungen des Konflikts?

Die Bewertung der Lösung mit Blick auf ihre Nebeneffekte. Welche positiven Nebeneffekte sind bei einer Umsetzung der Option zu erwarten, z. B. ökonomische Vorteile, Zufriedenheit Dritter, Entlastungen von Pflichten, Kontaktmöglichkeiten, sinnvolle Aufgaben, moralische Pflichterfüllung? Und umgekehrt: Welche negativen Nebeneffekte sind in Kauf zu nehmen? Für wen sind diese Nebeneffekte negativ? Wie bedeutsam wären diese negativen Effekte für die einzelnen Betroffenen?

Die Bewertung der Lösung nach ihrer Machbarkeit. Sind die Lösungen realistisch? Wie ökonomisch sind sie, d. h. welche Kosten an Geld, Zeit und psychischer Belastung sind zu erwarten?

Die Bewertung der Lösung nach allgemeinen ethischen Standards und rechtlichen Kriterien. Sind die Lösungen ethisch vertretbar? Stehen sie im Einklang mit den Gerechtigkeitsüberzeugungen der Parteien? Stehen sie in Einklang mit der gängigen Rechtsordnung sowie Rechtssprechung? Sind es „prominente Lösungen"?

> **!** **Prominente Lösungen**
> Es gibt in Verhandlungen und in Mediationen sogenannte prominente Lösungsoptionen. Das sind Optionen, die sich sozusagen aufdrängen, weil sie mit plausiblen Argumenten begründbar sind. Diese Argumente können normativer Art sein, sie können allerdings auch aus Gründen der Klugheit oder der Machbarkeit gewählt werden. Gewinner-Gewinner-Lösungen sind solche prominenten Lösungen.
> Wenn eine Lösung durch ein Gerechtigkeitsprinzip nahegelegt wird, das von den Parteien geteilt wird, d. h. wenn die Parteien keine divergierenden Gerechtigkeitsprinzipien geltend machen, ist dies eine prominente Lösung, z. B. gleicher Lohn für gleiche Arbeit. Oder gleiche Konzessionen von den optimistischen Verhandlungszielen aus betrachtet, die diesbezüglich offengelegt werden müssten. Wenn ein Gleichheitsprinzip von allen Parteien akzeptiert wird, eine Aufteilung eines Gutes jedoch unmöglich ist oder als unsinnig angesehen wird (z. B. in einem Erbschaftsfall), dann ist der Losentscheid eine prominente Lösung. Bei mehreren Gegenständen sind abwechselnde Wahlen oder die Regel „Eine Partei teilt auf, die andere wählt zuerst" eine angemessene Berücksichtigung des Gleichheitsprinzips.

Es gibt auch prominente Lösungen aus Gründen der Klugheit: Das sind z. B. sogenannte *Pareto-optimale Lösungen*, nämlich solche Lösungen, bei denen der gemeinsame Gewinn der höchstmögliche ist und jede Gewinnverbesserung einer Partei zu einem Verlust der anderen Partei führen würde (Renn, 1999).
Auch die Praktikabilität kann eine Rolle spielen, z. B. wenn es darum geht, eine Grenze zwischen zwei Staaten festzulegen, wo sich gewisse natürliche Gegebenheiten als Grenzen anbieten, z. B. Flussläufe oder eine Gebirgskette oder homogene ethnische Siedlungsgebiete.
Wenn die Interessen von Parteien wirklich einander entgegenstehen, könnte der Einbezug der Interessen von der Entscheidung betroffene Dritter zu einer prominenten Lösung werden, so wie das beispielsweise in Verkehrsrechtsfragen die Interessen des Kindes (evtl. auch naher Verwandter, etwa der Großeltern) sind.

Diskussion der Bewertungskriterien. Es ist sinnvoll, zunächst nicht die einzelnen Optionen inhaltlich zu diskutieren, sondern sich auf Kriterien zu einigen, nach denen die Lösungen zu bewerten sind. Dazu müssen die Bewertungskriterien in eine Rangreihe gebracht werden, indem sich die Teilnehmer darüber austauschen, welche Kriterien Priorität haben sollten und bei welchen Einschränkungen in Kauf genommen werden können. Denn jede Entscheidung und jede Konfliktlösung hat nicht nur positive, sondern immer auch negative Konsequenzen, die es zu akzeptieren gilt. Die Lösungen können finanziellen Aufwand oder Einbußen bedeuten, die Aufgabe von Gewohnheiten, zeitliche Belastungen, Einbußen an Freiheit usw.

Kritisch ist in dieser Phase die schwer zu realisierende Trennung zwischen dem Generieren und dem Bewerten von Lösungen. Diese Trennung ist jedoch notwendig, um sicherzustellen, dass der Lösungsraum mit möglichst vielen alternativen Optionen gefüllt wird. Deshalb dürfen die generierten Optionen nicht sofort bewertet werden, weil dadurch die Kreativität verloren geht.

Eine zweite wichtige Funktion der Trennung ist es, die Diskussion über Bewertungskriterien von den vertretenen Positionen zu entkoppeln. So geht es nicht um die Diskussion der verschiedenen Lösungen durch einzelne Konfliktparteien, sondern zunächst auf sachlicher und lösungsorientierter Ebene lediglich um die Bewertung von Kriterien zur Lösungsauswahl. Dies ist nicht immer ganz einfach, da auch die heikle Frage nach der Angemessenheit eigener Ansprüche oder der Verfolgung eigener Interessen zu stellen ist. Da diese Diskussion in den Kanon der Lösungsgenerierung eingebunden ist und nicht personen- bzw. parteienspezifisch geführt wird, verläuft sie in der Praxis jedoch zumeist sachorientiert.

ZUSAMMENFASSUNG

Der dritte Mediationsabschnitt: Konflikt- und Problembearbeitung

Dieser Mediationsabschnitt umfasst 4 Schritte, wobei die Schritte 13–15 einer Erweiterung des Betrachtungsfeldes dienen. Typischerweise ist in einem Konflikt das Betrachtungsfeld eingeschränkt auf die konfligierenden Positionen. Weitere Anliegen der Konfliktparteien selbst sowie der Anliegen wichtiger Dritter bewusst zu machen, öffnet das Betrachtungsfeld für Konfliktlösungen. Die Generierung vieler Lösungsoptionen erweitert das Spektrum in Erwägung gezogener Kriterien und konkretisiert gleichzeitig die Bedeutung weiterer eigener Anliegen und der Anliegen Dritter. Außerdem erlaubt diese Erweiterung des Betrachtungsfeldes neben den konfligierenden Anliegen auch gemeinsame zu entdecken, was eine positive Wirkung auf die Beziehungswahrnehmung hat.

13. Kreative Generierung möglichst vieler Lösungsoptionen.
14. Bewusstmachung der wichtigen Anliegen der Parteien über die konfligierenden Anliegen hinaus.
15. Reflexion der Anliegen wichtiger nicht anwesender Dritter.
16. Bewertung der Optionen und erwarteter Nebeneffekte im Hinblick auf die wichtigen Anliegen der Parteien inklusive der Anliegen wichtiger Dritter.

Checkliste zum dritten Mediationsabschnitt:
Die produktive Bearbeitung der Konflikte und Probleme

- ✓ Wurden möglichst viele unterschiedliche Lösungsoptionen generiert?
- ✓ Wurde dazu der Betrachtungsraum für die Konfliktbearbeitung und -lösung hinreichend erweitert?
- ✓ Wo bestehen möglicherweise noch unausgeschöpfte Erweiterungspotenziale?
- ✓ Wurde die Regel eingehalten, zunächst möglichst viele Lösungen zu sammeln, ohne diese jedoch zu bewerten?
- ✓ Wurden den Parteien wichtige persönliche Anliegen bewusst (gemacht), die über die bereits besprochenen konfligierenden Anliegen hinausgehen?
- ✓ Fand ein Austausch über diese nicht konflikthaften, sondern oftmals verbindenden Inhalte statt, und wurde das Ergebnis dieses Austausches visuell festgehalten?
- ✓ Sind die Anliegen nicht anwesender Dritter ausreichend bekannt und hinreichend berücksichtigt?
- ✓ Wurden die generierten Lösungen und Lösungswege schließlich zum Abschluss dieses Mediationsabschnittes nach systematischen und vorab diskutierten Kriterien bewertet, etwa nach Haupt- und Nebeneffekten, Machbarkeit, nach allgemeinen ethischen Standards und rechtlichen Kriterien?

8.1.5 Die Mediationsvereinbarung

Übersicht 8.1.5

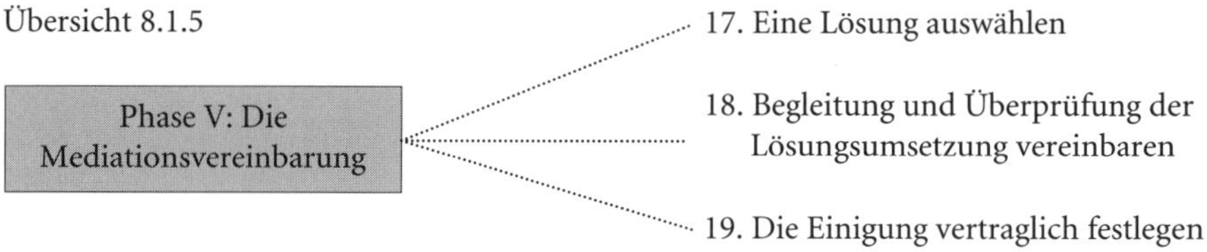

Die Mediationsvereinbarung führt über die Auswahl einer Lösung und eine Vereinbarung über die Begleitung und Implementation zur vertraglichen Festlegung.

Eine Lösung auswählen (17. Schritt)

Die Wahl einer oder mehrerer Optionen, die anschließend implementiert werden sollen, geschieht in zwei Schritten:

1. **Eingrenzung der Lösungsalternativen.** Entscheidendes Kriterium ist hierfür die Passung von Optionen und hierarchisierten Bewertungskriterien. Es sind vor allem jene Lösungen auszuwählen, die eine hohe Passung mit den priorisierten Bewertungskriterien haben. Diese Eingrenzung der Lösungsalternativen soll soweit vorangetrieben werden, dass nur wenige Lösungen zur Disposition stehen.

2. **Auswahl einer Lösung.** Es wird nun eine spezifische Lösung ausgewählt. Es sollte noch einmal kontrolliert werden, ob die Lösung die priorisierten Kriterien tatsächlich berücksichtigt und ob sie in der realen Situation realistisch und machbar ist. Dazu ist die Lösung zu konkretisieren. Diese Konkretisierung betrifft alle Detailfragen, wie Zeitpunkt, zu dem die Lösung in Kraft treten könnte oder sollte, Gültigkeitsbereich der Lösung und die Festlegung spezifischer Umsetzungskriterien. Dies ist nochmals eine Gelegenheit, Nachgedanken oder noch nicht geäußerte Überlegungen einzubringen.

Begleitung und Überprüfung der Lösungsumsetzung vereinbaren (18. Schritt)

Bei der eigentlichen Umsetzung der Lösung sind idealerweise alle am Konfliktfall beteiligten Parteien einzubeziehen. Dabei sind nicht nur die Lösungsinhalte, sondern auch die Lösungswege zu beachten. Der Mediator kann Funktionen bei der Implementation übernehmen, z. B. bei divergierenden Interpretationen des Vertrags klärend eingreifen, unabhängig davon sollte die Überprüfung der Implementation durch den Mediator vertraglich festgelegt werden. Das trägt wesentlich dazu bei, dass sie vertragsgemäß realisiert wird.

Die Einigung vertraglich festhalten (19. Schritt)

Nachdem die Lösung ausgewählt wurde, ist es sinnvoll, alle Details über diese Lösung schriftlich zu fixieren.

Es hat sich auch als hilfreich erwiesen, den Prozess der Lösungsauswahl festzuhalten und so nachvollziehbar zu machen, in welcher Form Verfahrensgerechtigkeit realisiert wurde. Dies sichert mittel- und langfristig die Akzeptanz der gewählten Lösung.

ZUSAMMENFASSUNG

Der vierte Mediationsabschnitt: Mediationsvereinbarung

Der Weg zur Mediationsvereinbarung gliedert sich in drei Schritte:

17. Die Vereinbarung von Lösungen und deren schriftliche vertragliche Fassung.
18. Die Vereinbarung über die Begleitung und Überprüfung der Implementation.
19. Die vertragliche Festlegung der Einigung.

Checkliste zum vierten Mediationsabschnitt

✓ Konnte eine Einigung auf die Auswahl einer Lösung erzielt werden, indem zunächst die Lösungsalternativen eingegrenzt und eine anschließend ausgewählte Lösung nochmals in Bezug auf alle wichtigen Anliegen der Parteien und in Bezug auf Gerechtigkeit hinterfragt wurden?

✓ Sind Vereinbarungen über die Begleitung und Überprüfung der Lösungsimplementation getroffen, und sind sie ausreichend präzise?

✓ Wurden alle Vereinbarungen über Inhalt, Form und Umsetzung der Lösung vertraglich festgehalten und durch alle beteiligten Parteien unterschrieben?

✓ Liegen darüber hinaus allen Parteien Protokolle über Zwischenvereinbarungen und -ergebnisse vor, aus denen die Verfahrensschritte der Mediationsarbeit und damit auch die realisierte Verfahrensgerechtigkeit deutlich werden?

8.1.6 Evaluation und Follow-Up

Übersicht 8.1.6

Phase VI:
Evaluation und Follow-up

20. Lösungsumsetzung
kurz und langfristig kontrollieren

21. Summative Evaluation:
War die Mediation erfolgreich?

Alle Phasen oder Prozesse der Mediation sind im Sinne einer formativen → Evaluation zu bewerten, um notwendige Korrekturen (z. B. über die mangelhafte Erreichung eines Zwischenziels) erkennen und unmittelbar umsetzen zu können. Darüber hinaus gibt es eine gesonderte Evaluationsphase, in der zu kontrollieren ist, ob die Lösung und der Lösungsweg auch so umgesetzt wurden, wie es entschieden und schriftlich fixiert wurde. Daher sollten Mediatoren auch die Lösungsimplementation begleiten, damit auf dieser Ebene keine Diskrepanz zwischen Mediationsergebnis und Umsetzungsrealität entsteht. Idealerweise umfasst diese Kontrolle zwei Schritte: Die Kontrolle der Lösungsimplementation und die summative Evaluation.

Lösungsumsetzung kurz- und langfristig kontrollieren (20. Schritt)

Bei dieser Kontrolle ist nicht nur darauf zu achten, dass die Lösung kurzfristig umgesetzt, sondern auch langfristig beibehalten wird.

Das Ergebnis dieser Kontrolle sollte nicht nur den Teilnehmern des Mediationskreises, sondern auch anderen involvierten Personen(-gruppen) und Instanzen mitgeteilt werden. Dies dient einerseits der Offenlegung des Mediationsverfahrens bzw. des Mediationsergebnisses, andererseits aber auch der Visibilität des Mediationsverfahrens auf gesellschaftspolitischer Ebene.

Problematisch ist die langfristige Kontrolle der Lösungsimplementation, die häufig viele Monate oder auch Jahre nach Abschluss des eigentlichen Mediationsverfahrens stattfindet. Daher muss frühzeitig geplant werden, dass die notwendigen zeitlichen und finanziellen Ressourcen für diese Kontrolle verfügbar sind.

Ein zweiter Aspekt zielt auf die Frage, ob diese Kontrolle durch den Mediator geleistet werden kann, oder ob unabhängige Dritte hinzuzuziehen sind. Für Mediatoren spricht, dass sie in das Verfahren eingedacht sind, die Konditionen des Vertrages kennen und auch wissen, welche Erwartungen mit diesem Vertrag verbunden sind. Sie verfügen über die notwendige Expertise, um eine solche Kontrolle und Evaluation durchzuführen. Dagegen spricht, dass sie in den Prozess zu sehr involviert sind und daher nicht die notwendige Unabhängigkeit haben, um die Lösungsimplementation objektiv bewerten zu können. Letztlich kann daher die Entscheidung über die Personenwahl nur im Einzelfall getroffen werden, zumal sie auch von der Möglichkeit abhängt, einen unabhängigen Bewerter finanzieren zu können.

Summative Evaluation: War die Mediation erfolgreich? (21. Schritt)

Wann ist ein Mediationsverfahren erfolgreich? Die Antwort hängt von den jeweiligen Mediationszielen ab, die ihrerseits in Form von Erfolgskriterien zu operationalisieren sind (zum Überblick vgl. Brandtstädter, 1985; Koch & Wittmann, 1990; Wittmann, 1985). Vorausgeschickt sei, dass eine formative oder Prozessevaluation (optimal wäre eine Evaluation aller Mediationssitzungen) dringend empfohlen wird, weil dadurch ungünstige Entwicklungen entdeckt und korrigiert werden können.

Es sind Entscheidungen über folgende Aspekte zu treffen:

- Festlegung der Evaluationskriterien
- Entwicklung des Untersuchungsplans: Welche Kriterien sollen mit welchen Erhebungsinstrumenten bei wem wann erfasst werden?
- Durchführung der Evaluation
- Interpretation
- Mitteilung der Evaluationsergebnisse.

Entscheidend ist, den gesamten Evaluationsplan nicht erst am Ende festzulegen, sondern ihn gleich zu Beginn des Mediationsverfahrens zu entwickeln, um so die notwendigen Daten im Laufe des Mediationsverfahrens bereits gewinnen und die unterschiedlichen Vorteile der Prozess- und summativen → Evaluation ausschöpfen zu können (vgl. Bortz & Döring, 1995). Das eigene Vorgehen ist immer im Sinne eines Abgleichs von idealem und praktisch realisierbarem Evaluationsplan zu reflektieren. Allerdings sollte die Evaluation nicht auf die Generierung qualitativer Daten beschränkt bleiben, sondern das gesamte Repertoire an Evaluationsmethoden ausschöpfen, wobei zentrale Variablen über verschiedene Verfahren (Einsatz von Fragebogen, Beobachtung von Rollenspielen etc.) zu erheben sind.

Die Erstellung und Umsetzung eines solchen Evaluationsplans erfordert viel Erfahrung, weshalb sich der Mediator immer die Frage zu stellen hat, ob er über das notwendige Evaluationswissen verfügt oder ob die sinnvolle personale Trennung von Mediator und Evaluator finanziell möglich ist. Es bleibt jedoch unverzichtbar, dass der Mediator über ein Grundwissen an Evaluationskenntnissen verfügt, auch um den Evaluator mit den notwendigen Informationen versorgen zu können.

In der bisherigen Mediationspraxis werden diese Forderungen nur sehr selten eingelöst. Falls überhaupt eine Evaluation stattfindet, so ist diese meist nur qualitativ und wird post hoc durchgeführt. Dennoch bietet auch diese Forschung Ansätze, welche Variablen potentiell beachtet und gemessen werden können. Beispielsweise entwickelte Barbian (1993) einen detaillierten Fragenkatalog, der zur Evaluation verschiedener Fallstudien im Bereich neuer umwelt- und technologiepolitischer Entscheidungsverfahren genutzt werden kann und der Rückschlüsse darüber ermöglicht, von welchen Bedingungen ein Erfolg abhängen könnte.

ZUSAMMENFASSUNG

Der Evaluationsabschnitt

Der Evaluationsabschnitt dient der Evaluation der praktischen Umsetzung der Lösung und umfasst zwei Schritte:

20. Begleitung und Kontrolle der Lösungsimplementation entsprechend der Einigungen mit einer Follow-up-Erhebung.
21. Summative Evaluation des gesamten Mediationsprozesses nach verschiedenen Kriterien.

Checkliste zum fünften Mediationsabschnitt: Evaluation der Praxis

✓ Wurden die ausgewählte Lösung und der festgelegte Lösungsweg so umgesetzt, wie schriftlich vereinbart worden ist?

✓ Ist die Kontrolle der Lösungsimplementation ausreichend langfristig angelegt?

✓ Wurde eine unabhängige summative und Prozessevaluation des Mediationsverfahrens durchgeführt, die hinsichtlich der Festlegung der Evaluationskriterien, der Entwicklung des Untersuchungsplans, der Durchführung und Interpretation der Befunde üblichen methodischen Standards entspricht?

✓ Wem sollten die Evaluationsergebnisse in welcher Form mitgeteilt werden?

8.2 Setting und Kontext der Mediation

Zum Setting und Kontext der Mediation seien nur wenige Anmerkungen gemacht: Die psychologische Konfliktforschung hat die kontextuellen Bedingungen der Konfliktaustragung unzureichend beachtet und erkundet, sodass wir für die Gestaltung des Kontextes eher auf Erfahrungswissen und auf Generalisierung aus anderen Forschungsfeldern angewiesen sind. Fisher und Ury (1981) haben für Verhandlungen eine private Umgebung als günstig vorgeschlagen, weil die Anwesenheit von Öffentlichkeit den Informationsaustausch reduziert und eher zu positionalen Festlegungen führt. Das gilt vor allem für Fälle, in denen Repräsentanten einer Gruppierung oder Organisation für diese die Verhandlung führen. Sie operieren häufig vor der Öffentlichkeit viel rigider als in einem privaten Kontext. Pruitt et al. (1993) haben empirisch belegt, dass „männliche Öffentlichkeiten" in diesem Sinne problematischer wirken als weibliche, vielleicht weil Frauen als versöhnungsorientiert und sozial integrativ gelten und so entsprechendes Verhalten der Parteien begünstigt.

Effektives wie kreatives Problemlösen wird auch gefördert durch eine gute Stimmung der Beteiligten, die durch persönliche Wärme, Humor, eine schöne Umgebung und auch das Angebot von Getränken und Snacks gefördert wird. Auch Erfolgserlebnisse stärken nicht nur das Selbstwertgefühl, sondern schaffen eine gute Stimmung. Diese Bedingungen fördern im Übrigen auch altruistisches Handeln (zum Überblick Bierhoff, 1982), was man dahingehend interpretiert hat, dass eine egozentrische Verengung auf die eigenen Bedürfnisse reduziert wird.

Erfolgserlebnisse ihrer Klienten haben Mediatoren selbstverständlich nur partiell unter Kontrolle. Erfolge und Misserfolge im Leben außerhalb des Mediationskontextes spielen selbstverständlich in die Mediation hinein. Mediatoren haben jedoch die Möglichkeit, Erfolgserlebnisse ihrer Klienten über die Mediation selbst zu schaffen. Sie erreichen das, indem sie Anerkennung zollen für die Mitarbeit der Beteiligten gemäß den Regeln der Mediation, z. B. für die Offenlegung der → Tiefenstruktur eines Konfliktes, für aktives Zuhören, für die Generierung kreativer Lösungsoptionen, für geleistete Perspektivenübernahmen usw. Zum anderen können Mediatoren durch eine geschickte Sequentierung der Konfliktthemen ein vergleichsweise leicht zu lösendes Problem an den Anfang stellen, sodass eine erzielte erste Übereinkunft als Erfolgserlebnis wirken kann, was auch die Erfolgserwartung und damit die Mitarbeitsbereitschaft in den nachfolgenden Problempunkten fördert.

8.3 Kommunikationsfallen und Krisen in der Mediation

Es gibt einige grundlegende kommunikationspsychologische Fallstricke, die zu jedem Zeitpunkt des Mediationsprozesses auftreten können. Diese betreffen vor allem die Interaktion der Konfliktpartner untereinander sowie den Kontakt zwischen Konfliktpartnern und Mediator (vgl. auch Dulabaum, 1988, 1998; Tannen, 1992).

BEISPIEL

- Eine der Konfliktparteien versucht auf verbaler oder nonverbaler Ebene, sich mit dem Mediator zu verbünden und dadurch eine emotionale Allianz zu bilden, welche die anderen Konfliktpartner ausschließt. Die anderen Konfliktparteien merken dies. Sie fühlen sich und die faire Vertretung aller Standpunkte bedroht und reagieren daher auf diese Bemühungen mit Vorwürfen oder Verweigerungshaltungen.
- Eine Konfliktpartei verletzt die formalen Verfahrensregeln in eklatanter Weise, indem sie beispielsweise regelmäßig zu spät kommt, mehr Redezeit beansprucht, als ihr zusteht, oder die miteinander vereinbarten Kommunikationsregeln missachtet (wie „den anderen ausreden lassen", „aktiv zuhören", „konkrete Wahrnehmung statt eigene Interpretationen rückmelden" etc.).
- Eine Partei gibt deutliche Hinweise darauf, dass sie möglicherweise aus dem Mediationsprozess aussteigen und ihn dadurch zu Fall bringen wird. Dies kann durch Worte geschehen, aber auch durch indirekte Hinweise, wie steigende Unzuverlässigkeit beim Einhalten von Treffen oder Gesten deutlichen Desinteresses während der Mediationssitzungen.
- Das Mediationsgespräch stockt, weil eine Konfliktpartei systematisch verdeckte kritische, abwertende Botschaften an die Konfliktpartner – und hier vor allem Kritik an ihrem Verhalten – mitteilt. Eine typische Aussage ist: „Wenn Sie auch nur ein wenig nachgedacht hätten, hätten Sie gemerkt, dass Ihr Einwand nichts mit meinen Ausführungen zu tun hat". Solche Spitzen auf Beziehungsebene erschweren die sachliche Auseinandersetzung und führen zur Emotionalisierung der Situation, da sich der Konfliktpartner bloßgestellt, bestenfalls unverstanden fühlt.
  Die Konfliktpartner fallen in destruktive „Sende- und Empfangsgewohnheiten", die eine sachliche Auseinandersetzung unmöglich machen: Der Konflikt wird auf der Beziehungsebene ausgetragen, und zumindest auf dieser Ebene (dem „Beziehungsaspekt" im → Vier-Seiten-Modell von Schulz von Thun, 1985) werden alle Aussagen des Konfliktpartners gehört. Das „Sach- oder Selbstoffenbarungsohr" bleibt indes taub, denn die Sachinformation sowie den Konfliktpartner als Person meint man bereits zu kennen. Diese Muster finden sich vor allem bei vormals engen Beziehungen (z. B. bei Scheidungsmediationen).
- Das Mediationsgespräch eskaliert, weil die Konfliktparteien Oberhandtechniken gebrauchen, etwa in Form von „Killerphrasen" (vgl. Schulz von Thun, 1985): „Aber, werter Kollege, wir wissen doch alle, dass es noch nie etwas gebracht hat, das örtliche Gewerbe in irgendeine Form der Kooperation einzubeziehen" oder „Das haben wir doch alles schon ausprobiert, das nutzt alles nichts". Beide Beispiele umfassen die für ▶

Killerphrasen typischen Generalisierungen („alle“, „nie“ etc.). Im ersten Fall werden diese zusätzlich ironisch vorgebracht, was die Situation häufig emotional aufheizt. Solche Killerphrasen vermitteln den Anschein einer aktiven Auseinandersetzung mit geäußerten Argumenten, tatsächlich geht es jedoch darum, alternative Sichtweisen erst gar nicht zur Diskussion zuzulassen. Die Atmosphäre wird häufig angespannt, da derjenige, der das scheinbar „dumme“ Argument geäußert hat, je nach Persönlichkeitstyp mit Ärger, Rückzug oder Gegenschlag reagiert. Dies steht einer kreativen und konstruktiven Konfliktlösung diametral entgegen.

Diese Beispielreihe ließe sich fortführen. Alle Situationen können zu jedem Zeitpunkt des Mediationsprozesses auftreten und sind eine reale Gefahr, die das Scheitern des gesamten Mediationsprozesses bedeuten kann. Alle genannten Probleme lassen sich jedoch nicht nur als Gefahren begreifen, sondern sie sind zugleich auch Herausforderungen, die – konstruktiv gemeistert – dazu beitragen, dem Mediationsprozess einen positiven Entwicklungsschub zu geben. Diese Sicht von Problemen als Chancen fördert im Sinne einer sich → selbsterfüllenden Prophezeiung, dass auch tatsächlich eine positive Entwicklung eintritt (vgl. auch Thomann, 1986; Thomann & Schulz von Thun, 1988).

Kurzes Analyseschema für den Umgang mit Krisen in der Mediation

Um Krisen professionell handhaben zu können, muss der Mediator auf der Analyse- und Handlungsebene arbeiten. Zwar sind die inhaltlichen Probleme unterschiedlich, die in den verschiedenen Beispielsituationen aufgeworfen werden; dennoch ist die Struktur die gleiche, nach der mit diesen Situationen lösungsorientiert umgegangen werden kann (vgl. Montada, 1991). Die Problemlösestruktur verfolgt die Ziele:

1. die Analyse des Problems,
2. Bedingungsanalyse des Problems,
3. Einschätzung der weiteren Entwicklung des Problems und der negativen Auswirkungen,
4. die Begründung von Interventionszielen,
5. die Interventionsentscheidungen und
6. die Umsetzung der Interventionsformen.

Damit entspricht die Mediationsarbeit dem Bild einer russischen Puppe (Babuschka), bei der in einer großen Puppenhülle kleinere, aber formidentische Puppen geschachtelt sind: Der Gesamtprozess der Mediationsarbeit entspricht – mit kleineren Abweichungen und Ergänzungen – im Wesentlichen auch diesem Analyse- und Lösungsschema. Nach dem gleichen Grundschema werden zudem alle wichtigen Probleme analysiert. Dabei liegt den oben genannten 6 Zielen die gleiche Basisstruktur zugrunde wie den mittleren Mediationsabschnitten 8.1.2–8.1.5. Sinn und Zweck dieses systematischen Vorgehens ist es, alternative Handlungsmöglichkeiten ableiten und eine dieser Alternativen begründet umsetzen zu können.

Im Gegensatz zu einem rein praxeologischen Vorgehen wird durch Anwendung dieses Strukturschemas die Wahrscheinlichkeit des Scheiterns und der Eskalation reduziert. Die Anwendung des gesamten sechsstufigen Problemlöseschemas könnte dennoch auf den ersten Blick zu zeitintensiv und damit praxisfern erscheinen. Zwei Argumente können diesen Eindruck entkräften.

Störungen haben Vorrang. Das erste Argument betrifft die Priorität, die der Lösung einer konkreten krisenhaften Situation zukommen sollte. So ist es dysfunktional, krisenhafte Situationen nach dem Kriterium der Schnelligkeit behandeln zu wollen, denn diese Schnelligkeit ist nur eine scheinbare: Die krisenhafte Situation ist immer Ausdruck eines dahinterstehenden Problems. Wird dieses Problem nicht erkannt und gelöst, so wird es sich bald wieder in anderer Ausdrucksform zeigen, und damit in einer zweiten, dritten oder vierten krisenhaften Situation. Daher ist es notwendig, dem Verständnis und der Lösung der Krise zeitweiligen Vorrang vor der eigentlichen inhaltlichen Mediationsarbeit zu geben, zumal einige der genannten Beispielepisoden ohnehin die genuine Mediationsarbeit betreffen. Diese Argumentation steht in Einklang mit den Erkenntnissen vieler Kommunikationspsychologen und Therapeuten und drückt sich in geläufigen Merksätzen aus wie „Wir haben wenig Zeit, deshalb lasst uns langsam vorgehen“ oder „Störungen haben Vorrang“ (vgl. Englander-Golden & Satir, 1990; Schulz von Thun, 1985; Watzlawick, Beavin & Jackson, 1967).

Benötigter Zeitaufwand. Das zweite Argument betrifft den tatsächlichen Zeitaufwand, den die Anwendung des sechsstufigen Lösungsschemas durch den Mediator erfordert, denn dieser wird leicht überschätzt. Wenn man gerade beginnt, praktische Erfahrung zu sammeln, ist es zwar sinnvoll, sich recht genau an dieses Lösungsschema zu halten; doch es stellen sich bald Anwendungs- und Lösungsroutinen ein. Erleichtert werden diese Routinen dadurch, dass sich bei Mediationsverfahren im gleichen Anwendungsbereich die Inhalte und Formen der Krisen über die verschiedenen Einzelfälle hinweg gleichen. Mit steigender Routine und sich wiederholenden Krisensituation sinkt der benötigte Zeitaufwand für den Mediator.

Das Schema sei anhand des Beispiels der Eskalation im Umgang der Konfliktpartner miteinander illustriert, wobei alle sechs Ziele abermals als Frageheuristiken dargestellt werden (vgl. Montada, 1991). Der Mediator sollte dieses Schema selbst anwenden und die Konfliktpartner nur dort einbeziehen, wo dies im Einzelfall Sinn macht.

1. Problemanalyse

- Wie sieht der Ist-Zustand aus?
  Der Ist-Zustand ist sehr spezifisch zu analysieren: Woran merken Mediatoren auf konkreter Verhaltensebene, dass der Umgang der Konfliktparteien untereinander eskaliert? Wie sind die jeweiligen Verhaltensmuster der einzelnen Konfliktpartner? In welcher Form interagieren diese Verhaltensmuster miteinander? In welchen Situationen finden diese Eskalationen statt? Gibt es typische situative Muster? Sind Konfliktparteien an dieser Eskalation beteiligt?
- Für wen ist der Ist-Zustand aus welchen Gründen veränderungswürdig? Ist der Ist-Zustand beispielsweise nur für den Mediator veränderungswürdig? Sind die Konfliktpartner zum Beispiel der Meinung, dass sie korrekt miteinander umgehen? Wer profitiert von der Eskalation?
- Wie sieht der Soll-Zustand aus?
  Der Soll-Zustand ist ebenso spezifisch festzulegen wie der Ist-Zustand: Welche Konfliktpartei soll ihren Umgang in welcher Form verändern? Wie sähe dies auf konkreter Verhaltensebene aus? Welche Verhaltensvarianz zwischen den Konfliktparteien wird als zulässig erachtet?
- Welche Barrieren behindern die Überführung des Ist-Zustandes in den Soll-Zustand? Welche Diskrepanzen liegen vor? Diese können sowohl die Konfliktpartner untereinander betreffen (z. B. ihre konkurrierenden Ziele) als auch die gleiche Person in Form divergierender Ziele (z. B. gleichzeitiger Wunsch nach Vergeltung und nach Auflösung der Belastungen durch den Konflikt) oder diskrepanter Ziele und Potenziale (z. B. Wunsch nach Einigung, aber Unfähigkeit, eingeschliffene Kommunikationsmuster zu überwinden).

2. Bedingungsanalyse des Problems

- Was sind die aktuellen Bedingungen, die zu der konkreten Eskalationssituation führen? Wie bedeutsam sind die äußeren Bedingungen (z. B. Beengtheit aufgrund kleiner Räumlichkeiten, späte Tageszeit, fehlende Pausen)? Wie wichtig sind personale Bedingungen (z. B. mangelndes Wissen über Kommunikationsfallen, mangelnde Reflexion eigener Verhaltensstile)?
- Welche aktuellen Bedingungen halten die Diskrepanz zwischen Ist- und Soll-Zustand aufrecht? Welche Teufelskreise bzw. Eskalationsmuster lassen sich ausmachen?
- Welche zurückliegenden Bedingungen tragen zur Eskalation bei? Wie lief die Kommunikation in den bisherigen Mediationssitzungen, vor allem in

der letzten Sitzung ab? Gab es Warnzeichen oder Vorstufen dieser Eskalation?

3. Einschätzung der weiteren Entwicklung des Problems

- Wie könnte sich das Problem ohne Eingriff weiterentwickeln? Ist beispielsweise damit zu rechnen, dass sich die Kommunikation von alleine bessert? Dies könnte dann der Fall sein, wenn äußere Faktoren (etwa in Form einer Mammutsitzung, die zu Überforderung und Übermüdung führte) die Eskalation bedingen, die in der nächsten Sitzung ohnehin behoben sein werden.
- Wie wird sich das Problem aufgrund des Eingreifens durch den Mediator verändern lassen? Welche problem- und bedingungsanalytischen Befunde sprechen für den Erfolg dieses Eingreifens?

4. Begründung von Interventionszielen

- Zielbegründung durch die Entwicklungsprognose und der ihr vorangegangenen Problem- und Bedingungsanalyse: Sind beispielsweise die strukturellen oder personalen Bedingungen veränderbar? Falls es an nicht änderbaren strukturellen Bedingungen liegt, gibt es dennoch psychologische Möglichkeiten, den Einfluss ungünstiger Rahmenbedingungen zu verringern (wie z. B. Transparenz des Problems und Festlegung eines definitiven zeitlichen Endes)?
- Formulierung eines Oberzieles und mehrerer Zwischenziele, mit denen das Oberziel erreicht werden kann: Das Oberziel ist die Auflösung des eskalierten Umgangs der Konfliktpartner untereinander; ein exemplarisches Zwischenziel ist die Einsicht der Konfliktpartner in eigene Kommunikationsstrukturen.
- Zielbegründung durch die Berücksichtigung von Nebeneffekten: Was sind die Nebeneffekte des Ziels (z. B. Notwendigkeit, sich mit unbequemen Sachargumenten auseinanderzusetzen) sowie der Methoden, um das Ziel zu erreichen (z. B. Zeitaufwand durch Introspektion und Metakommunikation)?
- Zielbegründung aus Machbarkeitsgründen: Ist es realistisch, jegliche Eskalation im Umgang miteinander aufzulösen?

5. Interventionsentscheidungen

- Wann sollte interveniert werden? Sollte sofort interveniert werden, auch wenn die Umgangsregeln nur leicht verletzt werden? Sollte gewartet werden, bis mehrere Konfliktpartner die Umgangsregeln verletzen?
- In welcher Form sollte interveniert werden? Reicht es aus, bei denjenigen anzusetzen, die aktiv zur Eskalation beitrugen, oder sollte jeder in den Klärungsprozess einbezogen werden? Welche Interventionsmethoden sind

einzusetzen, um die Zwischenziele zu erreichen, wie die Vermittlung kommunikationspsychologischen Wissens durch Information, Konfrontation, Rollenspiele etc.?

6. Interventionsformen und Kommunikationshilfen

Wie soll schließlich interveniert werden? Es gibt zahlreiche Interventionsformen, die zur Deeskalation einer Situation beitragen können (vgl. z. B. Berthold, 1994; Dhority, 1992; Eckert & Willems, 1992; Hauk, 2000; Löhner, 1990; Moosig, 1988; Weisbach, 1997). Dazu einige Beispiele:

Metakommunikation. Der Mediator kann sich der *Metakommunikation* bedienen, indem er die jeweiligen Kommunikationsmuster der Konfliktparteien spiegelt. Die Metakommunikation sollte vor allem die Prozesse verdeutlichen, die zur Eskalation führen. Häufig lässt sich ein Teufelskreis ausmachen, bei dem – im Sinne der Reziprozitätsnorm – negative Echoeffekte stattfinden (vgl. Bierhoff, 1998a): Ein Konfliktpartner hat in einem längeren Redeabschnitt eine aggressive Bemerkung gemacht. Die Gegenpartei hört selektiv genau diese Aggression heraus und reagiert darauf mit eigenen stärkeren Aggressionen, die wiederum zu einer Steigerung der Aggression des Konfliktpartners beitragen. Häufig reicht es aus, diese Teufelskreise bzw. Eskalationsspiralen bewusst zu machen, um die Prozesse einzudämmen.

Rollenspiel. Einsicht in die eigenen Kommunikations- bzw. Eskalationsmuster kann durch ein *Rollenspiel* vermittelt werden, bei dem die Konfliktparteien zunächst ihre eigene Position und anschließend die Position des jeweiligen Konfliktpartners vertreten. Bei mehr als zwei Konfliktparteien erhöht sich die entsprechende Zahl der Positionen. Ist die Situation stark eskaliert, so ist es hilfreich, Elemente der Dissoziation einzubauen, indem man beispielsweise eine weitere neutrale Position in das Rollenspiel integriert.

„Feldherrenhügel". Diese neutrale Position entspricht einem „Metastandpunkt" oder – in der Terminologie von Schulz von Thun (1985) – dem „Feldherrenhügel". Von hier aus kann jede Konfliktpartei alle relevanten Positionen in dissoziiertem Zustand und somit ohne emotionale Involviertheit betrachten.

„Englische Debatte". Ein zweites Beispiel für eine Rollenübernahme ist die „englische Debatte", bei der die Teilnehmer einander gegenübersitzen und abwechselnd zunächst ihren eigenen Standpunkt und anschließend – ohne vorherige Ankündigung – konkurrierende Standpunkte so überzeugend wie möglich vertreten sollen (Günther & Sperber, 1995). Im Vergleich zur Metakommunikation gewährleisten derartige Rollenspiele, dass eine andere Perspektive eingenommen wird, dass eine aktive Auseinandersetzung mit pluralistischen Argumenten stattfindet und dass sich die Teilnehmer in die Argumentationslage der Konfliktpartner hineinversetzen. Daher gelten derartige Übungen in der einschlägigen Literatur als Wendepunkt im Mediationsprozess (Dulabaum, 1998; Müller-Fohrbrodt, 1999).

Übungen zu kooperativem Verhalten. Eine weitere Möglichkeit, um direkte Erfahrungen mit alternativen Interaktionsmodellen zu vermitteln, besteht in zahlreichen allgemeinen Übungen oder Rollenspielen zu *kooperativem* Verhandeln und Verhalten, die nicht auf die spezifische Eskalationssituation bezogen sind (vgl. Dulabaum, 1998; Falk, Heintel & Pelikan, 1998; Gäde & Listing, 1992; Weber, 1990). Die Effekte für die konkrete Krisensituation sind daher indirekter Art, weil die allgemeinen Lernerfahrungen mit kooperativem Verhalten noch auf die konkrete Situation zu übertragen sind.

Kontrollierter Dialog. Es kann sinnvoll sein, die Techniken des kontrollierten Dialogs einzusetzen: Bevor man auf die Äußerung des Partners reagieren darf, ist zunächst der Inhalt von dessen Äußerung zu wiederholen. Der Partner bestätigt die Richtigkeit der wiederholten Äußerung (vgl. Günther & Sperber, 1995). Auf diese Weise wird sichergestellt, dass die Konfliktparteien einander zuhören und sich wechselseitig verstanden fühlen. Der zeitliche Aufschub der eigenen Reaktion – der dadurch bedingt ist, dass zunächst die Äußerung des Partners zu wiederholen ist – hat zugleich den positiven Nebeneffekt, dass das eigene Handeln stärker reflektiert und kontrolliert wird.

Klärungshelfer. Alternativ können Mediatoren als „Klärungshelfer" fungieren (Schulz von Thun, 1985), mit der Aufgabe, Botschaften und Informationen aus Äußerungen zu extrahieren und so aufzubereiten, dass sie durch die Adressaten angenommen werden können. Dies muss nicht streng orthodox nach den Regeln der nondirektiven Gesprächsführung erfolgen, sondern es ist durchaus sinnvoll, dass der Mediator sich die Freiheit nimmt, eine konstruktive Veränderung von Bedeutungsfacetten oder die Selektion der positiven Ausschnitte der Botschaften vorzunehmen (vgl. auch Lohmann, 2000). Voraussetzung ist Fingerspitzengefühl, damit diese Pointierung nicht in offensichtliche Manipulation entgleist, bei der sich die Konfliktparteien nicht mehr in den Äußerungen des Mediators wiedererkennen und verständlicherweise reaktant reagieren.

Fragetechniken. Hilfreich ist auch der Einsatz von Fragetechniken und spannungsmindernden Sprachmodi durch den Mediator (vgl. Löhner, 1990). Diese können beispielsweise darauf abzielen, Generalisierungen zu spezifizieren, die ein häufiges Merkmal von Äußerungen in Konflikten sind (vgl. Pruitt & Rubin, 1986). Dann sind Fragen zu stellen wie: Wer ist „wir alle“? Was bedeutet „nie“? Hat die Lösung tatsächlich noch nie funktioniert, oder kennt jemand Gegenbeispiele? Hilfreich sind ebenfalls andere Fragen, welche die Konfliktpartner motivieren, die Eskalationsspirale zu durchbrechen, wie: Was wäre der zusätzliche Gewinn für mich und für alle Beteiligten, wenn wir konfliktfreier miteinander sprechen und verhandeln könnten?

Nonverbale Kommunikation. Neben verbalen Techniken ist auch die Kraft der nonverbalen Kommunikation zu nutzen, da Konflikte oftmals auf nonverbaler Ebene entstehen und ausgetragen werden. Dem Mediator stehen alle non- und paraverbalen Ausdrucksformen zur Verfügung, um zwischen den Konfliktparteien zu vermitteln (vgl. Löhner, 1990). Haben sich die Konfliktparteien beispielsweise nicht nur verbal, sondern auch nonverbal voneinander abgewandt, indem sie einander nicht mehr anschauen, sich in der Körperhaltung abgewendet haben etc., so kann meist durch eine nonverbale Vermittlung des Mediators der Kontakt wieder hergestellt werden (vgl. auch die → *NLP*-Techniken, etwa von Hege & Kremser, 1993). Dies kann beispielsweise geschehen, indem der Mediator sich zunächst dem einen Konfliktpartner zuwendet, mit ihm Blickkontakt aufnimmt, seine Argumente mit seinen Worten und seinem paraverbalen Ausdruck kurz wiederholt. Anschließend lenkt er diesen Kontakt und diese Aufmerksamkeit auf den anderen Konfliktpartner um und wird kurz zum Anwalt des Konfliktpartners. Im dritten Schritt geht es um die Synthese, die abermals nicht nur verbal ausgedrückt werden kann (indem z. B. als sogenannte „Schirmtechnik“ Gemeinsamkeiten in den Äußerungen der Konfliktpartner betont werden), sondern ebenfalls nonverbal (indem z. B. über vermittelnde Blicke und Armbewegungen, die zwischen den Konfliktpartnern hin- und hergehen, eine Brücke zwischen ihnen hergestellt wird).

Auszeit. Eine ergänzende Interventionstechnik besteht darin, die Eskalation zunächst durch eine *Auszeit* zu unterbrechen. Dies kann beispielsweise geschehen, indem eine Pause einberaumt wird, bei der sich die Konfliktpartner mit anderen Dingen als dem Konflikt beschäftigen. Es kann sinnvoll sein, die Sitzung anschließend mit veränderten Räumlichkeiten (z. B. anderer Sitzordnung oder anderem Raum) weiterzuführen.

„Klima“. Ein wertschätzendes Klima erleichtert Lernerfahrungen und damit das Infragestellen eigener Gerechtigkeitsvorstellungen, Anspruchsformulierungen und Handlungsroutinen, die häufig Anlass für Eskalationen sind (vgl. Fischer & Wiswede, 1997; Karambayya & Brett, 1994; Mikula, 1985; Zuschlag & Thielke,

1998). So sind alle bislang genannten Techniken vor allem dann erfolgreich, wenn sie in eine Grundhaltung gegenseitiger Wertschätzung eingebettet sind. Daher ist es entscheidend, dass der Mediator vor allem in Krisensituationen die Rogers-Variablen beibehält (vgl. Kap. 3.2, S. 41ff.). Letztlich wird dadurch die Identifikation mit der anderen Partei und ihrem Leidensdruck erleichtert, Empathie auch in Situationen der Eskalation geweckt und ein Wir-Gefühl entwickelt.

Ein Risiko in der Konfliktanalyse ist die Eskalation, die von emotionalen Vorwürfen, Kränkungen, ehrenrührigen Unterstellungen, dem Abstreiten von Vorleistungen usw. ausgehen kann. Mediatoren können den Parteien Haltungen empfehlen, die eine Eskalation vermeiden, z. B. in Abwandlung der Empfehlungen von Fisher und Brown (1988):

- Versuchen Sie, die andere Seite zu verstehen, wenn diese emotional reagiert, auch wenn diese Sie missverstanden hat.
- Seien Sie ehrlich und vertrauenswürdig, auch wenn die anderen versuchen, Sie zu täuschen.
- Vermeiden Sie nötigende Taktiken, auch wenn die anderen solche benutzen.
- Seien Sie offen für Überzeugungsversuche der anderen und versuchen Sie selbst, die anderen zu überzeugen.
- Nehmen Sie die andere Seite ernst und seien Sie offen, von ihnen etwas zu lernen, auch wenn diese Ihre Einlassungen abqualifizieren.

Fisher, Ury und Patton (1998) fügen dieser Liste folgende Empfehlungen hinzu:

- Nehmen Sie das Problem in Angriff und greifen Sie nicht die Menschen an. Jeder Angriff auf die Gegenseite führt zu einer Abwertung der Vorschläge und der Argumente.

Pruitt und Rubin (1986) empfehlen:

- Äußern Sie, dass Ihnen die Anliegen der anderen Seite wichtig sind.
- Demonstrieren Sie ein wahres Interesse an einer Problemlösung. Äußern Sie die Bereitschaft, Ihre Vorschläge zu überdenken, wenn eine Möglichkeit gesehen wird, eine Brücke zwischen den Interessen der Anliegen der Parteien zu finden.
- Reflektieren Sie alle Aspekte Ihrer eigenen Interessenlage und Ihrer Anliegen, wenn diese für die andere Partei zu unakzeptablen Ansprüchen führen. Reflektieren Sie, ob Ihnen diese Aspekte wirklich essentiell sind.
- Anerkennen und belohnen Sie Schritte der anderen Seite zu einer Übereinkunft.

Ob diese Ratschläge nun eine Mauer des Misstrauens wirklich abbauen können, das muss im Einzelfall erkundet werden. Deshalb ist aus der Beobachtung prominenter Konfliktregulationen eine wichtige weitere Empfehlung abgeleitet worden:

Wagen Sie einseitige Konzessionen oder auffällige konziliante Gesten, so wie der ägyptische Präsident Sadat, der nach Jerusalem gefahren ist – eine gewagte Geste in einer Situation festgefahrener, auf Gesichtswahrung bedachter Verhandlungen. Die atmosphärischen Effekte waren beträchtlich (Kelman, 1985). Solche einseitigen Demonstrationen der Konzilianz und Einigungsbereitschaft sollten nach verschiedenen auch empirisch bestätigten Regeln erfolgen. Sie sollten angekündigt werden, dann so ausgeführt werden, wie sie angekündigt wurden, und sie sollten ohne Bedingungen erfolgen, sodass sie in der Tat als Initiative interpretiert werden müssen, einen festgefahrenen Konflikt zu lösen (Mitchell, 1991). Wenn sie dann noch riskant für den Akteur selbst sind (wie die Initiative von Sadat durchaus zu einem Gesichtsverlust hätte führen können), dann können sie von der Gegenseite nicht als Trick missverstanden werden. Sie sollten eine Weile fortgesetzt werden, sodass die andere Partei die Möglichkeit hat und auch unter den Druck von Reziprozitätsnormen gesetzt wird, diese Konzessionen und Gesten zu erwidern und die eigene Politik zu überdenken. Sie sollten auffällig und sie sollten unerwartet sein, sodass sie Aufmerksamkeit finden und Nachdenken auslösen. Sie sollten begleitet sein von dem ausgedrückten Wunsch, eine Veränderung der Beziehungsqualität anzustreben.

Die einseitigen Konzessionen und versöhnlichen Ergebnisse sind besonders effektiv, wenn sie von der machtvolleren Partei geleistet werden (Lindskold & Aronoff, 1980). Solche Konzessionen werden mit größerer Sicherheit verstanden als Versuche der Versöhnung und werden nicht so leicht missverstanden als eine Konzession aus einer Schwäche heraus. Aber auch versöhnliche Gesten haben nicht einen sicheren Erfolg. Die andere Seite muss an einer Verbesserung der Beziehungen ebenfalls interessiert sein und grundsätzlich zu Konzessionen unter veränderten Bedingungen bereit sein. Das bekannteste historische Beispiel ist das Scheitern der englischen „Appeasement"-Politik gegenüber Hitler. Hitler hat offenbar auch die Initiative von Chamberlain in München nicht als aus einer Position der Stärke stammend, sondern als Anzeichen der Schwäche interpretiert.

Insgesamt ist die Palette der zur Verfügung stehenden Interventionsformen zur Deeskalation einer Situation kaum zu überblicken. Alle Techniken wurden bereits in vielfältigen Kontexten der Erwachsenenarbeit, einschließlich der Mediation, erfolgreich erprobt (vgl. Falk, Heintel & Pelikan, 1998; Gäde & Listing, 1992; Günther & Sperber, 1995; Weber, 1990). Dennoch sind die genannten Interventionsbeispiele lediglich als Angebotstableau zu verstehen, aus dem auf

Basis der jeweiligen situativen Bedingungen (verfügbare Zeit, Gruppengröße, bisherige Lernerfahrungen in der Gruppe, Bereitschaft, neue Interventionsformen zu erproben etc.) sowie der Ergebnisse der vorausgegangenen fünf Analyseschritte des Problems sinnvoll auszuwählen ist. Entscheidend ist, dass der Mediator nicht methodisch und inhaltlich abstinent bleibt (vgl. Kap. 3.2), sondern sich traut, dieses Methodenspektrum auszuschöpfen und sich gegebenenfalls auch selbst mit Ideen und Vorschlägen einbringt.

8.4 Was tun, wenn die Mediation scheitert?

Nicht jeder Mediationsversuch ist erfolgreich in dem Sinne, dass es zu einer Vereinbarung kommt oder sogar zu der erhofften dauerhaft von allen Parteien akzeptierten und eingehaltenen Vereinbarung. Das kann unterschiedliche Gründe haben, die zu untersuchen sind. Was eine angemessene Reaktion des Mediators auf das Scheitern ist, hängt davon ab, welche Gründe erkannt werden. Das Verfahren kann vom Mediator selbst, von einer Partei oder im Konsens abgebrochen werden.

Folgende Gründe können oder sollten Mediatoren veranlassen, das Verfahren abzubrechen, zu unterbrechen oder zu modifizieren:

Anzeichen psychopathologischen Verhaltens. Grund, ein Verfahren zumindest zu unterbrechen, können Anzeichen einer *psychopathologischen Störung* einer Partei sein, die Zweifel an einer selbst- und sozial verantwortlichen Handlungs- und Entscheidungsfähigkeit begründen. Ein Kennzeichen psychopathologischer Störungen ist eine Unzugänglichkeit für Argumente. Argumenten gegenüber zugänglich zu sein, ist aber eine mentale Voraussetzung für Mediationsverfahren. Der betroffenen Partei sollte durch den Mediator im Einzelgespräch angeraten werden, sich in kundige Behandlung zu begeben. Den anderen Parteien sollten die Zweifel an der gegenwärtigen Handlungs- und Entscheidungsfähigkeit ohne Erwähnung des Verdachts auf eine psychopathologische Störung mitgeteilt werden. Eine Unterbrechung des Verfahrens mit einer angemessenen Frist für eine neue Entscheidung ist eine Option.

Intellektuelle Überforderung. Ein weiterer Grund kann sein: Anzeichen für eine *intellektuelle Überforderung* einer Partei, die Zweifel wecken, ob die Partei die Dimensionen des Konfliktes begreift, die Lösungsoptionen angemessen bewerten kann und bezüglich der eigenen Anliegen plausible Präferenzen bilden kann. Im Rahmen der Allparteilichkeit der Mediatoren ist es sinnvoll, dass der Mediator die überforderte Partei – mit Einverständnis der anderen Partei(en) – bis zu einem gewissen Grad stützt, etwa durch Einzelgespräche. Aber das hat Grenzen.

Eine Option wäre – wiederum mit Einverständnis der anderen Partei(en) –, eine Vertrauensperson in fürsprechender oder anwaltlicher Funktion hinzuzuziehen. Wenn die andere(n) Partei(en) eine solche Unterstützung auch für sich wünschen, muss ihr/ihnen das selbstverständlich ebenfalls eingeräumt werden.

Ist dieser Weg nicht konsensuell möglich, sind alternative Möglichkeiten der Streitbeilegung wie → Schiedsrichterliches Verfahren oder der → Rechtsweg vorzuschlagen.

Rigoroser Durchsetzungswille einer Partei, die schon die Erörterung konstruktiver → Gewinner-Gewinner-Lösungen torpediert. Mediatoren werden selbstverständlich versuchen, alle Beteiligten zu einer konstruktiven Mitarbeit zu gewinnen. Wenn dies durch Argumente und mittels ihrer Sachautorität nicht möglich ist, sollte das Mediationsverfahren dann abgebrochen werden, wenn den anderen Parteien nur die Option einseitigen Nachgebens bliebe; es sei denn, ein Mediator hätte im Einzelfall gute Gründe, das einseitige Nachgeben als gerechte Lösung zu betrachten. Dies könnte dann in Einzelgesprächen mit der nachgebenden Partei abgeklärt werden. Allerdings ist dabei Vorsicht geboten: Diese Partei könnte durch den Konflikt so belastet sein, dass sie zwar nachgibt, um ihn zu beenden, dies aber mit Bitterkeit. Nachgeben in dieser Motivationslage wäre alles andere als eine gute und als gerecht akzeptierte Lösung.

Andauernde Regelverletzungen durch wenigstens eine Partei. Eine der Regeln ist das Gebot der Unterlassung manipulativer Beeinflussungsversuche, wie Einschüchterung, Ironisierung, Benutzung von Kontrasttechniken oder → Fuß-in-die-Tür-Techniken, Berufung auf Autoritäten oder Wissensbestände statt Sachargumentation usw. Wenn eine Partei dieses Unterlassungsgebot trotz Ermahnung permanent verletzt, muss ein Abbruch erwogen werden, weil das Mediationsverfahren so nicht produktiv geführt werden kann. Als alternative Form der Konfliktbeilegung ist eine autoritative Entscheidung durch Richter, Schlichter oder Schiedsleute anzuraten. Auch ein anwaltlicher Vergleich kommt in Frage, weil beide Parteien durch Anwälte vertreten werden, wodurch Ungleichgewichte im Austausch vermieden werden.

Verletzungen des Gebots der Allparteilichkeit. Mediatoren, die diesem Gebot in einem Mediationsfall nicht gerecht werden können, weil sie aus welchen Gründen auch immer eine engagierte Parteilichkeit für eine Seite entwickeln, sollten das Verfahren nicht weiterführen. In diesem Fall ist nicht primär eine alternative Form der Streitbeilegung anzuraten. Eine Überweisung zu einer Kollegin oder einem Kollegen wäre angemessen. Als Begründung kann die Schwierigkeit genannt werden, das Verfahren allparteilich zu leiten. Ein Bekenntnis, welcher Partei man zuneigt, sollte tunlichst vermieden werden, um das anschließende Verfahren nicht zu belasten.

Mediationen können auch durch Parteien abgebrochen werden, entweder einseitig oder konsensuell. Verschiedene Gründe kommen in Betracht, unter anderem die folgenden:

- Unbeherrschbare Eskalationen des Konflikts,
- die wachsende Überzeugung, dass eine akzeptable Lösung wegen der unüberschaubaren Komplexität der Konfliktlagen nicht erarbeitet werden kann,
- fehlendes Vertrauen in einen zügigen Fortschritt des Verfahrens,
- der Eindruck der Parteilichkeit des Mediators für die andere Seite,
- Informationen von dritter Seite, dass die eigenen Positionen notfalls gerichtlich durchgesetzt werden können,
- starke Abneigung gegen die andere Partei, die eine produktive Zusammenarbeit nicht zulässt,
- fehlende Entscheidungsfähigkeit einer Partei, weil nicht anwesende Dritte die Autonomie dieser Partei subjektiv oder objektiv beschneiden.

Bezüglich all dieser Gründe gibt es Einflussmöglichkeiten von Seiten des Mediators:

- Eskalationen können z. B. vermieden werden durch Diskurse über die Gerechtigkeit von Ansprüchen, über erlebte Ungerechtigkeiten, durch gute Kommunikationsweisen sowie durch die Übernahme der Perspektive der anderen Seite.
- Die prospektive (evtl. exemplarisch illustrierte) Skizze von → Gewinner-Gewinner-Lösungen stärkt die Hoffnung auf eine gute Lösung.
- Die Komplexität von Konfliktlagen kann durch aktive und klare Strukturierungen durch den Mediator überschaubar gemacht werden.
- Das Vertrauen auf einen zügigen Fortschritt des Verfahrens kann durch eine kompetente, aktive Verhandlungsführung und wiederum aktive Strukturierungsleistungen des Mediators gestärkt werden.
- Der Eindruck der Parteilichkeit kann vermieden werden durch eine Vorabinformation über Allparteilichkeit, darüber was sie bedeutet und was sie erlaubt, sowie durch jeweils aktuelle Rechtfertigungen bzw. Erläuterungen von Handlungsweisen, die als parteilich ausgelegt werden könnten.
- Durch eine gründliche, nicht einseitige Rechtsberatung vorab werden die Wahrscheinlichkeiten geklärt, die eigenen Positionen gerichtlich durchzusetzen.
- Die Abneigung gegen die andere Partei ist beeinflußbar, indem ein gutes Kommunikationsklima geschaffen wird, Kommunikationsfallen besprochen und die Regeln einer guten Kommunikation vermittelt werden.

- Die fehlende Autonomie einer Partei gegenüber nicht anwesenden Dritten – seien es nahestehende Personen, deren Erwartungen verpflichtenden Charakter haben, oder seien es Auftraggeber oder die politische Basis, deren Wollen verbindlich ist – kann auch durch kompetente Mediatoren nicht kompensiert werden. Dies ist zu thematisieren, so dass die Gründe für ein drohendes Scheitern geklärt sind. Auch könnten Mediatoren Argumente anbieten, die die betroffene Partei zur Rechtfertigung ihrer Einlassungen in der Mediation gegenüber den Dritten vorbringen könnte. Wenn für eine nachhaltige Lösung die Akzeptanz durch diese Dritten erforderlich ist, müssen deren Vorstellungen repräsentiert werden, d. h. deren Anliegen müssen mitbehandelt und bearbeitet werden.

Diese Hinweise werden in Kapitel 9 über erfolgreiche Mediation wieder aufgegriffen und vertieft. Ein Scheitern der Mediation kann in allen Phasen des Mediationsprozesses geschehen. Die Risiken des Scheiterns sind durch eine kontinuierliche formative → Evaluation frühzeitig erkennbar und in vielen Fällen durch geeignete Maßnahmen abwendbar.

Dennoch: ein Scheitern der Mediation ist auch bei kompetenten Mediatoren selbstverständlich nicht ausgeschlossen. Was ist in diesem Fall zu tun?

Grundsätzlich haben Mediatoren im Falle des Scheiterns mehrere Zieloptionen:

- Aufklärung über die Gründe des Scheiterns, wie sie aus einer Problemanalyse durch den Mediator (im günstigsten Fall: einer gemeinsamen Problemanalyse) erkennbar sind. Diese Gründe zu erkennen, ist für alle Beteiligten wichtig: Die Mediatoren gewinnen Erkenntnisse für ihre professionelle Arbeit, und die Parteien gewinnen Erkenntnisse über sich selbst und ihren Konflikt, die für einen erneuten Mediationsversuch oder für andere Formen der Konfliktbewältigung als Orientierung dienen können.
- Orientierung über alternative Möglichkeiten der Konfliktbeilegung.
- Orientierung über Möglichkeiten, problemgenerierende eigene → Dispositionen (Einstellungen, Überzeugungen) zu verändern.
- Wiederholung der Erläuterungen zum Mediationsverfahren (vgl. S. 184) allgemein in der Absicht, einer negativen Bewertung des Verfahrens vorzubeugen.
- Erläuterungen zur Rechtfertigung des eigenen Handelns in der Mediation, ebenfalls in der Absicht, eine negative Bewertung zumindest abzumildern.
- Information über alternative Möglichkeiten der Konfliktbeilegung, ihre Chancen und Risiken.

Nicht immer haben Mediatoren die Möglichkeit, mit den abbrechenden Parteien zu sprechen, denn diese brechen nicht selten eine Sitzung spontan ab oder erscheinen nicht mehr zu einer vereinbarten Sitzung. Es wäre jedoch in mehrerlei Hinsicht problematisch, diesen Abbruch ohne Kommentar hinzunehmen und mit Zusendung einer Honorarnote das Verfahren abzuschließen. Sowohl für die weitere Entwicklung und Bearbeitung des Konfliktes als auch für die Erkenntnisentwicklung der Parteien, für den Ruf der eigenen Praxis sowie für den Ruf der Mediation allgemein, der noch nicht gefestigt ist, ist eine Stellungnahme durch den Mediator und das Angebot einer Besprechung der Gründe des Scheiterns angezeigt.

Einer Besprechung ist Vorzug einzuräumen, weil eine Verständigung in interaktiver Kommunikation eher gelingt. Falls jedoch eine Besprechung abgelehnt wird, ist eine schriftliche Äußerung anzuraten.

Diese sollte möglichst so abgefasst sein, dass sie keine aversiven Emotionen auslöst. Die kommunikative Grundhaltung des Verstehens sollte auch in diesem Fall unbedingt beibehalten werden.

Vorwürfe und Schuldzuweisungen sollten deshalb unterlassen werden. Gründe für den Abbruch sollten nicht als assertorische Urteile, sondern als Hypothesen formuliert werden, ergänzt um die Aufforderung, selbst verschiedene Hypothesen für den Abbruch zu bilden und zu durchdenken.

Wenn irgend möglich, sollten die positiven bereits erreichten Einsichten, Haltungen und Ergebnisse herausgestellt werden. Ebenfalls sollten begründete Hoffnungen des Mediators auf eine konstruktive Bearbeitung und Beilegung des Konfliktes herausgestellt werden.

Der Verweis auf alternative Formen der Streitbeilegung darf nicht fehlen. Dies ist auch eine Gelegenheit, auf die spezifischen Chancen der Mediation einzugehen, insbesondere auf die Chance, Gewinner-Gewinner-Lösungen im oben beschriebenen Sinne zu erreichen.

9 Erfolgreiche Mediation

Mediation ist eine junge aufblühende Praxisform, für deren Erfolg sich die Frage stellt: Welche Kompetenzen und Schlüsselqualifikationen müssen Mediatoren mitbringen, die in ihrer Arbeit erfolgreich sein wollen? Diese Frage lässt sich leider nicht durch harte Evaluationsdaten beantworten: Nur wenige Mediationsverfahren wurden bislang in einer solchen Weise evaluiert, dass gesicherte Erkenntnisse über erfolgversprechende Mediatormerkmale ableitbar wären. Dennoch sind einige Forschungsbefunde überzeugend, da sie ähnlichen Befunden aus anderen Praxisfeldern sowie Generalisierungen aus theoretischen Ableitungen entsprechen (Kap. 9.1).

Daher werden in diesem abschließenden Kapitel aus den vorgestellten Kategorien von Mediationsaufgaben Kompetenzanforderungen für Mediatoren abgeleitet, deren Einlösung zugleich zur weiteren Professionalisierung der Mediation beiträgt. Es ist dies der Aufbau von Vertrauen der Parteien in eine gerechte und effiziente Führung des Verfahrens, welche die Suche nach einer akzeptablen und nachhaltigen Lösung erfolgreich macht (Kap. 9.2).

Es sind dies Kompetenzen der Problembewältigung (Kap. 9.3), wozu die kreative Erweiterung des Lösungsraumes gehört (Kap. 9.4). Emotional intelligentes Handeln (Kap. 9.5), Sicherheit in sozialen Situationen und Freude am Umgang mit Menschen bzw. Gruppen (Kap. 9.6) sowie Kenntnisse der Evaluationsmethodik (Kap. 9.7) sind zu fordern.

Eine generalisierte Aussage zur Bedeutung soziodemographischer Merkmale lässt sich hingegen nicht treffen, da diese Merkmale mit den relevanten psychologischen Merkmalen und Kompetenzen viel weniger eng zusammenhängen, als häufig angenommen wird (Kap. 9.8). Die genannten Kompetenzbereiche werden in ihrer Gesamtheit der Unterschiedlichkeit von Mediationsfällen gerecht (Kap. 9.9).

Mediationsversuche sind unterschiedlich erfolgreich. Um die Fragen zu beantworten, was erfolgreiche Mediatorinnen und Mediatoren von weniger erfolgreichen unterscheidet, welche Vorgehensweisen empfehlenswert, welche Fallkategorien und welche Parteienkonstellationen schwierig sind, würde man in die Evaluationsliteratur schauen. Hier darf man sich im Feld der Mediation allerdings nicht zuviel versprechen.

Konfliktmediation ist in den meisten Ländern eine junge und noch nicht sehr verbreitete Praxisform. In Deutschland hat sie erst im letzten Jahrzehnt Verbreitung gefunden, in den USA schon 10–20 Jahre früher; in China hat sie eine lange Tradition. Die Gestaltung dieser Praxis ist sehr unterschiedlich je nach Feld (Familienmediation, Scheidungs- und Sorgerechtsmediation, Peermediation in Schulen, Mediation bei innerbetrieblichen Konflikten, bei Wirtschaftskonflikten, bei Arbeitskonflikten, bei politischen Konflikten auf kommunaler/

regionaler Ebene, bei internationalen Konflikten; vgl. zum Überblick Wall & Lynn, 1993). Es gibt unterschiedliche Mediationskulturen: Beispielsweise ist in China Mediation durch das konfuzianische Ideal gesellschaftlicher Harmonie geprägt (Wall & Blum, 1991), im öffentlichen Sektor in den USA durch die demokratischen Ideale der Beteiligung und der Autonomie aller Betroffenen (McGillicuddy, Welton & Pruitt, 1987).

Es gibt Unterschiede je nach Ausbildung des Mediators, wobei die psychologische sowie juristische Ausbildung in allen genannten Anwendungsfeldern zunehmend institutionalisiert und formalisiert wird (vgl. Bastine, Link & Lörch, 1992; Bastine & Weinmann-Lutz, 1998; Claus & Wiedemann, 1994; Fern-Universität-Gesamthochschule Hagen, 1999; Wampler & Hess, 1990): In diesem Buch haben wir die Anlehnung an die juristische Methode kontrastiert zur Integration von Methoden und Wissensbeständen der Psychologie (vgl. Kap. 2). Es gibt unterschiedliche, gelegentlich ideologisch verfestigte Auffassungen über die Rolle des Mediators, die von der Moderatorenrolle über eine aktiv gestaltende Rolle bis zur Verwischung der Grenze zum → Schiedsverfahren reichen (zum Überblick Wall & Lynn, 1993).

Selbstverständlich – und hoffentlich – gibt es eine große Variation in der Gestaltung in kontingenter strategischer und taktischer Anpassung an die Spezifika eines Konfliktfalls, der Konfliktparteien, der im Verfahren auftauchenden Chancen und Risiken usw.

Programmatische Aussagen statt harter Daten

Bei der gegebenen Heterogenität der Verfahrensgestaltung und der Neuheit dieser Praxisform darf man nicht viele gesicherte Erkenntnisse der Evaluationsforschung erwarten. Die frühen Zusammenfassungen von Kressel und Pruitt (1989), Wall und Lynn (1993) sowie Pruitt und Carnevale (1993) geben auch den heutigen Stand wieder. Schon die Konzepte zur Beschreibung des Verfahrens und des Handelns und Verhaltens der Parteien und des Mediators sind zu diskutieren. Zum Beispiel ist die sicher bekannteste Liste der von Mediatoren benutzten Techniken, die Kressel (1972) kategorisiert und dann mit Pruitt überarbeitet hat (Kressel & Pruitt, 1989; vgl. auch McLaughlin, Carnevale & Lim, 1991), nur ausschnittweise überzeugend. Vom Forschungsideal der konzeptuell überzeugenden, theoretisch fruchtbaren, empirisch gesicherten Kategoriensysteme, welche die beobachteten Phänomene und Handlungsweisen reliabel zu beschreiben erlauben, sind wir noch weit entfernt. Trotzdem sind einige Forschungsbefunde überzeugend, weil sie Generalisierungen aus anderen Praxisfeldern oder theoretischen Ableitungen entsprechen, während kontraintuitive empirische Befunde zwar gedeutet werden können, die Deutungen aber nicht empirisch getestet sind.

Unser Anliegen in diesem Buch ist es, wie im ersten Kapitel expliziert, Beiträge zur Professionalisierung der Mediation aus verschiedenen Forschungs- und Praxisfeldern der Psychologie zu leisten. Wir betrachten dabei Konfliktmediation als Anwendungsfeld psychologischer Methoden, Theorien und Wissensbestände. Alle, die in psychologischen Praxisfeldern arbeiten, stehen immer wieder vor demselben Problem, nämlich relevante Methoden, Theorien und Wissensbestände zu suchen, die eine Bewältigung der Aufgaben versprechen. Nur in seltenen Fällen, etwa in der Leistungsdiagnostik, sind diese Aufgaben durch eine routinemäßige Anwendung empirisch bewährter Instrumente und Methoden zu meistern. In aller Regel erfordert die Anwendung eine kreative Interpretation, eine kreative Implementation, eine kreative Generalisierung und/oder eine kreative Kombination von Methoden, Konzepten und Theorien. Psychologen sind typischerweise keine Anwender von Routinen, sondern kreative Problemlöser (Pawlik, 1975). Sie müssen das auch sein, weil sie mit Menschen und sozialen Systemen arbeiten, die nur partiell nach Naturgesetzen funktionieren. Für das Verhalten von Menschen hat ihr Erleben, Erkennen und Bewerten, ihre subjektiven, vielfach sozial vermittelten Theorien und Konstrukte über sich selbst, über andere und über die Welt, ihre Wertüberzeugungen und -orientierungen, ihre Voreingenommenheiten usw. entscheidende Bedeutung.

Dieses Buch enthält viele programmatische Aussagen zur Relevanz von psychologischen Forschungsfeldern, Theorien und Befunden für die Mediationspraxis. Diese programmatischen Teile sind begründete Empfehlungen an Praktiker, die Relevanz dieser Inhalte für die Bewältigung ihrer Aufgaben zu erwägen und in ihrer Wirksamkeit im Einzelfall zu bewerten.

In einer Reflexion darüber, welche Kompetenzen Mediatoren erwerben sollten, scheinen uns diese programmatischen Aussagen gegenwärtig überzeugender als die Beschränkung auf punktuelle Befunde der spezifischen Mediationsforschung.

Daneben werden im folgenden Überblick auch Generalisierungen aus anderen Praxisfeldern integriert, in denen Schlüsselkompetenzen verlangt und Trainingsprogramme für deren Erwerb entwickelt werden, etwa Trainings zur Verbesserung der Kommunikationskompetenz (z. B. Günther & Sperber, 1995; Wiedemann, Femers & Nothdurft, 1994) oder zur Nutzung der Kreativitätspotenziale (z. B. Klauer, 1993). Auch die umfangreiche Literatur zu Therapeutenmerkmalen ist heranzuziehen (z. B. Baumann & Perrez, 1998). Schließlich ist das Erfahrungswissen heranzuziehen, das sich in der Mediationsliteratur über Merkmale und Kompetenzen „guter" Mediation findet (z. B. Dulabaum, 1998).

Kompetenzanforderungen?

Kompetenzanforderungen an Mediatoren sind sachlich von den Aufgaben und Problemen her, die einer Profession gestellt werden, zu begründen (vgl. auch

Bush & Baruch, 1999). In diesem Buch haben wir versucht, wichtige Aufgaben und Probleme zu spezifizieren (vgl. Kap. 7). Auch diese differenzierte Zusammenstellung ist nicht vollständig. Zum Beispiel sind wir nur in der Kontrastierung zum Gerichtsverfahren auf die Aufgabe eingegangen, die Konfliktparteien zu überzeugen, dass Mediation ein erfolgversprechender Weg der Konfliktbeilegung ist (was bei wachsender Bekanntheit und Akzeptanz des Verfahrens in der Gesellschaft ein geringeres Problem als heute sein sollte), auch nicht explizit auf die kontinuierliche Aufgabe der Gewinnung und Erhaltung des Vertrauens der beteiligten Parteien, Vertrauen sowohl in die Allparteilichkeit als auch in die Kompetenzen zur effizienten Gestaltung des Verfahrens.

Wir wollen den differenzierten phasenspezifischen Katalog von Aufgaben hier nicht wiederholen, sondern einige Kategorien von Aufgaben herausgreifen, die im gesamten Prozess zu bewältigen sind.

9.1 Aufbau von Vertrauen

Mediatoren brauchen das Vertrauen der Parteien (a) in eine gerechte Führung des Verfahrens und (b) in die Kompetenz, eine akzeptable, nachhaltige Lösung zu finden.

Was sind Quellen für den Aufbau von Vertrauen? Sicher kann der erworbene Ruf, sofern er den Parteien bekannt ist, einen Vertrauensvorschuss begründen. Im Übrigen muss Vertrauen durch die Praxis erworben bzw. bestätigt werden.

Verfahrensgerechtigkeit. Mediatoren müssen Prinzipien der formalen → Verfahrensgerechtigkeit und Faktoren der erlebten Verfahrensgerechtigkeit (Lind & Tyler, 1988; vgl. Kap. 5) kennen, und sie müssen möglichen Fehlinterpretationen ihrer Allparteilichkeit jeweils durch eine Erläuterung ihrer Unterstützung einer Partei, wenn diese erforderlich ist, vorbeugen. Zwei Aspekte haben sich empirisch immer wieder als zentral herausgestellt: (1) Die Parteien müssen gleiches „Gehör" bekommen, das heißt, den gleichen Raum um ihre Sicht darstellen können. Wir gehen weiter und fordern: Sie müssen sich verstanden fühlen und den Eindruck haben, Einfluss auf das Verfahren nehmen zu können, was Thibault und Walker (1975) sowie Greenberg und Folger (1983) herausgestellt haben. (2) Parteien müssen sich respektvoll behandelt erleben. Für beide Aspekte sind die Kommunikationsregeln von Rogers und die darauf aufbauenden Regeln des → aktiven Zuhörens hilfreich (vgl. Kap. 3 und 8). Die Parteien werden sich verstanden fühlen, wenn ihre Sichtweisen angemessen und mit einer wertschätzenden Haltung des Mediators reformuliert werden, wobei Artikulationshilfen durch die Mediatorinnen durchaus die günstige Wirkung bekräftigen. Schließlich ist für die Bildung und Wahrung von Vertrauen auf die → *formative Evaluation* hinzuweisen. Bei einer regelmäßigen Evaluation der einzelnen Sitzungen werden Störungen des Vertrauens erfasst, deren Gründe ermittelt und beseitigt werden können.

Auch das Vertrauen in die effiziente Verfahrensführung setzt das Erleben voraus, vom Mediator verstanden zu werden. Zusätzlich ist allerdings die souveräne Bewältigung der vielen anstehenden Aufgaben und Probleme entscheidend, die im folgenden Abschnitt nochmals umrissen werden.

Wichtig für die Vermittlung von Vertrauen in die Kompetenz des Mediators sind Leistungen, welche die Parteien selbst nicht erbringen können: Zum Beispiel die klare Artikulation von Positionen, Anliegen und Emotionen, die Strukturierung des emotionalisierten Chaos sich überlagernder Konflikte, die Formulierung von Zielen, die Idee von Gewinner-Gewinner-Lösungen, die Aufdeckung von → Tiefenstrukturen der Konflikte, die Aufdeckung von verdeckten Zielen der Teilnehmer, die Perspektive, dass in der Konfliktbearbeitung Entwicklungschancen liegen u. a. m.

9.2 Kompetenzen zur Problembewältigung

Mediatoren brauchen nicht nur das Vertrauen der Parteien, sondern souveräne Kompetenzen zur Problembewältigung. Als erstes wollen wir die Strukturierungs- und Formulierungsleistungen nennen: Mediatoren müssen die Ziele der Mediation insgesamt und jeder Phase klar formulieren, z. B. Konflikte und Probleme in klarer Struktur verständlich herausarbeiten und eine Sequentierung der Bearbeitungsschritte vorschlagen und erläutern.

Um dies zu leisten, ist ein breites Repertoire an Konflikt- und Problemhypothesen erforderlich, und das heißt Sachkenntnis im jeweiligen Konfliktfeld. Die Klärungs- und Strukturierungsleistung schafft Vertrauen in das Gelingen, was auch in der Evaluationsforschung als positives Momentum belegt ist (Lim & Carnevale, 1990).

Effiziente Führung. Effiziente Führung ist nur möglich durch das Erkennen und das Meistern von Risiken, z. B. Dämpfung von Eskalationen, Umgang mit heftigen Emotionen und Feindseligkeit, Umgang mit manipulativen Strategien einer Partei, Relativierung rigider normativer Positionen, Auflösung von Kommunikationsblockaden zwischen den Parteien oder aktives Einbringen von Lösungsoptionen, wenn die Parteien selbst kein breites Spektrum von Optionen generieren. Um dies leisten zu können, brauchen Mediatoren Wissen über Emotionspsychologie, über Gerechtigkeitsforschung, über die Sozialpsychologie manipulativer Techniken und Strategien (um solche Versuche einer Partei zu durchschauen und zu verhindern) sowie ein Repertoire an geeigneten Interventionstrategien. Der Mediationsprozess erfordert besonders viel Flexibilität und Kompetenz der Mediatoren. Im Falle einer verbalen Attacke durch eine Konfliktpartei könnten folgende Handlungsalternativen hilfreich sein:

- Methoden, um zunächst Zeit zu gewinnen (etwa durch Nachfragen),
- Methoden zur Versachlichung der Situation (z. B. durch Reformulierung der in einer Verbalattacke enthaltenen Sachargumente in nicht emotionalem Ton und anschließender Weiterleitung zum nächsten Diskussionspunkt),
- Die Methode der Metakommunikation als Kommunikation über die Regeln des Umgangs miteinander (Schulz von Thun, 1985; Watzlawick, Beavin & Jackson, 1967) oder
- die Verbalisierung der eigenen Reaktionen (in Form von „Ich-Botschaften" wie z. B. Ausdruck des eigenen Erstaunens über diesen emotionalen Ausbruch).

Alle diese Strategien dienen dazu, die Situation zu kontrollieren und sie nicht entgleiten zu lassen. Zur Umsetzung stehen zahlreiche Moderationstechniken zur Verfügung, die in vielen anwendungsbezogenen Kontexten erfolgreich erprobt wurden (Redlich, 1996).

In der Mediationsliteratur sind mehr als 100 konkrete Vorgehensweisen beschrieben und kategorisiert worden (Wall & Lynn, 1993; Kressel & Pruitt, 1989): Listen, die man mit Gewinn durchsehen kann. Die situationsadäquate Intervention mit solchen Methoden hat sich in der Mediationsforschung als effektiv erwiesen (zum Überblick Pruitt & Carnevale, 1993): Zum Beispiel ist eine autoritative Unterbrechung eskalierender Feindseligkeiten effektiv, während autoritative Interventionen kontraproduktiv sind, wenn die Parteien kooperationsfähig sind.

Die zentrale Herausforderung einer erfolgreichen Leitung von Mediationsverfahren besteht darin, divergierende Informationen und Sichtweisen miteinander in Beziehung zu setzen. In allen Phasen des Mediationsprozesses sind jeweils die verschiedenen Perspektiven der am Konflikt beteiligten Partner zusammenzubringen. In der Problemanalyse sind beispielsweise folgende Fragen zu beantworten: Wie stehen die Konfliktpartner untereinander in Beziehung? Welche Koalitionen bestehen? In welchen Aspekten stimmen die Sichtweisen der Konfliktpartner überein? In welchen Punkten divergieren sie? Wie kommen diese Divergenzen zustande? Sind diese unterschiedlichen Sichtweisen intrinsisch motiviert (z. B. durch bewusste Verzerrungstendenzen) oder extrinsisch verursacht (z. B. durch mangelnde Informationen)? Wie unterscheiden sich die objektiven Daten zum Konfliktgegenstand von den subjektiven Sichtweisen der Konfliktpartner? Wie ist mit etwaigen Unterschieden umzugehen? Welche Unterschiede sollen zu welchem Zeitpunkt transparent gemacht werden? Wie sollte die Argumentation über diese Unterschiede oder auch über Hypothesen zu ihrem Zustandekommen geführt werden?

Die Beantwortung dieser Fragen erfordert von Mediatoren vernetztes Denken bzw. die Fähigkeit zu komplexem Problemlösen. Bei ihnen laufen die Informationen zusammen, sie müssen diese ordnen, in Beziehung zueinander setzen und auch in ihrer Bedeutung und hinsichtlich ihrer Validität bewerten. Auf der Grundlage dieser Informationsaufnahme und -verarbeitungsprozesse sind sodann Entscheidungen für das weitere Vorgehen abzuleiten.

Die Fähigkeit zu vernetztem Denken bzw. komplexem Problemlösen lässt sich trainieren (vgl. zum Überblick Hussy, 1993). In der Psychologie wurden eine ganze Reihe von → Heuristiken zur systematischen Problemanalyse bei komplexen Randbedingungen entwickelt (zum Überblick Frensch & Funke, 1995). Darüber hinaus wird diese Art des Denkens in vielen Anwendungsbezügen trainiert, sodass die Psychologie auch hier besondere Expertise vorweisen kann.

9.3 Kompetenzen zur Lösungsfindung

Entscheidend für ein gutes Ergebnis ist die in Kapitel 8 behandelte Erweiterung des Betrachtungs- oder Lösungsfeldes, indem alle wichtigen Anliegen bewusst gemacht, die Anliegen wichtiger Dritter einbezogen und kreative Lösungsoptionen generiert werden. Hier sind Kenntnisse der Motivationspsychologie, der Kreativitätspsychologie und der Psychologie der Selbstkonzepte und Selbstwahrnehmung hilfreich.

Erweiterung des Lösungsraums. Mediatoren werden dann auf den Plan gerufen, wenn der Konflikt so verfahren ist, dass eine alleinige Lösung des Konflikts ohne fremde Hilfe nicht mehr möglich erscheint. Das Problem wird einseitig konstruiert, und der wahrgenommene Lösungsraum ist so eingeschränkt, dass keine der diskutierten Lösungen akzeptabel erscheint. Aus diesem Grunde ist es notwendig, dass sowohl bei der Problemrekonstruktion (dem „Ist-Zustand") als auch bei der Lösungsgenerierung (dem „Soll-Zustand") in alternativen Sichtweisen gedacht wird. Jedes Problem kann unterschiedlich wahrgenommen, rekonstruiert oder akzentuiert werden. Ebenso bestehen immer alternative Lösungen sowie alternative Wege, um zu diesen Lösungen zu gelangen. Daher ist es in allen Phasen des Mediationsprozesses notwendig, Zugriff auf alternative Denk- und Handlungsstrategien zu haben.

Um Problemwahrnehmungen umdeuten und Beschränkungen wahrgenommener Lösungsräume aufheben zu können, ist zunächst auf Seiten des Mediators Kreativität erforderlich, da er den Mediationsprozess leitet und hohen Einfluss auf seine Gestaltung hat. Er hat in besonderem Maße Vorbildfunktion und ist damit verantwortlich, kreatives Denken in alternativen Problem- und Lösungskonstruktionen vorzuleben.

Darüber hinaus muss der Mediator jedoch auch fähig sein, das kreative Potenzial der Konfliktpartner freizulegen und zu fördern. Dies geschieht nicht nur durch sein modellhaftes Handeln, sondern auch durch Rückgriff auf Kreativitätstheorien, aus denen sich auch konkrete Techniken zur Kreativitätsweckung ableiten lassen (Kap. 7.3).

Erweiterungen des Betrachtungs- und Lösungsfeldes sind auch entscheidend für die Nachhaltigkeit der erzielten Übereinkunft. Die Übereinkunft muss in der Überzeugung der Parteien gerecht sein. Sie muss mit den Selbstkonzepten der Parteien vereinbar sein, sonst bleibt ein Stachel, der zu einem Wiederaufleben der Konflikte führen kann. Sie muss auch für betroffene Dritte eine gute Lösung sein, sonst wird sie von diesen in Frage gestellt. Hinzuzufügen ist, dass die Übereinkunft in → justiziablen Fällen im Wissen um die Rechtsansprüche getroffen werden sollte, weil Informationen über Rechtsansprüche im Nachhinein die Bewertung einer Übereinkunft verändern können.

Nachhaltigkeit. Von besonderer Bedeutung für die Nachhaltigkeit ist – neben der wahrgenommenen Verfahrensgerechtigkeit – das Erleben der Parteien, aktiv an der Übereinkunft mitgewirkt und frei und ohne Nötigung zugestimmt zu haben. Dies ist aus der Psychologie der Einstellungsänderung ableitbar (Bierhoff, 1998a) und durch die Evaluationsforschung bestätigt (Pruitt et al., 1993). Dass das Ergebnis einer Vereinbarung als fair und gerecht wahrgenommen werden muss, versteht sich von selbst. Hingewiesen sei hier nochmals auf die positive Wirkung erlebter → Verfahrensgerechtigkeit auf die Akzeptanz auch solcher Ergebnisse, die deutlich unter den anfänglichen Erwartungen und Ansprüchen liegen (vgl. Kap. 5.4.5, S. 119 f.).

Uns scheinen prospektiv zwei weitere Faktoren bedeutsam:

1. die Verbesserung der Beziehung zwischen den Parteien und
2. das Wissen der Parteien um generelle Entwicklungsgewinne durch die Mediation.

Ersteres kann durch die Verbesserung der Kommunikation und die gemeinsame Problembearbeitung und Lösungssuche erreicht werden, auch durch einen kontrollierten beidseitigen Austausch über belastende Emotionen (vgl. Kap. 6).

Letzteres kann in Gewinnen an Kompetenzen der Kommunikation, der Problemanalyse, der Konfliktanalyse, der kreativen Lösungssuche bestehen, welche durch verbesserte Selbsterkenntnisse und durch Gewinn an Weisheit erreicht werden (vgl. Kap. 4.7). Eine Reflexion über Entwicklungsgewinne sollte regelmäßig in der summativen Evaluation vorgenommen werden. Die Kompetenzen der Mediatorinnen zur Evaluation sollten nochmals gesondert herausgestellt werden.

9.4 „Emotionale Intelligenz"

Um einen Konfliktfall erfolgreich zu mediieren, bedarf es ausgeprägter „emotionaler Intelligenz" und hoher „emotionaler Stabilität" (vgl. Goleman, 1995), da die meisten Konflikte emotional erlebt und auf emotionaler Ebene ausgetragen werden (vgl. Kap. 6). Folglich werden auch Mediatoren mit diesen Emotionen konfrontiert. Sie sollten diese Emotionen der Konfliktpartner nicht unterdrücken, sondern zusammen mit ihnen reflexiv bearbeiten können und sie diagnostisch nutzen. Gleichzeitig dürfen sich Mediatoren jedoch nicht emotional auf das aktuelle emotionale Geschehen einlassen oder sich zu emotionalen Gegenreaktionen verleiten lassen. Hier bedarf es professioneller Distanz, etwa durch Einnahme der Perspektive des „Feldherrenhügels", von dem sich der „Feldherr" einen Überblick über die Lage verschaffen kann, ohne Teil des aktuellen Konfliktgeschehens zu sein (Schulz von Thun, 1985). Eine solche Perspektive ermöglicht das Erkennen emotionaler Abläufe und erleichtert zugleich die Steuerung eigenen emotionalen Erlebens. Hilfreich ist nicht nur ein sozialer, sondern auch ein gefühlsmäßig guter Rapport zu den Konfliktpartnern.

Ohne Mediation als Psychotherapie misszuverstehen, sollte doch erwähnt werden, dass Emotionale Intelligenz und Stabilität in der therapeutischen Evaluationsforschung unter dem Stichwort „Persönlichkeitsmerkmale des Therapeuten" diskutiert wird (vgl. Beutler, Machado, & Neufeldt, 1994; Grawe, 1999). Zwar wird der Ansatz, Therapieerfolge auf allgemeine Therapeutenmerkmale zurückzuführen – ohne dabei andere Faktoren, wie Klientenmerkmale oder Kontextbedingungen zu berücksichtigen – in der therapiebezogenen Evaluationsforschung mittlerweile sehr kritisch bewertet. Dennoch besteht Evidenz, dass emotionale Intelligenz bzw. Stabilität, zu denen etwa die recht gut untersuchte Angstfreiheit des Therapeuten zählt, grundsätzlich positiv wirken (vgl. Baumann & Perrez, 1998; Beutler, Machado, & Neufeldt, 1994). Diese positive Wirksamkeit wird vor allem auf Modellwirkung des Therapeuten und des therapeutischen Handelns zurückgeführt. Daher nimmt der Umgang mit eigenen Emotionen und den Emotionen anderer sowie das Erkennen von Projektions- und Übertragungsprozessen in allen etablierten psychotherapeutischen Schulen und Ausbildungen eine zentrale Stelle ein (zum Überblick vgl. Redaktion „Psychologie heute", 1989). Diesbezüglich ist eine analoge Übertragung auf Mediatoren durchaus angezeigt.

Dies bedeutet, dass Mediatoren zwar echtes Interesse an der kooperativen Lösung des Konflikts haben und ihr Handeln nach bestem Wissen und Gewissen auf dieses Ziel ausrichten, jedoch letztlich nicht auf diesen Erfolg angewiesen sein sollten. Sonst droht die Gefahr, dass sie in das Konfliktgeschehen aktiv involviert bzw. hineingesogen werden und die notwendige professionelle Distanz verlieren, die das Erkennen von Zusammenhängen und das Generieren alternativer Betrachtungs- und Lösungsweisen ermöglicht (vgl. Kap. 7).

9.5 Sicheres Auftreten und Freude im Umgang mit Menschen

Eine andere wesentliche Variable, die sich auch als wichtige Therapeutenvariable erwiesen hat, ist die Sicherheit in sozialen Situationen (vgl. Baumann & Perrez, 1998; Beutler et al., 1994). Das Ausstrahlen von Sicherheit hat auf Klienten eine direkte positive Wirkung, etwa in Form von Beruhigung.

Die erlebte und kommunizierte Sicherheit eines Mediators in sozialen Situationen ist mindestens von so hoher Bedeutung wie diejenige eines Therapeuten. Im Gegensatz zu therapeutischen Aufgaben im engeren Sinne sind viele Mediationsverfahren in weitaus komplexere soziale oder gesellschaftliche Kontexte eingebunden, in denen sich Mediatoren sicher bewegen können müssen. Dabei können die sozialen Settings oder Milieus sehr unterschiedlich sein. Je sicherer sich Mediatoren in diesen unterschiedlichen Kontexten bewegen, desto besser sollte es auch gelingen, sich zu behaupten und den notwendigen positiven Rapport mit allen am Konflikt beteiligten Parteien aufzubauen.

Eine hilfreiche Variable ist dabei sicher die Freude am Umgang mit Menschen. Sie ist letztlich auch aus dem Grund wichtig, dass die oben genannten Basisvariablen der Kommunikation – insbesondere die wertschätzende Haltung – überhaupt realisiert werden können.

9.6 Methodenwissen

Über die bisher diskutierten fachlichen Merkmale hinaus benötigt der „gute Mediator" methodisches Wissen, das es ihm ermöglicht, sein Vorgehen sowie den Mediationserfolg zu evaluieren. Für die große Mehrzahl der Mediationsverfahren steht eine systematische Evaluation bislang aus. Daher besteht hier dringender Erkenntnisbedarf. Bei allen Vermittlungsprozessen sollten verschiedene Evaluationsmethoden miteinander kombiniert werden, um ihre jeweiligen Nachteile zu kompensieren (vgl. Kap. 8.1.6, S. 218 ff.). Dies gilt vor allem für jene Prozesse, die sich über längere Zeit erstrecken. Dennoch werden auch die meisten längeren Mediationsverfahren lediglich summativ evaluiert, und auch bei dieser Form der Evaluation werden die methodischen Möglichkeiten längst nicht ausgeschöpft. Häufig ist die Evaluation auf die Erfassung weniger objektiver Daten beschränkt, etwa der Frage, ob eine außergerichtliche Einigung erreicht wurde oder nicht. Eine Follow-up-Erhebung, mit deren Hilfe sich die langfristigen Effekte der Mediation bewerten ließen, steht zumeist völlig aus.

Findet eine zusätzliche Prozess- bzw. formative Evaluation statt, so ist auch diese häufig mit methodischen Mängeln behaftet. Sie ist in vielen Fällen nicht – wie es idealerweise erforderlich ist – multimethodal angelegt, sondern auf einige qualitative Daten beschränkt (zum Überblick über die Evaluationsmethodik vgl. Campbell & Fiske, 1959). Diese werden beispielsweise in Feedbackrunden der Teilnehmer des Mediationsverfahrens gewonnen. Dabei entsprechen die Datenerhebung und -auswertung nicht dem „state of the art“: Die Äußerungen werden beispielsweise nicht transskribiert und systematisch ausgewertet, sondern in der Praxis verlassen sich Mediatoren zumeist auf ihren persönlichen Eindruck, der u. a. durch Erinnerungsfehler, Erwartungen und Interpretationen des Gehörten verzerrt ist.

Quantitative Verfahren, wie reliable Fragebögen, werden selten eingesetzt, und wenn schriftliche Befragungen durchgeführt werden, fehlt häufig das nötige methodische Know-how, um reliable Erfassungsinstrumente zu entwickeln. Die Neuentwicklung spezifischer Evaluationsfragebogen ist in vielen Feldern notwendig, da standardisierte Verfahren leider erst für wenige Mediationsfelder vorliegen, wie etwa das Heidelberger Dokumentationssystem DoSys von Bastine und Weinmann-Lutz (1998) für die Qualitätssicherung und Evaluation der Trennungs- und Scheidungsmediation.

Für diese Evaluationsaufgaben bietet die Psychologie ein profundes Wissen an Planungs-, Erhebungs-, Auswertungs- und Interpretationstechniken, das in vielen Anwendungskontexten bereits erfolgreich erprobt wurde (zum Überblick vgl. Fisseni, 1990). Daher ist die Psychologie in der günstigen Lage – neben den inhaltlichen Kenntnissen über Mediationsverfahren und -techniken – auch über notwendiges Wissen zur Evaluation der Mediationseffekte zu verfügen und damit die Schnittstelle zwischen inhaltlichem und methodischem Wissen abzudecken.

9.7 Erfahrung und soziodemographischer Hintergrund

Häufig werden auch Aussagen über soziodemographische Merkmale guter Mediatorinnen gemacht, die besonders erfolgversprechend sein sollen. Solche Äußerungen sind jedoch kritisch zu bewerten, weil soziodemographische Merkmale keinen Erklärungswert haben, sondern lediglich als Träger anderer psychologischer Merkmale wirken, die einen solchen Erklärungswert besitzen können, aber nicht eins zu eins mit den soziodemographischen Merkmalen korrelieren.

Nehmen wir die Altersvariable als Beispiel. Ist ein nicht zu junges Alter des Mediators, wie man möglicherweise annehmen möchte, tatsächlich ein erfolgverspechendes Merkmal? Hier ist zu fragen, welche impliziten Annahmen mit dieser Altersvariablen verbunden sind. Häufig ist dies die Annahme, dass ältere Mediatoren aufgrund ihrer Lebenserfahrung eher Vertrauen geschenkt wird als jüngeren. Diese und ähnliche Annahmen sind jedoch in den wenigsten Fällen empirisch gestützt. Darüber hinaus drängt sich die Frage auf, ob nicht andere Merkmale als die Altersvariable geeigneter sind, um Vertrauen bei den Konfliktpartnern zu wecken; wie etwa der geübte Umgang mit vertrauensbildenden Maßnahmen und Techniken bei hoher Empathie, Echtheit und Wertschätzung.

Diese Betrachtungsweise der psychologischen Wirksamkeit der Altersvariablen lässt sich auf alle anderen soziodemographischen Variablen übertragen. Bei keiner dieser Variablen lässt sich eine allgemeine Aussage über ihre „beste Ausprägung“ machen. In allen Fällen geht es darum, implizite Annahmen aufzudecken und zu überlegen, welche psychologischen Merkmale die soziodemographische Variable transportieren soll. So wird deutlich, dass es letztlich nur um diese psychologischen Merkmale geht, die mit einer soziodemographischen Variable mehr oder minder hoch korrelieren.

Dieses Argument der psychologischen Wirksamkeit ist zugleich entlastend, da alle Kompetenzvariablen, aber keine der soziodemographischen Variablen, beeinflussbar sind. Daher ist es wenig hilfreich, den Fokus auf diese soziodemographischen Variablen zu richten.

In ähnlicher Weise bestätigt auch die psychotherapeutische Forschung, dass sich kaum verallgemeinerbare Aussagen zu günstigen soziodemographischen Therapeutenvariablen machen lassen (vgl. Beutler et al., 1994). So resümieren beispielsweise Baumann und Perrez (1998) auf der Grundlage der Metastudie von Beutler (Beutler et al., 1994) zu soziodemographischen Variablen: „Für die Variablen Alter, Geschlecht und ethnische Zugehörigkeit ... liegen keine einheitlichen Befunde vor. Es scheint aber, daß Ähnlichkeit zwischen Patient und Therapeut in diesen Variablen – wenn auch keinen zentralen, so doch einen förderlichen Einfluss auf die Therapie ausübt“ (Baumann & Perrez, 1998, S. 403).

Ein Wort sei auch zur Erfahrungsvariable geäußert, da man Erfahrung mit Mediationsfällen spontan als besonders wichtiges Mediatorenmerkmal klassifizieren könnte. Wir haben diese Erfahrungsvariable aus zwei Gründen nicht gesondert als förderliches Mediatorenmerkmal aufgeführt: Erstens wirkt nicht grundsätzlich jede Erfahrung mit der Leitung von Mediationsverfahren positiv, sondern nur jene Erfahrungen, die zur Weiterentwicklung eigener Kompetenzen genutzt werden. Dies leitet zugleich zum zweiten Argument über: Ebenso wie die soziodemographischen Merkmale hat die Erfahrungsvariable selbst keinen Erklärungswert, sondern sie transportiert andere inhaltliche Merkmale und Fertigkeiten. Von diesem Merkmalspool wurden jedoch bereits die wichtigsten Fertigkeiten und Kompetenzfelder vorgestellt.

Abermals gibt es eine Parallele zur psychotherapeutischen Evaluationsforschung: Zwar schreiben Therapeuten der eigenen Erfahrung subjektiv hohen Einfluss auf ihre therapeutische Entwicklung zu (vgl. Margraf & Baumann, 1986), doch bildet sich auch in der Forschung zur Psychotherapie keine einheitliche Befundlinie zur Wirkung der Erfahrungsvariable auf den therapeutischen Erfolg ab (Baumann & Perrez, 1998). In jenen Metaanalysen, in denen positive Wirkungen der Erfahrungsvariable ausgemacht wurden, zum Beispiel der Metaanalyse von Stein und Lambert (1984), zeigt sich, dass therapeutische Erfahrung hilft, besonders schwierige Anforderungen zu meistern, etwa um Behandlungsabbrüche zu vermeiden oder besonders starke Störungen zu behandeln. Insgesamt urteilen Beutler und Mitarbeiter (1994) jedoch zusammenfassend: "Most meta-analytic reviews suggest that length of therapist experience by itself is neither a strong nor a significant predictor of amount of improvement" (S. 249).

9.8 „Passung" von Mediator und Mediationsfall

Gegen alle bisher genannten Merkmale könnte der Einwand erhoben werden, dass es jeweils um eine Passung zwischen Mediationsfall und Mediator geht, die keine Verallgemeinerung von Merkmalsaussagen erlaubt. So ist beispielsweise bei privaten Mediationsfällen ein anderes Auftreten des Mediators hilfreich und überzeugend als bei öffentlichen Konflikten. Einfache Mediationsverfahren mit zwei beteiligten Konfliktpartnern und umgrenztem Konfliktgegenstand sind einfacher zu überblicken, in ihrer Entwicklung leichter vorherzusagen und letztlich auch einfacher zu mediieren als komplexe Fälle, weshalb sie geringere Anforderungen an die intellektuellen Fähigkeiten des Mediators stellen. Auch das obige Zitat von Baumann und Perrez (1998), das auf die positive Wirksamkeit der Ähnlichkeit der soziodemographischen Merkmale von Therapeut und Klient abzielt, lässt sich letztlich als Passungsargument interpretieren. Daher könnte die Klassifizierung jedes Merkmals als allgemeingültig für einen Mediationserfolg als fraglich erscheinen.

Wir sind mit diesem Problem in einer Weise umgegangen, bei der die von uns aufgestellten Mediatorenmerkmale so ausgewählt wurden, dass sie die Unterschiedlichkeit der Mediationsfälle berücksichtigen (etwa über die Variable der Flexibilität). Dies betrifft auch die Fähigkeit des Mediators, eine Passung zwischen ihrem Verhalten und den konkreten Mediationsbedingungen herzustellen. Darüber hinaus sind die von uns genannten Merkmale in einer so allgemeinen Weise formuliert, dass sie zumindest für den Großteil der Mediationsverfahren von Vorteil sind.

> **!** **Ein Resümee**
> Mediation ist die Kunst des Möglichen. Die Kunst besteht in der sozial intelligenten und kreativen Anwendung von Kompetenzen. Die erforderlichen Kompetenzen sind erwerbbar.

Anhang

Glossar juristischer Fachbegriffe

Lothar Gündling[1]

Allmende bezeichnete im früheren deutschen Recht die einem Personenverband zur gemeinsamen Nutzung zustehenden Güter (z. B. Wald oder Weide); seit dem 19. Jahrhundert aufgelöst.

Anspruch ist das Recht, von einem anderen ein Tun (d. h. jede mögliche Handlung, Abgabe einer → *Willenserklärung*, Leistung usw.) oder ein Unterlassen (auch Dulden) zu verlangen (§ 194 Absatz 1 → *BGB*).
Wesentliches Merkmal des Anspruchs ist die Möglichkeit seiner gerichtlichen Durchsetzung im Wege einer Klage.

> *Bsp. 1:*
> *A verkauft B ein Auto für 10.000,– Euro.*
> *§ 433 Absatz 2 BGB: „Der Käufer B ist verpflichtet, dem Verkäufer A den vereinbarten Kaufpreis zu zahlen ...“*
> *Aus § 433 Absatz 2 BGB hat A gegen B einen Anspruch in Höhe von 10.000,– Euro, d. h. er hat das Recht, die Summe X zu fordern und kann dies ggf. gerichtlich durchsetzen.*

Arbeitsrecht hat im Wesentlichen das → *Rechtsverhältnis* zwischen Arbeitnehmer und Arbeitgeber zum Inhalt. Es ist in Deutschland seit dem späteren 19. Jh. zunächst langsam entwickelt worden. Es besteht keine einheitliche Kodifikation des Arbeitsrechts (→ *Kodifiziertes Recht*); vielmehr gliedert es sich in viele Einzelgesetze auf. Diese sind teilweise dem → *öffentlichen Recht* zuzuordnen (insbesondere die Arbeitsschutzbestimmungen), größtenteils jedoch Bestandteil des Privatrechts (etwa die im → *BGB* zu findenden §§ 611 ff. zum Dienstvertrag oder das Kündigungsschutzgesetz). Unterteilen lässt sich das Arbeitsrecht in das das einzelne Arbeitsverhältnis betreffende Individualarbeitsrecht und das kollektive Arbeitsrecht (z. B. Tarifvertrags- oder Betriebsverfassungsrecht). Arbeitsrechtliche Streitigkeiten werden vor den Arbeitsgerichten (Arbeitsgerichte, Landesarbeitsgerichte, Bundesarbeitsgerichte) entschieden.

Das **Arbeitsförderungsgesetz** vom 25. 6. 1969 (BGBl. I 582), das das Gesetz über Arbeitsvermittlung und Arbeitslosenversicherung (AVAVG) ersetzt hat, ist Teil des → *Arbeitsrechts*. Wesentlicher Inhalt sind die Aufgaben und Leistungen der Bundesanstalt für Arbeit. Es regelt u. a. folgende Materien: Förderung der beruf-

---

[1] Rechtsanwalt Dr. Lothar Gündling, Rohrbacher Straße 28, 69115 Heidelberg

lichen Bildung, Arbeitsbeschaffungsmaßnahmen, Berufsberatung, Arbeitslosenhilfe, Arbeitslosenversicherung.

Das **Bürgerliche Gesetzbuch (BGB)** ist das die wesentlichen Materien des → *Privatrechts* regelnde Gesetzbuch vom 18. 08. 1896, welches zum 01. 01. 1900 in Kraft getreten ist. Gegenstand der Regelungen sind die Rechtsbeziehungen zwischen den einzelnen Bürgern. Das BGB umfasst gegenwärtig 2.385 Paragraphen und gliedert sich in die fünf Bücher: Allgemeiner Teil, Schuldrecht (→ *Schuldverhältnis*), Sachenrecht, → *Familienrecht* und → *Erbrecht*. Es ist vom Liberalismus geprägt und gilt als technisch hochstehendes Gesetzeswerk. Das BGB ist seit seinem Erlass vielfach geändert sowie von Wissenschaft und Rechtsprechung weiterentwickelt worden.

Beim **Erbrecht** ist begrifflich zwischen Erbrecht im *objektiven* und im *subjektiven* Sinne zu unterscheiden. Erbrecht im objektiven Sinne meint alle Vorschriften des → *Privatrechts*, welche den Übergang der Erbschaft vom → *Erblasser* auf dessen Rechtsnachfolger (den Erben) regeln. Es ist vornehmlich im 5. Buch des → *BGB* (§§ 1922 ff.) enthalten. Einzelne dem Erbrecht zuzuordnende Vorschriften finden sich aber auch im Familienrecht. Im Gebiet der ehemaligen DDR bleiben die bisherigen Vorschriften maßgebend, soweit der Erblasser vor dem 3. 10. 1990 gestorben ist (Artikel 235 § 1 Einführungsgesetz zum → *BGB*). Im subjektiven Sinn ist Erbrecht das Recht, über das Vermögen im Hinblick auf den Erbfall (Tod) zu verfügen.

Erblasser ist die Person, durch deren Tod (= Erbfall) die Erbschaft auf den oder die Erben übergeht. Der Erblasser kann u. a. durch Testament (einseitig) oder durch Vertrag (zweiseitig, zum Begriff des Vertrages vgl. Ausführungen zu → *gegenseitiger Vertrag*) den Erben bestimmen. Eine → *juristische Person* kann nicht Erblasser sein; sie wird in der Regel aufgelöst. Ihre Rechtsbeziehungen richten sich bezüglich der Auflösung nach Vereins- bzw. Handels- und Gesellschaftsrecht (vgl. etwa §§ 45 ff. → *BGB*, §§ 264 ff. Aktiengesetz).

Das **Familienrecht** regelt die rechtlichen Beziehungen der Mitglieder der Familie untereinander und gegenüber außerhalb der Familie stehenden Personen (Dritten). Hierzu zählt insbesondere das Recht der Ehe in ihren personenrechtlichen (= den rechtlichen Status der Person betreffend) und güterrechtlichen (= vermögensrechtlichen) Auswirkungen, die elterliche Sorge und ihre Ergänzungen durch Vormundschaft sowie die Regelung des Unterhalts unter Ehegatten, Verwandten und gegenüber dem nichtehelichen Kind. Das Familienrecht ist vornehmlich im 4. Buch des → *BGB* (§§ 1297–1921) und im Ehegesetz geregelt. Vorschriften über Formalia enthält das Personenstandsgesetz. Für familienrechtliche Streitigkeiten sind die Amtsgerichte als Familiengerichte zuständig.

Eine **Gebietskörperschaft** ist etwa die Gemeinde, die in der durch Artikel 28 Absatz 2 Grundgesetz garantierten Form eine rechtsfähige Einheit des → *öffentlichen Rechts* (= Verwaltungsträger) ist, auf personaler Mitgliedschaft (Einwohner) beruht und ein abgrenzbares Gebiet zugeordnet hat (Gemeindegebiet), innerhalb desselben sie Hoheitsbefugnisse wahrnimmt (Gebietshoheit). Rechtsfähig ist die Gemeinde deshalb, weil sie von der Rechtsordnung als → *juristische Person* allgemein die Fähigkeit zuerkannt bekommt, Träger von Rechten und Pflichten zu sein.

Ein **Gegenseitiger Vertrag** ist ein zweiseitiges → *Rechtsgeschäft*, welches grundsätzlich durch zwei sich deckende bzw. einander wechselseitig entsprechende → *Willenserklärungen* (Angebot und Annahme) zustande kommt (vgl. § 151 S. 1 → *BGB*). Gegenseitig ist der Vertrag dann, wenn sich die aus dem Vertrag für die beiden Vertragsparteien resultierenden Pflichten in der Weise gegenüber stehen, dass jede Leistung gerade um der Leistung der anderen Vertragspartei (= Gegenleistung) willen versprochen ist (z. B. Kaufpreiszahlung, um Eigentum zu erlangen).

> *Bsp. 2:*
> *A bietet dem B ein Auto für 10.000,– Euro an. B nimmt das Angebot an. Zwischen A und B ist ein Kaufvertrag zustandegekommen. A hat aus dem Kaufvertrag die Pflicht, dem B Besitz (=tatsächliche Sachherrschaft) und das Eigentum (= ausschließliches Recht am Auto) zu verschaffen (§ 433 Abs. 1E → BGB). Diese Pflicht wird er nur erfüllen, da B sich verpflichtet hat, 10.000,– Euro (Kaufpreis) zu bezahlen. Aufgrund dieses Gegenseitigkeitsverhältnisses handelt es sich um einen gegenseitigen Vertrag.*

Juristische Person ist eine Personenvereinigung oder ein Zweckvermögen, welchen das Gesetz die Fähigkeit zuspricht, eigenständig Träger von Rechten und Pflichten zu sein. Die juristische Person besteht unabhängig von ihrem Mitgliederbestand. Abgesehen von den nur einer natürlichen Person zustehenden Rechten und möglichen → *Rechtsgeschäften* (z. B. Eheschließung) kann die juristische Person im Rechtsleben wie jeder Mensch auftreten. Sie besitzt nach herrschender Auffassung ferner Handlungsfähigkeit, d. h. sie handelt durch ihre Organe, z. B. Mitgliederversammlung oder Hauptversammlung (Organtheorie). Beispiele sind Vereine, Stiftungen oder die GmbH (§§ 21 ff. → *BGB*).

> *Bsp. 3:*
> *C ist im Autohaus A-GmbH als Verkäufer angestellt. C verkauft dem B in den Verkaufsräumen der A-GmbH ausdrücklich im Namen der A-GmbH ein Auto. Vertragspartner des Käufers B ist nicht der Verkäufer C, sondern die A-GmbH. Die A-GmbH als juristische Person treffen die Pflichten aus dem Kaufvertrag.*

Justiziabler Konflikt ist ein gerichtlich entscheidbarer Konflikt. Wird ein Sachverhalt vom Tatbestand einer bestimmten Rechtsnorm (→ *Norm*) erfasst und ist der → *Rechtsweg* zu den Gerichten eröffnet, handelt es sich um einen justiziablen Konflikt.

> *Bsp. 4:*
> *A teilt seiner Frau B mit, dass er eine außereheliche Beziehung hat. Daraus entsteht ein Ehestreit, wobei B ein Interesse daran hat, das Verhalten des A zu unterbinden. Es gibt keine gerichtlich durchsetzbare Norm, welche dem A sein Verhalten untersagt, der Konflikt ist* nicht justiziabel.

> *Bsp. 5:*
> *A und B lassen sich daraufhin scheiden. B ist der Meinung, dass ihr aus dem gemeinsamen Vermögen 100.000,– Euro mehr zustehen, als A zu zahlen bereit ist. Gegenstand des Konflikts ist eine eheliche Vermögensstreitigkeit. Dieser Sachverhalt ist im Familienrecht geregelt, wobei der Rechtsweg zu den ordentlichen Gerichten eröffnet ist (=* justiziabler *Konflikt).*

Kodifiziertes Recht ist das in einem einheitlichen Gesetzeswerk (Kodifikation) zusammengefasste Recht. Die Zusammenfassung von Rechtssätzen in einer Kodifikation ist grundsätzlich erschöpfend und soll weitere Rechtsquellen ausschließen. Die Vielschichtigkeit der Gesetzgebung bringt es jedoch regelmäßig mit sich, dass eine Kodifikation durch Bestimmungen in anderen Gesetzen ergänzt wird. Das → *BGB* stellt beispielsweise eine Kodifikation für das bürgerliche Recht dar.

Menschenrechte sind dem Menschen als solchen gegenüber dem Staat zustehende, angeborene, unveräußerliche, unantastbare Rechte. Insbesondere fallen darunter die Rechte auf Leben, Freiheit und Eigentum. Von den Vereinten Nationen ist 1948 die Allgemeine Deklaration der Menschenrechte, von den Mitgliedstaaten des Europarates 1950 eine europäische Konvention der Menschenrechte beschlossen worden. Die von diesen anerkannten Menschenrechte sind im Grundgesetz (→ *Verfassungsrecht*) als Grundrechte aufgenommen.

Naturrecht ist im rechtsphilosophischen Sinne das Recht, das aus der menschlichen Natur abgeleitet wird. Es gilt daher von Raum und Zeit unabhängig. Nach einer modifizierten Auffassung bedarf es zu seiner Wirksamkeit allerdings eines Rechtsetzungsaktes und ist somit wandelbar. Den Gegensatz bildet das *positive*, d. h. das gesetzte *Recht*, dessen Überbetonung als *Rechtspositivismus* bezeichnet wird. Das Naturrecht wurde zu Beginn des 19. Jahrhunderts durch die historische Rechtsschule (Savigny) weitgehend verdrängt, die das gewordene und gewachsene Recht als die Quelle eines jeden Rechtssystems ansieht. In und nach dem Zweiten Weltkrieg sind unter dem Eindruck der groben Missachtung der Persönlichkeit durch totalitäre Systeme und der Kriegsgeschehnisse naturrechtliche Gedankengänge, insbesondere die Anerkennung allgemein gültiger, unveräusserlicher Grund- und → *Menschenrechte* wieder in den Vordergrund getreten.

Norm bedeutet im allgemeinen Sprachverständnis eine Regel, Richtlinie oder Vorschrift, nach welcher etwas geschehen soll. Eine Rechtsnorm ist hingegen eine Anordnung, nach der verbindlich etwas geschehen soll; sie gliedert sich in der Regel in Tatbestand und Rechtsfolge. Der Tatbestand legt dabei fest, unter welchen Voraussetzungen das → *Recht* bestimmte Folgen für einen Sachverhalt vorsieht.

Bei der Prüfung, ob ein bestimmter Sachverhalt dem Tatbestand einer Rechtsnorm entspricht, handelt es sich um eine Subsumtion.

> *Bsp. 6:*
> *A hat B im Streit erschlagen (=* Sachverhalt*). § 212 StGB (Totschlag) lautet: „Wer einen Menschen tötet (=* Tatbestand*) ..., wird als Totschläger mit Freiheitsstrafe nicht unter fünf Jahren bestraft (=* Rechtsfolge*)".*
> *Da A einen Menschen (den B) getötet hat, erfüllt er den Tatbestand des § 212 StGB. Deshalb kann der Strafrichter die Rechtsfolge „Freiheitsstrafe nicht unter 5 Jahren" anordnen.*

Nötigung ist ein Straftatbestand, welcher in § 240 des Strafgesetzbuches (→ *Strafrecht*) geregelt ist. Danach wird mit bis zu drei Jahren Haft bestraft, wer einem Menschen gewaltsam oder durch eine Drohung eine Handlung, Duldung oder ein Unterlassen abnötigt, ohne dazu berechtigt zu sein. Geschützt wird durch diese Vorschrift die persönliche Freiheit der Willensentschließung und Willensbetätigung.

Öffentliches Recht ist die Gesamtheit der Normen, welche ausschließlich einen Träger öffentlicher Gewalt (Staat) als solchen berechtigten oder verpflichten.

Dem öffentlichen Recht zugehörige Rechtsgebiete sind z. B. das →*Verwaltungsrecht* und das →*Verfassungsrecht.*

Ordentlichen Gerichten sind alle privatrechtlichen Rechtsstreitigkeiten und Strafsachen zugewiesen, für die gemäß § 13 Gerichtsverfassungsgesetz (GVG) der ordentliche Rechtsweg gegeben ist. Dies sind etwa der Bundesgerichtshof, die Oberlandesgerichte, die Landgerichte oder die Amtsgerichte.

Privatklage ist das vom Einzelnen, anstelle der Staatsanwaltschaft, in Gang gesetzte Strafverfahren. Das Strafverfahren wird grundsätzlich von der Staatsanwaltschaft betrieben, der ein Anklagemonopol zusteht. Nur bei bestimmten Delikten, welche vorwiegend Rechtsgüter des Einzelnen verletzen, besteht für den Verletzten ein selbständiges Strafklagerecht ohne vorherige Einschaltung der Staatsanwaltschaft. Der Täter wird dann vom privaten Einzelnen (Opfer) statt von Seiten des Staates (Staatsanwaltschaft) verklagt. Die Staatsanwaltschaft kann jedoch die Klage jederzeit übernehmen, soweit sie im öffentlichen Interesse liegt. Über den Antrag entscheidet das Amtsgericht nach den Grundsätzen des Strafprozesses. Die Privatklage setzt meist einen erfolglosen Sühneversuch voraus

(§§ 380 → *StPO*). Rechtshistorisch ist die Privatklage der Überrest des Selbsthilferechts des Verletzten.

Das **Privatrecht** regelt die Rechtsbeziehungen natürlicher oder → *juristischer Personen* untereinander, soweit sich diese gleichgeordnet gegenüberstehen. An Hand des Kriteriums der Gleichordnung kann es zum → *öffentlichen Recht* abgegrenzt werden, für welches die Unterordnung des Bürgers unter die Staatsgewalt charakterisierend ist. Zum Privatrecht gehört vornehmlich das Bürgerliche Recht (→ *BGB*), daneben aber auch die besonderen Rechtsgebiete des Handels-, Gesellschafts-, Wertpapier- oder Urheberrechts. Die Unterscheidung zwischen Privatrecht und öffentlichem Recht ist teilweise schwierig, jedoch von erheblicher praktischer Relevanz. Insbesondere ist die Entscheidung bedeutsam für die Feststellung des zulässigen → *Rechtsweges*. So ist für privatrechtliche Streitigkeiten der Rechtsweg zu den → *ordentlichen Gerichten* eröffnet, für öffentlich-rechtliche Streitigkeiten sind die → *Verwaltungsgerichte* zuständig.

> *Bsp. 7* (privatrechtliche *Streitigkeit):*
> *Die Gemeinde G bestellt für die Verwaltung bei der Firma A 1.000 Bleistifte. Die Firma A liefert jedoch 800 Buntstifte.*
> *Obwohl hier ein Träger öffentlicher Gewalt handelt, liegt zwischen A und G kein öffentlich-rechtliches Rechtsverhältnis vor. Zwischen beiden ist ein Kaufvertrag zustande gekommen, welcher in den §§ 459ff. BGB geregelt ist. Daher privatrechtliche Streitigkeit, so dass der Rechtsweg zu den ordentlichen Gerichten eröffnet ist, § 13 GVG. Die Gemeinde handelt wie ein Privater.*

> *Bsp. 8* (öffentlich-rechtliche *Streitigkeit):*
> *Die A-GmbH möchte ihren Gewerbepark erweitern. Die Gemeinde G versagt die notwendige Baugenehmigung. Da Grundlage der Genehmigung öffentlich-rechtliche Normen sind, handelt es sich um eine öffentlich-rechtliche Streitigkeit. Der Rechtsweg zu den Verwaltungsgerichten ist gemäß § 40 VwGO eröffnet. Die Gemeinde tritt dem Bürger als Staat gegenüber.*

Prozess ist ein förmliches gerichtliches Verfahren, das als rechtlich geordneter Vorgang der Gewinnung einer richterlichen Entscheidung über ein behauptetes → *Rechtsverhältnis* dient. Der rechtliche Rahmen des Prozesses findet sich in den Prozess- bzw. Gerichtsordnungen der einzelnen Rechtsgebiete (z.B. → *StPO*, → *ZPO* oder der Verwaltungsgerichtsordnung).

Insbesondere im angloamerikanischen Rechtskreis nehmen in der Praxis neben diesem staatlich geleiteten Verfahren die Mediation (*mediation*) und die außergerichtliche Streitschlichtung (*alternative dispute resolution*) eine gewichtige Rolle ein. In Deutschland sind diese außergerichtlichen Verfahren bisher kaum im Gesetz vorgesehen (→ *Schiedsgericht*), werden aber zunehmend im → *Privatrecht* (z.B. im → *Familienrecht*) durchgeführt.

Beim **Recht** ist zwischen objektivem und subjektivem Recht zu unterscheiden.

Unter *objektivem* Recht ist die Gesamtheit der → Rechts*normen* zu verstehen, welche die Verhaltensweisen von einzelnen Menschen und gesamten Gesellschaften zueinander regelt. Gegenüber der Sittlichkeit ist es dadurch abzugrenzen, dass seine rechtliche Geltungsanforderung notfalls mit staatlichem Zwang durchgesetzt werden kann. Das objektive Recht kann damit als die Rechtsordnung bezeichnet werden. Das *subjektive* Recht ist demgegenüber das einer natürlichen oder → *juristischen Person* zustehende konkrete Recht einer anderen natürlichen oder juristischen Person gegenüber; der praktisch häufigste Fall ist ein → *Anspruch.*

> *Bsp. 9:*
> *Ein verheirateter Ehepartner soll seinen Ehepartner nicht betrügen = lediglich* sittliche Norm; *kein Ehepartner hat einen gerichtlich durchsetzbaren Anspruch darauf, dass er/sie nicht betrogen wird.*

> *Bsp. 10:*
> *§ 433 Absatz 2 BGB: „Der Käufer ist verpflichtet, dem Verkäufer den vereinbarten Kaufpreis zu zahlen ...“ = abstrakte Rechtsnorm und damit Teil des* objektiven Rechts.

> *Bsp. 11:*
> *A verkauft B ein Auto für 10.000,– Euro. Aus § 433 Absatz 2 BGB hat A gegen B einen Anspruch in Höhe von 10.000,– Euro =* subjektives *Recht des A* konkret *(nur) gegenüber B.*

Bedeutsam ist weiter die Differenzierung zwischen → *Privatrecht* und → *öffentlichem Recht* sowie die Unterscheidung zwischen absolutem und relativem Recht. Ein absolutes Recht ist ein solches, welches grundsätzlich gegenüber jedermann wirkt, d.h. auch von jedermann zu beachten ist (Bsp.: Eigentum).

> *Bsp. 12:*
> *B hat von A das Eigentum an dem Auto erworben. Jedermann hat nun dieses Eigentum zu respektieren, nicht nur der A* (absolutes Recht).

Demgegenüber beschränkt sich das relative Recht darauf, eine Person zu einem Verhalten zu verpflichten (z.B. Anspruch des A gegen den B; siehe Bsp. 3).

Rechtsfortbildung geschieht prinzipiell durch die Weiterentwicklung des geschriebenen Gesetzes. Bis jedoch entsprechende Änderungen formal geschaffen sind, kann die Rechtsfortbildung dem Richter obliegen, insbesondere durch das notwendige Ausfüllen von Gesetzeslücken, Grundsatzentscheidungen der obersten Gerichte zu streitigen Rechtsfragen oder durch Fortentwicklung oder Überprüfung bestehender Gesetzesauslegungen. Im äußersten Fall kann ein Wandel rechtsethischer Auffassungen dazu führen, dass der Richter einen Sachverhalt entgegen der im Gesetz festgeschriebenen Vorgaben entscheidet (Rechtsfortbildung *contra legem*).

Bsp. 13:
A betritt mit ihrer 5jährigen Tochter B den Supermarkt, um dort einzukaufen. Im Eingangsbereich rutscht Tochter B auf einem auf dem Boden liegenden Salatblatt aus und bricht sich den Arm. A muss einen Teil der Behandlungskosten selbst tragen und möchte diese vom Supermarkt ersetzt bekommen. Hier sieht das Gesetz keinen Schadensersatzanspruch des Supermarktes gegenüber dem Kunden vor. Für solche Fälle haben die Gerichte den Grundsatz entwickelt, dass auch im vorvertraglichen Stadium (es war noch kein Kaufvertrag über Einkaufswaren zustande gekommen) der (ggf. potenzielle) Vertragspartner bei schuldhafter Pflichtverletzung (Reinigungspflicht) daraus entstehende Schäden zu ersetzen hat (culpa in contrahendo). *Dieser Grundsatz ist nun allgemein anerkannt und wird von den Gerichten angewendet.*

Rechtsgeschäft ist ein Gesamttatbestand, der einen mit mindestens einer Willenserklärung angestrebten Rechtserfolg herbeiführt. Das Rechtsgeschäft kann einseitig oder zweiseitig sein.

Bsp.14:
A verkauft B ein Auto; Kaufvertrag = zweiseitiges *Rechtsgeschäft.*

Bsp.15:
A bevollmächtigt (§ 164 Absatz 1 BGB) den C, für ihn bei B ein Auto zu kaufen.
Bevollmächtigung = einseitiges Rechtsgeschäft, da von der Mitwirkung des C unabhängig.

Rechtsverhältnis ist eine Beziehung einer Person zu einer anderen Person oder zu einer Sache, die in einer Rechtsnorm geregelt ist, d. h. sich als Rechtsfolge aus einem Tatbestand ergibt. Beispiele sind das Verwaltungsrechtsverhältnis (etwa Beamtenverhältnis), das → *Schuldverhältnis* oder das Arbeitsrechtsverhältnis.

Rechtsverordnungen sind Rechtssätze, die aufgrund einer ausdrücklichen gesetzlichen Ermächtigung des parlamentarischen Gesetzgebers durch die Exekutive erlassen werden und für alle gelten. Das ermächtigende Gesetz muss dabei Inhalt, Zweck und Ausmaß der Rechtsetzungsbefugnis, welche auf die Exekutive delegiert wird, eindeutig festlegen (Artikel 80 Grundgesetz). Als abgeleitete Rechtsquellen sind die Rechtsverordnungen Ausdruck einer delegierten Rechtsetzung (Rechtsetzung durch Regierung oder Verwaltung als Exekutive). In der Hierarchie der Normen stehen sie unter dem im parlamentarischen Gesetzgebungsverfahren zustande gekommenen Gesetz (= formelles Gesetz). Da sie sich ihrem Inhalt nach jedoch an eine unbestimmte Vielzahl von Personen richten und eine zahlenmäßig nicht bestimmbare Menge von Sachverhalten regeln, stehen sie in materieller Hinsicht dem Gesetz gleich. Häufig besteht die Aufgabe der Rechtsverordnungen darin, Gesetze von technischen Details zu entlasten.

Rechtsweg ist das gesetzlich ermöglichte Verfahren, in dem die staatliche Gerichtsbarkeit Rechtsschutz gewährt. Das Grundgesetz garantiert in Artikel 19 Absatz 4 jedenfalls bei einer Rechtsverletzung durch die öffentliche Gewalt

(Staat) den Rechtsweg. Dieser gliedert sich nach den verschiedenen Gerichtsbarkeiten (ordentliche Gerichte, Arbeitsgerichte, Finanzgerichte, Verfassungsgericht, Verwaltungsgerichte etc.). Die Zulässigkeit des Rechtsweges ist eine zwingende Voraussetzung, um vor einem Gericht klagen zu können. Bei Fehlen des Rechtsweges wird die Klage als unzulässig abgewiesen.

vgl. Bspe. 7 und 8.

Revision ist ein Rechtsmittel zur Nachprüfung eines Urteils in rechtlicher Hinsicht. Die Revision findet im Zivilprozess grundsätzlich gegen die in der *Berufungsinstanz* erlassenen Urteile statt. Im Strafprozess ist die Revision gegen Urteile der Strafkammern, der Schwurgerichte sowie die im ersten Rechtszug ergangenen Urteile der Oberlandesgerichte zulässig (§§ 333 → *StPO*).

Satzung ist allgemein eine gemeinsame rechtliche Festsetzung. Im Privatrecht ist die Satzung der als Rechtsgeschäft zustande gekommene → *Vertrag* der Vereinsgründer (vgl. § 25 → *BGB*). Im → *öffentlichen Recht* ist Satzung eine – eventuell genehmigungsbedürftige – Rechtsvorschrift, die von → *juristischen Personen* des öffentlichen Rechts (z. B. Gemeinden, Universitäten, Sozialversicherungsträgern) im Rahmen der ihnen gesetzlich verliehenen Autonomie (Satzungsrecht, Satzungsgewalt) erlassen werden.

Bsp. 16:
Der A-Verein e.V. will ein neues Vereinshaus bauen. Gemäß der Vereinssatzung wird in einer Mitgliedervollversammlung über die Einzelheiten abgestimmt.
Nach Fertigstellung schließt der Verein mit der Gemeinde G einen Wasserbezugsvertrag, *in welchem festgelegt ist, dass entsprechend der vom Gemeinderat der Gemeinde G verabschiedeten Wasserbezugssatzung abgerechnet wird.*

Schiedsgericht ist das Gericht, das im → *schiedsrichterlichen Verfahren* entscheidet. Es besteht i. d. R. aus drei → *Schiedsrichtern.* Man unterscheidet das Gelegenheitsschiedsgericht (für eine einzelne Streitigkeit gebildet) und das institutionelle Schiedsgericht (meist von Wirtschaftsverbänden für bestimmte Streitigkeiten dauernd eingerichtet).

Schiedsrichter ist der für ein Schiedsgericht bestellte Richter. Das kann jede geschäftsfähige Person sein. Die Schiedsrichter werden durch die Parteien des Rechtsstreits, hilfsweise durch das staatliche Gericht, ernannt. Sie können wie Richter auch abgelehnt werden.

Schiedsrichterliches Verfahren ist das in der → *ZPO* (§§ 1025–1048) geregelte Verfahren der → *Schiedsgerichte* in privatrechtlichen Rechtsstreitigkeiten. Die Schiedsgerichte treten an die Stelle der staatlichen Gerichte. Die Tätigkeit des Schiedsgerichts setzt grundsätzlich einen Vertrag (Schiedsgerichtsklausel) über die Unterwerfung der Parteien unter das Schiedsgericht voraus. Ein solcher Vertrag ist im Verfahrensrecht nur möglich in Sachen, in welchen die Parteien einen → *Vergleich* schließen können. Das Verfahren vor den Schiedsgerichten endet regelmäßig mit einem Schiedsspruch oder einem Schiedsvergleich.

Schuldverhältnis ist ein → *Rechtsverhältnis* zwischen mindestens zwei Personen, aufgrund dessen mindestens die eine Person der anderen etwas schuldet. Welcher Art die geschuldete Leistung ist, spielt für die Annahme eines Schuldverhältnisses keine Rolle. Gegenstand des Schuldverhältnisses kann jede rechtlich erlaubte Leistung sein. Es endet aus einer Reihe von anerkannten Gründen (vgl. §§ 362 ff. → *BGB*). Den Anspruch des Gläubigers bezeichnet man im Schuldrecht als Forderung.

Strafrecht umfasst sowohl die Strafnormen als auch die → Strafprozessordnung (StPO). Strafnormen sind im Strafgesetzbuch (StGB) und im sog. Nebenstrafrecht (= Gesetze außerhalb des StGB) niedergelegt. Eine Strafnorm sieht für eine Straftat eine Sanktion vor, die entweder eine Strafe oder eine Maßregel der Besserung und Sicherung sein kann.

Die **Strafprozessordnung (StPO)** ist das das Strafverfahren ordnende Gesetz. Sie stammt in ihrer ursprünglichen Fassung vom 01. 02. 1877.

Umweltrecht ist die Gesamtheit der die Umwelt betreffenden Rechtssätze. Es ist überwiegend Teil des → *Verwaltungsrechts* und somit → *öffentliches Recht*. Umwelt ist umfassend zu verstehen als die Gesamtheit der die natürlichen Lebensbedingungen der Menschen bildenden Gegenstände. Aufgabe des Umweltrechts ist es, die normative Basis dafür zu schaffen, die einzelnen Umweltmedien (Luft, Wasser, Boden, Tiere, Pflanzen, Kulturgüter) vor Verschmutzung, Zerstörung und Vergiftung zu bewahren. Dies erfolgt traditionell durch „harte" Maßnahmen wie Verbote oder Gebote. Zunehmend wird jedoch versucht, durch „weiche" Mittel wie Steuern, Abgaben und Anreize mittelbar zu einem umweltverträglichen Verhalten anzuleiten. Weiter versucht man heute, nicht nur Schäden zu bekämpfen, sondern schädlichen Entwicklungen vorzubeugen (Vorsorge), indem man eine nachhaltige Entwicklung anstrebt.

Im Grundgesetz findet sich in Artikel 20 a die Staatszielbestimmung Umweltschutz; daneben bestehen auf Bundes- sowie auf Landesebene eine kaum überschaubare Vielzahl von einzelnen Fachgesetzen (z. B. Bundesimmissionschutzgesetz, Bundesnaturschutzgesetz, Bundesbodenschutzgesetz, Wassergesetze des Bundes und der Länder etc.).

Bsp. 17:
Der A-Verein reißt sein altes Vereinshaus ein, um ein neues zu bauen. Bei den Abbrucharbeiten wird festgestellt, dass aufgrund von korrodierten Leitungen das Erdreich konta-

miniert ist. Die Gemeinde G erlässt daraufhin einen Bescheid an den A-Verein, dass dieser gemäß § 4 Bundesbodenschutzgesetz (BBodSchG) verpflichtet sei, das verunreinigte Erdreich abzutragen. Der Verein wehrt sich dagegen, indem er sich darauf beruft, dass das Gebäude vor 20 Jahren von der B-GmbH erworben wurde und diese haftbar gemacht werden solle.
Das BBodSchG dient dem Schutz des Umweltmediums „Boden".

Verfassungsrecht ist die rechtliche Grundordnung eines jeden Staates. In Deutschland heißt die Verfassung Grundgesetz. Es ist Teil des → *öffentlichen Rechts*. *Formelles* Verfassungsrecht sind dabei alle in der Verfassungsurkunde aufgenommenen Normen. Als *materielles* Verfassungsrecht bezeichnet man alle die Grundordnung der Gemeinschaft betreffenden Regeln. Sie können auch in anderen Gesetzen enthalten sein.

Bsp. 18:
Ausländer A befindet sich illegalerweise auf deutschem Staatsgebiet. Als die Polizei ihn aufgreift und er wenig später abgeschoben werden soll, beruft er sich auf sein Asylrecht, Artikel 16a Grundgesetz (GG). Er weist darauf hin, dass seine Frau in Deutschland eine befristete Aufenthaltsgenehmigung besitze und er in seinem Heimatland politische Verfolgung zu erwarten habe. Die Behörde B erlässt eine Abschiebungsverfügung. A möchte gerichtlichen Schutz in Anspruch nehmen.
Hier handelt es sich um einen Problemfall, in welchem das Grundrecht auf Asyl aus Artikel 16a GG betroffen ist. Es liegt daher ein verfassungsrechtliches Problem vor.

Vergleich ist ein → *gegenseitiger Vertrag*, durch den der Streit oder die Ungewissheit der Parteien über ein → *Rechtsverhältnis* im Wege gegenseitigen Nachgebens beseitigt wird (§ 779 BGB). Voraussetzung ist somit, dass bereits ein Rechtsverhältnis im weitesten Sinne besteht. Gegenseitiges Nachgeben sind Zugeständnisse irgendeiner Art von Seiten beider Parteien mit der Begründung, dass auch der Gegner nachgibt. Der Vergleich kann ein →*Schuldverhältnis* modifizieren oder durch ein anderes ersetzen. Er wird vielfach im Rahmen eines gerichtlichen Verfahrens geschlossen (Prozessvergleich).

Bsp. 19, zunächst wie in Bsp. 5 (Streit über Vermögensausgleich bei Ehescheidung):
Im Verfahren kann die genaue Vermögenslage nicht ermittelt werden. A und B einigen sich vor Gericht, dass A 50.000,– Euro zahlt.

Verwaltungsgerichte entscheiden in erster Instanz über alle Streitigkeiten, für welche der → *Rechtsweg* zu den Verwaltungsgerichten eröffnet ist, § 40 Verwaltungsgerichtsordnung (VwGO) (→ *Verwaltungsrecht*). Ausnahmen für die erstinstanzliche Zuständigkeit sind in §§ 47 und 50 VwGO zu finden. Das Verwaltungsgericht besteht aus dem Präsidenten, Vorsitzenden Richtern und weiteren Richtern; es untergliedert sich in Kammern, die in der Besetzung von 3 Berufs- und 2 ehrenamtlichen Richtern entscheiden.

Verwaltungsrecht ist Teil des → *öffentlichen Rechts*; es kann als die Gesamtheit der die öffentliche Verwaltung betreffenden Rechtssätze bezeichnet werden. Es ist zu unterscheiden zwischen allgemeinem und besonderem Verwaltungsrecht. Das allgemeine Verwaltungsrecht hat die für alle Gebiete der öffentlichen Verwaltung geltenden Regeln zum Gegenstand (z. B. die Verwaltungsorganisation, den Erlass von Verwaltungsakten oder das Verwaltungsverfahren einschließlich des verwaltungsgerichtlichen Verfahrens). Die maßgeblichen Bestimmungen finden sich im Verwaltungsverfahrensgesetz. Das besondere Verwaltungsrecht gliedert sich in einzelne Fachgebiete wie z. B. das Polizei-, Gewerbe-, Schul- oder → *Umweltrecht*. Für die einzelnen Fachgebiete bestehen sowohl auf Bundes- als auch auf Landesebene eine Vielzahl von Fachgesetzen (z. B. BImSchG, Ausländergesetz auf Bundesebene, Polizei- oder Schulgesetze auf Landesebene).

Völkerrecht regelt das Zusammenleben der Staaten. Ein wichtiger Teil sind heute auch die Regeln über das Funktionieren internationaler Organisationen. Völkerrecht ist entweder Vertragsrecht (bindet nur die Vertragsparteien) oder Völkergewohnheitsrecht (bindet alle Staaten).

Willenserklärung ist die auf einen rechtlichen Erfolg gerichtete private Willensäußerung (z. B. Kaufvertragsangebot). Sie ist eine Rechtshandlung im weitesten Sinne. Die Willenserklärung bildet den wichtigsten Bestandteil eines → *Rechtsgeschäfts*. Die Willenserklärung kann ausdrücklich oder durch schlüssiges Verhalten (konkludent) erteilt werden. Bei bestimmten Mängeln bei der Willensbildung oder der Willensäußerung ist sie anfechtbar (§§ 119ff. → *BGB*) oder bei gravierenderen Mängeln sogar automatisch von Anfang an unwirksam (z. B. Nichtigkeit wegen Sittenwidrigkeit, § 138 → *BGB*).

> *Bsp. 20, zunächst wie in Bsp. 2:*
> *Die Annahme des B ist eine Willenserklärung; B erklärt, dass er den Willen hat, das Angebot des A anzunehmen. Erklärt B nicht ausdrücklich, dass er das Verkaufsangebot des A annimmt, sondern gibt dem A auf dessen Angebot hin lediglich wortlos das Geld, liegt eine* konkludente *Willenserklärung (Vertragsannahme) des gleichen Inhalts vor.*

Die **Zivilprozessordnung (ZPO)** ist das den Zivilprozess ordnende Gesetz. Unter Zivilprozess ist dabei das staatlich geordnete und geregelte Verfahren vor staatlichen Gerichten zur Feststellung, Durchsetzung und vorläufigen Sicherung privater Rechte zu verstehen.

Zwangsvollstreckung ist das Verfahren, in dem Leistungs- und Haftungsansprüche durch staatlichen Zwang durchgesetzt werden. Sie wird durch die Vollstreckungsorgane des Staates durchgeführt. Im Zivilprozess dient die Zwangsvollstreckung der Durchsetzung eines dem Gläubiger gegen den Schuldner im sog. Vollstreckungstitel verbrieften Anspruchs. Vollstreckungstitel sind z. B.

rechtskräftige oder vorläufig vollstreckbare Urteile, Prozessvergleiche, Vollstreckungsbescheide oder vollstreckbare Urkunden. Vollstreckungsmaßnahmen sind z.B. die Pfändung von beweglichen Sachen und die Pfändung von Forderungen und anderen Vermögensrechten des Schuldners.

Weiterführende Literatur zum Glossar juristischer Fachbegriffe

Bader, Deutsche Rechtsgeschichte, 1999
Behr, Allgemeines Zwangsvollstreckungsrecht, 2. Auflage, 1996
Benda/Maihofer/Vogel, Handbuch des Verfassungsrechts, 2. Auflage, 1993
Beulke, Strafprozeßrecht, 1994
Brox, Erbrecht, 17. Auflage, 1998
Brox, Allgemeines Schuldrecht, 27. Auflage, 2000
Brox/Rüthers, Arbeitsrecht, 14. Auflage, 1999
Brox/Walker/Rosenberg/Gaul/ Schilken, Zwangsvollstreckungsrecht, 11. Auflage, 1996
Degenhart, Staatsorganisationsrecht, 16. Auflage, 2000
Döhring, Völkerrecht, 1999
Erichsen, Allgemeines Verwaltungsrecht, 11. Auflage 1998
Fezer, Strafprozeßrecht, 2. Auflage 1995
Friedrich, Rechtskunde für Jedermann, 7. Auflage 1992
Friedrich, Rechtsbegriffe des täglichen Lebens von A–Z, 10. Auflage 1996
Geiger/Mürbe/Wenz, Beck'sches Rechtslexikon, 2. Auflage, 1996
Hartung/Schraepler, Die Entwicklung der Menschen- und Bürgerrechte von 1776 bis zur Gegenwart, 4. Auflage, 1972
Ipsen/Menzel, Völkerrecht, 4. Auflage, 1999
Jauernig, Zwangsvollstreckungs- und Insolvenzrecht, 21. Auflage, 1999
Köbler, Juristisches Wörterbuch. Für Studium und Ausbildung, 6. Auflage, 1994
Kloepfer, Umweltrecht, 2. Auflage 1998
Lackner/Kühl, Strafgesetzbuch, 23. Auflage, 1999
Larenz, Allgemeiner Teil des BGB, 8. Auflage, 1997
Larenz/Canaris, Methodenlehre in der deutschen Rechtswissenschaft, 3. Auflage 1995
Lexikon des Rechts, ergänzbar. Loseblattsammlung in 8 Bänden, Luchterhand
Musielak, Grundkurs BGB, 6. Auflage, 1999
Musielak, Grundkurs ZPO, 5. Auflage 2000
Palandt, Bürgerliches Gesetzbuch, Kommentar, 60. Auflage, 2001
Raiser, Der Begriff der juristischen Person, eine Neubestimmung, Archiv für die civilistische Praxis, 199 (1999), S. 104ff.
Rehbinder, Zur Rechtsqualität des Richterspruchs im System kodifizierten Rechts, Juristische Schulung 1999, S. 542ff.
Renck, Der Rechtsweg im gerichtlichen Verfahrensrecht – Allgemeine Grundsätze, Juristische Schulung 1999, S. 361ff.
Richardi, Richterrecht als Rechtsquelle, in: Festschrift für Wolfgang Zöllner, 1998, 935ff.
Röhl, Allgemeine Rechtslehre, 1994
Satorius, Verfassungs- und Verwaltungsgesetze (Gesetzessammlung)
Schaub, Arbeitsrechtshandbuch, 9. Auflage, 2000

Schmidt, Einführung in das Umweltrecht, 5. Auflage, 1999
Schmidt-Aßmann, Kommunalrecht in: Schmidt-Aßmann (Hrsg.), Besonderes Verwaltungsrecht, 11. Auflage 1999
Schmidt-Aßmann, Besonderes Verwaltungsrecht, 11. Auflage 1999
Schütze, Schiedsgericht und Schiedsverfahren, 2. Auflage, 1998
Schwab, Familienrecht, 10. Auflage, 1999
Schwab/Walter, Schiedsgerichtsbarkeit, 5. Auflage 1995
Simma/Fastenrath (Hrsg.), Menschenrechte. Ihr internationaler Schutz, 1998
Thomas/Putzo, ZPO; Münchener Kommentar zur ZPO, Band 1–3
von Münch, Ehe und Familie von A–Z, 14. Auflage, 1999

Glossar psychologischer Fachbegriffe

Aktives Zuhören. Ein Grundprinzip für das Gelingen von Kommunikation: Zuhören mit Rückmeldungen an den Sprecher, was man verstanden hat, sodass der Sprecher entweder weiß, dass er richtig verstanden wurde, oder für ein besseres Verständnis sorgen kann. Im Weiteren können durch die Wiedergabe des Verstandenen und durch fragende Ergänzungen auch beim Sprecher weitere Klärungen sowie neues Nachdenken angeregt werden.

Ankereffekte. Anker sind vorgegebene oder vorgefundene Informationen, die Einfluss auf die Urteilsbildung haben, indem sie die Variationsbreite von Urteilen einschränken. Urteile werden vorzugsweise in nicht zu großer Abweichung von Ankerinformationen abgegeben.

Anliegen. Sammelbegriff für alle subjektiv positiv bewerteten Wunsch- und Zielvorstellungen.

Bedingungsanalyse. Die Ermittlung von Bedingungen des Verhaltens und Erlebens oder die Erklärung des Verhaltens und Erlebens aus vorauslaufenden Bedingungen, die als biologische, ökologische, situationale, soziale oder psychologische Konstrukte definiert sind.

Bedrohungen. Erlebte Gefährdungen von → *Anliegen* unterschiedlichen Inhalts; hier: durch andere Akteure.

Behinderungen. Erlebte oder objektive Beeinträchtigungen von Akteuren in der Verfolgung ihrer → *Anliegen.*

Dispositionen. Bereitschaften und Neigungen zu Verhalten, Erleben und Urteilen. Dispositionen sind in der Psychologie spezifiziert z. B. als generalisierte und überdauernde Eigenschaften (wie Ängstlichkeit, Aggressivität, Eifersuchtsneigung, Konformismus), als Emotionen, die zu bestimmten Handlungen disponieren (z. B. disponiert Angst zur Vermeidung der Gefahrenquelle oder disponiert Empörung zu Vergeltung), als Einstellungen, die zu Handlungen und Urteilen disponieren (z. B. disponieren negative soziale Vorurteile zu Ausschluss und Abwertung) u. a. m.

Emotion. Synonym gebraucht mit dem Begriff „Gefühl". Emotionen sind psychische Zustände, die einen spezifischen Bezug zwischen einem Subjekt und einem Gegenstand der Emotion (einem Anlass) kennzeichnen. Für alle Emotionen gilt,

- dass der Gegenstand (der Anlass) der Emotion dem Subjekt nicht gleichgültig ist,
- dass das Subjekt eine spezifische subjektiv bewertende → Kognition des Gegenstandes (Anlasses) hat,
- dass jede Emotion eine spezifische Erlebnisqualität hat und
- dass jede Emotion ein (typisches) biophysiologisches Erregungsmuster aufweist.

Viele Emotionen haben spezifische, teils universelle Ausdrucksformen (z. B. Wut, Scham, Angst, Freude) und viele Emotionen haben motivierende Funktion (Angst motiviert zu Vermeidung oder Flucht, Schuld zu Wiedergutmachung oder Sühne, Empörung zu Vorwürfen usw.). Emotionen sind zu unterscheiden von Stimmungen, die keinen eindeutigen Gegenstandsbezug haben.

Empathie. Die Bereitschaft und/oder Fähigkeit zum Mitfühlen oder Nachfühlen des Erlebens anderer Menschen, insbesondere ihrer → *Emotionen* und Stimmungen. Empathie als Miterleben von Not und Leid anderer gilt als wichtigste Voraussetzung altruistischen Handelns; aber auch andere Emotionen (Freude, Wut, Hass usw.) können empathisch mit- oder nacherlebt werden. Die Sicht der Realität aus der Perspektive anderer (Perspektivenübernahme, Rollenübernahme) ist eine Voraussetzung für zutreffendes empathisches Erleben.

Evaluation. Bewertung einer Maßnahme, einer Therapie, eines Trainings, einer Unterrichtseinheit usw. Man unterscheidet *summative* und *formative* Evaluation.
Summative Evaluation. Bewertung nach Abschluss der Maßnahme, der Therapie usw., vorzugsweise durch Anlegen verschiedener Kriterien (Leistungen, Kosten-Ertrags-Bilanzen, Zufriedenheit der Betroffenen usw.) sowie Nutzung verschiedener Informanten und Datenquellen.
Formative Evaluation (syn. Prozessevaluation). Bewertungen im Verlauf einer Maßnahme, einer Therapie usw. bezogen auf die Ziele bzw. Erwartungen der Beteiligten. Angestrebt wird die Aufdeckung von Mängeln und Ineffizienzen im Verfahren sowie von Problemen und Unzufriedenheiten der Beteiligten. Korrekturen des Verfahrens, Zielmodifikationen, Behebung von Informationsdefiziten, Maßnahmen zur Motivierung der Beteiligten u. a. m. können das Ergebnis sein.

Frustrations-Aggressions-Hypothese. Die von einer Gruppe von Behavioristen Ende der 30er Jahre formulierte Hypothese besagt, dass Frustration im Sinne von → Behinderung oder Blockierung des zielführenden Verhaltens Aggression auslöst. Die Hypothese konnte so nicht bestätigt werden: Aggressionstendenzen werden ausgelöst durch nicht-legitime, nicht gerechtfertigte *Behinderungen* und → *Bedrohungen* von → *Anliegen*, d. h. nicht nur von zielführendem Verhalten, sondern z.B. auch Bedrohungen des Selbstwertes oder des Sozialstatus durch kränkende Äußerungen und durch beobachtete Verletzungen der Rechte und Ansprüche Dritter, mit denen man sich identifiziert oder solidarisiert.

Fuß-in-die-Tür-Technik. Eine manipulative Strategie, die Einwilligung Anderer dadurch zu erreichen, dass zunächst eine kleine Bitte geäußert oder ein kleiner Kauf vorgeschlagen wird, worauf nach Einlassung der Anderen eine größere Bitte, ein größerer Kauf folgt. Die Wirkung ist unter anderem dadurch erklärbar, dass die kleine Bitte erfüllt wird, um nicht ungefällig zu erscheinen, die größere dann auch, um nicht inkonsistent zu erscheinen. (Analog im Fall des Kaufes.)

Gewinner-Gewinner-Lösungen. Konfliktlösungen, in denen beide (alle) Parteien subjektiv mehr gewinnen als verlieren. Das setzt voraus, dass der → *Konflikt* nicht als ein Nullsummenspiel aufgefasst wird, in dem die eine Partei verliert, was die andere gewinnt. Gewinner-Gewinner-Lösungen werden möglich durch eine Ausweitung des Betrachtungs- und Lösungsraumes über die ursprünglichen Positionen im Konflikt hinaus: Z. B. können durch Einbezug auch nicht konfligierender → *Anliegen* der Parteien in der Lösungssuche Konzessionen einer Partei durch Konzessionen der anderen Partei in Feldern kompensiert werden, die nicht vom Konflikt betroffen sind. Ob eine Lösung als Gewinn oder Verlust gesehen wird, ist im Übrigen eine Frage der Perspektive: Die Teilung der Macht in einem betrieblichen Konflikt kann als Verlust interpretiert werden oder aber als Entlastung von Verantwortung. Gewinner-Gewinner-Lösungen sind auch durch neue Perspektiven und neue Bewertungen möglich.

Gewinner-Verlierer-Lösungen. Was eine Partei gewinnt, verliert die andere – diese Sicht ist typisch in einem verhärteten → *Konflikt.* Was als Verlust gewertet wird, kann unter anderer Perspektive jedoch auch als Gewinn angesehen werden.
Beispiel: Die Mutter muss nach einer Scheidung in einem Konflikt über das Umgangsrecht die Erhöhung der Kontaktzeit des Kindes mit dem Vater nicht als Verlust bewerten, sondern kann diese auch als Freiheitsgewinn für sich selbst und als Entlastung von Verantwortung sehen.

Harvard-Modell. Ein berühmtes Verhandlungsmodell von Roger Fisher und William Ury, erstmals 1981 publiziert. Die wichtigsten Regeln sind die Trennung von Person und Sache („fest in der Sache", aber „weich, konziliant zu den Personen") sowie die Trennung von Konfliktpositionen und persönlichen Interessen, um zu guten Lösungen zu kommen, denn die persönlichen Interessen sind nicht deckungsgleich mit den vertretenen Positionen.

Heuristiken. Hilfen für die Analyse und Lösung von Problemen, für die es kein feststehendes Analyse- und Lösungsprogramm gibt. Heuristiken regen kreative Sichten auf das Problem an und sind eine Quelle für kreative Lösungsoptionen (→ *Kreativität*). Fallbeispiele können als Heuristiken fungieren, auch Modellvorstellungen: Z. B. können kognitive Emotionsmodelle Anregungen bieten, wie eine problematische Emotion zu verstehen und zu steuern ist.

Kausalattribution. Die subjektive Erklärung eines Verhaltens, einer Leistung, eines Erlebens usw. aus Bedingungen (oder Ursachen).
Beispiel: Man kann subjektiv eine Leistung mit der Begabung, mit der Anstrengung oder dem Fleiß des Akteurs, mit fremder Hilfe und/oder mit glücklichen Umständen usw. erklären.

Kognition bedeutet Erkenntnis, Erkennen. Man spricht von Kognition unabhängig davon, ob die Erkenntnis gesichert ist oder ob es sich um Vermutungen handelt.

Kognitive Schemata. Eine unscharf definierte Kategorie, die benutzt wird, um kognitive Einflussfaktoren auf die Bildung von Erkenntnissen und Urteilen (z. B. → *Ankereffekte* oder die Verfügbarkeitsheuristik) als auch Erkenntnis- und Urteilsmuster zu bezeichnen (z. B. ein schematisches Bild von der anderen Partei, → *soziale Stereotype* oder für die Mediation relevant: die einfache Kompromissregel oder die Suche nach Lösungen nur in einem begrenzten Rahmen).

Konflikte. Unvereinbarkeiten zwischen Handlungen, Zielen, Wertungen, Überzeugungen u.a.m. In der Psychologie können *intersubjektive, intrasubjektive und intrapsychische* Konflikte unterschieden werden.
Intersubjektive Konflikte. Unvereinbarkeiten zwischen den Handlungen, Zielen, Wertungen, Überzeugungen *verschiedener Subjekte* (Personen, Institutionen, Betriebe, soziale Gruppen, Organisationen). Der Konflikt ist erst manifest, wenn erstens den beteiligten Subjekten die Unvereinbarkeiten bewusst geworden oder gemacht worden sind und zweitens eine implizite oder explizite Aufforderung auf Änderung an die andere Partei ergangen ist, die aber von dieser nicht erfüllt wird.
Intrapsychische Konflikte. Unvereinbarkeiten in *einer Person*, die zu Entscheidungskonflikten führen, etwa zwischen alternativen Zielen oder Wegen oder zwischen Bedürfnissen und Moralnormen.
Intrasubjektive Konflikte. Konflikte innerhalb *eines Subjektes*. Ist das Subjekt eine Person, dann handelt es sich um einen intrapsychischen Konflikt. Ist das Subjekt eine größere soziale Einheit (eine Institution, ein Betrieb, eine soziale Gruppe, eine Organisation), dann kann es Binnenkonflikte zwischen verschiedenen Per-

sonen oder Untereinheiten darüber geben, wie man handeln oder nach außen auftreten soll.

Kreativität. Die Fähigkeit, Neues zu schaffen, einen Sachverhalt oder ein Problem unter neuen Perspektiven zu betrachten oder neue Lösungsoptionen für ein Problem zu entwickeln.

Motivation. Die Psychologie der Motivation befasst sich mit den Beweggründen des Handelns, mit den → *Anliegen* von Personen, d.h. ihren Interessen, Werten, Bedürfnissen usw. sowie mit der Regulierung des Handelns, der Anstrengungssteuerung und den Willensprozessen.

NLP-Techniken. Methoden und Strategien, die aus dem therapeutischen Kontext des *Neuro-Linguistischen Programmierens* (NLP) stammen. Hierzu gehören u. a. Herstellen von Rapport als tragfähige Therapeuten-Klienten-Beziehung, die sich in Körperhaltung und Sprache ausdrückt; Pacing als Prozess, bei dem sich der Therapeut in Haltung, Atmung, Sprache etc. auf den Klienten einstellt; Leading als positive Beeinflussung des Klienten, indem der Therapeut den Klienten beispielsweise zu einer entspannten Haltung führt; Ankern, bei dem Konditionierungen von Reizen (wie Worte, Berührungen, Bilder) systematisch eingesetzt und genutzt werden. Diese Techniken entstanden ursprünglich aus der detaillierten Beobachtung der Sprache, Bewegungen, Reaktionsmuster etc. erfolgreicher Psychotherapeuten unterschiedlicher Richtungen durch Richard Bandler (Gestaltpsychologe und Computerfachmann) sowie John Grinder (Linguist und Sprachforscher) zu Beginn der 70er Jahre; die Begründer des NLPs wurden später unterstützt durch Leslie Cameron-Bandler und Judith LeDozier.

Nondirektive Gesprächsführung. Eines der Basiskonzepte aus der klientenzentrierten Gesprächspsychotherapie von Carl Rogers; sie umfasst als Dimension der Gesprächshaltung eine geringe Lenkung des Gesprächs und empfiehlt, das Gespräch sich als Wechselspiel entwickeln zu lassen, dem anderen (aktiv) zuzuhören (→ *Aktives Zuhören*), ihm Entscheidungen zu überlassen.

Peer-Mediation. Im engeren Sinne Mediation durch Schüler und Jugendliche, die eine Kurzausbildung absolviert haben für die Analyse und Beilegung von Streit zwischen Schülern bzw. zwischen Jugendlichen in Kontexten außerhalb der Schule; im weiteren Sinne die nicht professionellen Vermittlungsversuche durch Personen aus dem sozialen Umfeld der Streitparteien.

Rational-choice-Modell. Das Basismodell der → *Spieltheorie*. Nach dem Rational-choice-Modell sind Entscheidungen rational, die dem Eigeninteresse der Akteure am besten dienen. Die Maximierung des Eigennutzes ist das Ziel, nicht hingegen der Nutzen Anderer oder der Nutzen für ein Gemeinwesen, es sei denn der Nutzen des Gemeinwesens wäre letztlich im eigenen Interesse der Akteure. Nach dem Rational-choice-Modell gehen Informationen und Annahmen über das Handeln anderer in die eigenen Überlegungen ein.

Reaktanz. Widerstand gegen tatsächliche oder vermutete Beeinflussungsversuche durch andere.

RREEMM. Abkürzung für das Menschenbild des „Homo oeconomicus“ als *Restricted Resourceful Expecting Evaluating Maximizing Man*, der als rationaler Egoist „in sozialen Interaktionen seinen subjektiven Nutzen maximieren möchte und sich dabei zweckrational verhält“ (Miller, 1994, S. 6); dies ist die zentrale Grundannahme von → *Rational-Choice-Modellen.*

Selbsterfüllende Prophezeiungen. Beeinflussungen von Entwicklungen durch Erwartungen von Entwicklungen. Die Wege der Beeinflussung können sehr unterschiedlich sein: Wer einen negativen Verlauf erwartet, tut nichts zur Prävention; wer Erfolg erwartet, wird eher Erfolg haben, weil die eigene Leistungsfähigkeit nicht durch ängstliche Sorgen beeinträchtigt ist.

Selbstkonzept. Das Bild, das man von sich selbst hat: Geschlecht, wichtige positive und negative Eigenschaften, Fähigkeiten und Schwächen, die wichtigen sozialen Zugehörigkeiten (Familie, Peergruppen, Religionsgemeinschaft, ethnische und nationale Zugehörigkeit u. a. m.), wichtige Lebensziele und Leistungen können Bestandteile des Selbstkonzeptes sein. Das Selbstkonzept wird in der sozialen Interaktion mit wichtigen Anderen geformt, deren Wahrnehmungen und Etikettierungen (z.B. als begabt, faul, hilfsbereit, männlich, kriminell) einflussreich werden können.

Spieltheorie. Eine formalisierte Entscheidungstheorie, in der angenommen wird, dass die Akteure den erwarteten subjektiven Nutzen zu maximieren versuchen in Entscheidungssituationen, in denen Unsicherheiten bestehen bezüglich des Handelns anderer Akteure, Unsicherheiten über Umweltereignisse und über Systementwicklungen in Abhängigkeit vom Handeln der beteiligten Akteure und anderen Einflussfaktoren.

Stereotype. Stereotype sind → *kognitive Schemata* über Attribute einer Kategorie von Menschen, z. B. Männer, Frauen, Deutsche, Franzosen, Jugendliche, Alte, Psychologen, Juristen. In der Abgrenzung einer Binnengruppe von einer oder mehreren Außengruppen werden Stereotype aufgebaut, sowohl für die Binnengruppe (Autostereotyp) als auch für die Außengruppe (Heterostereotyp).

Täter-Opfer-Ausgleich. Eine Form der Mediation im Rahmen eines Strafprozesses. Auf freiwilliger Basis findet ein Austausch zwischen Täter und Opfer statt, in dem unter anderem folgende Ergebnisse möglich sind: Kompensation der Tat und Tatfolgen durch den Täter, Bitte um Entschuldigung durch den Täter, besseres Verständnis der Tat von Seiten des Opfers und besseres Verständnis der Tatfolgen für das Opfer von Seiten des Täters, Abbau von Angst auf Seiten des Opfers und Abbau von Stereotypen auf beiden Seiten. Ein positives Ergebnis des Täter-Opfer-Ausgleichs kann strafmindernd gewürdigt werden.

Tiefenstruktur eines Konfliktes. In Unterscheidung von der Oberflächenstruktur oder dem manifesten → *Konflikt* um Positionen ist die Tiefenstruktur durch die Frage erschließbar, weshalb die konfligierenden Positionen vertreten werden. Die Positionen der Parteien, also die manifesten Konfliktgegenstände, lassen keine Schlüsse zu, weshalb die Parteien streiten, d.h. aus welchen Anliegen sie diesen Streit führen.

Tit-for-tat-Strategie. Dies ist in experimentellen Spielen die Strategie, auf die Züge des Gegenspielers reziprok zu antworten, also auf kooperative Züge kooperativ, auf defektorische Züge defektorisch.

Verfahrensgerechtigkeit. Die subjektiv wahrgenommene Gerechtigkeit von Entscheidungsverfahren (Gerichtsverfahren, Entscheidungen in Organisationen, Behörden und Vereinen oder auch Entscheidungen in privaten Kontexten wie Partnerschaft, Familie, Freundeskreis). Es gibt Grundprinzipien der Verfahrensgerechtigkeit, z. B. gleiches Recht auf Gehör für alle Betroffenen. Ein als gerecht empfundenes Verfahren erhöht die Wahrscheinlichkeit der Akzeptanz auch ungünstiger Entscheidungen („just procedure effect").

Vier Seiten einer Nachricht. Nach Schulz von Thun können in jeder Kommunikation (beim Senden und Empfangen einer Nachricht) vier Aspekte unterschieden werden:

(1) die mitgeteilte sachliche Information (Sachinformation),
(2) die Sicht der Beziehung des Senders zum Empfänger (Beziehungsinformation),
(3) die seelische Befindlichkeit des Senders (Selbstoffenbarungsinformation),
(4) ein Anliegen des Senders an den Empfänger (Appellinformation).

Diese Informationen können in sprachlicher und nicht-sprachlicher Weise vermittelt (= gesendet und empfangen) sein.

Vorurteile. Nicht belegte Meinungen über andere Personen oder Personenkategorien. Vorurteile werden oft aus → *Stereotypen* über soziale Kategorien gespeist. Sie sind schwer zu korrigieren, weil die Informationsaufnahme selektiv und konsistent mit den Vorurteilen erfolgt.

Zustandsvariable. Der psychische Zustand einer Person, der variieren kann. Z. B. sind Emotionen und Stimmungen Zustandsvariablen, unterschieden von Eigenschaftsvariablen, die als → *Disposition* definiert sind, bestimmte Zustände anzunehmen oder zu erleben: Beispielsweise disponiert die Eigenschaft Ängstlichkeit dazu, häufiger als andere Menschen Angst zu erleben.

Literatur

Abell, P. (1992). Is rational choice theory a rational choice of theory? In J.S. Coleman & T.J. Fararo (Eds.), *Rational choice theory: Advocacy and critique* (S. 183–206). Newbury Park: Sage.

Abell, P. (Ed.). (1991). *Rational choice theory.* Cambridge: University Press.

Abelson, R.P. (1981). The psychological status of the script concept. *American Psychologist, 36*, 715–729.

Ackerman, B.A. (1980). *Justice in the liberal state.* New Haven: Yale University Press.

Adams, J.S. (1965). Inequity in social exchange. In L. Berkowitz (Ed.), *Advances in Experimental Social Psychology* (Vol. 2) (S. 267–289). New York: Academic Press.

Amabile, T.M. (1983). *The social psychology of creativity.* New York: Springer.

Apel, K.O. (1976). *Transformation der Philosophie. Das Apriori der Kommunikationsgemeinschaft* (Bd. 2). Frankfurt/M.: Suhrkamp.

Arnold, M.B. (1960). *Emotion and personality* (Vol. 1: Psychological aspects). New York: Columbia University Press.

Auferkorte, N. & Michaelis, L.O. (1999). *Weiterbildendes Studium Mediation. Kommunikation – Grundlagen mediativer Verfahren* (Kurseinheit 2). Hagen: FernUniversität-Gesamthochschule Hagen, Fachbereich Rechtswissenschaft.

Averill, J.R. (1983). Studies on anger and aggression. Implications for theories of emotion. *American Psychologist, 38*, 1145–1160.

Balloff, R. & Walter, E. (1991). Konzeptionelle Gedanken zur Trennungs- und Scheidungsintervention. *Familie und Recht, 2*(2), 63–69.

Baltes, P.B. & Smith, J. (1990). Weisheit und Weisheitsentwicklung: Prolegomena zu einer psychologischen Weisheitstheorie. *Zeitschrift für Entwicklungspsychologie und Pädagogische Psychologie, 22*, 95–135.

Baltes, P.B. & Staudinger, U.M. (1993). Über die Gegenwart und Zukunft des Alterns: Ergebnisse und Implikationen psychologischer Forschung. In Max-Planck-Gesellschaft (Hrsg.), *Mehr Wissen – mehr Können.* Berichte und Mitteilungen der Max-Planck-Gesellschaft, Nr. 4 (S. 154–185). München: Max-Planck-Gesellschaft.

Bamsey, C., Barrenstein, P., Born, A., Kobus, P., Kowalewski, K., Närger, J., Ritter, J. & Willer, D. (1992). *Kreatives Problemlösen.* (Handbuch im Rahmen des PD-Olympics-Projektes „Bedürfnisveränderungen – Herausforderungen für den Handel"). McKinsey & Company, Inc.

Barbian, T.W.J. (1993). Die Neuartigkeit umwelt- und technologiepolitischer Entscheidungsverfahren. Eine erste vergleichende Fallbewertung. In H. Zilleßen, P.C. Dienel & W. Strubelt (Hrsg.), *Die Modernisierung der Demokratie* (S. 297–327). Opladen: Westdeutscher Verlag.

Baron, R.A. (1985). Reducing organizational conflict: The role of attributions. *Journal of Applied Psychology, 70*, 434–441.

Baron, R.A. (1988). Attributions and organizational conflict: The mediating role of apparent sincerity. *Organizational Behavior and Human Decision Processes, 41*, 111–127.

Bastine, R. & Weinmann-Lutz, B. (1998). Qualitätssicherung und Evaluation der Trennungs- und Scheidungsmediation: Das Heidelberger Dokumentationssystem DoSys. In D. Strempel (Hrsg.), *Mediation für die Praxis* (S. 57–64). Berlin: Haufe.

Bastine, R., Link, G. & Lörch, B. (1992). Scheidungsmediation. Möglichkeiten und Grenzen. *Familiendynamik, 17*(4), 379–394.

Batson, C.D. (1996). Empathy, altruism, and justice: Another perspective on partiality. In L. Montada & M.J. Lerner (Eds.), *Current societal concerns about justice* (S. 49–66). New York: Plenum Press.

Baumann, U. & Perrez, M. (1998). Psychotherapie: Systematik. In U. Baumann & M. Perrez (Hrsg.), *Lehrbuch Klinische Psychologie – Psychotherapie* (S. 392–415). Bern: Huber.

Becker, G.S. (1993). *Der ökonomische Ansatz zur Erklärung menschlichen Verhaltens.* Tübingen: Mohr.

Bendor, J., Kramer, R.M. & Stout, S. (1991). When in doubt ...: Cooperation in a noisy prisoner's dilemma. *Journal of Conflict Resolution, 35*, 691–719.

Bennet, W.L. (1992). Legal fictions: Telling stories and doing justice. In L. McLaughlin, M.J. Cody & S.J. Read (Eds.), *Explaining one's self to others: Reason giving in a social context* (S. 149–165). Hillsdale, N.J.: Erlbaum.

Berkowitz, L. (1972). Social norms, feelings and other factors affecting helping and altruism. In L. Berkowitz (Ed.), *Advances in Experimental Social Psychology* (Vol. 6) (S. 63–106). New York: Academic Press.

Bernard, S.E., Folger, J.-P., Weingarten, H.-R. & Zumeta, Z.-R. (1984). The neutral mediator: Value dilemmas in divorce mediation. *Mediation-Quarterly, 4*, 61–74.

Bernhardt, K. (2000). *Steuerung der Emotion Empörung durch Umwandlung assertorischer Urteile in hypothetische Urteile und Fragen: Ein Trainingsprogramm.* Unveröffentlichte Dissertation. Trier: Universität Trier, Fachbereich I – Psychologie.

Berthold, S. (1994). Friedfertige Reaktionen auf Beleidigungen in Gesprächen. In. E. Bartsch, *Sprechen, Führen, Kooperieren in Betrieb und Verwaltung* (S. 201–209). München: Ernst Reinhardt.

Besemer, C. (1993). *Mediation: Vermittlung in Konflikten.* Königsfeld: Stiftung Gewaltfreies Leben.

Beutler, L.E., Machado, P.P.P. & Neufeldt, S.A. (1994). Therapist variables. In A.E. Bergin & S.L. Garfield (Eds.), *Handbook of psychotherapy and behavior change* (S. 229–269). New York: Wiley.

Bierbrauer, G. (1996). *Sozialpsychologie.* Stuttgart: Kohlhammer.

Bierbrauer, G. (2000). Legitimität und Verfahrensgerechtigkeit in ethnopluralen Gesellschaften. In A. Dieter, L. Montada & A. Schulze (Hrsg.), *Gerechtigkeit im Konfliktmanagement und in der Mediation* (S.63–80). Frankfurt/M.: Campus.

Bierbrauer, G., Gottwald, W. & Birnbreier-Stahlberger, B. (1995). *Verfahrensgerechtigkeit.* Köln: Dr. Otto Schmidt.

Bierhoff, H.W. (1982). Determinanten hilfreichen Verhaltens. *Psychologische Rundschau, 33*, 289–304.

Bierhoff, H.W. (1992). Prozedurale Gerechtigkeit: Das Wie und Warum der Fairneß. *Zeitschrift für Sozialpsychologie, 23*, 163–178.

Bierhoff, H.W. (1998 a). *Sozialpsychologie: Ein Lehrbuch.* Stuttgart: Kohlhammer.

Bierhoff, H.W. (1998 b). Ärger, Aggression und Gerechtigkeit. In H.W. Bierhoff & U. Wagner (Hrsg.), *Aggression und Gewalt. Phänomene, Ursachen und Interventionen* (S. 26–47). Stuttgart: Kohlhammer.

Bingham, G. (1986). *Resolving environmental disputes. A decade of experience.* Washington: The Conservation Foundation.

Bohman, J. (1992). The limits of rational choice explanation. In J.S. Coleman & T.J. Fararo (Eds.), *Rational choice theory: Advocacy and critique* (S. 207–228). Newbury Park: Sage.

Boll, T. (1998). *Analyse kognitiver und motivationaler Aspekte spezifischer Emotionen.* Hamburg: Kovač.

Bortz, J. & Döring, N. (1995). *Forschungsmethoden und Evaluation.* Berlin: Springer.

Brandtstädter, J. (1985). Entwicklungsberatung unter dem Aspekt der Lebensspanne: Zum Aufbau eines entwicklungspsychologischen Anwendungskonzeptes. In J. Brandtstädter & H. Gräser (Hrsg.), *Entwicklungsberatung unter dem Aspekt der Lebensspanne* (S. 1–15). Göttingen: Hogrefe.

Breidenbach, S. & Gläßer, U. (1999). *Weiterbildendes Studium Mediation. Die Selbstverantwortung der Konfliktparteien. Eine Leitidee der Mediation.* Hagen: FernUniversität-Gesamthochschule Hagen, Fachbereich Rechtswissenschaft.

Breidenbach, S. & Henssler, M. (Hrsg.). (1997). *Mediation für Juristen.* Köln: O. Schmidt.

Brinkmann, R.D. (1995). *Mobbing, Bullying, Bossing. Treibjagd am Arbeitsplatz.* Heidelberg: Sauer.

Brunck, G.G. (1980). The impact of rational participation models on voting attitudes. *Public Choice, 35,* 549–564.

Budde, A. (1998). Mediation in Wirtschaft und Arbeitswelt. In D. Strempel (Hrsg.), *Mediation für die Praxis* (S. 99–111). Berlin: Haufe.

Bühren, H.W. (1988). Zwangsschlichtung – Nein danke! *Anwaltsblatt,* 582ff. (Zitiert nach Flechsig, Ponschab & Schweizer, 1999)

Bunge, M. (1989). Game theory is not a useful tool for the political scientist. *Epistemologia, 12,* 195–212.

Burnstein, E. & Worchel, P. (1969). Arbitrariness of frustration and its consequences for aggression in a social situation. In L. Berkowitz (Ed.), *Roots of aggression* (S. 75–91). New York: Atherton Press.

Burton, J.W. (1984). *Global conflict.* College Park, MD: Center for International Development, University of Maryland.

Bush, R. & Baruch, R.-A. (1999). „What do we need a mediator for?“: Mediation's „value-added“ for negotiators. In R.J. Lewicki & D.M. Saunders (Eds.), *Negotiation: Readings, exercises, and cases* (S. 429–457). Boston: Irwin / The McGraw-Hill Companies.

Butler, D.L. & Kline, M.A. (1998). Good versus creative solutions: A comparison of brainstorming, hierarchical, and perspective-changing heuristics. *Creativity Research Journal, 11*(4), 325–331.

Campbell, D.T. & Fiske, D.W. (1959). Convergent and discriminant validation by the multitrait-multimethod matrix. *Psychological Bulletin, 56,* 81–105.

Carter, J. & Irons, M. (1991). Are economists different, and if so, why? *Journal of Economic Perspectives, 5*(2), 171–177.

Claus, F. & Wiedemann, P.-M. (Eds.). (1994). *Umweltkonflikte: Vermittlungsverfahren zu ihrer Lösung.* Taunusstein: Blöttner.

Cohen, R.L. (1986). Membership, intergroup relations, and justice. In M.J. Lerner & R.Vermunt (Eds.), *Social justice in human relations I* (S. 239–258). New York: Plenum Press.

Coleman, J.S. & Fararo, T.J. (Eds.). (1992). *Rational choice theory: Advocacy and critique.* Newbury Park: Sage.

Collins, M.A. & Amabile, T.M. (1999). Motivation and creativity. In R.J. Sternberg (Ed.), *Handbook of creativity* (S. 297–312). New York: Cambridge University Press.
Cook, K.S. & Hegtvedt, K.A. (1986). Justice and power: An exchange analysis. In H.W. Bierhoff, R.L. Cohen & J. Greenberg (Eds.), *Justice in Social Relations* (S. 19–42). New York: Plenum Press.
Cooper, J. & Fazio, R.H. (1979). The formation and persistence of attitudes that support intergroup conflict. In W.G. Austin & S. Worchel (Eds.), *The social psychology of intergroup relations* (S. 149–59). Monterey, CA: Brooks/Cole.
Creifelds, C. (Hrsg.). (1999). *Rechtswörterbuch.* München: Beck.
Cropley, A. (1995). Kreativität. In M. Amelang (Hrsg.), *Verhaltens- und Leistungsunterschiede* (S. 329–373). Göttingen: Hogrefe.
Crosby, F.A. (1976). A model of egoistical relative deprivation. *Psychological Review, 83,* 85–121.
Csikszentmihalyi, M. (1996). *Creativity. Flow and the psychology of discovery and invention.* New York: Harper Collins.
Csikszentmihalyi, M. (1997). *Kreativität. Wie Sie das Unmögliche schaffen und Ihre Grenzen überwinden.* Stuttgart: Klett-Cotta.
Darley, J.M. & Batson, C.D. (1973). „From Jerusalem to Jericho“: A study of situational and dispositional variables in helping behavior. *Journal of Personality and Social Psychology, 27,* 100–108.
Dawes, R.M. (1980). Social dilemmas. *Annual Review of Psychology, 31,* 169–193.
Dawes, R.M. (1989). Statistical criteria for establishing a truly false consensus effect. *Journal of Experimental Social Psychology, 25,* 1–17.
Dawes, R.M., MacTavish, J. & Shaklee, H. (1977). Behaviour, communication and assumptions about other people's behaviour in a commons dilemma situation. *Journal of Personality and Social Psychology, 35,* 1–11.
De Dreu, C.K.W., Emans, B.J.M. & Van de Vliert, E. (1992). Frames of reference and cooperative social decision making. *European Journal of Social Psychology, 22*(3), 297–302.
Deutsch, M. (1973). *The resolution of conflict.* New Haven, CT: Yale University Press.
Deutsch, M. (1975). Equity, equality, and need: What determines which value will be used as the basis for distributive justice? *Journal of Social Issues, 31,* 137–149.
Deutsch, M. (1976). *Konfliktregelung.* München: Ernst Reinhardt.
Deutsch, M. (1982). Interdependence and psychological orientation. In V.J. Derlega & J. Grzelak (Eds.), *Cooperation and helping behavior: Theories and research* (S. 15–42). New York: Academic Press.
Deutsch, M. (1994). Constructive conflict management for the world today. *International Journal of Conflict Management, 5*(2), 111–129.
Dhority, L. (1992). Lösungen durch Dialog – ein Projekt zum Management von Konflikten. *Organisationsentwicklung, 11*(4), 26–30.
Diehl, M. & Stroebe, W. (1987). Productivity loss in brainstorming groups: Toward the solution of a riddle. *Journal of Personality and Social Psychology, 53,* 497–509.
Dollard, J., Doob, L.W., Miller, N., Mowrer, O.H. & Sears, R.R. (1939). Frustration and aggression. *Journal of Abnormal and Social Psychology, 34,* 289–313.
Dulabaum, N.L. (1988). Mediation in der Schule: Konflikt und Kommunikation lernen? Ja – aber wie? In G. Falk, P. Heintel & C. Pelikan (Hrsg.), *Mediation* (S.159–167). Klagenfurt: Alekto.
Dulabaum, N.L. (1998). *Mediation: Das ABC.* Weinheim: Beltz.

Duss-von Werdt, J. (1999). *Weiterbildendes Studium Mediation. Mediation in Europa.* Hagen: FernUniversität-Gesamthochschule Hagen, Fachbereich Rechtswissenschaft.
Duss-von Werdt, J., Mähler, G. & Mähler, H.G. (Hrsg.). (1995). *Mediation: Die andere Scheidung. Ein interdisziplinärer Überblick.* Stuttgart: Klett-Cotta.
Easterbrook, J.A. (1978). *The determinants of free will: a psychological analysis of responsible, adjustive behavior.* New York: Academic Press.
Eckert, R. & Willems, H. (1992). *Konfliktintervention. Perspektivenübernahme in gesellschaftlichen Auseinandersetzungen.* Opladen: Leske + Budrich.
Ellis, A. (1979). *Die rational-emotive Therapie.* München: Pfeiffer
Elster, J. (1992). *Local justice.* New York: Russel Sage.
Elster, J. (Ed.). (1986). *Rational choice.* Oxford: Basil Blackwell.
Engelstad, F. (1998). The significance of seniority in layoffs: A comparative analysis. *Social Justice Research, 11,* 103–120.
Englander-Golden, P. & Satir, V. (1990). *Say it straight: From compulsions to choices.* Palo Alto, CA: Science and Behavior Books.
Epstein, S. (1984). Controversial issues in emotion theory. In P. Shaver (Ed.), *Review of personality and social psychology* (S. 64–88). Beverly Hills: Sage Publication.
Ernst, A.M. (1997). *Ökologisch-soziale Dilemmata.* Weinheim: Psychologie Verlags Union.
Falk, G., Heintel, P. & Pelikan, C. (Hrsg.). (1998). *Die Welt der Mediation. Entwicklung und Anwendungsgebiete eines interdisziplinären Konfliktregelungsverfahrens.* Klagenfurt: Alekto.
Feather, N.T. (1999). *Values, achievement, and justice: studies in the psychology of deservingness.* New York: Kluwer Academic/Plenum Publishers.
FernUniversität Gesamthochschule Hagen (Hrsg.). (1999). *Weiterbildendes Studium Mediation.* Hagen: FernUniversität Gesamthochschule Hagen, Fachbereich Rechtswissenschaft.
Feuille, P. & Kolb, D.-M. (1994). Waiting in the wings: Mediation's role in grievance resolution. *Negotiation-Journal, 10*(3), 249–264.
Fietkau, H.-J. (1991). *Psychologische Ansätze zu Mediationsverfahren im Umweltschutz. Schriften zu Mediationsverfahren im Umweltschutz, 1.* Berlin: Wissenschaftszentrum Berlin für Sozialforschung GmbH.
Fietkau, H.-J. (1993). Mediationsverfahren im Umweltschutz. Psychologische Ansätze in Forschung und Praxis. Umweltpsychologische Mitteilungen. *Berichte aus Forschung und Praxis, 1,* 61–76.
Fietkau, H.-J. (2000). *Psychologie der Mediation.* Berlin: edition sigma.
Fietkau, H.-J. & Weidner, H. (1998). *Umweltverhandeln. Konzepte, Praxis und Analysen alternativer Konfliktregelungsverfahren.* Berlin: edition sigma.
Fischer, L. & Wiswede, G. (1997). *Grundlagen der Sozialpsychologie.* Wien: Oldenbourg.
Fisher, R. (1986). Dealing with conflict among individuals and nations: Are there common principles? *Psychoanalytic Inquiry, 6*(2), 143–153.
Fisher, R. & Brown, S. (1988). *Getting together: The art of conflict avoidance, conflict resolution, and cooperation.* Boston: Houghton Mifflin.
Fisher, R. & Ury, W. (1981). *Getting to yes: negotiating agreement without giving in.* Boston: Houghton Mifflin.
Fisher, R. Ury, W. & Patton, B.M. (1998[17]). *Das Harvard-Konzept: sachgerecht verhandeln – erfolgreich verhandeln.* Frankfurt/M.: Campus.
Fiske, S.T. & Taylor, S.E. (1991[2]). *Social cognition.* New York: McGraw-Hill.
Fisseni, H.-J. (1990). *Lehrbuch der psychologischen Diagnostik.* Göttingen: Hogrefe.

Flechsig, A., Ponschab, R. & Schweizer, A. (1999). *Mediation und Litigation. Weiterbildendes Studium Mediation.* Hagen: FernUniversität-Gesamthochschule Hagen, Fachbereich Rechtswissenschaft.

Foa, E.B. & Foa, U.G. (1980). Resource theory: Interpersonal behaviour as exchange. In K.J. Gergen, M.S. Greenberg. & R.H. Willis (Eds.), *Social exchange* (S. 70–94). New York: Plenum Press.

Fobian, C & Christensen-Szalanski, J. (1993). Ambiguity and liability negotiations: The effects of the negotiator's role and the sensitivity zone. *Organizational Behavior and Human Decision Processes, 54*(2), 277–298.

Folberg, J. (1988). *Divorce mediation: Theory and practice.* New York: Guilford Press.

Folger, R. (1996). Distributive and procedural justice: Multifaceted meanings and interrelations. *Social Justice Research, 9*, 395–416.

Folger, J.P. & Jones, T.S. (Eds.). (1994). *New directions in mediation: Communication research and perspectives.* London: Sage Publications.

Follett, M.P. (1940). Constructive conflict. In H.C. Metcalf & L. Urwick (Eds.), *Dynamic administration: The collected papers of Mary Parker Follett* (S. 30–49). New York: Harper and Row.

Frank R.H., Gilovich T. & Regan D.T. (1993). Does studying economics inhibit cooperation? *Journal of Economic Perspectives, 7*, 159–171.

Frey, D. (1981). *Informationssuche und Informationsbewertung bei Entscheidungen.* Bern: Huber.

Frensch, P.A. & Funke, J. (Eds.). (1995). *Complex problem solving: The European Perspective.* Hillsdale, NJ: Laurence Erlbaum.

Friedrich, W.J. (1992). *Rechtskunde für Jedermann.* 7. Aufl. München: dtv.

Frijda, N.H. (1987). Emotion, cognitive structure, and action tendency. *Cognition and Emotion, 1*, 115–143.

Fry, W.R., Firestone, I.J. & Williams, D.L. (1983). Negotiation process and outcome of stranger dyad and dating couples: Do lovers lose? *Basic Applied Social Psychology, 4*, 1–16.

Fuchs, G. & Hehn, M. (Hrsg.). (1999). *Umweltmediation. Förderverein Umweltmediation e.V.* Bonn: Förderverein Umweltmediation e.V.

Fürntratt, E. (1974). *Angst und instrumentelle Aggression: eine Analyse auf der Grundlage experimentalpsychologischer Forschungsbefunde.* Weinheim: Beltz.

Gäde, E.G. & Listing, T. (1992). *Gruppen erfolgreich leiten. Empfehlungen für die Zusammenarbeit mit Erwachsenen.* Mainz: Matthias Grünewald.

Gert, E. (1983). *Die moralischen Regeln.* Frankfurt/M.: Suhrkamp.

Gigerenzer, G., Todd P.M. & the ABC Research Group (1999). *Simple heuristics that make us smart.* New York: Oxford University Press.

Glasl, F. (1999). *Konfliktmanagement.* Stuttgart: Verlag Freies Geistesleben.

Glenewinkel, W. (1999). *Mediation als außergerichtliches Konfliktlösungsmodell. Am Beispiel der Trennungs- und Scheidungsmediation in der Bundesrepublik Deutschland.* Stuttgart: Ibidem.

Goffman, E. (1971). *Relations in public: Microstudies of the public order.* Harmondsworth: Penguin.

Goleman, D.J. (1995). *Emotional intelligence.* New York: Bantam Books.

Gordon, T. (1993). *Die neue Familienkonferenz.* Hamburg: Hoffmann & Campe.

Grawe, K. (1999). *Psychologische Therapie.* Göttingen: Hogrefe.

Green, D.P. & Shapiro, I. (1994). *Pathologies of rational choice theory: A critique of applications in political science.* New Haven: Yale University Press.

Greenberg, J. & Folger, R. (1983). Procedural Justice, participation, and the fair process effect in groups and organizations. In P. Paulus (Ed.), *Basic group process* (S. 235–256). New York: Springer.
Grzelak, J. (1992). Konflikt und Kooperation. In W. Stroebe, M. Hewstone, J.-P. Codol & G.M. Stephenson (Hrsg.), *Sozialpsychologie: Eine Einführung* (S. 305–330). Berlin: Springer.
Guggenberger, B. (1980). *Bürgerinitiativen in der Parteiendemokratie.* Stuttgart: Kohlhammer.
Guilford, J.P. (1964). Creative thinking and problem solving. *Education Digest, 29*, 21–31.
Günther, U. & Sperber, W. (1995). *Handbuch für Kommunikations- und Verhaltenstrainer: Psychologische und organisatorische Durchführung von Trainingsseminaren.* München: Reinhardt.
Habermas, J. (1983). *Moralbewußtsein und kommunikatives Handeln.* Frankfurt/M.: Suhrkamp.
Haft, F. (1999). *Verhandeln I, II. Weiterbildendes Studium Mediation.* Hagen: FernUniversität-Gesamthochschule Hagen, Fachbereich Rechtswissenschaft.
Haller, V., Machura, S. & Bierhoff, H.W. (1995). Urteil und Verfahrensgerechtigkeit aus der Perspektive jugendlicher Strafgefangener. In G. Bierbrauer, W. Gottwald, B. Birnbreier-Stahlberger (Hrsg.), *Verfahrensgerechtigkeit* (S. 111–138). Köln: Dr. Otto Schmidt.
Hany, E.A. (1993). Kreativitätstraining: Positionen, Probleme, Perspektiven. In K.J. Klauer (Hrsg.), *Kognitives Training* (S. 189–216). Göttingen: Hogrefe.
Hardin, G. (1968). The tragedy of the commons. *Science, 162*, 1243–1248.
Hardin, R. (1997). *The dear self and others. Paper presented at the meeting „Altruism and Supererogation" in July 1997.* Universität Erlangen.
Hare, A.P. (1987). Conformity and creativity in negotiations: Israeli-Egyptian examples. *Social Science Research, 4*(2), 21–33.
Hastie, R. (1981). Schematic principles in human memory. In E.T. Higgins, C.P. Heiman & M.P. Zanna (Eds.), *Social cognition: The Ontario symposium* (S. 39-88). Hillsdale, NJ: Erlbaum.
Hauk, D. (2000). *Streitschlichtung in Schule und Jugendarbeit.* Mainz: Matthias Grünewald.
Haynes, J.M. (1994). *The fundamentals of family mediation.* Albany: State University of New York Press.
Haynes, J.M. (1998). The current situation in commercial mediation. In G. Falk, P. Heintel & C. Pelikan (Hrsg.), *Mediation* (S.230–243). Klagenfurt: Alekto.
Heckhausen, H. (1989). *Motivation und Handeln.* Berlin: Springer.
Hege, R. & Kremser, G. (1993). *Die Faszination erfolgreicher Kommunikation.* Ehningen: expert-Verlag.
Hellbrück, J. & Fischer, M. (1999). *Umweltpsychologie. Ein Lehrbuch.* Göttingen: Hogrefe.
Henssler, M. & Koch, W. (Hrsg.) (2000). *Mediation in der Anwaltspraxis.* Bonn: Deutscher Anwaltsverlag.
Hildebrand, M. (1990). *Neid: Von wem wird er in welchen Situationen erlebt?* Unveröffentlichte Diplomarbeit. Trier: Universität Trier, Fachbereich I – Psychologie.
Hilgefort, G. (1998). *Feindseligkeit in hierarchisch strukturierten Organisationen.* Hamburg: Kovač.
Hiltrop, J.M. (1989). Factors associated with successful labor mediation. In K. Kressel & D.G. Pruitt (Eds.), *Mediation research* (S. 241–262). San Francisco: Jossey-Bass.
Holznagel, B. (1991). *Konfliktlösung durch Verhandlung: Aushandlungsprozesse als Mittel der Konfliktverarbeitung bei der Ansiedlung von Entsorgungsanlagen für besonders überwachungs-*

bedürftige Abfälle in den Vereinigten Staaten und der Bundesrepublik Deutschland. Baden-Baden: Nomos.

Homans, G.C. (1961). *Social behavior: Its elementary forms.* New York: Harcourt, Brace & World.

Homburg, A. & Matthies, E. (1998). *Umweltpsychologie. Umweltkrise, Gesellschaft und Individuum.* München: Juventa.

Hunt, M. (1992). *Das Rätsel der Nächstenliebe: der Mensch zwischen Egoismus und Altruismus.* New York: Campus.

Hussy, W. (1993). *Denken und Problemlösen.* Stuttgart: Kohlhammer.

Jacobson, N.S. (1984). The modification of cognitive processes in behavioral marital therapy: Integrating cognitive and behavioral intervention strategies. In K. Hahlweg & N.S. Jacobson (Eds.), *Marital interaction: Analysis and modification* (S. 285–308). New York: Guilford Press.

Joas, H. (1973). *Die gegenwärtige Lage der soziologischen Rollentheorie.* Frankfurt/M.: Athenäum.

Jones, E.E. & Nisbett, R.E. (1971). *The actor and the observer: Divergent perceptions of the causes of behavior.* Morristown, NJ: General Learning Press.

Kahn, P.H. (1994). Resolving environmental disputes: Litigation, mediation, and the courting of ethical community. *Environmental Values, 3,* 211–228.

Kaiser, P. (2000). Hintergründe, Vorbeugung und Entschärfung von Konflikten in Organisationen des Sozial- und Gesundheitswesens. In A. Dieter, L. Montada & A. Schulze (Hrsg.), *Gerechtigkeit im Konfliktmanagement und in der Mediation* (S. 134–180). Frankfurt/M.: Campus.

Kals, E. (1996). *Verantwortliches Umweltverhalten.* Weinheim: Psychologie Verlags Union.

Kals, E. (1998). Moralische Motive des ökologischen Schutzes globaler und lokaler Allmenden. In B. Reichle & M. Schmitt (Hrsg.), *Verantwortung, Gerechtigkeit und Moral. Zum psychologischen Verständnis ethischer Aspekte im menschlichen Verhalten* (S. 117–132). Weinheim: Juventa.

Kals, E. (1999). Der Mensch nur ein zweckrationaler Entscheider? *Zeitschrift für Politische Psychologie, 7*(3), 267–293.

Kals, E. (2000). *Gerechtigkeitspsychologische Analyse und Mediation von Konflikten: Ein interkultureller Vergleich am Beispiel lokaler Umweltkonflikte.* (Berichte aus der Arbeitsgruppe „Verantwortung, Gerechtigkeit, Moral" Nr. 129). Trier: Universität Trier, Fachbereich I – Psychologie.

Kals, E. & Becker, R. (1997). Umweltschutz im Spannungsfeld konkurrierender Interessen. Eine Verkehrsstudie zu Mobilitätsentscheidungen. In E. Giese (Hrsg.), *Verkehr ohne (W)Ende?* (S. 227–245). Tübingen: dgvt-Verlag.

Kals, E. & Montada, L. (1994). Umweltschutz und die Verantwortung der Bürger. *Zeitschrift für Sozialpsychologie, 25,* 326–337.

Kals, E. & Montada, L. (1997). Motive politischer Engagements für den globalen oder lokalen Umweltschutz am Beispiel konkurrierender städtebaulicher Interessen. *Zeitschrift für Politische Psychologie, 5,* 21–39.

Kals, E., Schumacher, D. & Montada, L. (1999). Emotional affinity towards nature as a motivational bias to protect nature. *Environment and Behaviour, 31*(2), 178–202.

Kals, E., Montada, L., Becker, R. & Ittner, H. (1998). Verantwortung für den Schutz von Allmenden. *GAIA, 7*(4), 296–303.

Karambayya, R. & Brett, J.M. (1994). Managerial third parties. In J.P. Folger & T.S. Jones (Eds.), *New directions in mediation: Communication research and perspectives* (S. 175–192). London: Sage Publications.

Kelman, H.C. (1985). Overcoming the psychological barrier: An analysis of the Egyptian-Israeli peace process. *Negotiation Journal, 1*, 213–235.

Kessen, S. (1996). Wiederverbindung der Teilsysteme. *Forum Bürgerbewegung, 6/7*, 17–23.

Kirchhoff, S. (1998). *Accounts zum Stellenwert praktischer Erklärungen im Rahmen alltagsbezogener Konfliktsituationen.* Unveröffentlichte Diplomarbeit. Trier: Universität Trier, Fachbereich I – Psychologie.

Klauer, K.J. (Hrsg.). (1993). *Kognitives Training.* Göttingen: Hogrefe.

Klügel, J.R., Mason, D.S. & Wegener, B. (Eds.). (1995). *Social justice and political change. Political opinion in capitalist and post-communist status.* New York: de Gruyter.

Köbler, G. (1995). *Juristisches Wörterbuch : für Studium und Ausbildung.* München : Vahlen.

Koch, U. & Wittmann, W.W. (Hrsg.). (1990). *Evaluationsforschung. Bewertungsgrundlage von Sozial- und Gesundheitsprogrammen.* Berlin: Springer.

Kolb, D. & Rubin, J.Z. (1991). Mediation from a disciplinary perspective. In M.H. Bazerman, R.J. Lewicki & B.H. Sheppard (Eds.), *Research on negotiation in organizations* (Vol. 3). Greenwich, CT: JAI. (Zitiert nach Pruitt & Carnevale, 1993)

Koller, P. (1995). Soziale Gleichheit und Gerechtigkeit. In H.P. Müller & B. Wegener (Hrsg.), *Soziale Ungleichheit und soziale Gerechtigkeit* (S. 53–80). Opladen: Leske + Budrich.

Komorita, S.S. & Mechling, J. (1967). Betrayal and reconciliation in a two-person game. *Journal of Personality and Social Psychology, 6*, 349–353.

Krabbe, H. (Hrsg.). (1993). *Scheidung ohne Richter.* Reinbek: Rowohlt.

Kracht, S. (1999). *Das Ethos des Mediators.* FernUniversität-Gesamthochschule Hagen. Weiterbildendes Studium Mediation. Hagen: FernUniversität-Gesamthochschule Hagen, Fachbereich Rechtswissenschaft.

Kramer, R.M. (1989). Windows of vulnerability or cognitive illusions: Cognitive processes and the nuclear arms race. *Journal of Experimental Social Psychology, 25*, 79–100.

Krampen, G. (1997). Promotion of creativity (divergent productions) and convergent productions by systematic-relaxation exercises: empirical evidence from five experimental studies with children, young adults, and elderly. *European Journal of Personality, 11*, 83–99.

Kressel, K. (1972). *Labor mediation: An exploratory survey.* Albany, NY: Association of Labor Mediation Agencies.

Kressel, K. & Pruitt, D.G. (Eds.). (1989). *Mediation research.* San Francisco: Jossey-Bass.

Kuhlmei, E. (1991). *Ansatz einer kognitionspsychologischen Erklärung zu Einflüssen von Umweltfaktoren auf kreative Leistungen. Dissertation.* Göttingen: Georg-August-Universität Göttingen.

Kunz, V. (1997). *Theorie rationalen Handelns. Konzepte und Anwendungsprobleme.* Opladen: Leske + Budrich.

Lasogga, F. (1989). Gesprächstherapie: Zu viel Ideologie? In Redaktion „Psychologie heute“ (Hrsg.), *Welche Therapie? Thema: Psychotherapie heute* (S. 57–72). Weinheim: Beltz.

Lazarus, R.S., Averill, J.R. & Opton, E.M.jr. (1970). Toward a cognitive theory of emotion. In M.B. Arnold (Ed.), *Feelings and emotions* (S. 207–232). New York: Academic Press.

Lerner, M.J. (1980). *The belief in a just world: A fundamental delusion.* New York: Plenum Press.

Leventhal, G.S. (1980). What should be done with equity theory? New approaches to the study of fairness in social relationships. In K.J. Gergen, M.S. Greenberg & R.H. Willis (Eds.), *Social exchange: Advances in theory and research* (S. 27–55). New York: Plenum Press.

Leymann, H. (1993). *Mobbing.* Reinbek: Rowohlt.

Lieberson, S. & Silverman, R.A. (1965). The precipitants and underlying conditions of race riots. *American Sociological Review, 30*, 887–898.

Lim, R. & Carnevale, P.J. (1990). Contingencies in the mediation of disputes. *Journal of Personality and Social Psychology, 58*, 259–272.

Lind, A.E. (1994). Procedural justice and culture: Evidence for ubiquitous process concerns. *Zeitschrift für Rechtssoziologie, 15*(1), 24–36.

Lind, A.E. & Tyler, T.R. (1988). *The social psychology of procedural justice.* New York: Plenum Press.

Lindskold, S. & Aronoff, J. (1980). Conciliatory strategies and relative power. *Journal of Experimental Social Psychology, 16*, 187–196.

Lindskold, S. & Han, G. (1988). GRIT as a foundation for integrative bargaining. *Personality and Social Psychology Bulletin, 14*, 335–345.

Link, G. & Bastine, R. (1991). Ergebnisse der Scheidungsmediation. *Zeitschrift für Familienforschung, 3*(2), 136–154.

Linneweber, V. (2000). Sozialpsychologische Aspekte umweltbezogener Emotionen. In E. Kals, N. Platz & R. Wimmer, *Emotionen in der Umweltdiskussion* (S. 115–125). Wiesbaden: Deutsche Verlags Union.

Linneweh, K. (1981). *Kreatives Denken.* Rheinzabern: Verlag Dieter Gitzel.

Lohmann, J. (2000). *Ein Modell praktisch psychologischen Handelns: Handlungspsychologischer Beratungsansatz.* (Berichte aus der Arbeitsgruppe „Verantwortung, Gerechtigkeit, Moral“ Nr. 133). Trier: Universität Trier, Fachbereich I – Psychologie.

Lohmeier, F. (1985). *Bisoziative Ideenfindung. Erforschung und Technisierung kreativer Prozesse.* Frankfurt/M.: Peter Lang.

Lohmeier, F. (1989). Blockierungen kreativer Prozesse und pädagogische Konsequenzen. *Pädagogische Rundschau, 41*(1), 81–99.

Löhner, M. (1990). Kommunikationspsychologie in der Einvernahme. *Kriminalistik, 44*(11), 611–616.

Mähler, G. & Mähler, H.-G. (2000). Kriterien für Gerechtigkeit in der Mediation. In A. Dieter, L. Montada & A. Schulze (Hrsg.), *Gerechtigkeit im Konfliktmanagement und in der Mediation* (S. 9–36). Frankfurt/M.: Campus.

Mansbridge, J. J. (Ed.). (1990). *Beyond self-interest.* Chicago: University of Chicago Press.

Margraf, J. & Baumann, U. (1986). Welche Bedeutung schreiben Psychotherapeuten der Erfahrung zu? *Zeitschrift für Klinische Psychologie. Forschung und Praxis, 15*(3), 248–253.

Markus, H. & Zajonc, R.B. (1985). The cognitive perspective in social psychology. In G. Lindzey & E. Aronson (Eds.), *The handbook of social psychology* (Vol. I, 3rd edition) (S. 137–230). New York: Random House.

Martin, J. & Murray, A. (1986). Catalysts for collective violence. In R. Folger (Ed.), *The sense of injustice: Social psychological perspectives* (S. 95–139). New York: Plenum Press.

Marwell, G. & Ames, R. E. (1981). Economists free ride, does anyone else? *Journal of Public Economics, 15*, 295–310.

Mayer, R.E. (1999). Fifty years of creativity research. In R.J. Sternberg (Ed.), *Handbook of creativity* (S. 449–460). New York: Cambridge University Press.

McGillicuddy, N.B., Welton, G.L. & Pruitt, D.G. (1987). Third party intervention: A field experiment comparing three different models. *Journal of Personality and Social Psychology, 53*, 104–112.

McKenzie, R.B. & Tullock, G. (1984). *Homo Oeconomicus: Ökonomische Dimensionen des Alltags.* Frankfurt/M.: Campus.

McLaughlin, M.E., Carnevale, P.J. & Lim, R.G. (1991). Professional mediators' judgments of mediation tactics: Multidimensional scaling and cluster analyses. *Journal of Applied Psychology, 76*(3), 465–472.

Mediator – Zentrum für Umweltkonfliktforschung und -management GmbH (1994). *Bürgerdialog Flughafen Berlin Brandenburg International (BBI): Bericht zum Jahresende 1994.* Oldenburg: Mediator.

Messick, D.M. & Brewer, M.B. (1983). Solving social dilemmas: A review. In L. Wheeler & P. Shaver (Eds.), *Review of personality and social psychology* (Vol. 4) (S. 11–44). Beverly Hills: Sage.

Messmer, H. (2000). Täter-Opfer-Mediation. In A. Dieter, L. Montada & A. Schulze (Hrsg.), *Gerechtigkeit im Konfliktmanagement und in der Mediation* (S.93–118). Frankfurt/M.: Campus.

Mickley, A. (1998). Mediation in und mit einer siebten Klasse in der Gesamtschule. In D. Strempel (Hrsg.), *Mediation für die Praxis* (S. 115–123). Berlin: Haufe.

Mickley, A. (2000). Mediation in der Schule: Das Schaffen von Gerechtigkeitsinseln. In A. Dieter, L. Montada & A. Schulze (Hrsg.), *Gerechtigkeit im Konfliktmanagement und in der Mediation* (S.81–92). Frankfurt/M.: Campus.

Mikula, G. (1985). Psychologische Theorien des sozialen Austausches. In D. Frey & M. Irle (Hrsg.), *Theorien der Sozialpsychologie* (Bd. 2: Gruppen- und Lerntheorien) (S. 273–305). Bern: Huber.

Mikula, G. & Wenzel, M. (2000). Justice and social conflicts. *International Journal of Psychology, 35*(2), 126–135.

Miller, D.T. & Ratner, R.K. (1996). The power of the myth of self-interest. In L. Montada & M. J. Lerner (Eds.), *Current societal concerns about justice* (S. 25–48). New York: Plenum Press.

Miller, M. (1994). Ellbogenmentalität und ihre theoretische Apotheose: Einige kritische Anmerkungen zur Rational Choice Theory. *Soziale Welt, 45*(1), 5–15.

Mitchell, C.R. (1991). A willingness to talk: Conciliatory gestures and de-escalation. *Negotiation Journal, 7*, 405–430.

Mocny, F. (1998). *Besitzstandswahrung – ein Rechtsprinzip? Zentrum für Gerechtigkeitsforschung, Bericht Nr. 5.* Potsdam: Universität Potsdam.

Moffit, T.E. (1993). Adolescence-limited and life-course-persistent antisocial behavior: A developmental taxonomy. *Psychological Review, 100*, 674–701.

Mohiyeddini, C. (1998). *Sensibilität für widerfahrene Ungerechtigkeit als Disposition.* Hamburg: Kovač.

Monroe, K. R. (1991). John Donne's people; Explaining differences between rational actors and altruists through cognitive frameworks. *Journal of Politics, 53*, 394–432.

Montada, L. (1983). Voreingenommenheiten im Urteilen über Schuld und Verantwortlichkeit. In L. Montada, K. Reusser & G. Steiner (Hrsg.), *Kognition und Handeln* (S. 156–168). Stuttgart: Klett-Cotta.

Montada, L. (1989). Bildung der Gefühle? *Zeitschrift für Pädagogik, 35*, 293–311.

Montada, L. (1991). *Grundlagen der Anwendungspraxis* (Berichte aus der Arbeitsgruppe „Verantwortung, Gerechtigkeit, Moral", Nr. 62). Trier: Universität Trier, Fachbereich I – Psychologie.

Montada, L. (1992a). Moralische Gefühle. In W. Edelstein, G. Nunner-Winkler & G. Noam (Hrsg.), *Moral und Person* (S. 259–277). Frankfurt/M.: Suhrkamp.

Montada, L. (1992b). Eine pädagogische Psychologie der Gefühle. Kognitionen und die Steuerung erlebter Emotionen. In H. Mandl, M. Dreher & H.-J. Kornadt (Hrsg.), *Entwicklung und Denken im kulturellen Kontext* (S. 229–249). Göttingen: Hogrefe.

Montada, L. (1994). Injustice in harm and loss. *Social Justice Research, 7*, 5–28.

Montada, L. (1995a). *Kategorien der Angst und Möglichkeiten der Angstbewältigung.* (Berichte aus der Arbeitsgruppe „Verantwortung, Gerechtigkeit, Moral" Nr. 91). Trier: Universität Trier, Fachbereich I – Psychologie.

Montada, L. (1995b). *Ein Modell der Eifersucht.* (Berichte aus der Arbeitsgruppe „Verantwortung, Gerechtigkeit, Moral" Nr. 92). Trier: Universität Trier, Fachbereich I – Psychologie.

Montada, L. (1997). Gerechtigkeitsansprüche und Ungerechtigkeitserleben in den neuen Bundesländern. In W.R. Heinz & S.E. Hormuth (Hrsg.), *Arbeit und Gerechtigkeit im ostdeutschen Transformationsprozeß* (S. 231–274). Opladen: Leske + Budrich.

Montada, L. (1998a). Justice: Just a rational choice? *Social Justice Research, 12*, 81–101.

Montada, L. (1999a). Gerechtigkeit als Gegenstand der Politischen Psychologie. *Zeitschrift für Politische Psychologie, 7*, 5–22.

Montada, L. (1999b). Gerechtigkeitsmotiv und Eigeninteresse. *Zeitschrift für Erziehungswissenschaften, 3*, 413–430.

Montada, L. (2000a). Rechtssoziologische Aspekte der deutschen Wiedervereinigung. In H. Dreier (Hrsg.), *Rechtssoziologie am Ende des 20. Jahrhunderts* (S. 252–288). Tübingen: Mohr Siebeck.

Montada, L. (2000b). Gerechtigkeit und Rechtsgefühl in der Mediation. In A. Dieter, L. Montada & A. Schulze (Hrsg.), *Gerechtigkeit im Konfliktmanagement und in der Mediation* (S. 37–62). Frankfurt/M.: Campus.

Montada, L. (2000c; in Druck). Denial of responsibility. In H.W. Bierhoff & A.E. Auhagen (Eds.), *Responsibility – the many faces of a social phenomenon.* London: Routledge.

Montada, L. & Boll, T. (1988). Auslösung und Dämpfung von Feindseligkeit. *Untersuchungen des psychologischen Dienstes der Bundeswehr, 23*, 43–144.

Montada, L. & Kals, E. (2000). Political implications of psychological research on ecological justice and proenvironmental behavior. *International Journal of Psychology, 35*(2), 168–176.

Montada, L. & Kirchhoff, S. (2000). *Bitte um Verzeihung, Rechtfertigungen und Ausreden: ihre Wirkungen auf soziale Beziehungen* (Berichte aus der Arbeitsgruppe „Verantwortung, Gerechtigkeit, Moral" Nr. 130). Trier: Universität Trier, Fachbereich I – Psychologie.

Montada, L., Schmitt, M. & Dalbert, C. (1986). Thinking about justice and dealing with one's own privileges: A study of existential guilt. In H.W. Bierhoff, R. Cohen & J. Greenberg (Eds.), *Justice in social relations* (S. 125–143). New York: Plenum Press.

Moore, B. (1984). *Ungerechtigkeit: Die sozialen Ursachen von Unterordnung und Widerstand.* Frankfurt/M.: Suhrkamp.

Moore, C.W. (1986). *The mediation process. Practical strategies for resolving conflicts.* San Francisco: Jossey-Bass.

Moosig, K. (1988). Miteinander streiten lernen. *Praxis Spiel + Gruppe, 1*(2), 64–69.

Mügge, S. (1999). *Scheidungsmediation als Alternative zum herkömmlichen Scheidungsverfahren. Das Beratungsangebot „Mediation" als neues Arbeitsfeld für Pädagogen.* Sinzheim: Pro Universitate.

Müller, G.F. & Hassebrauck, M. (1993). Gerechtigkeitstheorien. In D. Frey & M. Irle (Hrsg.), *Theorien der Sozialpsychologie* (Bd. 1: Kognitive Theorien) (S. 217–240). Bern: Huber.

Müller-Fohrbrodt, G. (1999). *Konflikte konstruktiv bearbeiten lernen.* Opladen: Leske + Budrich.

Neale, M.A. & Bazerman, M.H. (1991). *Negotiator cognition and rationality*. Free Press: New York.

Neale, M.A. & Northcraft, G.B. (1986). Experts, amateurs, and refrigerators: Comparing expert and amateur decision making on a novel task. *Organizational Behavior and Human Decision Processes, 38*, 305–317.

Nickerson, R.S. (1999). Enhancing creativity. In R.J. Sternberg (Ed.), *Handbook of creativity* (S. 392–430). New York: Cambridge University Press.

Niese, S. & Ruff, F. (1994). Über Risiken sprechen – Kommunikationsmuster und Konflikte zwischen Unternehmen und Umfeld. *Organisationsentwicklung, 13*(4), 24–35.

Noeke, J. (Hrsg.). (1989). *Bürgerinitiativen im Umweltschutz*. Dortmund: Borgmann.

Northcraft, G.B. & Neale, M.A. (1987). Experts, amateurs, and real estate: An anchoring and adjustment perspective on property pricing decision. *Organizational Behavior and Human Decision Processes, 39*, 84–97.

Nozick, R. (1974). *Anarchy, state and utopia*. New York: Basic Books.

Nutzinger, H. (1993). Philantropie und Altruismus. In B.-T. Ramb & M. Tietzel (Hrsg.), *Ökonomische Verhaltenstheorie* (S. 365–386). München: Franz Vahlen.

Oliner, S.P. & Oliner, P.M. (1988). *The altruistic personality: Rescues of Jews in Nazi Europe*. New York: Free Press.

Opp, K.-D., Burow-Auffarth, K., Hartmann, P., v. Witzleben, T., Pöhls, V. & Spitzley, T. (1984). *Soziale Probleme und Protestverhalten*. Opladen: Westdeutscher Verlag.

Orbell, J.M., van de Kragt, A.J.C. & Dawes, R.M. (1988). Explaining discussion-induced cooperation. *Journal of Personality and Social Psychology, 54*(5), 811–819.

Orth, U. (2000). *Strafgerechtigkeit und Bewältigung krimineller Viktimisierung: Eine Untersuchung zu den Folgen des Strafverfahrens bei Opfern von Gewalttaten*. Unveröffentlichte Dissertation. Trier: Universität Trier, Fachbereich I – Psychologie.

Ortloff, K.-M. (1999). *Grundlagen der Mediation im Verwaltungsrecht*. FernUniversität Hagen, Fachbereich Rechtswissenschaft, Weiterbildendes Studium Mediation.

Osborn, A. (1963). *Applied imagination: Principles and procedures of creative problem solving*. New York: Scribner.

Parsons, T. (1951). *The social system*. Glencoe: Free Press.

Pastore, N. (1952). The role of arbitrariness in the frustration-aggression hypothesis. *Journal of Abnormal and Social Psychology, 47*, 728–731.

Pawlik, K. (1975). Zur Lage der Psychologie. In W. Tack (Hrsg.), *Bericht über den 29. Kongreß der Deutschen Gesellschaft für Psychologie in Salzburg 1974* (S. 91–111). Göttingen: Hogrefe.

Pearson, J. & Thoennes, N. (1989). Divorce mediation: Reflections on a decade of research. In K. Kressel & D.G. Pruitt (Eds.), *Mediation research* (S. 9–30). San Francisco: Jossey-Bass.

Perelmann, C. (1967). *Über die Gerechtigkeit*. München: C.H. Beck.

Pfeiffer, C. & Oswald, M. (Hrsg.). (1989). *Strafzumessung – Empirische Forschung und Strafrechtsdogmatik im Dialog*. Internationales Symposion 9.–12.3.88 in Lüneburg. Stuttgart: Enke.

Piliavin, J.A. & Charng, H.-W. (1990). Altruism: A review of recent theory and research. *Annual Review of Sociology, 16*, 27–65.

Piontkowski, U. (1988). *Interaktionskonflikte. Sprechen und Handeln in Beeinträchtigungsepisoden. Arbeiten zur sozialwissenschaftlichen Psychologie*. Münster: Aschendorff.

Plous, S. (1985). Perceptual illusions and military realities: A social psychological analysis of the nuclear arms race. *Journal of Conflict Resolution, 29*, 363–389.

Politis, N. (1910). *L'avenir de la mediation. Revue Général de Droit International Public.* (Zitiert nach Duss-von Werdt, 1999).
Proksch, R. (1998). Mediation in Deutschland – Stand und Perspektiven außergerichtlicher Konfliktregelung durch Mediation. *Kon:sens. Zeitschrift für Mediation, 1,* 7–15.
Pruitt, D.G. (1981). *Negotiation behavior.* New York: Academic Press.
Pruitt, D.G. (1991). Strategy in negotiation. In V. Kremenyuk (Ed.), *International negotiation: Analysis, approaches, issues* (S. 78–89). San Francisco: Jossey-Bass.
Pruitt, D.G. & Carnevale, P.J. (1993). *Negotiation in social conflict.* Buckingham: Open University Press.
Pruitt, D.G. & Rubin, J.Z. (1986). *Social conflict: Escalation, stalemate, and settlement.* New York: Random House – McGraw-Hill.
Pruitt, D.G., Peirce, R.S., McGillicuddy, N.B., Welton, G.L. & Castrianno, L.M. (1993). Long-term success in mediation. *Law and Human Behavior, 17,* 313–333.
Prutzman, P. (1994). Creative conflict resolution. *Learning, 22*(7), 47–49.
Quattrone, G.A. & Tversky, A. (1988). Contrasting rational and psychological analyses of political choice. *American Political Science Review, 82*(3), 769–736.
Raiffa, H. (1982). *The art and science of negotiation.* Cambridge, MA: Harvard University Press.
Ramb, B.-T. & Tietzel, M. (Hrsg.). (1993). *Ökonomische Verhaltenstheorie.* München: Franz Vahlen.
Rawls, J. (1971). *A theory of justice.* Cambridge, MA: Belknap.
Redaktion „Psychologie heute" (Hrsg.). (1989). *Welche Therapie? Thema: Psychotherapie heute.* Weinheim: Beltz.
Redlich, A. (1996). *Konflikt-Moderation. Moderation in der Praxis* (Band 2). Hamburg: Windmühle.
Reisenzein, R. & Hofmann, T. (1988). *Discrimination of emotions by cognitive appraisals: A study of 23 affects* (unveröffentlichtes Manuskript). Berlin: FU Berlin.
Renn, O. (1999). Fairness in Partizipationsvorhaben zur Umweltgestaltung. In V. Linneweber & E. Kals (Hrsg.), *Umweltgerechtes Handeln. Barrieren und Brücken* (S. 95–115). Heidelberg: Springer.
Renn, O., Webler, T. & Kastenholz, H. (1996). Procedural and substantive fairness in landfill siting: A Swiss case study. *Risk, Health, Safety & Environment, 7*(2), 145–168.
Ripke, L. (1999). Faire Lösung. Mit der Methode der Mediation können Streitfragen außergerichtlich geschlichtet werden. *Managermagazin, 11,* 424.
Rogers, C.R. (1972). *Die klientenzentrierte Psychotherapie.* München: Kindler.
Rokeach, M. (1972): *The psychology of human values.* New York: Free Press.
Rönchen, B. (1999). *Peer-Mediation in Schulen.* Unveröffentlichte Diplom-Arbeit. Trier: Universität Trier, Fachbereich I – Psychologie.
Rosenthal, R. & Jacobson, L.F. (1968). *Pygmalion in the classroom.* New York: Holt, Rinehart and Winston.
Ross, L. & Nisbett, R.E. (1981). *The person and the situation: Perspectives of social psychology.* New York: McGraw-Hill.
Rössler, B. (Hrsg.). (1993). *Quotierung und Gerechtigkeit: Eine moralphilosophische Kontroverse.* Frankfurt/M.: Campus.
Rössner, D. (1998). Mediation und Strafrecht. In D. Strempel (Hrsg.), *Mediation für die Praxis* (S. 42–54). Berlin: Haufe.
Rubin, J.Z. & Sander, E.A.F. (1988). When should we use agents? Direct vs. representative negotiation. *Negotiation Journal, 4,* 395–401.

Runco, M.A. & Albert, R.S. (1990). *Theories of creativity*. Newbury Park: Sage.
Runco, M.A. & Sakamoto, S.O. (1999). Experimental studies of creativity. In R.J. Sternberg (Ed.), *Handbook of creativity* (S. 62–92). New York: Cambridge University Press.
Russell, Y., Kals, E. & Montada, L. (in Druck). Generationengerechtigkeit im allgemeinen Bewusstsein? In Stiftung für die Rechte zukünftiger Generationen (Hrsg.), *Was ist Generationengerechtigkeit?*
Rüthers, B. (1991). *Das Ungerechte an der Gerechtigkeit: Defizite eines Begriffs*. Zürich: Edition Interfrom.
Sachverständigenrat der Bundesregierung zur Begutachtung der gesamtwirtschaftlichen Entwicklung (1994/95). *Jahresgutachten 1994/95*. Deutscher Bundestag, Drucksache 13/26.
Sauerland, U. (1999). *Weiterbildendes Studium Mediation. Risiken der Streitbeilegung: Jurisprudenz und Mediation im Vergleich*. Hagen: FernUniversität-Gesamthochschule Hagen, Fachbereich Rechtswissenschaft.
Schmal, A., Fritzemeyer, T., Günster, A., Hartl, M., Kärcher, J., Lux, V., Mehl, B. & Wallerius, A. (1999). *Training zur Problemlösekompetenz- und Kreativitätsförderung*. Unveröff. Bericht. Trier Universität Trier, Fachbereich I – Psychologie.
Schmid, J., Drosdeck, T. & Koch, D. (Hrsg.). (1997). *Der Rechtsfall – ein richterliches Konstrukt*. Baden-Baden: Nomos.
Schmid, R. (1992). Determinanten der Kündigungsbereitschaft: Ein Vergleich zweier konflikttheoretischer Paradigmen, *Zeitschrift für Soziologie, 21*(3), 186–199.
Schmidt-Atzert, L. (1996). *Lehrbuch der Emotionspsychologie*. Stuttgart: Kohlhammer.
Schmitt, M. & Montada, L. (1981). Determinanten der Gerechtigkeit. *Zeitschrift für Sozialpsychologie, 13*, 32–44.
Schmitt, M., Hoser, K. & Schwenkmezger, P. (1991). Schadensverantwortlichkeit und Ärger. *Zeitschrift für Experimentelle und Angewandte Psychologie, 38*(4), 634–647.
Schmitt, M., Neumann, R. & Montada, L. (1995). Dispositional sensitivity to befallen injustice. *Social Justice Research, 8*, 385–407.
Schrumpf, F., Crawford, D. & Bodine, R. (1997). *Peer mediation. Conflict resolution in schools. Program guide*. Champaign: Research Press.
Schulz von Thun, F. (1985). *Miteinander reden: Störungen und Klärungen. Allgemeine Psychologie der Kommunikation*. Reinbek: Rowohlt.
Schütz, G. (1999). *Über Träume, Trance und Kreativität*. Paderborn: Junfermann.
Schwartz, S.H. (1994). Are there universal aspects in the structure and contents of human values? *Journal of Social Issues, 50*, 19–45.
Schwarz, G. (1995). *Konflikt-Management: Sechs Grundmodelle der Konfliktlösung*. Wiesbaden: Gabler.
Sears, D.O. & Funk, C.L. (1991). The role of self-interest in social and political attitudes. In M.P. Zanna (Ed.), *Advances in experimental social psychology* (Vol. 24) (S. 2–91). New York: Academic Press.
Semin, G.R. & Manstead, A.S.R. (1983). *The accountability of conduct. A social psychological analysis*. New York: Academic Press.
Sen, A. K. (1990). Rational fools: A critique of the behavioral foundations of economic theory. In J.J. Mansbridge (Ed.), *Beyond self-interest* (S. 25–43). Chicago: University of Chicago Press.
Shapiro, I. (1994). *The rule of law*. New York: New York University Press.
Sherif, M. (1966). *Group conflict and co-operation. Their social psychology*. London: Routlege & Kegan Paul.

Sherif, M. & Sherif, C.W. (1953). *Groups in harmony and tension*. New York: Harper and Row.

Shell-Studie – Deutsche Shell (Hrsg.). (2000). *Jugend 2000. 13. Shell Jugendstudie*. Opladen: Leske + Budrich.

Sikora, J. (1976). *Handbuch der Kreativ-Methoden*. Heidelberg: Quelle & Meyer.

Spada, H. & Opwis, K. (1985). Ökologisches Handeln im Konflikt: Die Allmende-Klemme. In P. Day, U. Fuhrer & U. Laucken (Hrsg.), *Umwelt und Handeln* (S. 63–85). Tübingen: Attempto.

Spangenberg, B. & Spangenberg, E. (1997). Mediation und NLP. *NLP aktuell, 6*(4), 14–15.

Stein, D.M. & Lambert, M.J. (1984). On the relationship between therapist experience and psychotherapy outcome. *Clinical Psychology Review, 4*, 127–142.

Steiner-Hummel, I. (1993). Angehörige im Pflegedreieck – Die ungeliebten Dritten: Wie man sie versteht, unterstützt und ermutigt. *Forum Sozialstation, 17*(2), 10–17.

Sternberg, R.J (Ed.). (1999). *Handbook of creativity*. Cambridge: Cambridge University Press.

Sternberg, R.J. & Davidson, J.E. (1995). *The nature of insight*. Massachusetts: MIT Press.

Sternberg, R.J. & Lubart, T.I. (1991). An investment theory of creativity and its development. *Human Development, 34*, 1–31.

Sternberg, R.J. & Lubart, T.I. (1999). The concept of creativity: Prospects and paradigms. In R.J. Sternberg (Ed.), *Handbook of creativity* (S. 3–15). New York: Cambridge University Press.

Sternberg, R.J. & O'Hara, L.A. (1999). Creativity and intelligence. In R.J. Sternberg (Ed.), *Handbook of creativity* (S. 251–272). New York: Cambridge University Press.

Sternstein, W. (1987). Bürgerinitiativen im Umweltschutz. In J. Calließ & R.E. Lob (Hrsg.), *Handbuch Praxis der Umwelt- und Friedenserziehung* (Bd. 1) (S. 253–266). Düsseldorf: Schwann.

Stillinger, C., Epelbaum, M., Keltner, D. & Ross, L. (1991). *The reactive devaluation barrier to conflict resolution*. Unpublished manuscript.

Strempel, D. (1998a). Mediation in Rechtspflege und Gesellschaft. In D. Strempel (Hrsg.), *Mediation für die Praxis* (S. 7–18). Berlin: Haufe.

Strempel, D. (Hrsg.). (1998b). *Mediation für die Praxis*. Berlin: Haufe.

Streng, F. (1995). Fremdenfeindliche Gewaltkriminalität als Herausforderung für kriminologische Erklärungsansätze. *Jura, 17*, 182–191.

Stumpf, H. (1995). Scientific creativity: A short overview. *Educational Psychology Review, 7*(3), 225–241.

Syme, G.J. & Nancarrow, B.E. (1996). Planning attitudes, lay philosophies and water allocation: A preliminary analysis and research agenda. *Water Resources Research, 32*(6), 1843–1850.

Syme, G.J. & Nancarrow, B.E. & McCreddin, J.A. (1999). Defining the components of fairness in the allocation of water to environmental and human uses. *Journal of Environmental Management, 57*, 51–70.

Tannen, D. (1992). *Das hab' ich nicht gesagt! Kommunikationsprobleme im Alltag*. Hamburg: Kabel.

Taylor, S.E. & Crocker, J. (1981). Schematic bases of social information processing. In E.T. Higgins, C.P. Heiman & M.P. Zanna (Eds.), *Social cognition: The Ontario symposium* (S. 89–134). Hillsdale, NJ: Erlbaum.

Tedeschi, J.T. & Riess, M. (1981). Verbal strategies in impression management. In C. Antaki (Ed.), *The psychology of ordinary explanations of social behaviour* (S. 271–309). London: Academic Press.

Thibault, J. & Walker, L. (1975). *Procedural justice: A psychological analysis.* Hillsdale, NJ: Erlbaum.
Thomann, C. (1986). *Beiträge zu einer Theorie der Klärungshilfe: Intervention und handlungsleitender Hintergrund zur professionellen Gestaltung von Problemgesprächen in schwierigen Beziehungen.* Frankfurt: Lang.
Thomann, C. & Schulz von Thun, F. (1988). *Klärungshilfe: Handbuch für Therapeuten, Gesprächshelfer und Moderatoren in schwierigen Gesprächen.* Reinbek: Rowohlt.
Thomson, L.L. (1990a). The influence of experience on negotiation performance. *Journal of Experimental Social Psychology, 26,* 528–544.
Thomson, L.L. (1990b). An examination of naive and experienced negotiators. *Journal of Personality and Social Psychology, 59,* 82–90.
Toch, H. (1969). *Violent men: an inquiry into the psychology of violence.* Chicago: Aldine.
Touval, S. & Zartman, I.W. (Eds.). (1985). *International mediation in theory and practice.* Boulder, CO: Westview Press.
Touval, S. & Zartman, I. W. (1989). Mediation in international conflicts. In K. Kressel & D.G. Pruitt (Eds.), *Mediation research* (S. 115–137). San Francisco: Jossey-Bass.
Tversky, A. & Kahneman, D. (1974). Judgement under uncertainty: Heuristics and biases. *Science, 185,* 1124–1131.
Tversky, A. & Kahneman, D, (1991). Loss aversion in riskless choice: a reference dependent model. *Quarterly Journal of Economics, 169,* 1039–1061.
Tyler, T.R. (1991). *Why people obey the law.* New Haven: Yale University Press.
Ulmann, G. (Hrsg.). (1973). *Kreativitätsforschung.* Köln: Kiepenheuer & Witsch.
Van den Bos, K., Lind, E.A., Vermunt, R. & Wilke, H.A.M. (1997). How do I judge my outcome when I do not know the outcome of others? The psychology of the fair process effect. *Journal of Personality and Social Psychology, 72*(5), 1034–1046.
Van der Merwe, H.W., Meyer, G. & Honikman, K. (1989). Political mediation in South Africa: Some problems and challenges. *Organization Development Journal, 7*(3), 69–75.
Vatter, A. (1994). *Eigennutz als Grundmaxime in der Politik.* Bern: Paul Haupt.
Vidmar, N. (1993). Verfahrensgerechtigkeit und alternative Konfliktbewältigung. *Zeitschrift für Rechtssoziologie, 14,* 2–46.
Vogt, W.-R. (Ed.). (1997). *Gewalt- und Konfliktbearbeitung.* Baden-Baden: Nomos.
Von Hentig, H. (1998). *Kreativität. Hohe Erwartungen an einen schwachen Begriff.* München: Carl Hanser.
Vosburg, S.K. (1998). Mood and the quantity and quality of ideas. *Creativity Research Journal, 11*(4), 315–324.
Wack, O.G., Detlinger, G. & Grothoff, H. (1998). *Kreativ sein kann jeder.* Hamburg: Windmühle.
Wall, J.A. Jr. & Blum, M. (1991). Community mediation in the people's Republic of China. *Journal of Conflict Resolution, 35,* 3–20.
Wall, J.A. Jr. & Lynn, A. (1993). Mediation: a current review. *Journal of Conflict Resolution, 37*(1), 160–194.
Walster, E.G., Berscheid, E. & Walster, W. (1978). *Equity: Theory and research.* Boston: Allyn & Bacon.
Walzer, M. (1992). *Sphären der Gerechtigkeit. Ein Plädoyer für Pluralität und Gleichheit.* Frankfurt/M.: Campus.
Wampler, F.-H. & Hess, S.-A. (1990). *Conflict mediation for a new generation: Training manual for educators.* Harrisonburg: Community Mediation Center.

Watrin, C. (1993). Marktwirtschaft. In G. Enderle, K. Homann, M. Honecker, W. Kerber & H. Steinmann (Hrsg.), *Lexikon der Wirtschaftsethik* (S. 655–663). Freiburg: Herder.

Watzlawick, P., Beavin, J. & Jackson, D.D. (1967). *Pragmatics of human communication*. New York: Norton.

Weber, H. (1990). *Arbeitskatalog der Übungen und Spiele*. Hamburg: Windmühle.

Wegener, B. (1987). The illusion of distributive justice. *European Sociological Review, 3*, 1–13.

Wegener, B. & Liebig, S. (1998). Gerechtigkeitsideologien 1001–1996. In H. Meulemann (Hrsg.), *Werte und Nationale Identität im vereinten Deutschland* (S. 38–43). Opladen: Leske + Budrich.

Weisbach, C.-H. (1997). *Professionelle Gesprächsführung*. München: C.H. Beck.

West, M. (1999). *Innovation und Kreativität: Praktische Wege und Strategien für Unternehmen mit Zukunft*. Weinheim: Beltz.

Wicklund, R.A. (1979). Selbstzentrierte Aufmerksamkeit, Selbstkonsistenz und Moralität. In L. Montada (Hrsg.), *Brennpunkte der Entwicklungspsychologie* (S. 399–407). Stuttgart: Kohlhammer.

Wicklund, R.A. & Duval, S. (1971). Opinion change and performance facilitation as a result of objective self-awareness. *Journal of Experimental Social Psychology, 7*, 319–342.

Wiedemann, P.M., Femers, S. & Nothdurft, W. (1994). Kommunikatives Konfliktmanagement: Trainingsmöglichkeiten. In F. Claus & P.M. Wiedemann (Hrsg.), *Umweltkonflikte. Vermittlungsverfahren zu ihrer Lösung* (S. 215–227). Taunusstein: Blottner.

Wissenschaftszentrum Berlin für Sozialforschung (Hrsg.). (1991–1997). *Veröffentlichungsreihe der Forschungsabteilung. Normbildung und Umwelt*. Berlin: Wissenschaftszentrum für Sozialforschung.

Wittmann, W.W. (1985). *Evaluationsforschung. Aufgaben, Probleme und Anwendungen*. Berlin: Springer.

Würtenberger, T. (1987). *Zeitgeist und Recht*. Tübingen: J.C.B. Mohr.

Wuthnow, R. (1991). *Acts of compassion*. Princeton, NJ: Princeton University Press.

Yamagishi, T. (1986). The provision of a sanctioning system as a public good. *Journal of Personality and Social Psychology, 51*, 110–116.

Young, O.R. (1972). Intermediaries: Additional thoughts on third parties. *Journal of Conflict Resolution, 16*, 51–65.

Zey, M. (Ed.). (1992). *Decision making: Alternatives to rational choice models*. Newbury Park: Sage.

Zilleßen, H. (1999). *Mediation – Management bei Umweltkonflikten. Einblicke*. Oldenburg: Carl von Ossietzky Universität.

Zilleßen, H. (Hrsg.). (1998). *Mediation. Kooperatives Konfliktmanagement in der Umweltpolitik*. Opladen: Westdeutscher Verlag.

Zilleßen, H., Dienel, P.C. & Strubelt, W. (Hrsg.). (1993). *Die Modernisierung der Demokratie*. Opladen: Westdeutscher Verlag.

Zippelius, R. (1994). *Rechtsphilosophie*. München: C.H. Beck.

Zuschlag, B. & Thielke, W. (1998). *Konfliktsituationen im Alltag*. Göttingen: Verlag für Angewandte Psychologie.

Personenregister

Z

Sachwortregister